SCHILLERS WALLENSTEIN

WEGE DER FORSCHUNG

BAND CCCCXX

1977

WISSENSCHAFTLICHE BUCHGESELLSCHAFT

DARMSTADT

SCHILLERS WALLENSTEIN

Herausgegeben von
FRITZ HEUER
und
WERNER KELLER

1977

WISSENSCHAFTLICHE BUCHGESELLSCHAFT

DARMSTADT

CIP-Kurztitelaufnahme der Deutschen Bibliothek

Schillers Wallenstein / hrsg. von Fritz Heuer u.
Werner Keller. — Darmstadt: Wissenschaftliche
Buchgesellschaft, 1977.
  (Wege der Forschung; Bd. 420)
  ISBN 3-534-06420-8

NE: Heuer, Fritz [Hrsg.]

🆆🅱 Bestellnummer 6420-8

© 1977 by Wissenschaftliche Buchgesellschaft, Darmstadt
Satz: Druckhaus Darmstadt GmbH, Darmstadt
Druck und Einband: Wissenschaftliche Buchgesellschaft, Darmstadt
Printed in Germany
Schrift: Linotype Garamond, 9/11

ISBN 3-534-06420-8

INHALT

Inhalt

VORWORT

Dieser Sammelband hat die Aufgabe, Interpretationen zu Schillers ›Wallenstein‹ vorzulegen, die einerseits einen bedeutenden historischen Stellenwert besitzen, andrerseits den heutigen Stand der Forschung markieren – allesamt aber geeignet erscheinen, zu neuen Reflexionen über die Trilogie anzuregen. Man weiß, daß die Auffassung eines literarischen Werks gelegentlich über den Interpreten mehr aussagt als über den analysierten Gegenstand. Daher hat der Leser dieser Auswahl, der sich auch Texten gegenübersieht, die fast so alt sind wie Schillers Drama selbst, ein tüchtiges Stück Arbeit zu leisten: Im Prozeß der Reproduktion, des gegenwartsbezogenen Verstehens der Vergangenheit, muß er die spezifische Geschichtlichkeit des Werks und zugleich dessen wechselvolle Wirkungsgeschichte bedenken, ohne die Bestimmung des eigenen Standorts zu vernachlässigen. Da die einzelnen Studien durch das unumgängliche Auswahlprinzip fragmentarisch und isoliert sind, müssen sie vom Leser gedanklich ergänzt und historisch konkretisiert werden. Es hieße aber, ihn zu gängeln, wollte man die Verfahrensweise der Interpreten, ihre Voraussetzungen und Resultate in der nötigen Ausführlichkeit kommentieren.

Die vorliegende Aufsatzsammlung zeigt in der Vielfalt ihrer Deutungen, daß ein problemreiches literarisches Werk in seiner langen Rezeption eine zusätzliche Dimension an Problematik hinzugewinnt. Es macht den Reiz einer solchen Sammlung und das Bedenkliche daran aus, daß manches Widersprüchliche in den Auslegungen hingenommen und die jeweilige Eigenart eines Interpreten in Methode und Absicht akzeptiert werden muß. Doch auch wenn die Historizität des ›Wallenstein‹-Verständnisses noch akzentuiert wird durch die individuelle Verschiedenheit der Exegeten und ihrer historischen Situation, – die Begegnung mit dem Gegenstand erhellt, daß sein Reichtum an Aspekten folgerichtig auch viele interpretatorische Aspekte erlaubt, die einander eher ergänzen als ausschließen.

Die Herausgeber achteten darauf, daß Schillers Zeitgenossen und die in seiner Nachfolge stehenden Dramatiker ausführlich zu Wort kommen; ein anderes Auswahlprinzip war, Interpretationen der letzten zwei Jahrzehnte zu bevorzugen, da sie den gegenwärtigen Stand der Diskussion dokumentieren. Auszüge aus Monographien und Abhandlungen ließen sich nicht vermeiden; der vorgegebene Umfang des Bands diktierte gelegentlich sogar Kürzungen von Aufsätzen, die nur im integralen Kontext ihre volle Bedeutung erlangen.

Wer die Wege der Forschung, die zur Erläuterung des ›Wallenstein‹ in langen 175 Jahren gegangen wurden, kennzeichnen will, macht die Erfahrung, daß ihn am Ende mehr bedrückt, was er weglassen mußte, als ihn erfreut, was aufgenommen werden konnte. Es fehlt ein Aufsatz über den Historiker Schiller, auch wenn mehrere Beiträger dieses Thema bedenken und die Frage nach der Darstellung der Geschichte in seinem Werk meist mitdiskutiert wird; es fehlt ein Aufsatz über Schillers Kunstphilosophie während der Entstehungszeit des ›Wallenstein‹ und über den Wandel der Formen des Tragischen vor- und nachher. Die Herausgeber vermissen nicht nur die in der Bibliographie genannten Namen von Geerdts und Guthke, Jolles und Joachim Müller, Paulsen, Steinmetz, H.-G. Werner u. a.; sie empfinden vielmehr ein Gefühl der Ungerechtigkeit gegenüber Forschern wie Buchwald und Garland, May, Stahl und Staiger, deren Schiller-Bücher nicht berücksichtigt werden konnten. [1] Eine willkommene Hilfe ist es, daß drei wichtige Aufsätze – von Binder, Böckmann und Wittkowski verfaßt – in dem von Klaus L. Berghahn und Reinhold Grimm bei der Wissenschaftlichen Buchgesellschaft edierten Band über ›Schiller. Zur Theorie und Praxis der Dramen‹ [2] zugänglich sind. Daß geistesgeschichtliche und formanalytische Untersuchungen in unserer Auswahl über-

---

[1] Benno von Wieses ›Wallenstein‹-Aufsatz gab der Bagel-Verlag nicht zur Wiederveröffentlichung frei. – Erfreulich, daß die Wissenschaftliche Buchgesellschaft Ilse Grahams Buch in der Übersetzung von Klaus Börner herausbrachte. (Schiller, ein Meister der tragischen Form. Die Theorie in der Praxis. Darmstadt 1974.)

[2] Darmstadt 1972 (Wege der Forschung, Bd. CCCXXIII).

wiegen, ist nicht nur durch den engbegrenzten Umfang des Bands begründet, der minuziös und überzeugend aufgezeigte historisch-gesellschaftliche Konkretionen nicht zuließ, sondern auch durch frühere Forschungstendenzen, die das Geschichtsdrama häufig zur Metapher eines Prozesses von Ideen und Strukturen entwirklichten. Hier warten Aufgaben. Einen Kausalnexus zwischen sozialökonomischen Faktoren und Schillers Drama konstruieren zu wollen, wäre eine vergebliche Mühe; vielmehr gilt es, eine strukturelle Kohärenz von Werk und historischer Wirklichkeit zu erschließen und die dem Geschichtsdrama immanente Geschichtlichkeit, in der sich auch außerliterarische Impulse niederschlagen, freizulegen. Da – nach einem Wort Goethes über Shakespeare – alles, was eine große Wirkung getan hat, sich der unmittelbaren Beurteilung entziehen will, muß fortan versucht werden, die rezeptionsbedingte Metamorphose des ›Wallenstein‹ zu durchschauen: Sein geschichtlicher Gehalt ist in seiner vielfachen Vermitteltheit in der Weise zu bestimmen, daß zugleich auch der Kunstcharakter des Werks faßbar und stringent begründbar wird.

Die Herausgeber

Goethes sämtliche Werke. Jubiläumsausgabe. 40 Bde. Hrsg. v. Eduard von der Hellen. Stuttgart und Berlin o. J. (1902—1912), Bd. 36, S. 158—160 [gekürzt].

WEIMARISCHER NEUDEKORIERTER THEATERSAAL. DRAMATISCHE BEARBEITUNG DER WALLENSTEINISCHEN GESCHICHTE DURCH SCHILLER
(1798)

Von Johann Wolfgang von Goethe

[...] die große Breite des zu bearbeitenden Stoffes setzte den Verfasser gar bald in die Notwendigkeit, seine Darstellung nicht als ein einziges Stück, sondern als einen Zyklus von Stücken zu denken. Hier war nicht von der Geschichte eines einzelnen Mannes oder von Verflechtung einer beschränkten Begebenheit die Rede, sondern das Verhältnis großer Massen war aufzuführen. Eine Armee, die von ihrem Heerführer begeistert ist, der sie zusammengebracht hat, sie erhält und belebt. Jener untergeordnete Zustand eines bedeutenden Generals unter höchste kaiserliche Befehle, der Widerspruch dieser Subordination mit der Selbständigkeit seines Charakters, mit der Eigensüchtigkeit seiner Plane, mit der Gewandtheit seiner Politik. Diese und andere Betrachtungen haben den Verfasser bewogen, das Ganze in drei Teile zu sondern.

Das erste Stück, das den Titel ›Wallensteins Lager‹ führt, könnte man unter der Rubrik eines Lust- und Lärmspieles ankündigen. Es zeigt den Soldaten, und zwar den Wallensteinischen. Man bemerkt den Unterschied der mannigfaltigen Regimenter, das Verhältnis des Militärs zu dem gedrückten Bauer, zum gedrängten Bürger, zu einer rohen Religion, zu einer unruhigen und verworrenen Zeit, zu einem nahen Feldherrn und einem entfernten Oberhaupte. Hier ist der übermächtige und übermütige Zustand des Soldaten geschildert, der sich, nun schon sechzehn Jahre, in einem wüsten und unregelmäßigen Kriege herumtreibt und hinschleppt. Wir vernehmen aus dem Munde leichtsinniger, einen Dienst nach dem andern verlassender Soldaten, aus dem Munde der beredten Marketenderin die Schilderung Deutschlands, wie es sich, von unaufhörlichen Streifzügen durchkreuzt, von Schlachten, Belagerungen und Eroberungen verwundet, in einem zerstörten und traurigen Zustand befinde. Wir hören die vornehmsten Städte unsers Vaterlands nennen, der größten Feldherrn jenes Jahrhunderts wird gedacht, auf die merkwürdigsten Begebenheiten angespielt; so daß wir gar bald am Orte, in der Zeit und unter dieser Gesellschaft einheimisch werden. Das Stück ist nur in einem Akte und in kurzen gereimten Versen geschrieben, die den guten, heitern und mitunter frechen Humor, der darin herrscht, besonders glücklich ausdrücken und durch Rhythmus und Reim uns schnell in jene Zeiten versetzen. Indem das Stück sich unruhig und ohne eigentliche Handlung hin und her bewegt, wird man belehrt, was für wichtige Angelegenheiten der Tag mit sich führe, was Bedeutendes zunächst bevorstehe.

Der Hof will einen Teil von der Wallensteinischen Armee abtrennen und ihn nach den Niederlanden schicken. Der Soldat glaubt hier die Absicht zu sehen, die man hege, Wallensteins Ansehen und Gewalt allmählich zu untergraben. Durch Neigung, Dankbarkeit, Umstände, Vorurteil, Notwendigkeit an ihren Führer gekettet, halten die Regimenter, deren Repräsentanten wir sehen, sich für berechtigt, gegen diese Ordre Vorstellung zu tun; sie sind entschlossen, bei ihrem General beisammen und zusammen zu bleiben, zwar für den Kaiser zu siegen oder zu sterben, jedoch nur unter Wallenstein. In dieser bedenklichen Lage endigt das Stück, und das folgende ist vorbereitet. Nunmehr ist uns Wallensteins Element, auf welches er wirkt, sein Organ, wodurch er wirkt, bekannt. Man sah die Truppen zwischen Subordination und Insubordination schwanken; wohin sich die Waage zuletzt neigen wird und auf welche nächste Veranlassung? ob die Regimenter und ihre Chefs, wenn Wallenstein sich dereinst vom Kaiser lossagt, bei ihm verharren, oder ob ihre Treue gegen den ersten und eigentlichen Souverän unerschütterlich sein werde? das ist die Frage, die abgehandelt, deren Entscheidung dargestellt werden soll. Ein solcher Mann steht und fällt nicht als ein einzelner Mensch; die Umgebung, die er sich geschaffen hat, trägt und hält ihn, so lange sie beisammen bleibt, oder läßt ihn, indem sie sich trennt, zu Grunde sinken.

Goethes sämtliche Werke. Jubiläums-Ausgabe. 40 Bde. Hrsg. v. Eduard von der Hellen.
Stuttgart und Berlin o. J. (1902–1912), Bd. 36, S. 170–174, 179–180, 183–184 [gekürzt].

DIE PICCOLOMINI
WALLENSTEINS ERSTER TEIL
(1799)

Von Johann Wolfgang von Goethe

Wenn der Dichter in dem Prolog, unsere Aufmerksamkeit zu
erregen, sagen läßt:

> Von der Parteien Gunst und Haß verwirrt
> Schwankt sein Charakterbild in der Geschichte.
> Doch euren Augen soll ihn itzt die Kunst,
> Auch eurem Herzen, menschlich näher bringen –
> [Prol., 102–105]*

so gibt er uns dadurch einen Wink, daß wir bei näherer Betrachtung des Stücks hauptsächlich dahin zu sehen haben, von welcher
Seite eigentlich er seinen Helden nehme und ihn darstelle. Ja auch
ohne eine solche Erinnerung würde dieses, bei einem historischen
Stücke, die Pflicht eines ästhetischen Beobachters sein. Denn wenn
es eine große Schwierigkeit ist, eine historische Figur in eine poetische zu verwandeln, so verdienen die Mittel, deren sich der Dichter
hierzu bedient, vorzüglich unsere Aufmerksamkeit.

Wir stellen daher gegenwärtig den Helden des Trauerspiels
unsern Lesern vor, indem wir ihnen überlassen, denselben mit dem
Helden der Geschichte zu vergleichen.

Wallenstein ist, während dem Laufe eines verderblichen Krieges,
aus einem gemeinen Edelmann Reichsfürst und Besitzer von außerordentlichen Reichtümern geworden; er hat dem Kaiser, als kom-
mandierender General, große Dienste geleistet, wofür er aber auch
glänzend belohnt wird. Die Gewalttätigkeiten hingegen, die er an

---

* Aus technischen Gründen wird nur bei den ausgestellten ›Wallenstein‹-
Zitaten einheitlich die Verszählung der Nationalausgabe angeführt.

mehrern Reichsfürsten ausübt, wecken zuletzt allgemeine Klagen
gegen ihn, so daß der Kaiser, durch Umstände abhängig von den
Fürsten, genötigt ist, ihn vom Kommando zu entfernen. Wallenstein bringt einen unbefriedigten Ehrgeiz in den Privatstand zurück. Da er schon einen so großen Weg gemacht, so viel von Glück
erlangt hat, so setzt er seinen Wünschen keine Grenzen mehr. Ein
astrologischer Aberglaube nährt seinen Ehrgeiz, er hört Wahr-
sagungen begierig an, die ihm seine künftige Größe versichern,
betrachtet sich gern als einen besonders Begünstigten des Schicksals
und überläßt sich ausschweifenden Hoffnungen um so zuversichtlicher, da ihm sein Horoskop die Gewährung derselben zu ver-
bürgen scheint und manche himmlische Aspekten von Zeit zu Zeit
ihm günstige Ereignisse prophezeien.

Aber auch schon die Ansicht des politischen Himmels rechtfertigt
zum Teil diese Erwartungen.

Die Fortschritte der Schweden im Reich und der Verfall der
kaiserlichen Angelegenheiten machen einen erfahrnen General,
wie er ist, bald notwendig: er erhält das Kommando der kaiserlichen Armee abermals, und zwar unter solchen Bedingungen,
zurück, die ihn beinahe zum Herrn des Kriegs und im Heere
unumschränkt machen. Nur auf solche Weise wollte er wieder an
diese Stelle treten, und der Kaiser, der ihn nicht entbehren kann,
muß drein willigen.

Dieser großen Macht überhebt er sich bald und beträgt sich so,
als wenn er gar keinen Herrn über sich hätte. Er läßt den Kur-
fürsten von Bayern und die Spanier, alte Widersacher seiner Person,
auf jede Art seinen Haß empfinden, achtet die kaiserlichen Befehle
wenig und führt den Krieg auf eine Weise, die nicht bloß seinen
Eifer, die selbst seine Absichten verdächtig macht. Er schont die
Feinde sichtbar, steht mit ihnen in fortdauernden Negoziationen,
versäumt manche Gelegenheit, ihnen zu schaden, und fällt den
kaiserlichen Erbländern durch Einquartierung und andere Bedrük-
kung sehr zur Last.

Seine Gegner ermangeln nicht, sich dieses Vorteils über ihn zu
bedienen. Sie machen die Eifersucht des Kaisers rege, sie bringen
Wallensteins Treue in Verdacht. Man will Beweise in Händen
haben, daß er mit den Feinden einverstanden sei, daß er damit

umgehe, die Armee zu verführen, ja man findet es, bei seinem bekannten Ehrgeiz und bei den großen Mitteln, die ihm zu Gebote stehen, nicht ganz unwahrscheinlich, daß er Böhmen an sich zu reißen denke.

Seine eignen weitläufigen Besitzungen in diesem Königreiche, der Geist des Aufruhrs in demselben, der noch immer unter der Asche glimmt, die hohen Begriffe der Böhmen von der Wahlfreiheit ihrer Krone, das noch frische Andenken der pfälzischen Anmaßung, das Interesse der feindlichen Partei, Östreich auf jede Art zu schwächen, endlich das Beispiel mehrerer im Laufe dieses Krieges gelungenen Usurpationen konnten ein Gemüt wie das seinige leicht in Versuchung führen.

Wallensteins Betragen gründet sich auf einen sonderbaren Charakter. Von Natur gewalttätig, unbiegsam und stolz, ist ihm Abhängigkeit unerträglich. Er will des Kaisers General sein, aber auf seine eigne Art und Weise. In seinen wirklichen Schritten ist noch nichts Kriminelles, indessen fehlt es nicht an starken Versuchungen. Der Glaube an eine wunderbare glückliche Konstellation, der Blick auf die großen Mittel, die er in Händen hat, und auf die günstigen Zeitumstände, verbunden mit den Aufforderungen, die von außen an ihn ergehen, wecken allerdings ausschweifende Gedanken in ihm, mit denen seine Phantasie sich nicht ungern trägt; doch spielt er mehr mit diesen Hoffnungen, insofern ihm die Möglichkeit schmeichelt, als daß er seine Schritte fest zu einem Ziele hinlenkte.

Aber ob er gleich nicht direkt, nicht entscheidend zum Zwecke handelt, so sorgt er doch, die Ausführung immer möglich und sich die Freiheit zu erhalten, Gebrauch von den bereiteten Mitteln zu machen. Er sondiert den Feind, hört seine Vorschläge an, sucht ihm Vertrauen einzuflößen, attachiert sich die Armee durch alle Mittel und verschafft sich leidenschaftliche Anhänger bei derselben. Kurz, er vernachlässigt nichts, um einen möglichen Abfall vom Kaiser und eine Verführung des Heers von ferne vorzubereiten, wäre es auch nur um seiner Sicherheit willen, um an der Armee eine Stütze gegen den Hof zu haben, wenn er derselben bedürfen sollte.

Die natürliche Folge dieses Betragens ist, daß seine Gesinnungen immer zweideutiger erscheinen und der Verdacht gegen ihn immer

neue Nahrung erhält. Denn eben, weil er sich noch keiner bestimmt
kriminellen Absicht bewußt ist, so hält er sich in seinen Äußerungen
nicht vorsichtig genug, er folgt seiner Leidenschaft und geht sehr
weit in seinen Reden. Noch weiter als er selbst gehen seine Anhänger, die seinen Entschluß für entschiedner halten, als er ist. Von der
andern Seite wächst der Argwohn. Man glaubt am Hofe das
Schlimmste, man hält es für ausgemacht, daß er auf eine Konjunk-
tion mit dem Feinde denke, und ob es gleich an juridischen Beweisen
fehlt, so hat man doch alle moralischen dafür. Seine Handlungen,
seine geäußerten Gesinnungen erregen Verdacht, und der Verdacht
steigert seine Gesinnungen und Handlungen.

Man hält also für notwendig, ihn von der Armee zu trennen, ehe
er seinen Anschlag mit ihr ausführen kann; aber das ist keine so
leichte Sache, da der Soldat ihm äußerst ergeben ist und sehr viele
von den vornehmsten Befehlshabern das stärkste Interesse haben,
ihn nicht sinken zu lassen. Ehe man also etwas öffentlich gegen ihn
beginnt, will man ihn schwächen, seine Macht teilen, ihm seine
Anhänger abwendig machen, und der Sohn das Kaisers, König Ferdinand von Ungarn, ist schon bestimmt, das Kommando nach ihm
zu übernehmen.

Unter allen Generalen Wallensteins stehen die beiden *Piccolomini*, Vater und Sohn, im größten Ansehen bei den Truppen; auf
diese beiden rechnet Wallenstein besonders, um seine Anschläge auszuführen, und der Hof, um jene Anschläge zu zerstören.

Octavio Piccolomini, der Vater, ein alter Waffenbruder und
Jugendfreund Wallensteins, hat alle Schicksale dieses Kriegs mit
ihm geteilt, Gewohnheit hat den Herzog an ihn gefesselt, astrologische Gründe haben ihm ein blindes Vertrauen zu demselben ein-
geflößt, so daß er ihm seine geheimsten Anschläge mitteilt. Aber
Octavio Piccolomini hat eine zu pflichtmäßige und geordnete Den-
kungsart, um in solche Plane mit einzugehen, und da er den Herzog
nicht davon zurückhalten kann, so ist er der erste, der den Hof
davon unterrichtet. Seine laxe Weltmoral erlaubt ihm, das Vertrauen seines Freundes zum Verderben desselben zu mißbrauchen
und auf den Untergang desselben seine eigene Größe zu bauen. Er
steht in geheimen Verständnissen mit dem Hof, während daß sich
Wallenstein ihm argwohnlos hingibt, und er entschuldigt diese

Falschheit vor sich selbst dadurch, daß er sie an einem Verräter und zu einer guten Absicht ausübe.

Neben diesem zweideutigen Charakter steht die reine edle Natur seines Sohns *Max Piccolomini.* Dieser ist durch Wallenstein zum Soldaten erzogen und wie ein Sohn von ihm geliebt und begünstigt worden. So hat er sich frühe gewöhnt, ihn enthusiastisch zu verehren und wie einen zweiten Vater zu lieben. Seiner edlen und reinen Seele erscheint Wallenstein immer edel und groß, und in den Irrungen desselben mit dem Hof nimmt er leidenschaftlich die Partei seines Feldherrn.

[. . .]

Um diesen wichtigen Teil des Schauspiels [Zu Wallensteins Monolog, Tod I, 4. Anm. d. Hrsg.] recht zu fühlen, zu genießen und zu beurteilen, muß man den Wallenstein, den uns der Dichter schildert, aus dem vorhergehenden gefaßt haben. Der Krieger, der Held, der Befehlshaber, der Tyrann sind an und für sich keine dramatische Personen. Eine Natur, die mit sich ganz einig wäre, die man nur befehlen, der man nur gehorchen sähe, würde kein tragisches Interesse hervorbringen; unser Dichter hat daher alles, was Wallensteins physische, politische und moralische Macht andeutet, gleichsam nur in die Umgebung gelegt. Wir sehen seine Stärke nur in der Wirkung auf andere; tritt er aber selbst, besonders mit den Seinigen und hier im Monolog nun gar allein auf, so sehen wir den in sich gekehrten, fühlenden, reflektierenden, planvollen und, wenn man will, planlosen Mann, der das Wichtigste seiner Unternehmungen kennt, vorbereitet und doch den Augenblick, der sein Schicksal entscheidet, selbst nicht bestimmen kann und mag.

Wenn der Dichter, um seinem Helden das dramatische Interesse zu geben, schon berechtigt gewesen wäre, diesen Charakter also zu erschaffen, so erhält er ein doppeltes Recht dazu, indem die Geschichte solche Züge vorbereitet.

Bei seiner Verschlossenheit beschäftigt sich der historische Wallenstein nicht bloß mit politischen Calcüln; sein Glaube an Astrologie, der freilich in der damaligen Zeit ziemlich allgemein war, jedoch besonders bei ihm tiefe Wurzeln geschlagen hatte, setzt ein Gemüt voraus, das in sich arbeitet, das von Hoffnung und Furcht bewegt wird, über dem Vergangnen, dem Gegenwärtigen und dem Zukünftigen immer brütet, großer Vorsätze, aber nicht rascher Entschlüsse fähig ist. Wer die Sterne fragt, was er tun soll, ist gewiß nicht klar über das, was zu tun ist.

So sind auch kleine Charakterzüge, die uns die Geschichte überliefert, in diesem Sinne besonders merkwürdig, die uns andeuten, wie reizbar dieser unter dem Geräusch der Waffen lebende Kriegsmann in ruhigen Stunden gewesen. Man erzählt, daß er Wachen um seine Paläste gesetzt, die jeden Lärm, jede Bewegung verhindern mußten, daß er einen Abscheu hatte, den Hahn krähen, den Hund bellen zu hören. Sonderbarkeiten, die ihm seine Widersacher noch in einer spöttischen Grabschrift vorwarfen, die uns aber auf eine große Reizbarkeit deuten, welche darzustellen des Dichters Pflicht und Vorteil war.

In diesem Sinne ist der Monolog Wallensteins gleichsam die Achse des Stücks. Man sieht ihn rückwärts planvoll, aber frei; vorwärts planerfüllend, aber gebunden. So lange er seiner Pflicht gemäß handelte, reizt ihn der Gedanke, daß er allenfalls mächtig genug sei, sie übertreten zu können, und in dieser Aussicht auf Willkür glaubt er sich eine Art von Freiheit vorzubereiten; jetzt aber, in dem Augenblick, da er die Pflicht übertritt, fühlt er, daß er einen Schritt zur Knechtschaft tue; denn der Feind, an den er sich anschließen muß, wird ihm ein weit gestrengerer Herr, als ihm sonst der rechtmäßige war, ehe er dessen Vertrauen verlor. Erinnert man sich hierbei an jene Züge, die wir von des dramatischen Wallensteins Charakter überhaupt dargestellt, so wird man nicht zweifeln, daß dieser Monolog von großer poetischer und theatralischer Wirkung sein müsse, wie bei uns die Erfahrung gelehrt hat.

[...]
Wollte man das Objekt des ganzen Gedichts mit wenig Worten aussprechen, so würde es sein: die Darstellung einer phantastischen Existenz, welche, durch ein außerordentliches Individuum und unter Vergünstigung eines außerordentlichen Zeitmoments, unnatürlich und augenblicklich gegründet wird, aber, durch ihren notwendigen Widerspruch mit der gemeinen Wirklichkeit des Lebens und mit der Rechtlichkeit der menschlichen Natur, scheitert und samt allem, was an ihr befestigt ist, zu Grunde geht. Der Dichter hatte also zwei Gegenstände darzustellen, die miteinander im Streit erscheinen:

den *phantastischen Geist,* der von der einen Seite an das Große und Idealische, von der andern an den Wahnsinn und das Verbrechen grenzt, und das *gemeine wirkliche Leben,* welches von der einen Seite sich an das Sittliche und Verständige anschließt, von der andern dem Kleinen, dem Niedrigen und Verächtlichen sich nähert. In die Mitte zwischen beiden, als eine ideale, phantastische und zugleich sittliche Erscheinung, stellt er uns die Liebe, und so hat er in seinem Gemälde einen gewissen Kreis der Menschheit vollendet.

Neue Briefe Wilhelm von Humboldts an Schiller. Hrsg. v. Friedrich Clemens Ebrard.
Berlin 1911, S. 263—267, 270—272.

AUS EINEM BRIEF VON WILHELM VON HUMBOLDT
AN SCHILLER (1800)

Bei der Katastrophe des Wallenstein habe ich deutlich empfunden, daß die Ruhe, die man mit Recht bei keiner poetischen Wirkung vermissen will, nur darauf beruht, daß man jede angeregte Stimmung nur mit voller Kraft bis an ihr Ende durchführe. Nichts kann eigentlich so zerreißend sein, als der Ausgang Ihres Stücks. Dennoch fühlt sich das Gemüt zuletzt in völliger Harmonie und ausgesöhnt mit dem Schicksal und der Menschheit. Max und Thekla sind der Empfindung gefolgt, der sie ihr Leben anvertraut hatten; das Einzige, was ihnen, und an ihnen uns wert war, ist auf ewig durch ihren Tod gesichert und geborgen. Wallenstein konnte nicht still stehn und nicht zurückgehn. Ein so gewaltiges Fortstreben der Kräfte mußte fortrollen, bis es zerschellte. Das, was siegend hinter ihm zurückbleibt, kann freilich nur Mißbilligung, sogar Verachtung bei uns finden, aber es verbinden sich auch schöne und wohltätige Ideen damit. Wallenstein war eine so fürchterliche, so gewaltsame Erscheinung, daß die Hoffnung friedlicher Ruhe unmittelbar mit seinem Fall eintritt. Die furchtbarste Idee Ihrer ganzen Dichtung, und die ihr zu einem Schauder erregenden Hintergrunde dient, die Übermacht der Heere, die nicht bloß dieser oder jener Provinz, sondern allem ruhigen Bürger-Dasein einen endelosen Krieg ankündigt, sinkt mit ihrem Schöpfer dahin. Ein gewaltig übergetretener Strom kehrt in sein Bett zurück, Saaten können wieder grünen, Völker wieder glücklich sein.

Das ist gerade so groß, daß die Summe alles Menschendaseins sich in Ihren Stücken so klar und kurz zusammenzieht. Die innere und reine Menschengröße, die sich einer Idee hingibt, und lieber untergeht, als sie verläßt auf der einen Seite; auf der andern die näher dem Boden verwandte, beschränktere Gemütsstimmung, die, leichter befriedigte Wünsche nährend, Ruhe, Zufriedenheit und äußeres Glück sucht, und die Sie sehr zweckmäßig nur in Massen, und nicht unmittelbar, sondern nur in dem Kontrast der ihr Zerstörung drohenden Kriegsmacht, und in den weisen Reden Octavios und den begeisterten Schilderungen seines Sohns dargestellt haben. Dieser beschränkteren Stimmung widerspricht jene Größe nicht. Max und Thekla können ebensowohl auf Erden glücklich sein, als der Erde entbehren. Nicht also Wallenstein, denn sein Geist nimmt keine rein menschliche Richtung. Er begnügt sich nicht an den Gütern, die niemandes Eigentum sind, und will die nicht teilen, die wenn sie einer besitzt, der andre entbehren muß. Er zählt sich (wie er selbst in den Piccolomini's sagt) den hellgebornen Joviskindern zu, und gehört doch (wie er Max nicht ableugnet) der Erde an. Wer, wo und wie es geschehen mag, die Sphären verwechselt, der kann keine grenzenlose Bahn verfolgen, sondern muß früh oder spät untergehen.

Ich hörte einige Leute hier sagen, daß, bei der Vorstellung, das Ende des dritten Akts des Wallensteins den beiden folgenden das Interesse benehme. Ich kann mir aber nicht vorstellen, daß dies Urteil nur irgend allgemein gewesen sei. Denn so wenig vorteilhaft ich auch vom Publikum im ganzen genommen denke, und so gewöhnlich es ist, die Menschen von Empfindungen hingerissen zu sehen, die sie erst, recht eigen für sich, zu gewöhnlichen herabgestimmt haben, so ist es doch auch so menschlich, wenn einmal eine Saite mächtig angeschlagen ist, nicht eher ruhen zu können, bis sie ausgetönt hat.

Wallenstein gleicht einer Naturkraft, und jeder tragische Held muß es unfehlbar mehr oder weniger. Es muß ein gleichsam unreiner fremdartiger Stoff in die Masse kommen, damit eine Gährung entstehe, und das Lautre und Fehllose, das eigentlich auf den Zuschauer wirken soll, sich rein abscheide. Aber Wallenstein ist es dadurch auf eine so große Weise, daß alles Schiefe in ihm und alles Mißgeschick außer ihm allein aus seinem Charakter, und in diesem nur aus jenem Verwechseln der Sphären, aus dem Suchen des Unvergänglichen im Vergänglichen entsteht. Er hat nun nicht die Klarheit, welche jeder leidenschaftliche Charakter an sich trägt, und das Schicksal erscheint nicht als eine blinde Gewalt. Sogar er selbst, und dies tut eine erstaunliche Wirkung, sieht bei jedem Schritt klar vor

Augen, was er tut; kennt sein Unrecht und seine Gefahr. Aber er
hat sich selbst, und wieder durch das übermütige Gefühl seiner
Größe verführt, nach und nach unlösbar verstrickt. Dadurch haben
Sie Ihr Stück den griechischen sehr nahe gebracht, wie es überhaupt
durch die schöne und weise Mäßigung, die neben der vollen Stärke
darin herrscht, und durch die vollendete Reife, trotz seines offenbar
modernen Charakters, dem antiken schlechterdings nicht untreu ist.

Ich habe Wallensteins öfteres unschlüssiges Zaudern tadeln hören;
mir aber ist es sehr richtig berechnet vorgekommen. Es ist immer nur
zugleich die Folge seiner edelmütigen Scheu vor dem Unrecht, und
des Gefühls von Kraft, mit dem er nie von den Umständen und
dem Augenblick abzuhängen glaubt. Daß Wallenstein schnell handeln kann, wo es nur darauf ankommt zu handeln, daran kann
niemand zweifeln; daß er zögert, wo er sich zu einer ganzen Reihe
von Entschlüssen bestimmen soll, ist in einem nicht affektvollen,
ja kaum einmal leidenschaftlichen Charakter, in einem Menschen,
der nur ein einziges tiefes Streben, an dem für ihn alles hängt,
kennt und an sich grübelnder Gemütsstimmung ist, natürlich. Der
Tadel rührt wohl nur daher, daß die Tadler, wie Illo und Terzky,
von der Größe dessen, was er sucht, eigentlich keinen Begriff haben.
Er will keine gemeine Empörung, keine gemeine Usurpation, er
macht sich – und das ist gerade sein Unglück – kein Blendwerk,
er sieht nur zu klar, was rein und edel, und was alltäglich ist. Er
will das Größeste und Außerordentlichste in Wirklichkeit darstellen, und greift darum nach einer Königskrone; aber indem er die
Hand ausstreckt, fühlt er, daß sie kein Stoff ist, in dem sein Gepräge sich ausdrückt. Darum hat er kein bestimmtes Verlangen,
keinen reinen Entschluß. Unglückdrohende Gestirne entfernen nicht
sein Handeln von dem entscheidenden Moment, sondern er sucht
nur einen Vorwand am Himmel für das unschlüssige Zögern in
seiner Brust. Er fühlt wohl, daß, was er will, über die Kräfte der
Natur hinausgeht, und in der Unruhe, die ihn umtreibt, geben ihm
die unverständlichen Geheimnisse einer chimärischen Kunst eine
scheinbare Befriedigung.

[...]
Überhaupt aber sind Ihre drei Stücke dadurch durchaus neuer
Gattung, daß um eine einzelne Erscheinung in einem einzigen Men-

schen anschaulich zu machen, Sie den Blick durch ganze große Massen hindurch führen mußten. Wallenstein erschien schlechterdings nur als ein Vermeßner, wenn man nicht durch das ganze Heer, vom Gemeinen bis zum General, die Gründe des Vertrauens sah, das er haben konnte, dasselbe nach seinem Willen zu führen.

Daß Sie die Herzogin, die in den wenigen Malen ihres Erscheinens eine so treffliche Wirkung tut, nicht mehr zeigen, scheint mir sehr zweckmäßig. Ihr Schicksal, bei ihrem Charakter, hätte zuletzt nur, ohne allen Ersatz das Gemüt des Zuschauers schmerzhaft zerrissen, wenn Sie ihr mehr Anteil an der Handlung verstattet hätten.

Buttlers Charakter ist poetisch vollkommen gerechtfertigt. Er ist ein roher Mensch, aber von ungemeiner Kraft, und von ungemeiner Reizbarkeit für den Begriff der Ehre, in dem er wahre Begriffe und Begriffe des Vorurteils mischt, dabei tief und versteckt leidenschaftlich. Er glaubt sein Ehrgefühl vom Kaiser beleidigt, und verläßt ihn aus Rache; er sieht, daß ihn Wallenstein gemißbraucht hat, und seine Rachsucht wechselt jetzt nur den Gegenstand. Dennoch kann ich nicht leugnen, daß mir dieser Buttler der Stein des Anstoßes im Wallenstein ist. Der Teil des Plans, auf dem gar nicht hauptsächlich – denn Wallenstein ist immer, auch ohne das, dem Tode geweiht, und Sie konnten gewiß mancherlei Wege wählen – aber nach der Art, die Sie ergriffen haben, die Katastrophe beruht, befriedigt mich nicht ganz. Buttler ist allerdings ein taugliches Subjekt, jemand unwiederbringlich dem Tode zu überliefern. Allein seine Umänderung *von* Wallenstein *wider* ihn ist mir zu schnell, und der Erfolg nachher, bei seinem doppelten Betragen zu leicht. Allerdings ist seine Umänderung motiviert, und das hinlänglich, aber auf eine Art, die nicht allen Verdacht der Willkür des Dichters ausschließt, und ob ich schon sonst nicht gleich den Stab über alle Motive dieser Gattung brechen möchte, so sind diese Ihre Stücke doch übrigens davon frei. Eine Treulosigkeit, wie Wallenstein hier an Buttler begeht, ist einem nicht bloß nicht lieb, sondern auch an Wallenstein fremd, und der Gedanke, daß dieser Kunstgriff einmal das einzige Mittel war, sich Buttlers zu vergewissern, nicht hinlänglich befriedigend.

Sei indes dieser Tadel auch ungegründet, so hätte ich doch gewünscht, Buttler wäre weniger in den beiden letzten Akten auf dem

Theater geschäftig. Ein Charakter, wie der seinige, – die unerbittliche Härte der Erinnyen, ohne ihre innere Gerechtigkeit, aber mit dem Scheine des äußren Rechts – ist der furchtbarste Anblick, den man sich denken kann, und so wenig ich auch eine solche Gestalt aus der Tragödie verbannen wollte, so möchte ich es doch dem Zuschauer ersparen, sie lange zu sehen. Auch die Szene mit den Mördern hätte ich weggelassen, oder beträchtlich abgekürzt.

Dagegen tut Gordon eine vortreffliche Wirkung. Seine Weichmütigkeit gibt diesen letzten Szenen eine sanftere Rührung, und seine bescheidene Mäßigung bereitet uns nach und nach darauf vor, daß eine so furchtbar aufstrebende Macht, wie Wallensteins seine, notwendig und mit Recht in Nichts zerfallen muß.

Georg Wilhelm Friedrich Hegel, Sämtliche Werke. Jubiläumsausgabe in 20 Bdn. Hrsg.
v. Hermann Glockner. Stuttgart 1930, Nachdruck 1958. Bd. 20: Vermischte Schriften
aus der Berliner Zeit, S. 456—458.

ÜBER WALLENSTEIN
(um 1800)

Von Georg Wilhelm Friedrich Hegel

Der unmittelbare Eindruck nach der Lesung Wallensteins ist
trauriges Verstummen über den Fall eines mächtigen Menschen,
unter einem schweigenden und tauben Schicksal. Wenn das Stück
endigt, so ist Alles aus, das Reich des Nichts, des Todes hat den
Sieg behalten; es endigt nicht als eine Theodizee.

Das Stück enthält zweierlei Schicksale Wallensteins; — das eine,
das Schicksal des Bestimmtwerdens eines Entschlusses, das zweite,
das Schicksal dieses Entschlusses und der Gegenwirkung auf ihn.
Jedes kann für sich als ein tragisches Ganzes angesehen werden.
Das erste, — Wallenstein, ein großer Mensch, — denn er hat als er
selbst, als Individuum, über viele Menschen geboten, — tritt auf
als dieses gebietende Wesen, geheimnisvoll, weil er kein Geheimnis
hat, im Glanz und Genuß dieser Herrschaft. Die Bestimmtheit teilt
sich gegen seine Unbestimmtheit notwendig in zwei Zweige, der
eine in ihm, der andere außer ihm; der in ihm ist nicht sowohl ein
Ringen nach derselben, als ein Gähren derselben; er besitzt persönliche Größe, Ruhm als Feldherr, als Retter eines Kaisertums durch
Individualität, Herrschaft über Viele, die ihm gehorchen, Furcht
bei Freunden und Feinden; er ist selbst über die Bestimmtheit erhaben, dem von ihm geretteten Kaiser oder gar dem Fanatismus
anzugehören; welche Bestimmtheit wird ihn erfüllen? er bereitet sich
die Mittel zu dem größten Zwecke seiner Zeit, dem, für das allgemeine Deutschland Frieden zu gebieten; ebenso dazu, sich selbst
ein Königreich, und seinen Freunden verhältnismäßige Belohnung
zu verschaffen; — aber seine erhabene, sich selbst genügende, mit
den größten Zwecken spielende und darum charakterlose Seele kann
keinen Zweck ergreifen, sie sucht ein Höheres, von dem sie gestoßen
werde; der unabhängige Mensch, der doch lebendig und kein Mönch

ist, will die Schuld der Bestimmtheit von sich abwälzen, und wenn nichts für ihn ist, das ihm gebieten kann, – es darf nichts für ihn sein – so erschafft er sich, was ihm gebiete; Wallenstein sucht seinen Entschluß, sein Handeln und sein Schicksal in den Sternen; (Max Piccolomini spricht davon nur wie ein Verliebter). Eben die Einseitigkeit des Unbestimmtseins mitten unter lauter Bestimmtheiten, der Unabhängigkeit unter lauter Abhängigkeiten, bringt ihn in Beziehung mit tausend Bestimmtheiten, seine Freunde bilden diese zu Zwecken aus, die zu den seinigen werden, seine Feinde ebenso, gegen die sie aber kämpfen müssen; und diese Bestimmtheit, die sich in dem gährenden Stoff, – denn es sind Menschen – selbst gebildet hat, ergreift ihn, da er damit zusammen – und also davon abhängt, mehr, als daß er sie machte. Dieses Erliegen der Unbestimmtheit unter die Bestimmtheit ist ein höchst tragisches Wesen, und groß, konsequent dargestellt; – die Reflexion wird darin das Genie nicht rechtfertigen, sondern aufzeigen. Der Eindruck von diesem Inhalt als einem tragischen Ganzen, steht mir sehr lebhaft vor. Wenn dies Ganze ein Roman wäre, so könnte man fordern, das Bestimmte erklärt zu sehen, – nämlich dasjenige, was Wallenstein zu dieser Herrschaft über die Menschen gebracht hat. Das Große, Bestimmungslose, für sie Kühne, fesselt sie; es ist aber im Stück, und konnte nicht handelnd dramatisch, d. h. bestimmend und zugleich bestimmt auftreten; es tritt nur, als Schattenbild, wie es im Prolog, vielleicht in anderm Sinne, heißt, auf; aber das Lager ist dieses Herrschen, als ein Gewordenes, als ein Produkt.

Das Ende dieser Tragödie wäre demnach das Ergreifen des Entschlusses; die andere Tragödie das Zerschellen dieses Entschlusses an seinem Entgegengesetzten; und so groß die erste ist, so wenig ist mir die zweite Tragödie befriedigend. Leben gegen Leben; aber es steht nur Tod gegen Leben auf, und unglaublich! abscheulich! der Tod siegt über das Leben! Dies ist nicht tragisch, sondern entsetzlich! Dies zerreißt das Gemüt, daraus kann man nicht mit erleichterter Brust springen!

Wilhelm Süvern, Über Schillers Wallenstein in Hinsicht auf griechische Tragödie. Berlin 1800, Auszug: S. 43—52.

ÜBER SCHILLERS WALLENSTEIN
IN HINSICHT AUF GRIECHISCHE TRAGÖDIE
(1800)

Von WILHELM SÜVERN

[...] *Eine große, ungeheure Tat wird durch die Verkettungen des Schicksals herbeigeführt, dessen Zorn der Held selbst aufforderte, nicht durch ein niedriges schlechtes Herz, sondern durch ein Übermaß der Kraft und das Zusammengreifen der Umstände zu einer Handlung gedrängt, welche sein ganzes Haus und alle, die an ihn gebunden sind, Schuldige und Unschuldige, in ihre Folgen verstrickt.* An Selbständigkeit gleicht er der alten, an weit um sich greifender schauderhafter Wirkung der shakespearischen Tragödie.

Bei dem Geiste muß das Drama gefaßt werden, der von *Wallenstein* ausgeht, einem Helden, in welchem der Urgeist in mächtigem Leben aufstrebt, der eine Welt im Busen trägt und ein Gefühl unerschwinglicher Kraft. Selbst über der irdischen Gemeinheit erhaben, wie die Sterne über der Erde, knüpft er diese Kraft, die er in seiner Brust greift, an jene himmlischen Gewalten, und bannt das ihm Eigenste an das Fremde, dessen Allmacht der Glaube der Zeit geheiligt hatte. Wer das *in ihm* Aberglauben nennt, der hat kein Organ für den großen Weltsinn, welcher in dem Helden liegt. Es gibt sogenannten Aberglauben, dessen nicht jeder fähig ist. Er entspringt aus dem zartesten kindlichen, oder dem glühenden mächtigen Geiste; die Religion wird bildend, und ein Herz voll warmen Lebens webt sich selbst aus sich hinaus, vergöttert sich in der Natur rund um sich her, und glaubt in lieblicher Täuschung, es ströme der Quell ihm von freundlichen Mächten zu, der in seinen eignen innersten Adern entspringt. Aus diesem lebendigen Glauben entstanden zuerst die Gottheiten aller Religionen. Ein *Dichter* war es, der zuerst in dem schattigen Baume, in der rieselnden Quelle ein leben-

diges Wesen erblickte; ein *Dichter* der Weise, der der Vollkommen-
heit Urbild mit einem Lichte umwob, dazu kein Mensch kommen
kann. In dem gefesselten Sinne, im toten Herzen der Menge, die
mit hohlen Formeln spielt, entstand erst der Aberglaube. Wer die
religiösen Dichtungen würdig verstehn will, muß selbst der Religion
fähig, sein Herz erwärmt, sein innerer Mensch erschaffen sein.
Darum nimmt den Herzog auch treu die reine Seele, der *Max
Piccolomini,* welcher durch Liebe erweckt, durch Liebe zur Andacht,
zum Glauben an Götter belebt ist:

> Der Geist ist nicht zu fassen, wie ein andrer!
> Wie er sein Schicksal an die Sterne knüpft,
> So gleicht er ihnen auch in wunderbarer,
> Geheimer, ewig unbegriffner Bahn.
> [Picc., 2548–51]

Und daß *Illo* und seinesgleichen diesen Glauben schmähen, daß
sie täuschend sprechen:

> In deiner Brust sind deines Schicksals Sterne!
> [Picc., 962]

das ist wahrlich nicht die Frucht eines erhelleten Geistes, vielmehr
eines noch völlig blinden, der Niedrigkeit, worin sie sich herum-
treiben. Wallenstein erklärt ihm dies herrlich in seiner Sprache:

> Du red'st wie du's verstehst! wie oft und vielmals
> Erklärt' ich dir's! – dir stieg der Jupiter
> Hinab bei der Geburt, der helle Gott,
> Du kannst in die Geheimnisse nicht schauen.
> Nur in der Erde magst du finster wühlen
> Blind wie der Unterirdische, der mit dem bleichen
> Bleifarbnen Schein ins Leben dir geleuchtet.
> Das Irdische, Gemeine magst du sehn,
> Das Nächste mit dem Nächsten klug verknüpfen,
> Darin vertrau' ich dir und glaube dir!
> Doch was geheimnisvoll bedeutend webt
> Und bildet im Abyssus der Natur,
> Die Geisterleiter, die aus dieser Welt des Staubes
> Bis in die Sternenwelt mit tausend Sprossen
> Hinauf sich bau't, an der die himmlischen

Gewalten wirkend auf und nieder wandeln –
Die Kreise in den Kreisen, die sich eng
Und enger ziehn um die zentral'sche Sonne,
Die sieht das Auge nur, der entsiegelte Blick
Der hellgebornen heitern Joviskinder.

[Vgl. Picc., 966–85]*

Eines solchen Geistes Element ist Schaffen und Wirken, Ruhe tötet
ihn; und weit entfernt, im gegenwärtigen Kreise sich zu beschränken, weckt jeder erreichte Zweck noch mehr seine Kraft, hebt ihn
zu einem höhern Ziele. Denn seine ganze Fülle will er in der Welt,
die ihn umgibt, abdrücken, nicht um zu bauen oder zu zerstören,
nur um tätig zu sein nach Würden, sich selbst darzustellen und in
seiner Schöpfung sich zu spiegeln. Und so schildert auch Herzog
Friedland die Geschichte: Er war stets in sich selbst beschäftigt, und
in der Stille, die ihn weit umgeben mußte, hallte ihm nur der
Widerklang eigner Tätigkeit. Auf einen Platz gestellt, wo eine Welt
ihm Stoff des Handelns geben konnte, welch Wunder der Größe,
vielleicht welcher Segen! So hoch war er gestiegen, als die Verhältnisse der Staaten es erlaubten. Aber bald satt des Handelns, das
ihm hier verstattet war, strebte er weiter und höher, durch übergroße Gewalt noch mehr aufgefordert, und da ihm die Möglichkeit,
weiter zu gelangen, abgeschnitten war, wer mag sagen, ob die rege
Kraft, so weit getrieben, so leicht in den scharfen Schranken der
Mäßigung zu halten sei, welche die Pflicht ihr zeigt! Und wohl mag
man mit Gordon ausrufen:

O Schad' um solchen Mann! Denn keiner möchte
Da feste stehen, mein' ich, wo er fiel.
Wir in des Loses Mittelmäßigkeit
Erfuhren nie, noch können wir ermessen,
Was sich auf *solcher* Höhe der Gefahr
In solches Mannes Herzen mag erzeugen!

[Vgl. Tod, 2492/93]*

Nicht Hochmut, nicht kleinliche Meuterei gegen seinen Kaiser
ist also die erste Triebfeder von Wallensteins Unternehmen. Aber,

* [Süvern zitiert, abweichend vom Erstdruck, entsprechend dem Berliner Bühnenmanuskript; vgl. NA 8, 430 u. 452 – Anm. d. Hrsg.]

und das ist das Wichtigste, es war selbst von Anfang an nicht einmal
sein Ernst, es dahin zu treiben, wohin es nachher gedieh! Er *spielt*
mit seiner Stärke, und da er unüberwindliche Kraft in sich fühlt,
drängt es ihn natürlich, sich auch seiner Macht, da er alle innere
Bedingungen eines großen Unternehmens hat, auch der äußern,
sich zu vergewissern. Darum nur machte er sich Freunde im Heere,
darum fing er die Unterhandlungen mit den Schweden und Sachsen an, keineswegs weil er wirklichen Verrat zur Absicht hatte. Er
will nur die Fäden in Händen haben, deren Bewegung alle nötigen
Kräfte für ihn ins Spiel setzen könnte, sie rühren will er niemals.
Selbst dachte er sich nie deutlich, wohin das alles führen solle und
könne; sein Vorhaben sich bestimmt zu denken wagt er erst da, wo
er es verfolgen *muß*.

Ludwig Tieck, Dramaturgische Blätter. Erstes Bändchen. Breslau 1826, S. 51—83.

DIE PICCOLOMINI. WALLENSTEINS TOD
(1826)

Von LUDWIG TIECK

Als Schiller nach einer langen Pause mit dem dramatischen Gedichte, Wallenstein, wieder auftrat, fühlten alle, daß die Erscheinung dieses großen und merkwürdigen Dramas eine neue Epoche
in unserer dramatischen Literatur beginne. Es schritt damals mächtig
in die schwachen Geburten des Tages ein, und plötzlich sah man,
wie gebrechlich das innere Wesen dieser Gebilde sei, und wie unzu-
lässig jene Anmaßung, mit welcher sie damals ausschließlich unsere
Theater beherrschten. Diesen sogenannten Familien- oder häus-
lichen Gemälden, rührenden Dramen usw. an sich selber den Krieg
anzukündigen, wäre unbillig, unduldsam, es hieße auch wohl die
reiche Vielseitigkeit der Kunst verkennen, wenn man sie von der
Bühne verbannen wollte. Was gut und trefflich in ihnen ist, was
die Verfasser wirklich der Natur abgelauscht haben, wird immer
lobenswert bleiben, ja der vollendeten Unnatur, einer schwülstigen
Manier, einer Dichtung in lauter leeren und hohlen Worten gegenüber gestellt, könnten sie gewissermaßen als Musterbilder, als er-
freuliche Zeugen der Wahrheit gelten. Jene Idylls aber, diese niederländischen Gemälde aus dem kleineren Leben, ließen sich so
wenig Zeit, ihre wahre Bestimmung und ihre Kunstform zu finden,
daß sie vielmehr, von dem betäubenden Beifall der Zeitgenossen
verlockt, sogleich über alle Kunstformen und Beschränkungen hin-
auswuchsen, betört sich nicht nur für das wahre und höchste Leben
gaben, sondern sich auch ausdrücklich polemisch der Kunst, Wissenschaft, so wie den höheren Ständen gegenüber stellten. Wie bald
vergaß Iffland die ländliche Treuherzigkeit seiner ›Jäger‹, wie viele
sentimentale Karikaturen führte man, dem Beifall des Publikums
vertrauend, auf die Bühne! In seinen frühern Schauspielen erschüt-
terte Kotzebues betäubende Weichlichkeit so vieles Echte und

Wahre, daß man damals, und auch wohl späterhin, ihm nicht Unrecht getan hat, ihn wirklich unmoralisch zu nennen. Wie ist in Goethes ›Geschwistern‹ das hellste und reinste Gemälde allen als ein leuchtendes Muster gegenüber zu stellen, was so viele in weit größerem Umfange nicht haben erreichen können. Jene beiden Lieblingsdichter hätten aus diesem schönen Werke, oder aus dem Stoff von ›Jery und Bätely‹ leicht durch Deklamation, große Not, Wohltätigkeit, und einige herzlose Bösewichter zur Zugabe, fünf Akte ausfüllen können.

Wir haben es in Deutschland erlebt, daß es gewissen Stimmungen sehr leicht wird, sich unserer Bühne zu bemeistern. Verschrobenheit muß nur zu oft für Edelmut, das Abgeschmackte für das Große gelten: und was vermögen Kritik, Witz und Philosophie gegen jene unüberwindliche deutsche Rührung, die jedem gutgemeinten poetischen Versuche schon auf Dreiviertel des Weges entgegen kommt? Daß Ironie mit echter Begeisterung verbunden nur eins sein muß, daß gewisse Dinge den Gebildeten weder zum Lachen noch zum Weinen reizen sollen, wird die Einsicht immer der Menge umsonst predigen, wenn auch unter denen, die das Antlitz der Wahrheit geschaut haben, darüber kein Zweifel walten kann.

Unter diese blassen Tugendgespenster jener Tage trat Wallensteins mächtiger Geist, groß und furchtbar. Der Deutsche vernahm wieder, was seine herrliche Sprache vermöge, welchen mächtigen Klang, welche Gesinnungen, welche Gestalten ein echter Dichter wieder heraufgerufen habe. Als ein Denkmal ist dieses tiefsinnige, reiche Werk für alle Zeiten hingestellt, auf welches Deutschland stolz sein darf, und ein Nationalgefühl, einheimische Gesinnung und großer Sinn strahlt uns aus diesem reinen Spiegel entgegen, um zu wissen, was wir sind und vermögen.

Als Goethe auftrat, ward er von dem jüngeren Teil der Nation mit Freude bewillkommt, der sich an ihm bildete, mit ihm fortschritt und von ihm lernte; die Älteren nahmen Anstoß an ihm. Schillers erste Erscheinung wirkte auf viele Gemüter mehr berauschend als begeisternd; die Ruhigern, selbst unter der Jugend, standen ihm entgegen. Erst durch den ›Carlos‹, der ganz aus der Zeit und ihren Bedürfnissen entsprungen war, versöhnte er sich die Menge und machte auch die Philosophierenden zu seinen Freunden und Schülern, indem er allen ihren Wünschen und ihrem verwirrten Begehren geflügelte Worte lieh. In dieser aufgespannten Stimmung wurde ihm eine Zeitlang Politik, Philosophie und Geschichte wichtiger als die Ausübung der Poesie. Doch führte ihn der Genius zur Bühne zurück, und eben ›Wallenstein‹ war die Frucht eines siebenjährigen Studiums.

Seitdem ist Schiller immer mehr und mehr der Dichter der Nation geworden. Das sicherste Zeichen, daß sie sich an ihm hinaufgebildet hat, daß er ihr gerade genug entgegen gekommen ist, um ihr verständlich zu sein, daß eben unser Volk in der Poesie einen gewissen Ernst, eine Erhebung und Belehrung sucht, eine Wiederkehr großer Gedanken und feierlicher Situationen, und daß, wenn nur diese Forderungen, die sie für die unerläßlichsten hält, erfüllt werden, sie dann gern über kleine Flecken, Widersprüche und Unwahrscheinlichkeiten hinweg sieht, oder sie in der Erhebung selbst nicht bemerkt. Ob von allen seinen Bewunderern das Beste in ihm immer verstanden wurde, ist zu bezweifeln: aber das geht deutlich hervor, daß seine enthusiastischen Verehrer sich selten zum Verständnis Goethes erheben, oder gar in diesem den größeren Meister und die vollendetere Kunst erkennen mögen.

Die jüngeren Dichter haben nachher fast alle diesen Ton Schillers nachzusingen versucht. Hätten sie nur auch seinen tiefen, ernsten Geist überkommen! möchten sie wenigstens seine Lust am Studium geerbt haben! Aber die Nachahmung besteht darin, links und rechts, wie der Sämann, mit vollen Händen, Reflexionen und Sentenzen auszustreuen, unbekümmert, ob sie aufgehen oder von dem nächsten Sperling weggenascht werden. Sie glauben von ihm gelernt zu haben, wenn sie einen toten, außer dem Gedicht liegenden Begriff erfinden, und dieses von ihm unterjochen lassen. Späterhin haben sie diese kalte Redseligkeit mit dem Allegorienspiel des Calderon verbinden können, ohne von dessen Begeisterung etwas zu fühlen, und seitdem haben Spuk, Laster und Bosheit, verklärte Gespenster, Blutschuld und Schande in allen möglichen und unmöglichen Versarten dithyrambisch ihr wildes Wesen getrieben, und das Haupt des edeln Volkssängers auf eine Zeitlang mit dicken Nebeln und fratzenhaften Wolkengebilden dicht verhüllt.

Es war eine glückliche Wahl, daß Schiller einen wichtigen Gegen-

stand aus der deutschen Geschichte nahm. Diese historische Tragödie
kann keinen edleren und poetischern Anhalt finden, als das eigene
Vaterland. Die Liebe zu ihm, die Begeisterung für dieses, die großen
Männer, die es erzeugt, die Not, die es erlebt hat, die glänzenden
Perioden, durch welche es verklärt ist, alle diese Töne werden in
jeder Brust um so voller wiederklingen. Das poetische Auge des
Dichters, dem sich die Geschichte seines Landes eröffnet, sieht und
errät auch, wie alte Zeiten in der seinigen sich abspiegeln, wie das
Beste seiner Tage nur durch edlen Kampf oder Drangsal der Vor-
zeit möglich wurde, und indem der Sänger alles mit dem echten
Sinn des Menschlichen umfaßt, wird er zugleich ein Prophet für die
Zukunft, er wird Geschichtsschreiber, und das gelungene Werk ist
nun eine Tat der Geschichte selber, an welcher noch der späte Enkel
sich begeistert, seine Gegenwart aus diesem klaren Bilde erkennen
und sich und sein Vaterland an ihm lieben lernt.

Ich rede also hier nicht von jenen Gegenständen, die man willkürlich und auf gut Glück aus der Geschichte aufgreift, irgendeine
Verschwörung, ein seltsamer Mord, eine Hinrichtung, Bürgerauf-
stand und dergleichen: wo der Dichter dann diese Begebenheit, um
sie sich und seinen Zuschauern interessant zu machen, mit Leidenschaft und starker Liebe, mit einigen höchst edlen und bösen Charakteren aufschmückt, und als Virtuose oder Dilettant sein Thema
abspielt, mit Variationen, die auch bei anderer Gelegenheit, unter
ganz anderen Umständen, sich mit Beifall dürften hören lassen.

Ein großer Moment in der Geschichte ist eine Erscheinung, die
sich nur dem Seherblicke erschließt. Hingerissen, befeuert wird auch
das schwächere Gemüt von einer großen Begebenheit: um sich diese
anzueignen, wird es aber bald eine einseitige Vorliebe, einen un-
billigen Haß müssen wirken lassen. Ganz von dieser Hitze ist jener
Enthusiasmus verschieden, der im Kleinen wie im Großen das
ewige Gesetz wahrnimmt, sieht, wie eins das andere erzeugt, wie
die Klugheit scheitert, und eine höhere Weisheit die mannigfaltigen
Fäden verbindet, und selbst Zufälligkeiten noch einflechten kann,
um die Erscheinung, das Wesen möglich zu machen, das nun ebenso
wunderbar, als gewöhnlich, ebenso verständlich, als geheimnisreich
wird, und an dem diese scheinbaren Widersprüche sich zu einem
notwendigen Ganzen verbinden. Geht in einem Dichter die Gesamt-

heit einer großen Geschichtsbegebenheit auf, so wird er um so poetischer und um so größer sein, je näher er sich der Wahrheit hält, sein Werk ist so vollendeter, je weniger er störende, spröde Bestandteile wegzuwerfen braucht: er fühlt sich selbst als der Genius der Geschichte, und die Dichtkunst kann schwerlich glänzender auftreten, als wenn sie auf diese Weise eins mit der wahren Wirklichkeit wird.

Diesen Weg hat, außer dem großen Shakespeare, noch kein anderer Dichter wieder finden können. Die Form seiner historischen Schauspiele ist die größte und vollendetste. Es dürfen sich diesem Dichter wohl selbst, was Verständnis des Ganzen, und wahre Auffassung von Zeiten und Menschen betrifft, nur wenige Geschichtsschreiber an die Seite stellen lassen.

Die Begeisterung des Dichters kann aber auch wohl, ohne die Gesamtheit des Wirklichen poetisch zu vereinigen, ein Element finden, in welchem sein Gegenstand sich erklärt, und ›Egmont‹, wie ›Götz‹ sind glänzende Beispiele von dieser Weise. Selbst die Dichter, die durch ihre Kraft die hohe Wahrheit ganz in Manier verwandeln, wie einige Engländer und Deutsche, können noch ihre großen Verdienste haben.

Wenn Schiller damals den Entschluß hätte fassen können, oder wenn sein Enthusiasmus ihm den Mut gegeben hätte, uns, statt des ›Wallenstein‹, in verschiedenen Stücken den unglückseligen Krieg jener furchtbaren dreißig Jahre hinzumalen, so hätte er seiner Nation etwas Ähnliches gegeben, wie Shakespeare für alle Zeiten seinen Engländern hinterlassen hat. Nur freilich konnte der Deutsche nicht mit jenem Glücke beschließen, welches ›Richard den Dritten‹ nach ungeheurem Elend, in der letzten Szene so erfreulich und beruhigend endigt, oder sich in ›Heinrich VIII.‹ in einer prophetischen Rede von den Segnungen des Friedens, der Ruhe und des Heils unter der Regierung der Elisabeth ergießt. Jener deutsche Krieg verwüstet alle Provinzen, Elend häuft sich auf Elend, auf keiner Seite steht das Recht klar und rein, den Eingriffen des Kaisers stellen sich die schlimmsten Grundsätze entgegen, Abenteurer benutzen die Stimmung und das Unglück, Fremde sollen das Heil bringen, da die einheimischen Fürsten in Schwäche und Widerspruch keine festen Entschlüsse fassen können, gegen Tillys kalte Grausamkeit und Wallensteins dunkles Gemüt hebt sich Gustavs

Erscheinung leuchtend hervor, aber auch diese fallen, und schlimmer als schlimm hauset nun Feldherr auf Feldherr eigenmächtig, bis die allgemeine Ohnmacht einen Frieden herbei zwingt, der zugleich, wie ein offenes Grab, alle bis dahin frische Kraft Deutschlands, alles regere Leben, ja alle Hoffnung verschlingt, und dem jene finstere Zeit des Stillstandes, der Lähmung folgen mußte, die erst wieder durch Friedrich und noch später zum Erwachen konnte aufgerüttelt werden. Diese bittre Wehmut hätte also durch alle Begebenheiten des großen Gedichtes tönen müssen. Die Not des Vaterlandes, der Untergang der Völker, das Brechen der Kräfte in Fürst und Untertan, die Hoffnung, das Heil, das von Fremden kam, und sich in Übermut und Drangsal verwandeln mußte, der Glanz einzelner Erscheinungen, welche alle die finstere Nacht verschlang: dies alles, wenn es gelang, bildete dann ein vaterländisches großes Gedicht, wie es, wie schon gesagt, eben nur bis jetzt einmal da ist.

Doch Schiller hat es vorgezogen, den Untergang des Wallenstein abgesondert herauszuheben. Wie sehr er die ganze Zeit kannte, welche Studien er gemacht hat, beweist das Stück selbst, und außerdem sein dreißigjähriger Krieg. Ich glaube aber, das Schauspiel zeigt auch zugleich, wie er es fühlte, daß diese abgetrennte Begebenheit kaum verständlich oder interessant, und noch weniger groß und tragisch genug sei, um sich der Dichtkunst als eine vollständige zu bieten. Man sieht wenigstens deutlich den Kampf des Dichters, in welcher Anstrengung er mit seinem Gegenstande ringt, wie er alle Kräfte aufbieten muß, um ihn zu bezwingen, und es am Ende doch wohl zweifelhaft bleibt, ob der Held oder der Dichter erliegt.

Schiller muß sein Werk in zwei Teile und einen dramatischen Prolog scheiden. Aber diese Teile sind nicht notwendig voneinander geschieden, sondern nur willkürlich voneinander getrennt, sie fließen ineinander über, und der Prolog ist nur gleichsam ein Stück des Stückes, ein Gemälde ohne Handlung, trefflich, lebend in niederländischer Manier, Stil und Haltung ganz und durchaus anders als die der Tragödie. Ja diesem dramatischen geht noch ein anderer einfacher Prolog, voll trefflicher Wahrheiten, voraus, um die Gemüter vorzubereiten und für die ganz neue Erscheinung empfänglich zu machen. Die beiden Hälften waren, so lange das Werk noch Manuskript blieb, anders wie jetzt abgeteilt: das erste Schauspiel, die Piccolomini, faßte sieben Akte der beiden Tragödien, denn es nahm noch die zwei ersten von Wallensteins Tod in sich auf, und schloß da, wo Isolan und Buttler bewogen worden, zu ihrer Pflicht zurückzukehren. Damals war die letzte Hälfte, die nur die drei letzten Akte der jetzigen ausmacht, wahrscheinlich in den Reden gedehnter. Aber der Einschnitt war besser als jetzt, wo das erste Schauspiel mit der Erklärung des Max Piccolomini gegen seinen Vater endigt, daß er seinen Feldherrn selbst befragen wolle. Zwischen diesem und dem folgenden liegt wenig Zeit; die Tragödie hebt nicht mit neuen Empfindungen an, sondern knüpft sich an die vorigen. Hätte der Aufenthalt in Eger mehr Handlung und Begebenheit, so bildete dieser wohl am schicklichsten den zweiten Teil. Man sieht nur, wie schwer sich die äußere Form dem Gegenstande hat fügen wollen.

Schiller fand den Charakter seines Helden, ja selbst die Ursachen seines Unterganges etwas dunkel und ungewiß. Seine Verschwörung hat nie können erwiesen werden, die Untat seiner Hinrichtung hat man entschuldigen müssen. Der Feldherr hatte sich auf eine gefährliche Höhe gestellt, sein Amt selbst, seine Vollmacht und Unabhängigkeit waren furchtbar, ihm sowohl wie seinem Herrn. Alles dies hat der Dichter selbst vortrefflich gesagt und entwickelt. Er geht aber weiter, und diese geschichtliche Anschauung verleitet ihn, über die Geschichte hinauszuschreiten. Er zeigt uns den Helden, der endlich gezwungen wird, das zu tun und zu werden, was er sich nur als ein freies Scherzen der Gedanken erlaubte: dieses Spiel mit dem Teufel, wie er es nennt, erzeugt das ernste Bündnis mit diesem. Wallensteins wunderliche Seelenstimmung, die ungewiße Dämmerung seines Gemütes, sein Wanken, wie seine Unfähigkeit einen Entschluß zu fassen, soll uns eben die große Lehre einprägen, daß das Leben ein Einfaches, Wahres erstreben müsse, wenn es nicht in Gefahr kommen will, dunkeln und rätselhaften Mächten anheim zu fallen. Durch diese Aufgabe, die vielleicht mehr eine philosophische, als eine poetische zu nennen ist, wird Wallenstein aber selbst ein Rätsel, der Glaube an ihn schwankt, das Interesse für ihn ermattet, er verliert, mit einem Worte, als tragische Person. Jener Begriff (oder jene Lehre, wie es oben genannt ist), den der Dichter mit vieler Kunst und großer

Anstrengung, besonders aber mit klarem Bewußtsein seinem Werke
einlegt, ist bei ihm ein Teil von dem, was er in diesem Gedichte
das Schicksal nennt, das eben hierin zur Anschauung gebracht werden soll. Diese willkürliche Stellung (so wahr übrigens jene Lehre
an sich selbst sein mag), diese bewußtvolle Absicht des Dichters
macht aber aus jener großen Erscheinung des Schicksals, die aus
der Gesamtheit, aus der innersten Anschauung hervorgeht, und die
zwar in der hohen Begeisterung des Dichters, in der Phantasie, nicht
aber in einem äußeren Begriffe einheimisch sein kann, etwas ganz
anderes und beschränkteres, als sie sein soll. Jene beschränktere
Lehre liegt auch bewußt und unbewußt in jener erhabenen Anschauung, aber ein viel geheimnisvolleres, nicht in Reflexionen
aufzulösendes Wesen umfaßt diesen, wie noch viele andere Gedanken. Die Idee schafft diese, nicht aber umgekehrt. So wird Wallenstein von vielen, ja *zu vielen* Motiven seinem Untergange entgegen-
getrieben, Selbständigkeit, Kampf ist nicht mehr möglich, und er
erliegt den Umständen, der herbeigeführten Notwendigkeit; es legt
sich dies selbsterregte Schicksal, wie die Schlangen des Laokoon,
dicht und dichter um die Brust des Leidenden und erdrückt ihn. Der
freie Herkules auf dem Oeta, Ajax, Oedipus und Niobe sind aber
ohne Zweifel größere Aufgaben für die Tragödie, als jener
Laokoon.

Dies ist auch die Ursache, weshalb der Schluß des ›Wallenstein‹
nur wenige Wirkung hervorbringt: vorzüglich im Verhältnis zur
Anstrengung, oder gegen einzelne mächtige Szenen des Gedichtes
gehalten. In den beiden prosaischen Tragödien des Dichters ist der
Schluß furchtbar und erschütternd, weniger im ›Fiesko‹, den die
Willkür schwächt. Man hatte Schiller vorgeworfen, seine Entwicklungen seien zu gräßlich, wild und blutig. Im ›Carlos‹ ist die Katastrophe schon ungenügend, das Drama schließt eigentlich mit Posas
Tod und der Gefängnisszene: und seitdem hat Schiller in keiner
seiner Tragödien einen wirklich befriedigenden Schluß wieder finden können.

Daß der Dichter Kraft und Gesinnung hatte, jene Folgenreihe
von Schauspielen zu geben, geht aus dem Werke selbst hervor, denn
das Kriegerische, Politische und Historische ist das Herrlichste in
demselben. Es war ohne Zweifel eine einseitige Theorie, die ihn

veranlaßte, der Dichtung die gegenwärtige Gestalt zu geben. Wie trefflich, unvergleichlich ist der Prolog. Alles lebt, stellt sich dar, nirgends Übertreibung, nirgends Lückenbüßer, so der echte militärische gute und böse Geist jener Tage, daß man alles selbst zu erleben glaubt; kein Wort zu viel, noch zu wenig. Zur Handlung selbst, von welcher er sich auch schon durch Sprache und Reimweise absondert, gehört er freilich nicht, auch fällt nichts in ihm vor, es ist Schilderung eines Lagers und der Stimmung desselben. Es ließe sich aber wohl die Frage aufwerfen, ob unser Theater nicht mehr dergleichen kleinere Gemälde haben könnte und sollte, und ob sie nicht eine eigene Gattung bilden dürften. Schilderungen anderer Art, eines ruhigen, kleinen Lebens, hätte vielleicht Iffland dichten und uns Meisterwerke geben können: Verknüpfung, Plan, Handlung, diese Forderungen sind es, die ihn und so manches andere Talent, weil sie ihnen nicht genügen konnten, so weit in das Leere und Nichtige hineingeführt haben.

Meisterhaft ist die Eröffnungsszene der ›Piccolomini‹, trefflich die Audienz im zweiten Akt; in jedem Worte spricht der vollendete Meister, man sieht, man glaubt alles, ja sogar der Hintergrund des schon überlebten Krieges wird lebendig und überzeugend, der Zuschauer fühlt sich ganz in jene Zeit zurückversetzt. Die Tafelszene hat wiederum großen Charakter: nur ist es wohl nicht unbedingt zu billigen, daß das Gemälde, wie manche des Veronese, uns so geordnet vorgeschoben wird, daß Schenken und Dienerschaft als Hauptpersonen den Vorgrund füllen, und die wichtigen Charaktere verkleinert mehr in den Hintergrund treten. Das kurze Gespräch der Diener hält der Dichter für notwendig, aber es will sich nicht einfügen, und es gleicht den Zeilen in Büchern mit einer Hand bezeichnet: man wird zum Aufmerken ermuntert, aber man fühlt die Absicht des Dichters zu sehr.

Im folgenden Schauspiel steht die Szene Wallensteins mit Wrangel für meine Einsicht so hoch und einzig da, daß ich sie die Krone des Stücks nennen möchte. Jedes Wort, jede Andeutung und Erinnerung tritt groß und mächtig in die Seele. Dabei das Muster einer schwierigen Unterhandlung. Diese Auftritte müssen studiert werden, um sie gehörig würdigen zu können. Dieser überzeugende Glaube fehlt, bei übrigens großen Schönheiten, der Szene, in wel-

cher Wallenstein die Kürassiere wieder auf seine Seite zu ziehen
sucht; man fühlt wieder die Absichten des Dichters zu deutlich. Die
letzten Szenen, in welchen sich der Held zeigt, sind ergreifend, sein
dunkles Vorgefühl, die Unzufriedenheit, ja Verstörtheit seines Gemütes sind trefflich geschildert; aber dieselbe Mattigkeit, von der
Wallenstein niedergedrückt wird, an welcher Gordon zu sichtlich
leidet, teilt sich auch dem Zuschauer mit, und tiefe Wehmut, Über-
druß des Lebens, Verachtung seiner Herrlichkeit, Zweifel an aller
Größe und Kraft des Charakters ist es, was uns am Schlusse beherrscht und stimmt. Und gewiß sollte eine Tragödie, die sich diesen
großen Vorwurf gewählt hat, die mit so trefflicher Kraft ausgestattet ist, nicht mit diesen Empfindungen beschließen.

Wie, wenn Wallenstein (wie wir auch glauben müssen, wenn
wir die Geschichte ernst ansehn) viel weniger schuldig, gewissermaßen ganz unschuldig war? Ich glaube, alles würde dann notwendig größer, nur fehlte freilich noch jener Grund des Gemäldes,
der es zum Bilde machte. Als einzelne Geschichte, wie ich oben
schon sagte, konnte es noch immer kein wahres vaterländisches und
geschichtliches Schauspiel werden.

Die französische Tragödie begreift es nicht, wie selbst ein Philok-
tet ohne eine Liebesgeschichte existieren könne. Wir Deutschen
haben den Sophokles schon längst über diesen Mangel gerechtfertigt, ja wir finden die Forderung unserer Nachbarn lächerlich, und
fühlen, wie auch Shakespeares Bürgerkriege ohne diese Zugabe, die
fast das ganze neuere Drama beherrscht, sein dürfen. Aber dennoch
besitzen wir kein Gedicht (›Caspar der Thoringer‹ und ›Otto‹ etwa
ausgenommen), das sich bis zur allgemeinen Verliebtheit Bahn gemacht hätte, ohne eine Beimischung der Liebe und Leidenschaft.
Wo die Frauen, sei es durch Verstand oder Schönheit, eine große
Rolle in der Geschichte gespielt haben, muß der Dichter ohne Zweifel sie ebenfalls einwirken lassen, und es wäre mehr als törichter Eigensinn, sie hier abweisen zu wollen. Auch in einem dramatischen
dreißigjährigen Kriege darf im Anbeginn die Prinzessin Elisabeth
nicht fehlen, selbst späterhin kann sie noch ein episodisches Interesse
erregen. Goethes ›Egmont‹ ist, so wie ihn der Dichter in trunkener
Begeisterung schön empfangen und vollendet hat, ohne die Figur
Klärchens gar nicht zu denken, ebensowenig sein ›Götz‹ ohne Maria

und Adelheid; wenn auch ein anderer großer Dichter diese Begebenheiten ohne Einwirkungen der Liebe hätte darstellen können. Aber für unsere Literatur ist es zu bedauern, daß Schiller damals nicht den Entschluß fassen konnte, jenen grauenhaften Bürgerkrieg der Wahrheit gemäß auszumalen, und sich, zu sehr der hergebrachten Form folgend, mit einer unbefriedigenden Episode begnügte. Da er das mächtige Interesse für das Vaterland fallen ließ, so mußte er sich freilich nach Wesen und Tönen umtun, die der spröden Materie Geist und biegsames Leben einflößen konnten.

Wer kennt in Deutschland nicht Thekla und die Erhabenheit ihres Schmerzes! Wie viele Tränen sind diesem edlen Bilde schon geflossen! Die Abschiedsszene vom Geliebten, die Erzählung von seinem Tode, ihre Klagen um ihn, im ersten, wie im zweiten Schauspiele, gehören, als einzelne poetische Stellen, gewiß zu dem Schönsten, was Schiller je geschrieben hat. Außer der Rührung hat er aber auch eine höhere Absicht mit dieser Gestalt. In dieser reinen Liebe und wahren Natur soll sich die ganze Verwerflichkeit jener düster verworrenen Plane spiegeln: bei der großen Frage zwischen dem Freunde, der Leidenschaft und Pflicht spricht sich Theklas Herz, eben weil es liebt, als ungefälschtes Orakel aus; sie und Max, und selbst Wallensteins Freude an ihm, muß nun untergehn: und daß diese schönen Naturen ohne alle Schuld auch mit in den Abgrund gerissen werden, ist eben wieder jenes Schicksal, welches der Dichter so bewußtvoll, ja gleichsam in deutlicher Figur auftreten läßt. Es wird aber dadurch, daß Schiller selbst bestimmt und unzweideutig auf diese Einschreitung hinweist, weit mehr ein äußerer Begriff, als daß dieses furchtbare Wesen unmittelbar als Erscheinung mit überzeugender Notwendigkeit aus der Dichtung selbst emporstiege. Dasselbe, was Schiller hier zeigt, geschieht im ›Hamlet‹ auch, noch stärker im ›Lear‹, aber ein weit höherer Standpunkt läßt dies Untergehn der Unschuld mehr als Lehre, die wir beiher auch wohl fassen, auf uns eindringen, als daß es nun die Sache der Tragödie selbst würde, deren Furchtbarkeit uns mit viel höheren Geheimnissen erschüttert. Auch Piccolomini knüpft ein Gewebe, dessen Fäden er nachher nicht mehr regieren kann. Wie schärft im ›Othello‹, in ›Richard II.‹ und allen historischen Werken Shakespeare diese Lehre ein; aber auch sie kann bei ihm nicht so bewußtvoll in die

Gesamtheit seiner wundervollen Kompositionen eindringen, daß sie dort, so wie hier, den höchsten Thron im Geisterreiche einnähme.

Wallenstein hinterließ, als er starb, eine Tochter von drei Jahren, Piccolomini hatte keinen Sohn, wohl aber einen Neffen; nicht der Vater Piccolomini, sondern Gallas war das Haupt der Partei, die dem Wallenstein gegenüber gestellt wurde. Indessen, wenn der Dichter nur den Platz, den er sich erwählt hat, unüberwindlich verteidigt, so ist es kleinlich, mit ihm darüber zanken zu wollen, auf welche Art er die Bewaffnung stellt und verteilt. Die Gräfin Terzky, die Schwester des Helden, befindet sich im Lager, die Herzogin kommt an, und die Tochter wird vom jungen Piccolomini aus ihrem friedlichen Aufenthalte geholt. Die kluge Terzky, die den Bruder und dessen stolze Plane ziemlich kennt, im Übermute sich noch höher, als er selber, versteigt, bildet sich nun ein, der Feldherr sende den jungen Obersten vorzüglich deswegen hin, damit seine Leidenschaft für Thekla in ihm erwachen und sich bilden solle, durch welche dieser nachher dem Empörer um so gewisser und fester mit seinem Regimente verbunden sei. Sie befördert also diese Liebe, die sich wirklich erzeugt hat, sie ist die Mitwisserin, sie veranstaltet, daß die beiden jungen Leute sich sehn und sprechen. – Dieser mit Recht bewunderte Prachtbau dieser Liebe, gewissermaßen der Mittelpunkt des Palastes, – auf welchen dünnen Säulchen ruht er in ängstlicher Haltung!

Durch das ganze Werk empfindet man, trotz aller Anstrengung und Kunst, das Hereingezwungene und Unpassende der weiblichen Figuren. Die Herzogin wirkt so wenig, sie erregt nur so geringe Teilnahme, sie ist so allgemein gehalten, und kann immer und immer nur wieder von ihrer Sorge und ihrem Schmerze sprechen, daß man deutlich fühlt, sie habe den Dichter selbst beängstigt, so oft er sie mußte auftreten lassen. Die Terzky, die diesen ganzen leidenschaftlichen Teil zusammenhalten soll, ist im Grunde ebenso überflüssig, daher auch ihr letztes Erscheinen keine tragische Wirkung hervorbringen kann; und die Liebe selbst ist eine schön gedichtete Episode, gegen welche sich aber das übrige Werk, und zwar das Beste und wahrhaft Historische in ihm, mit allen Kräften sträubt, die daher auch nicht, mit dem Ganzen verflößt, harmonisch

mit diesem zusammenklingen kann. Daß viele jugendliche Gemüter
diesen Teil dem Ernst-Kriegerischen und Groß-Historischen, die
sanften, zarten Töne dem vollen Klang und der Rede der echten
Tragödie vorziehen, ist an sich nicht unlöblich, kann aber der Kritik
keinen Eintrag tun.

Schiller hat in der Schöpfung seiner weiblichen Charaktere keine
große Mannigfaltigkeit bewiesen; dies ist gerade der Punkt, wo
seine Schwäche am meisten sichtbar wird. Alle seine Heldinnen sind
so ganz von Liebe durchdrungen, daß sie in ihrer hohen und edlen
Leidenschaft unüberwindlich erscheinen; sie sprechen sich gleich
beim Auftreten so stark und voll aus, daß kaum eine Steigerung
möglich bleibt. Daher ist bei ihm die Liebe ein hoher Rausch, oder
eine edle Resignation, und wir hören in allen diesen Gestalten weit
mehr den Dichter, als die Natur sprechen. Sonderbar, daß ihm
gerade dieser Mangel die Herzen scheint gewonnen zu haben.

Ganz dithyrambisch ist seine Amalie in den frühen ›Räubern‹,
die Louise in ›Kabale‹ ist ihr ganz ähnlich, die Leonore im ›Fiesko‹
ist nur das geschwächte Bild dieser, weil hier die Intrige und man-
nigfaltige Geschichte vorherrscht. Die Königin in ›Carlos‹ ebenso
groß, edel und ergeben: von der Eboli und ähnlichen Charakteren
können wohl selbst die einseitigen Verehrer des Dichters nicht ganz
leugnen, daß sie verzeichnet sind. In der Thekla spricht sich diese
Weiblichkeit, die mehr Abstraktion als Wirklichkeit zu nennen ist,
am edelsten aus. In der ›Maria Stuart‹ wurde der Dichter von der
Geschichte gezwungen, ihr etwas mehr Wahrheit, Schwäche und
Verirrung zu geben, und sie ist auch wohl sein gelungenster weib-
licher Charakter. Die sonderbare Jungfrau erscheint im Anfang
spröde und wunderlich, in ihrer unbegreiflichen Liebe aber wieder
in der Manier des Dichters, ganz so die Braut von Messina und
das Fräulein im ›Tell‹.

Findet man bei unserm größten Dichter auch, daß Klärchen und
Margarethe, diese wundersamen Schöpfungen, eine ähnliche Phy-
siognomie haben, ja möchte man selbst die Marien im ›Clavigo‹
und ›Götz‹ ihnen gewissermaßen zugesellen, so wie die Marianne
der ›Geschwister‹, so sind dennoch die reine Iphigenie, die Prinzessin Lenore, und wie viele treffliche Gebilde zu berücksichtigen, die
uns aus seinen kleineren Werken, so wie aus seinen Romanen und

Erzählungen entgegen leuchten, daß wir in ihnen die reiche Schöpfergabe des Dichters, so wie in seinen Gestalten die Wahrheit und in so verschiedenen Modifikationen die echte Weiblichkeit bewundern müssen. Unsere verwirrten Tage und die immer mehr einbrechende rohe Anarchie machten es nötig, dergleichen in Erinnerung zu bringen, was ehemals überflüssig erscheinen konnte.

Schiller leiht auch seinen Männern oft Gesinnungen und Reden, die den Umständen und ihrem Charakter nicht ganz angemessen sind, und in welchen man nur den reflektierenden Dichter vernimmt: aber groß und wahr, selbständig und lebendig sind die meisten seiner Figuren, und es wäre unnütz, dies noch beweisen zu wollen, da man bei ihnen wohl einzelne Reden tadeln, aber an ihrer Individualität nicht so, wie bei den meisten Weibern des Dichters, zweifeln kann.

Mich dünkt, man kann es fast in allen Szenen nachweisen, wie es den Dichter selbst gedrückt hat, so heterogene Stoffe zu vereinigen. Im ersten Schauspiele, als Max auftritt, die Partei Wallensteins nimmt, diesen rechtfertigt, unwillig, ja unartig gegen den gemessenen Questenberg wird: wie charakterisiert jedes Wort den jungen Soldaten, der seinen Feldherrn mit Liebe verehrt; nun aber, als die Rede auf den Frieden kommt, er, wie berauscht, jene schöne poetische und berühmte Stelle deklamiert – wo bleibt da jener Max, der noch eben gesprochen hat? War er so gestimmt und zwingt er sich so wenig, diese Stimmung zu verbergen, so mußte er auch anders auftreten, oder er mußte hier etwas anders sprechen. Diese Kontraste wollen sich nicht vereinigen. Im dritten Akte finden wir die sonderbare Szene, wo die Gräfin Terzky den Liebenden eine Zusammenkunft veranstaltet. Thekla, die ungeduldig den Freund erwartet hat, die es weiß, daß nur flüchtige Minuten ihnen vergönnt sind, muß (denn so lenkt der Dichter den Dialog) uns gleich umständlich den astrologischen Turm und dessen Bilder beschreiben. Max verteidigt recht schön den Glauben an die Gestirne, aber wir fühlen, daß dies alles gezwungen herbeigeführt ist, um uns mit diesen Umständen bekannt zu machen. Als die Gräfin sich entfernt, zeigt Thekla unverhohlen ihr Herz und ihre Liebe.

> – In deiner Seele lebt
> Ein hoher Mut, die Liebe gibt ihn ein –

Ich sollte minder offen sein, mein Herz
Dir mehr verbergen: also will's die Sitte.
Wo aber wäre Wahrheit hier für Dich,
Wenn Du sie nicht auf meinem Munde findest?
Wir haben uns gefunden, halten uns
Umschlungen, fest und ewig.

[Picc., 1723–30]*

Schön. Julia im ›Romeo‹ gibt sich in der Mondnacht auf eine ähnliche Art kund. Aber sie kommt liebetrunken vom Ball, ist im Hause, hauptsächlich von einer nicht sehr gewissenhaften Amme, nicht im Kloster erzogen. Auch Miranda im ›Sturm‹ sagt fast die nämlichen Worte: – aber auch hier sind die Umstände sehr verschieden, und besonders das Mädchen selbst ein ganz anderer Charakter. Der Gesang Theklas entfernt uns, so schön das Lied ist, zu sehr aus jener militärisch-historischen Welt, bringt das Schauspiel dem Romantischen allzu nahe, worin es doch auf keine Weise aufgehn kann und soll.

Es geht ein finstrer Geist usw. Diese berühmten Verse, die sich durch den Reim noch besonders herausheben, gehören zu denen, wo der Dichter die Person fast ganz vergißt, und sie das sagen und poetisch ausmalen läßt, was der Hörer wohl mehr oder weniger bestimmt empfinden und denken wird. Es klingt ganz wie das Gedicht eines tiefempfindenden Zuschauers auf das Stück selbst. Dergleichen hat Schiller in allen seinen Werken, und daß diese schildernden Sentenzen, diese gewissermaßen gesungenen Gesinnungen so isoliert stehen, aus dem Werke herausfallen, das ist es gerade, was sie so beliebt gemacht und so viele Nachahmungen veranlaßt hat. Diese undramatische Eigenheit ist in der ›Maria Stuart‹ einige Male noch stärker, auffallender noch in der ›Jungfrau‹, und in der ›Braut‹ auf die höchste Spitze getrieben. Dies Tadelnswürdige hat begeistert, und ist seitdem verzerrt in Nachäffungen wiedergegeben worden, und man kann darum behaupten, daß Schiller selbst, so wie er gewissermaßen erst unser Theater gegründet hat, auch der ist, der es zuerst wieder zerstören half.

* [1723–24 zitiert Tieck abweichend von Schillers Text – Anm. d. Hrsg.]

— Es schleudert selbst der Gott der Freude
Den Pechkranz in das brennende Gebäude.
[Picc., 1911/12]*

Ich sagte oben, die Gräfin Terzky sei eigentlich überflüssig; aber
doch scheint ja der Dichter auf gewisse Weise den Ausschlag von
Wallensteins Schicksal in ihre Hand zu legen. Nachdem schon alle
Motive in Tätigkeit gesetzt sind, nachdem der Unterhändler Seni
gefangen ist, dem Feldherrn kein Ausweg mehr bleibt, und er in
einem langen Monolog seine Lage erwägt, endlich den Schweden
Wrangel kommen, ihn aber ohne Entscheidung wieder fortgehn
läßt, erscheint die Gräfin, hört von diesem unbegreiflichen Wankel-
mut, stellt ihm alles noch einmal von andern Seiten und in einem
andern Lichte dar, und bringt so durch die Kraft ihrer Beredsamkeit
den Zögernden zum Entschluß. Ich muß gestehen, daß dieses die
einzige Stelle des Werkes ist, in der ich den Dichter niemals verstanden habe. Sie sagt ihm nichts, sie kann ihm nichts sagen, was ihm
die Freunde nicht schon, er sich selbst aber weit mehr, ebenso gründ-
lich und tief vorgetragen. Mit seinem Verstande, der so ungern
andere über sich erkennt, wäre es nur eine spielende Bemühung,
diese leichten Sophismen in ihr Nichts aufzulösen. Der Anfang ihrer
Rede erinnert sehr bestimmt an die Lady Macbeth in jener Überredungsszene der einsamen Nacht, und ich müßte sehr irren, wenn
Schiller sie nicht auch im Auge gehabt hätte. Aber wie sind dort
Menschen und Umstände so völlig andere! Eine angebetete Gattin,
die Einsamkeit, der von Ehrgeiz und Bezauberung schon Wahn-
witzige, das gewisse, nahe liegende Glück, das ein einziger kühner
Dolchstoß erringen kann. Dort kann Macbeth durch sein Zaudern
und seine Schwäche nur besser, durch die Überredung, die ihn endlich bestimmt, nur milder erscheinen; hier aber verliert der Feldherr
zu viel von seinem Charakter, da ihn nichts bestimmen kann, als
endlich die nicht sehr durchgreifenden Gründe einer Frau, die er
nicht sonderlich achtet.

Im dritten Akte hemmen die Szenen mit den Frauen die Handlung erst zu lange; die Verteidigung der Astrologie, nachdem er
schon alle bösen Nachrichten vernommen hat, ist im Munde Wallen-

* [V 1911 beginnt bei Schiller mit: Blindwütend – Anm. d. Hrsg.]

steins unwahrscheinlich, wenigstens etwas zu umständlich. Der Abschied des Max, da nun alles die höchste Spitze erreicht hat, ist ergreifend. Als einzelne Szene wird diejenige, in welcher Thekla den Tod ihres Geliebten erfährt, mit Recht gelobt, doch wünsche ich wieder, nach der rührenden Erzählung und dem edlen Schmerz, die Reime weg, welche ihren Monolog schließen, und die freilich wieder die beliebtesten sind. Der Schluß dieser:

> – Da kommt das Schicksal. – Roh und kalt
> Faßt es des Freundes zärtliche Gestalt
> Und wirft ihn unter den Hufschlag seiner Pferde.
> – Das ist das Los des Schönen auf der Erde.
>
> [Tod, 3177–80]

ist wieder wie bittere Reflexion aus fremdem Munde. Daß das Schicksal hier, noch mehr aber das Schöne selbst personifiziert worden, gibt der Stelle einen leisen komischen Anhauch, weshalb sie sich auch schon so oft zu Parodien hat hergeben müssen.

Daß Schiller die Liebe ernst und feierlich nimmt, stürmisch und enthusiastisch, niemals im Rausch die edlere Sinnlichkeit, die Grundbasis der Leidenschaft und alles Schönen, anklingen läßt, das ist es allerdings, wodurch er keusch und sittlich erscheint; und da er nie diese Erhebung dramatisch-ironisch behandelt, sondern die Erscheinung rein lyrisch, als ein Gedicht im Gedichte, sprechen läßt, so ist er dadurch ausdrücklich des Beifalls derer gewiß geworden, die im Schauspiel nur Rührung und Erschütterung suchen.

Eine des großen Werkes unwürdige Szene ist die zweite des fünften Aktes, in welcher Buttler die beiden Hauptleute zum Morde des Feldherrn auffordert. Sie verletzt zu herbe, und man sieht auf keine Weise ihre Notwendigkeit, da hier eine Abkürzung, im Vorübergehen dem Zuschauer den Zusammenhang nur zu verstehen gebend, so recht an ihrem Orte gewesen wäre. Die Szene der Mörder, welche den Herzog Clarence umbringen (Richard III.), mag wohl das Vorbild gewesen sein. Doch hier spricht aus dem Munde der Verruchten die Nemesis selbst auf die furchtbarste Weise, ihre Gemeinheit verwandelt sich in Schauer und Entsetzen, da uns bei Schiller ihre Roheit und ein gewisser Blödsinn nur beleidigt, und hier gegen den Schluß ein so geringer und dünner Ton einklingt,

wie keiner im ganzen Gedichte, wodurch das Ende noch mehr geschwächt wird.

Wird nun, nach des Helden Tode, der Kaiser ihn vermissen? Wird
die Armee noch dieselbe bleiben? Werden die Schweden jetzt nicht
ohne Widerstand das Land beherrschen? Von allen diesem, selbst
von Octavios Schicksal erfahren wir nichts, können auch nichts
ahnen, und das ganze Gedicht ist also auch hier, wie so manches
neuere, unmittelbar an den einzigen Mann geknüpft; er fällt, und
alles ist vorüber, ohne daß dasjenige gelöset würde, was doch oft
genug im Werke selbst unsere Aufmerksamkeit fordert. Es ist beschlossen, aber nicht vollendet. Es gleicht dadurch manchen Gebäu-
den der Vorwelt, die groß begannen, aber nachher durch
Mangel und Drang der Zeiten nicht haben ausgebauet werden
können.

Ich kann diesen Gegenstand nicht verlassen, ohne auch noch in
die oft gehörte Klage über die Kunst des Schauspielers, welche
keine Spur zurückläßt, einzustimmen. Wenn man des Wallenstein
gedenkt und sich seiner Herrlichkeit freut, sollte man auch zuweilen
an den trefflichen Fleck in Berlin erinnern, der sein reifes Manns-
alter durch das Studium dieser Rolle verherrlichte. Gewiß, wer ihn
damals, als das Gedicht zuerst erschienen war, diesen Helden darstellen sah, hat etwas Großes gesehen. Ich habe fast auf allen deutschen Theatern auch der Aufführung dieses Gedichtes zu verschiedenen Zeiten beigewohnt; vieles war zu loben, dies und jenes gelang,
aber nirgend ward mir etwas sichtbar, das diesem wahren Helden-
spiele nur von ferne wäre ähnlich gewesen. Wenn Fleck sagte:

> Von welcher Zeit ist denn die Rede, Max?
> Über der Beschreibung da vergeß' ich
> Den ganzen Krieg.
>   [Vgl. Picc. 1083 u. 1088/89]

oder

> Tod und Teufel!
> Ich hatte, was ihm Freiheit schaffen konnte, –
>   [Vgl. Picc. 1175/76]

so sah und fühlte man die tiefste Absicht des Dichters. Wo ist je
der große Monolog, und dann die Szene mit Wrangel, wieder so

gesprochen und gespielt worden! Welche Würde, welche sichtbare
Vision, als er den Traum erzählt, die Worte:

> Mein Vetter ritt den Schecken an dem Tag,
> und Roß und Reiter sah ich niemals wieder
>   [Tod, 941/42]

eröffneten einen Blick in eine unendliche wundervolle Weite. Wenn
er in der höchsten Seelenbedrängnis sagte:

> Max! bleibe bei mir! – Geh nicht von mir, Max!
>   [Tod, 2142]

so war in diesem milden, fast gebrochenen Ton so viel Geschichte
der ganzen innern Seele, so viel Poesie in den wenigen Worten, daß
hier wirklich kein Dichter, auch der große nicht, den großen Schauspieler erreichen kann. Als der Held ohne Erfolg sein Angesicht
den wütenden Truppen gezeigt hat, und er nun wiederkehrt und
bloß: Terzky! im Zurückkommen ruft, – wer malt oder erzählt
wieder, was in diesem einzigen Worte lag? Schiller selbst sagt uns
weder, daß er erschüttert, oder vernichtet, oder blaß usw. zurück-
kehrt (wie manche Dichter nicht Beischriften der Art genug erfinden
können), er hatte aber damals in Flecks Person für einen so schöpferischen Genius gearbeitet, daß er ihm in dieser Szene gern die ganze
Poesie überlassen durfte, die er ja hier mit Worten doch niemals
schaffen konnte. Glückliche Zeiten, wenn Genien sich so begegnen!

Iffland gab damals den Piccolomini vortrefflich, und wenn die
übrigen Darsteller auch mehr oder minder Tadel zuließen, so spra-
chen doch selber die Schwächern die Verse in jenen Jahren viel
besser, als man es jetzt sogar von den Guten gewohnt ist. Denn alle,
die in Prosa und Charakterstücken gezwungen waren, natürlich zu
erscheinen, die individuell zu sein strebten, hatten (ohne eben den
Vers sonderlich zu kennen) noch nicht jene ermüdende Monotonie
gefunden, die jetzt die deutsche Tragödie auf der Bühne so sehr
entstellt. Scheint es doch, als haben die Schauspieler die Verse zu
deklamieren erst verlernt, seit alles in Versen, sei es übrigens auch
noch so unbedeutend, geschrieben wird.

Was vor fünfundzwanzig Jahren der Meister seinen Zeitgenossen
zurief, gilt leider auch noch jetzt, vielleicht sogar mehr als damals:

– Denn nur der große Gegenstand vermag
Den tiefen Grund der Menschheit aufzuregen;
Im engen Kreis verengert sich der Sinn.
Es wächst der Mensch mit seinen größeren Zwecken.
Und jetzt, an des Jahrhunderts ernstem Ende,
Wo selbst die Wirklichkeit zur Dichtung wird,
Wo wir den Kampf gewaltiger Naturen
Um ein bedeutend Ziel vor Augen sehn,
Und um der Menschheit große Gegenstände,
Um Herrschaft und um Freiheit wird gerungen,
Jetzt darf die Kunst auf ihrer Schattenbühne
Auch höhern Flug versuchen, ja sie muß,
Soll nicht des Lebens Bühne sie beschämen.

[Vgl. Prolog, 57–69]

Was hat der Dichter selbst nicht seit 1798 erlebt, und wieviel
Größeres und Wundervolleres hat sich seit seinem Tode 1805 zuge-
tragen! – aber wenn wir unsere Bühne fragen, welche Lehre sie
daraus gezogen hat, so muß ihr Mund, wie so mancher verstummen, der wohl Antwort sollte geben können. —

Christian Dietrich Grabbe, Werke. Historisch kritische Ausgabe in 6 Bdn. Hrsg. v. der Akademie der Wissenschaften in Göttingen. Bearbeitet v. Alfred Bergmann. Bd. 4, Emsdetten 1966, S. 149—153 [leicht gekürzt].

WALLENSTEINS TOD
(1835)

Von CHRISTIAN DIETRICH GRABBE

In Berlin fängt dieses Stück mit seinem zweiten Akt an, die Szene im astrologischen Turm, die Überredung durch die Terzky, das Gespräch mit Wrangel, sind weggeschnitten. Wallenstein steht dort auf einmal kahl da, ohne seine Sterne, und den Zuschauern wird zumut wie ihm selbst: „bahnlos liegts hinter ihm" und hinter ihnen. Bei uns hatte ein Dichter arrangiert, und gefunden, was Schiller selbst erfreut hätte. Der fünfte Akt der Piccolomini ist noch zu dem ersten von Wallensteins Tod herübergezogen, und dreifach mit Recht; erstens er ist an sich mehr Exposition zu Wallensteins Tod, als Schluß der Piccolomini; zweitens außer daß er so die Verhältnisse von Octavio, Max, Friedland, und dem Haus Österreich ins Licht stellt, wie nirgend anders im Stück der Fall, entfaltet sich hier am klarsten Octavios nicht unedler Charakter, sein nicht ganz fühlloses Herz. Was sehr nötig, da der Dichter diese Rolle zwar fein angelegt, aber in Wallensteins Tod nur skizzenhaft fortgeführt hat. Sie scheint seinem begeisterten Gemüt zu kalt vorgekommen zu sein. Drittens diese Unterredung zwischen Vater und Sohn, die Variationen derselben leiten besser ein, als fällt man gleich mit astrologischen Türmen und Türen ins Haus, oder wirft sie gar beiseit.

Dieses Trauerspiel ist an sich lang und hier noch der fünfte Akt der Piccolomini hinzu. Gekürzt mußte werden. Es ist aber mit richtigem Takt gekürzt. Die Szenen der Herzogin von Friedland fielen meist aus, und warum nicht? Sie ist auch nur Skizze, und wird genugsam bezeichnet, wenn sie nur anständig und duldend neben dem Helden auftritt; die Szene im fünften Akt zwischen Macdonald und Deveroux fehlte gleichfalls, indes man spürte es nicht, denn sie ist doch nur ein halblustiges *Einschiebsel,* und das Komische ist ohnehin Schillers Stärke nicht. Daß es Leute wie Macdonald und Deveroux unter einem Söldnerheer gibt, weiß man von selbst, aber Schiller tut immer gern des Guten zu viel. Weder sein Personal zu Weimar, noch die hiesige oder eine andere Bühne konnten und können, da alle Talente sonst angewendet werden müssen, auch diese zwei Figuren mit ausreichenden Darstellern besetzen.

Wer Schillers Wallenstein in seiner Jugend, wo seine Lebenshimmel nur noch vorüberfliegende Wolken trugen, zur Zeit, wo unter anderen unbewußt auch die edelste, die erste Liebe, und mit ihr der Drang zum Großen aufkeimte, gelesen hat, frage sich: „wo ein Stück, das so wie dieses mich durchklang und durchleuchtete?" Kein Dichter hat so wie hier die fernsten Sterne zur Erde gezogen, so die Sehnsucht nach dem Unerfaßbaren verherrlicht. Es ist Winter in der Natur. Man fühlt's, wird's auch nur schwach angedeutet. Winter ist's in der Menschheit. Alles fiel ab vom jetzt „entlaubten Stamm", aber Wallenstein blickt auch am Ende noch einmal zu seinem Stern, dem Jupiter, und verwechselt ihn plötzlich, unwillkürlich, mit seinem dahingesunkenen Max. Andere Dichter haben in Sachen anderer Art Größeres geleistet, aber solch einen Blitz zwischen Himmel und Erde schuf nur Schiller. Der Pöbel merkt's freilich nicht, das Erhabene heißt: ihm die Hand vor die Augen halten.

Sehr zart muß (und das ist zum Teil „der langen Rede kurzer Sinn") in einem so von Gefühl und äußerer Natur durchwebten Stück die Szenerie behandelt werden. Der gefährlichste, und doch einer der notwendigsten Punkte ist der astrologische Turm. Statt daß er anderwärts oft ausbleibt, standen hier in ihm die lebensgroßen Bilder der Planeten mit ihren Zeichen, hinter ihnen strahlten die Urbilder, und in weiterer Ferne die Fixsterne. Letztere blinkerten schön, die näheren Gestirne weniger. [...]

Ich muß vieles unerwähnt lassen, und nur eilen, daß ich zur Beurteilung der Darsteller komme.

[...]

Alle Darsteller hatten gut memoriert, waren tüchtig einstudiert. Mehr oder mindere Modifikationen fanden statt, aber keine störende. Herr *Schenk* als Wallenstein, frisch, lebenskräftig, z. B. keinen kochenden Gurgelbrei mit einer im letzten Verse gedrehten

Wurst dazu à la Eßlair aus der Traumerzählung im zweiten Akt machend, noch weniger wie Eßlair bloß die Effekte, nicht die Rolle spielend, sondern durchaus gehalten und brav. Ein gewisses Schwärmerisches könnte er noch mehr hineinlegen. Er kann es, will er. Schillers Wallenstein fällt ja auf der Erde, weil er zu begeistert, zu sicher nach den Kreisen am Firmament blickt. Herr *Limbach,* Octavio, hielt die Rolle mäßig und doch lobenswert, kein Bösewicht, und doch ein gefährlicher Mann, dessen Pflichtgefühl, ohne daß er es weiß, nicht das echte ist, denn es ist nicht offen, es macht sich zu heimlich, und ist mit Intrige und Eitelkeit versetzt. Herr *Seeliger* als Max überraschte mich. Ich traute ihm lange nur Konversationston zu, sein Mortimer und besonders sein Max haben mich eines Besseren belehrt. Er spielte diese so schwierige Rolle befriedigend, und will er zusehn, so findet er in sich so viel Gefühl, als er selbst kaum kennt, aber nur schürfen sollte, um solchen Rollen die letzte Vollendung zu geben. – Herr *Jenke,* als Komiker ein ausgezeichnetes Talent, war als Isolani auch ziemlich lustig, jedoch ist das unrecht? Ist Isolani nicht ein mit Geld und Schicksal würfelnder Kroat? – Die schwere, undankbare Rolle des Buttler füllte *Reußler,* den man den Vielgewandten nennen kann, kräftig aus, mir oft zu kräftig, indem er, wie die Schlange den zu erhaschenden Vogel, sein Opfer oft zu lang und zu fest im Auge behielt, so daß die Umstehenden hätten Arges merken müssen. Buttler ist indes ein Schotte (Schiller legt hierauf auch einigen Akzent) und es mag ihm noch viel vom kühnen gälischen Wesen anhängen. Hat unser Buttler *daran* gedacht, so hebe er es künftig noch stärker hervor, und dadurch wird sich's rechtfertigen. – Mad. *Limbach,* Gräfin Terzky, war in der Überredungsszene, welche Wallenstein zum Abfall bewegen hilft, besser als irgendeine Schauspielerin, welche ich darin gesehen, denn sie legte gegen Friedlands Zweifel nicht bloß trockene Sophistereien und Radotagen, sondern auch Anmut und Weiblichkeit in die Schale, was bei einem echten Helden gewiß mehr gilt, als das usuelle theatralische Medusenwesen in Rollen der Art. Auch Napoleon ließ sich nicht von der Staël, sondern von der sanften Josephine fesseln. Im letzten Akt spielte Mad. Limbach auch gut, doch hätte ich da mehr den finstern Geist gewünscht, der durch Wallensteins Haus geht, denn in der Terzky ist er personi-

fiziert. Spricht sie künftig in diesem Akt etwas tonloser, nur an den
geziemenden Stellen den Klang des zerschmetterten Herzens und
Stolzes hervorbrechen lassend, – macht sie dann auch hier der
Arm- und Handbewegungen weniger, und auch diese nur schnell-
vorüberschwindend, schattenhaft, so ist sie die beste Terzky in
Deutschland.

[...] Die *Versing* [...] war ganz die Thekla. Schiller hat sie in
Wallensteins Tod nicht so brillant ausgestattet wie in den Piccolomini. Aber sie ersetzte alles durch ihr Spiel, insonderheit durch das
stumme. Dieses Weib (man nehme mir den Ausdruck nicht übel,
denn ich meine ihn im edelsten deutschen Sinn) war ein Meer von
Gefühl, und wie die Schloßen in die See, fielen die Worte des tod-
berichtenden schwedischen Hauptmanns in ihre Brust. Man bebte
mit. Dabei blieb sie immer in tragischer Würde, so zerschlagen auch
alles dalag, was sie auf der Erde geliebt. Auffallend war mir eines,
nämlich die Art, wie sie den Vers sprach: „das ist das Los des Schönen auf der Erde." Sie machte vor demselben eine Pause, akzen-
tuierte „*Erde*" und blickte zu dem Gegensatz, zum Himmel. Alle
anderen Schauspielerinnen denken an letzteres nicht, und ich stutzte
anfangs auch vor der neuen Auffassung. Und es ist doch die richtige.
Thekla, aus der klösterlichen, frommen Einsamkeit kurz vorher in
die Welt getreten, in das wilde Lager ihres Vaters, hat gewiß sich
gefreut mit Max und ihm, von der bewegten Erde zu dem Himmel
aufblicken zu können. Ihre Beschreibung des astrologischen Turms
in den Piccolominis verrät das schon. Was war ihr näher, als an die
Unsterblichkeit über den Sternen zu denken, als Max ihr dahin
vorausgegangen? Und hätte Schiller selbst nicht an diese Bedeutung
gedacht, so durfte die Schauspielerin sie aus dem Gedicht doch her-
ausraten und bei der Darstellung hineinlegen. Denn jedes echte
Dichtwerk ist wie die Natur; unendlich ist es da, aber der Zuschauer kann es nicht genug von immer neuen Seiten betrachten,
und der Dichter selbst weiß kaum, was alles in der Begeisterung er
geschaffen hat, oder gibt doch keine Rechenschaft davon, obgleich
mir ist, als hört' ich hier sie in Theklas später gedichteter Geister-
stimme.

Friedrich Hebbel, Werke. 5 Bde. Hrsg. v. Gerhard Fricke, Werner Keller und Karl
Pörnbacher, Bd. 3, München 1966. S. 592—593 [leicht gekürzt].

WALLENSTEIN (DRAMATISCHES GEDICHT
IN DREI TEILEN VON SCHILLER.
ZUM ERSTEN MALE VOLLSTÄNDIG DARGESTELLT
AUF DEM HOF- UND NATIONALTHEATER)
(1848)

Von FRIEDRICH HEBBEL

Über den Wallenstein selbst nur ein paar Bemerkungen, die
zeigen mögen, daß eine Tragödie, wie ein Mensch, große Fehler
haben und dennoch etwas Großes sein, und Großes wirken kann.
Das Lager ist unstreitig Schillers glänzendste Dichter-Schöpfung,
wie schon der Umstand beweist, daß es Goethe zugeschrieben werden konnte. Man erzählte von einem Maler, der eine Menge Pferde,
Esel, Schweine usw. im buntesten Gewühl wüst durcheinander malte,
und diese Tiere, trotz ihrer anscheinenden Freiheit und Ungebundenheit, so zu gruppieren wußte, daß sie, jedes in einer natürlichen
widerborstigen Gestalt den Teil eines Buchstaben abgebend, zusammen den Namen Gottes ausdrückten; sieh, Gleiches ist in Wallensteins Lager erreicht. Das sind alles rohe Soldaten und abenteuerliche Figuren, wie sie der Krieg zu Dutzenden hervorruft, und
nichtsdestoweniger schreitet der historische Geist mit leuchtenden
Augen auf eine, auch dem Halbblinden noch erkennbare Weise
hindurch. Die Piccolomini und Wallensteins Tod dagegen sind
einem solchen Anfang gegenüber schwächlich, und lassen in der
Architektonik, wie in der Ausführung, ein Unendliches zu wünschen übrig. Wie kümmerlich wird der Staat durch Questenberg
repräsentiert, dem Wallenstein, das große, über das erlaubte Maß
hinausgewachsene Individuum, doch als Opfer fallen soll und fällt.
Wie überromantisch ist es, daß der Untergang des Helden durch
sein übermäßiges Vertrauen auf Octavio motiviert wird, und dies
Vertrauen wieder durch einen Traum! Wie macht sich hier in völliger Verkehrung eines dramatischen Grundgesetzes als Motiv gel-

tend, was Farbenstrich geblieben sein sollte, und wie verkriecht sich
an andern Orten wieder ein wirkliches Motiv hinter einem Farbenstrich, der es höchstens begleiten dürfte. Daß Max und Thekla,
diese sogenannten idealen Gestalten, mit denen der Dichter seiner
eigenen Versicherung nach allein sympathisierte, leblose Schemen
geblieben sind, weiß nachgerade jedes Kind, aber noch keiner erkannte, daß das ein Glück für das Werk ist. Wären sie, was sie sein
sollten, und dabei so völlig schuldlos, wie sie hingestellt werden,
mit welchen Empfindungen sähen wir sie untergehen? In der Tragödie darf niemand fallen, als durch sich selbst, das ist ein Axiom,
das Schiller aus den Augen setzte, als er beim Entwurf seines
Stückes Max und Thekla zu einem Menschenopfer für Wallenstein
bestimmte. Der Eindruck wäre nicht tragisch, sondern gräßlich,
wenn bei Max und Theklas innerer Nichtigkeit einer aufkommen
könnte.

Otto Ludwig, Shakespeare-Studien. Hrsg. v. Moritz Heydrich. Leipzig 1874, S. 222—230.

SCHILLERS WALLENSTEIN
(1857/58)

Von OTTO LUDWIG

Ich kenne keine poetische, namentlich keine dramatische Gestalt, die in ihrem Entwurfe so zufällig, so krankhaft individuell, in ihrer Ausführung so unwahr wäre als Schillers Wallenstein; keine, die mit ihren eigenen Voraussetzungen so im Streite läge, keine, die sich molluskenhafter der Willkür des Dichters fügte. Keine aber auch, in welcher diese Unwahrheit und innere Haltlosigkeit mit größerem Geschicke versteckt wäre. Hinter zwei Decken; erstlich des Kostümes, – Fürst, Feldherr, des Gebietens gewohnt –, dann unter den reichsten Falten einer weiten, prächtigen Diktion. Jenes Kostüme ist in der Tat vollendet; der Heeresfürst, der Befehle gewohnte, reißt zur größten Bewunderung hin, aber der Wallenstein, der Mensch selbst, der eigentliche dramatische Charakter, der in diesem Kostüme stecken soll? Unter allen seinen Motiven ist nur eines wahr, die äußere Notwendigkeit; alle anderen sind geradezu unbegreiflich, und stets Handlung und Wort im direkten Widerspruche. In den Reden zuweilen ein Macbeth, ein Coriolan, im Handeln, oder vielmehr im Nichthandeln ein Hamlet. Die Handlung ist die des Hamlet: ein Mensch, der etwas tun soll, und nicht kann, und endlich zur Strafe gedrängt wird, es zu tun. Hier wie dort sehen wir einen Menschen, in dem ein Gedanke vergebens ringt, aus eigener Kraft zur Tat zu werden. Die einzelnen Anstrengungen dazu werden allmählich zu einer äußeren Macht, die ihn zuletzt zwingt. So der vorgegebene Wahnsinn Hamlets, der den König erst aufmerksam macht, die Probe mit dem Schauspiele, die den König überzeugt von dem, was Hamlet will, und eine Intrige hervorbringt, die endlich den Hamlet zum Handeln nötigt, wo es seinen eigenen Untergang hervorbringt. Dort Wallenstein, der mit den Schweden unterhandelt, wegen Verrates. Man kommt

dahinter, eine Intrige gegen ihn zwingt ihn zu dem, was er aus
alleinigem eigenen Antriebe nicht zu tun imstande ist, aber auch
erst dann, wo es mißglücken muß. Die Ähnlichkeit geht weiter.
Hier spielt Wallenstein in seiner geträumten Überlegenheit mit den
anderen Figuren, wie dort Hamlet. Hier der Rechenmeister, der
sein eigen Leben hineingerechnet, dort der Feuerwerker, der mit
seinem eignen Pulver auffliegt. Wie ist Hamlet ein solcher geworden? Ein geborener Fürst und das theoretische Studieren; dazu
körperliche Einflüsse, Fettleibigkeit. Aber wie Wallenstein? Wie
mußte der Mensch beschaffen sein, der in unruhigen Zeiten in so
schwindelnder Schnelle vom gemeinen Edelmanne zum Reichsfürsten aufstieg, zu solcher Macht und Ansehen anwuchs, daß sein eigener Kaiser vor ihm zitterte? Man sollte meinen, es müsse ein
Mensch gewesen sein von raschestem Entschlusse, ein Mensch, der
die Gelegenheit beim Stirnhaar zu erfassen wußte, ein Mensch von
kühn umgreifender Gemütsart, unbedenklich in den Mitteln, nie
irrend in seinem Urteile über Menschen, und wenn ja, eher aus zu
schlechter, als aus zu guter Meinung. Beides sagt auch der Wallenstein Schillers von sich aus, „denn selbst den Fürstenmantel, den
ich trage, dank' ich Verdiensten, die Verbrechen sind". So spricht
er von sich, und wie ist er in seinem Handeln? Hier ist er Posas
Bruder, sein Handeln der reine Gegensatz seines Redens. Wahrlich,
dieser Wallenstein wäre einfacher Edelmann geblieben, und dem
Kaiser wäre es nie eingefallen, vor ihm zu zittern. In allem ist er
das Gegenteil von dem, für was er selbst sich hält, er hält sich für
kühn umgreifend, und ist bloß zu kleinen Ränken fähig, nicht zu
einer entschiedenen Tat; er hält sich allen überlegen, und ist der
Spielball aller. Wo er uns überzeugen sollte durch wirkliche Tat,
da verweist er uns auf die Geschichte. Da können wir lesen, was
er war und was er geworden; *wie* das geschehen, *wie* das möglich
war, das mache der Leser mit sich selbst aus. Aber es ist ja auch
Schiller nur zuweilen, wenn es ihm einfällt, mit dem historischen
Wallenstein Ernst, eigentlich hat er ja im Sinne, uns die ideale Gestalt zu zeigen, die das Resultat seiner tragischen Studien war, die
Gestalt, über die der Affekt keine Macht hat. – Wozu die Astrologie? Ist es dieser Aberglaube, der erklären soll, wie aus dem historischen Wallenstein ein Hamlet geworden? Nein. Er ist Hamlet von

Haus aus, und die Astrologie gibt seiner natürlichen praktischen
Schwäche nur den Vorwand, mit dem er sich bei sich selbst entschuldigt; hier muß der Aberglaube tun, was dort der Zweifel,
wenn Hamlet sich sagt: Der Geist kann ein Versucher aus der Hölle
gewesen sein; denn als alle Zeichen stimmen, worauf er vergeblich
gewartet, handelt er denn nun? Nein; er sucht nach neuen Vorwän-
den, nicht handeln zu müssen. Ich kann mir denken, wie Shakespeare diese Schwäche Wallensteins behandelt haben würde, jedenfalls symbolisch; so daß seine Leidenschaft die dunklen Orakel der
Sterne nach seinem Bedürfnisse und so, selbst unbewußt, gezwungen hätte, zu reden, was er wollte. Es wäre ein interessanter Versuch, das Emporkommen des Schillerschen Wallensteins nach seiner
Natur nachträglich zu motivieren, aber eine mühselige Arbeit.
Welche ungeheuren Maschinen müßten angewendet werden, den
retardierenden Charakter durch die Gewalt der Umstände zu Handlungen zu zwingen, die ihn vom gemeinen Edelmann sozusagen
wider seinen Willen bis zum Reichsfürsten und Kaiser neben dem
Kaiser hinaufhöben. – Aber, hat er seine vor dem Stücke liegende
Vergangenheit vergessen, so vergißt er im Stücke selber immer wieder, wer er eigentlich ist. Was berechtigt ihn denn zu sagen: „dein
falsches Herz hat über mein gerades gesiegt"? Im ganzen Stücke
haben wir nichts von dieser Geradheit seines Herzens gesehen; wir
haben gesehen, daß sein Herz nicht die Macht hat, ihn zu einem
einzigen geraden Schritte zu treiben, im Gegenteil. Seine Zweideutigkeit, in der er gegen den Kaiser und gegen die Schweden zugleich
falsch ist, haben wir kennengelernt, auch derlei kleine Dinge,
die nicht nach Geradheit aussehen. Daß er seine Briefe von Illo
und Terzky schreiben läßt, und diese so in die Schlinge schiebt, aus
der er seinen eigenen Kopf zieht; sein Benehmen in der Sache mit
der Klausel, dann gegen Buttler sind wahrlich keine Belege für
seine Herzensgeradheit. Mir war's immer komisch, wenn ich an die
Stelle kam: „ich hab' auf Dank ja nie gerechnet." Wie? kommt er
sich selbst auf einmal als ein uneigennütziger Wohltäter vor, oder
will er's dem Publikum weismachen, er sei ein solcher gewesen? Nun
wahrlich, er kennt das deutsche Publikum besser, als sich selbst. Wie
geht diese Furcht, dies Hamletsche Fliehen vor der Tat und der
Verantwortung durch das ganze Stück und alle Personen. So möchte

Gordon den Wallenstein gerettet wissen, aber als Buttler die Verantwortung auf ihn wälzen will, wie schiebt er sich diese vom
Halse. Dieser Gordon ist ein widerliches Geschöpf der Sentimentalität, das dem historischen Boden ebensosehr widerspricht, wie alle
Charaktere im Stücke, es sind Schauspieler unserer Zeit, die sich ein
äußerlich täuschendes treues Kostüm jener wilden, unbedenklichen
Zeit umgeworfen haben. Wallensteins Harnisch verwandelt sich
oft in den Schlafrock eines deutschen Professors, er scheint oft wie
ein Ifflandscher Hofrat, der die fixe Idee hat, der Feldherr dieses
Namens im Dreißigjährigen Kriege gewesen zu sein. Im fünften
Akte verwandelt sich sein Kostüm in ein antik-griechisches. Wahrlich, der reale Wallenstein, und auch ein Shakespearescher poetischer
hätte nicht jenen Mantel idealistischer Resignation umgenommen;
er hätte jedenfalls getobt, wenigstens innerlich, und wenn er eine
Rolle spielen wollte, gewiß eine andere gespielt, als die eines sentimentalen Sokrates. Aber es war dem Dichter ja um eine Gestalt zu
tun, die das Resultat seiner tragischen Studien illustrieren sollte. So
haben wir denn in seinem Wallenstein ein Bild, wie es ein Land-
schafter machen würde, der verschiedene Gesichtspunkte in einem
vereinigen wollte. Wie breit ist die Rolle des Wallenstein angelegt,
und doch bleibt er uns unverständlich. Shakespeare weiß mit wenig
starken Strichen ein unendlich klareres Bild zu geben, selbst sein
Hamlet ist ein Wunder von Bestimmtheit gegen diesen Wallenstein.
Wie kommt das aber? Weil Wallenstein ein geistreicher Mann ist,
der über so viel anderes wunderbar schön und geistreich sprechen
muß und daher wenig Raum übrig behält, um das zu sagen, was
er uns eigentlich sagen müßte. Und dann, weil dieser weite, darüber
gemalte Mantel die inkonsequente Zeichnung verbirgt. So knapp
ausgeführt, wie die Shakespeareschen Helden, würde die Unwahrheit und Inkonsequenz des Charakters allen denen ins Gesicht
schlagen, die jetzt den Wald vor Bäumen, den Menschen vor seinem
Redeschmucke nicht sehen. Goethe *hat* Schwächlinge, aber er gibt
sie für nichts anderes aus, er macht sie höchstens liebenswürdig,
aber hier sollen wir Schwächlinge bewundern; Schiller bietet alle
Kraft seines großen Genius auf, sie als Helden erscheinen zu lassen.
Ein Held hat Intentionen, er reflektiert nicht; wenn er es tut, so
ist es darüber, wie er seine Intentionen verwirklichen kann. Wallen-

stein hat keine Intentionen, ihn treibt nicht eine Leidenschaft, eine Absicht vorwärts, er weiß nicht was er will. Bei einem Helden ist der Verstand im Dienste einer Intention, er will etwas; bei Wallenstein ist es umgekehrt, andere reden ihm zu, er selbst will nicht. Die Schillerschen Charaktere sind eher das Gegenteil der Shakespeareschen. Shakespeare würde aus dem Wallenstein dessen eigenes Ideal gemacht haben, während die Idealität, die der Schillersche hat, diesem von außen und widersprechend aufgeladen ist. Shakespeare und nach ihm Goethe konstruieren den Charakter aus seiner Schuld, d. h. sie richten diesen so ein, daß die Schuld sich ohne weiteres aus dieser seiner Anlage erklären läßt. Von dieser Charakteranlage aus idealisiert nun Shakespeare den Charakter, so daß eben dasselbe, was ihn schuldig werden läßt, unseren Anteil an ihm erregt, zunächst die Kraft, schuldig werden zu können. Er verfährt mit seinen Helden aus Novelle oder Geschichte wie Tizian, Rembrandt, Raffael mit dem Originale, das sie portraitieren; er macht eine Totalität aus ihnen, d. h. er idealisiert sie durch Steigerung des Wesentlichen, durch Fallenlassen des Unwesentlichen, durch Hervorheben des Zusammenhanges; er macht sie gleichsam sich selber ähnlicher. Dagegen hat Schiller sich das absolute Ideal des Menschen konstruiert; wenn er einen Helden idealisiert, so heißt das: er mischt Züge, die seinem Originale eigentümlich sind, mit Zügen jenes allgemeinen Ideales; er verfährt, wie ein Maler tun würde, der etwa die Venus von Milo in das Portrait einer beliebigen Dame hineinmalen wollte, gleichgültig, ob diese Züge nun einander widersprechen oder nicht. Es lag für einen Shakespeare nahe genug, was Wallenstein für den Kaiser getan, Dienste, die, wie der Schillersche sagt, Verbrechen waren, und den Undank des Kaisers, als er ihn zu Regensburg den Fürsten opferte, die eben um jener Dienste willen ihn haßten, zu Motiven Wallensteins zu machen. Schiller stellt den Wallenstein so dar, wie ihm eine solche Schuld eben am fernsten liegen mußte. Was man von dem historischen Wallenstein weiß, wäre in eines Shakespeares Hand zu einem grandiosen Bilde geworden. Der Schillersche, ein Zungenheld, wie das deutsche Publikum sie gerne hat, spricht Dinge, die meist wundervoll schön sind, wenn man sie sich von Schiller selbst gesprochen denkt, und die ihm nicht leicht ein anderer nachsprechen wird; das meiste aber davon ist in Wallensteins Munde unwahr, wie die ganze Gestalt. Das Idealisieren besteht darin, eine Gestalt durch Erhöhung zum Ideale ihrer selbst zu machen; nicht darin, soviel als möglich Sentimentalität in einen gegebenen Charakter hineinzutragen, unbekümmert darum, daß die Gestalt dadurch aufgehoben wird. Ein sentimentaler Wallenstein ist gar kein Wallenstein mehr. Goethe maskiert die Schwäche nicht, Schiller aber gibt ihr einen blendenden Anschein von Kraft. Das ästhetische Urteil darf nicht vom sittlichen getrennt werden, wonach wir bestochen werden, in der Poesie ein Tun zu bewundern, das uns im wirklichen Leben mit Widerwillen erfüllt. So schlecht die Wirklichkeit sein möge, es ist mehr wahre Poesie darin, als in der idealen Verklärung der Schwäche, als in einer idealen Schattenwelt. Shakespeare würde uns auch für das Bild des wirklichen Wallenstein interessiert haben, aber ohne zweideutiges Werben um unsere Liebe für ihn, und das ist's, was ich an Shakespeare sittlich finde, denn dem Schlechten soll unsere Liebe nicht gewonnen, unser Gefühl für das Gute und Schlechte soll nicht durch das Schöne verwirrt werden. – Nach Schillers Vorgange ist es fast unmöglich geworden, das Schlimme anders in der Tragödie zu bringen, als unter dem glänzenden Firnis des Schönen und Liebenswerten. Und unter Schillers Stücken wiederum ist das Gift am feinsten und sublimiertesten eben im Wallenstein. – Weit entfernt, daß Schiller eine unsittliche Absicht gehabt hätte, er war ein so streng sittliches Gemüt, daß ihm das Schöne immer, ohne daß er es weiß, ins Gute übergeht. Was ihn persönlich entschuldigt, das ist eben in seinem Wallenstein das Gefährliche, daß, wo er uns bloß ästhetisch für das Schlimme interessieren will, er uns zugleich moralisch dafür gewinnt; das Publikum hat diese Gutherzigkeit instinktmäßig herausgefühlt, und solche Gutherzigkeit am unrechten Flecke will es nun in der Tragödie, und wenn der Dichter auch grundsätzlich diesem Motive des Beifalls aus dem Wege geht, so kommt es gar nicht auf den wahren Grund, sondern meint, der Dichter habe gewollt, was ihm, dem Publikum, an Schiller so gefällt, aber er habe es nicht gekonnt. –

Gustav Freytag, Die Technik des Dramas. Unveränd. reprograf. Nachdruck der 13. Aufl., Leipzig 1922. Darmstadt 1969, S. 177—182.

ZUM DRAMATISCHEN BAU DES ›WALLENSTEIN‹*
(1863)

Von GUSTAV FREYTAG

Von allen deutschen Dramen hat die Doppeltragödie Wallenstein den verschlungensten Bau. Dieser ist trotz seiner Verflechtung im ganzen regelmäßig und schließt sowohl in den ›Piccolomini‹ als in ›Wallensteins Tod‹ die Handlung fest zusammen. Wäre die Idee des Stückes vom Dichter so empfunden worden, wie sie der geschichtliche Stoff entgegentrug: Ein ehrgeiziger Feldherr sucht das Heer zum Abfall von seinem Kriegsherrn zu verleiten, wird aber von der Mehrzahl seiner Offiziere und Soldaten verlassen und getötet, so hätte solche Idee allerdings ein regelmäßiges Drama gegeben für auf- und niedersteigende Handlung, nicht unbedeutende Bewegung, die Möglichkeit getreuer Nachbildung des historischen Helden.

Aber bei dieser Fassung der Idee fehlte der Handlung das Beste. Denn ein geplanter Verrat, welcher dem Helden vom Anfang innerlich feststand, schloß die höchste dramatische Aufgabe aus: das Herausarbeiten des Entschlusses aus der leidenschaftlich bewegten Seele des Helden. Wallenstein mußte dargestellt werden, wie er zum Verräter wird, allmählich, durch sein eigenes Wesen und den Zwang der Verhältnisse. So wurde andere Fassung der Idee und Erweiterung der Handlung nötig: Ein Feldherr wird durch übergroße Macht, Ränke der Gegner und sein eigenes stolzes Herz bis zum Verrat an seinem Kriegsherrn gebracht, er versucht das Heer zum Abfall zu verleiten, wird aber von der Mehrzahl seiner Offiziere und Soldaten verlassen und getötet.

Bei dieser Fassung der Idee mußte die aufsteigende Hälfte der Handlung eine fortschreitende Betörung des Helden bis zum Höhenpunkt: dem Entschluß des Verrates, zeigen, dann kam ein Teil: die

---

* Titelfassung von den Herausgebern.

Verleitung des Heeres zum Abfall, wo die Handlung fast auf derselben Höhe dahinschwebte; endlich in wuchtigem Absturz: Mißglücken und Untergang. Der Kampf des Feldherrn mit seinem Heer
war zweiter Teil des Dramas geworden. Die Verteilung dieser
Handlung in die fünf Akte eines Trauerspiels würde etwa folgende
sein. 1. Akt. Einleitung: die Sammlung des Wallensteinschen Heeres
bei Pilsen. Erregendes Moment: Abfertigung des kaiserlichen Ge-
sandten Questenberg. 2. Akt. Steigerung: Wallenstein sucht sich für
alle Fälle die Mitwirkung des Heeres durch die Unterschriften der
Generale zu sichern, Bankettszene. 3. Akt. Wallenstein wird durch
böse Einflüsterungen, empörten Stolz und Herrschergelüst bis zu
Verhandlungen mit den Schweden getrieben. Höhepunkt: Szene mit
Wrangel, an welche sich sogleich als tragisches Moment der erste
Sieg des Gegenspielers Oktavio schließt: Gewinn des Generals Buttler für den Kaiser. 4. Akt. Umkehr, Abfall der Generale und der
Mehrzahl des Heeres. Aktschluß, Kürassierszene. 5. Akt. Wallen-
stein in Eger und sein Tod. Bei der breiten und großen Ausführung
aber, welche Schiller sich nicht versagt, wurde ihm unmöglich, den
an Gestalten und bedeutenden Momenten so reichen Stoff in den
Rahmen von fünf Akten einzuzwängen.

Außerdem war ihm sehr bald aus zwingenden Gründen der Charakter des Max wichtig geworden. Ihn schuf das Bedürfnis einer
hellen Gestalt in den düsteren Gruppen und der Wunsch, das Verhältnis zwischen Wallenstein und dessen Gegenspieler Oktavio be-
deutsamer zu machen.

Mit Max eng verbunden erwuchs die Tochter Friedlands. Und
diese Liebenden, eigentümliche Gebilde Schillers, gewannen in der
schaffenden Seele schnell Bedeutung, welche über das Episodische
hinausging. Max, zwischen Oktavio und Wallenstein gestellt, bildete dem Dichter einen wirkungsvollen Gegensatz zu beiden, er
trat als ein zweiter erster Held in das Drama ein, die episodischen
Liebesszenen und der Kampf zwischen Vater und Sohn, zwischen
dem jungen Helden und Wallenstein erweiterten sich zu einer besonderen Handlung.

Die Idee dieser zweiten Handlung wurde: Ein hochgesinnter arg-
loser Jüngling, der die Tochter seines Feldherrn liebt, erkennt, daß
sein Vater die politische Intrige gegen seinen Feldherrn leitet, und

trennt sich von ihm; er erkennt, daß sein Feldherr zum Verräter geworden ist, und trennt sich von ihm, zu seinem und der Geliebten Untergang. Diese Handlung stellt in ihrem aufsteigenden Teile die Befangenheit der Liebenden und ihre leidenschaftliche Annäherung bis zu dem Höhepunkte dar, welcher durch die Worte Theklas eingeleitet wird: „Trau' ihnen nicht, sie meinen's falsch." Das Verhältnis der Liebenden zueinander wird bis zur Szene des Höhepunktes nur dargestellt durch die gehobene Stimmung, mit welcher im ersten Akte Max, im zweiten Thekla sich von ihrer Umgebung abheben. Nach dem Höhepunkte folgt die Umkehr in zwei großen Stufen, jede von zwei Szenen, Trennung des Max von seinem Vater und Trennung des Max von Wallenstein, darauf die Katastrophe: Thekla empfängt die Botschaft vom Tode des Geliebten, wieder in zwei Szenen. – Bei solchem Aufleuchten zweier dramatischer Ideen entschloß sich der Dichter, die beiden Handlungen in zwei Dramen zu verschlingen, die zusammen eine dramatische Einheit von zehn Akten und einem Vorspiel bildeten.

In den ›Piccolomini‹ ist das erregende Moment des ersten Aktes ein doppeltes, die Zusammenkunft der Generale mit Questenberg und die Ankunft der Liebenden im Lager. Hauptpersonen des Stückes sind Max und Thekla, der Höhepunkt des Dramas liegt in der Unterredung beider, durch welche die Trennung des arglosen Max von seiner Umgebung eingeleitet wird; Katastrophe ist die vollständige Lösung des Max von seinem Vater. Die aus der Handlung von ›Wallensteins Tod‹ hineingetragenen Stücke sind die Szenen mit Questenberg, Unterredung Wallensteins mit den Getreuen und die Bankettszene, also der größte Teil des ersten Aktes, der zweite und der vierte Akt.

In ›Wallensteins Tod‹ ist das erregende Moment, die nur berichtete Gefangennahme Sesinas, eng mit der großen Unterredung zwischen Wallenstein und Wrangel verbunden, Höhenpunkt ist der Abfall der Truppen – Abschied der Kürassiere – von Wallenstein. Die Katastrophe aber ist eine doppelte, Bericht über den Tod des Max nebst Flucht Theklas, und die Ermordung Wallensteins. Die aus der Handlung der ›Piccolomini‹ eingeflochtenen Szenen sind die Unterredungen des Max mit Wallenstein und mit Oktavio, Thekla gegenüber ihren Verwandten und die Trennung des Max

von Wallenstein, die Botenszene des schwedischen Hauptmanns und
der Fluchtentschluß Theklas, also eine Szene und Schluß des zweiten
Aktes, der Höhenpunkt des dritten, der Schluß des vierten Aktes.

Nun aber wäre eine solche Verflechtung zweier Handlungen und
zweier Stücke ineinander schwer zu rechtfertigen, wenn nicht die
dadurch hervorgebrachte Verbindung, das Doppeldrama, selbst
wieder eine dramatische Einheit bildete. Dies ist in ausgezeichneter
Weise der Fall, die verflochtene Handlung der ganzen Tragödie
steigt und fällt in einer gewissen majestätischen Größe. Deshalb
sind in den ›Piccolomini‹ zwei aufregende Momente eng verkoppelt, das erste gehört der Gesamthandlung an, das zweite den
›Piccolomini‹. Ebenso hat das Doppeldrama zwei dicht beieinanderliegende Höhenpunkte, von denen der eine die Katastrophe der
›Piccolomini‹ und der andere die Eröffnung von ›Wallensteins Tod‹
ist. Und wieder am Schluß des letzten Dramas zwei Katastrophen,
eine für die Liebenden, die zweite für Wallenstein und das Doppeldrama.

Es ist bekannt, daß Schiller während der Ausarbeitung die
Grenze zwischen den ›Piccolomini‹ und ›Wallensteins Tod‹ verlegt
hat. Die ›Piccolomini‹ umfaßten ursprünglich noch die beiden ersten Akte von ›Wallensteins Tod‹, also auch noch die innere Lösung
des Max von Wallenstein. Und dies war allerdings für die Handlung des Max ein Vorteil. Aber bei dieser Einrichtung fiel auch die
Szene mit Wrangel, d. h. die verhängnisvolle Tat Wallensteins,
und außerdem der Abfall Buttlers zu Oktavio –, d. h. die erste
Steigerung zu ›Wallensteins Tod‹ und die erste Stufe der Umkehr
für das Gesamtdrama – in das erste der beiden Stücke, und dies
wäre ein bedenklicher Übelstand gewesen, denn das zweite Drama
hätte bei solcher Einrichtung nur den letzten Teil der Umkehr und
die Katastrophe für beide Helden, Wallenstein und Max, enthalten, und trotz der großartigsten Ausführung hätte diesem zweiten
Stück die Spannung zu sehr gefehlt. Schiller entschloß sich daher
mit Recht, die Teilung weiter nach vorn zu verlegen und das erste
Stück mit der großen Kampfszene zwischen Vater und Sohn zu
enden. Die ›Piccolomini‹ verloren dadurch an Geschlossenheit, aber
›Wallensteins Tod‹ gewann die unentbehrliche Ordnung im Bau.
Man beachte wohl, daß Schiller diese Änderung erst in der letzten

Stunde machte, und daß ihn wahrscheinlich weniger die Rücksicht auf den Bau der Teile als auf den ungleichen Zeitraum, welchen nach der ursprünglichen Einteilung die Aufführung der beiden Stücke gefordert hätte, bestimmte. In der Seele des Dichters formte sich die große Handlung nicht ebenso, wie wir uns dieselbe ihm nachsinnend aus dem fertigen Stück bilden. Er empfand mit überlegener Sicherheit den Verlauf und die poetische Wirkung des Ganzen, die einzelnen Teile des kunstvollen Baues ordneten sich ihm in der Hauptsache mit einer gewissen Naturnotwendigkeit; das Gesetzmäßige der Gliederung machte er sich keineswegs überall durch verständige Überlegung so deutlich, wie wir vor dem fertigen Kunstwerk nachschaffend zu tun genötigt sind. Demungeachtet haben wir ein gutes Recht, dies Gesetzmäßige nachzuweisen, auch da, wo er es nicht, nachdenkend wie wir, in einer Formel erfaßt hat. Denn das gesamte Drama Wallenstein ist in der Einteilung, welche der Dichter zum Teil als selbstverständlich bei dem ersten Entwurf und wieder für einzelne Stücke erst spät, vielleicht aus äußerer Veranlassung gefunden hat, ein fest geschlossenes und regelmäßiges Kunstwerk.

Hermann Hettner, Geschichte der deutschen Literatur im 18. Jahrhundert, 7. Aufl.,
Braunschweig 1926, S. 195–210 [= Auszug aus dem Abschnitt über Schillers Wallenstein].

SCHILLERS WALLENSTEIN
(1870)

Von HERMANN HETTNER

Der leitende Grundgedanke des Dichters war, die Wallensteinfabel so zu behandeln, daß sie der erschütternden Großheit antiker
Tragik so nahekomme, als der unvertilgbare Unterschied der Zeiten
nur irgend gestatte.

Fortan wurde der Gegensatz antiker und moderner Tragik, und
was in der antiken Tragik bleibend und für alle Zeit maßgebend
sei, die hervorstechendste Frage des Goethe-Schillerschen Briefwech-
sels. Es wird in diesem Briefwechsel zwar nirgends ausdrücklich
gesagt, aber es ist doch überall deutlich zu sehen, daß die beiden
Freunde diesen Gegensatz hauptsächlich in den antiken Schicksalsbegriff setzten. Nennt man die moderne Tragödie Charaktertragödie, die antike Tragödie Schicksalstragödie, und vergleicht Goethe
in seinem Alter einmal die moderne Tragödie scherzend mit dem
L'hombre, die antike Tragödie mit dem Whist, so soll damit nur
bezeichnet werden, daß in der modernen Tragödie jeder seines
Glückes Schmied ist und durch seinen tragischen Untergang nur
seine eigene freie und verantwortliche Schuld büßt, daß dagegen in
der antiken Tragödie der Held, wenn auch nicht frei von Schuld, so
doch wesentlich zugleich das willenlose Spiel der über ihm waltenden Schicksalsnotwendigkeit ist. Wollte daher Schiller seiner Wallensteintragödie eine wesentlich antikisierende Haltung geben, so
war unerläßliche Grundbedingung, daß der Held ein mehr leidender als tatkräftig handelnder sei, daß er nicht sowohl sich selbst
vernichte als vielmehr durch die unerbittliche äußere Notwendigkeit vernichtet werde, daß zu diesem Behuf der Dichter entweder die antike Schicksalsidee selbst ohne Scheu zur entscheidenden
Macht erhebe oder doch für eine Verkettung der äußeren Ereignisse
und Umstände sorge, die, ähnlich wie das antike Schicksal, den

Helden unentrinnbar umstrickt und ihn, selbst wider seinen Willen,
zu unselig verderblicher Tat fortreißt.

In diesem Sinne schreibt Schiller, bei dem Beginn seiner Arbeit,
am 28. November 1796, an Goethe, der undankbare und unpoetische Stoff wolle ihm noch immer nicht ganz gehorchen; wie in
Shakespeares Macbeth tue auch hier das eigentliche Schicksal noch
zu wenig und der eigene Fehler des Helden noch zu viel zu seinem
Unglück. Und in diesem Sinne behandelte er die ganze Art der Motivierung. Um dem tragischen Kampf und Untergang seines Helden
recht eindringlich die erschütternde Hoheit unbedingt unabwendbarer Notwendigkeit zu sichern, setzt er sogar beide Motive, zwischen welchen ihm die Auswahl gegeben war, den Glauben an ein
von außen bestimmendes Schicksal einerseits und die zwingende
Verwicklung der auf den Helden einwirkenden Tatsachen andererseits zugleich in Bewegung.

Schiller, dem so oft Mangel an Motivierung vorzuwerfen ist, hat,
wie schon Tieck und Hoffmeister hervorgehoben, im Wallenstein im
Gegenteil Überfülle der Motive. Die Wallensteintragödie ist auf ein
Doppelmotiv gebaut.

Nach der einen Seite ist Schillers Wallenstein allerdings eine
antikisierende Schicksalstragödie. Der astrologische Aberglaube
Wallensteins bot den willkommensten Anhalt. Und der Dichter
hat dafür gesorgt, auf dieses Motiv die vollste Aufmerksamkeit
zu lenken. Nicht nur, daß der erklärende Prolog, welcher der ersten
Aufführung in Weimar vorangeschickt wurde, es ausdrücklich ausspricht, daß die größere Hälfte der Schuld des Helden den unglückseligen Gestirnen zuzuwälzen sei; auch im Drama selbst wird über
den Wert und Unwert des Schicksalsglaubens unter den Redenden
unablässig verhandelt.

Aus dem Buche der Sterne holt sich Wallenstein bald bange Ahnung und zögerndes Schwanken, bald Mut und feste Entschlossenheit; aus dem Buche der Sterne holt er sich auch sein unseliges Vertrauen zu Octavio, das sein Verderben wird.

Dieses traumhaft Visionäre ist so sehr ein Grundzug der gesamten Dichtung, daß Fleck, dessen geniale Wallensteinschöpfung von
keinem Späteren wieder erreicht worden, dasselbe durchaus zum
Vorherrschenden machte. „So wie Fleck auftrat", erzählt Tieck in

den Dramaturgischen Blättern (Bd. 1, S. 100), „war es dem Zuschauer, als gehe eine unsichtbar schützende Macht mit diesem; in jedem Worte berief sich der tiefsinnige stolze Mann auf eine überirdische Herrlichkeit, die nur ihm allein zu Theil geworden ... So fühlte man, daß der so wunderlich verstrickte Feldherr wie in einem großen schauerlichen Wahnsinn lebe, und so oft er nur die Stimme erhob, um wirklich über die Sterne und ihre Wirkung zu sprechen, erfaßte uns ein geheimnißvolles Grauen."

Wer wird leugnen, daß durch diesen seltsam fatalistischen Zug falsche Reflexe auf Wallensteins Bild fallen? Der deutliche Zusammenhang zwischen Ursache und Wirkung, den wir von jedem Drama verlangen, ist getrübt und zerstört.

Doch ist wohl zu beachten, daß Schiller trotzalledem jener Ansicht, die er 1792 in der Abhandlung über tragische Kunst ausgesprochen hatte, daß eine blinde Unterwürfigkeit unter das Schicksal immer demütigend und für freie sich selbst bestimmende Wesen kränkend sei und daß darum selbst in den vortrefflichsten Stücken der griechischen Bühne für unsere vernunftfordernde Vernunft immer ein unaufgelöster Knoten zurückbleibe, nicht untreu geworden war. Wiederholt spricht Schiller in seinen Briefen an Körner aus, daß die Wallensteintragödie, obgleich sie die Hoheit der antiken Tragödie erstrebe, eine griechische Tragödie weder sein könne noch sein dürfe. Und als nach der ersten Aufführung des Wallenstein in Berlin ein gelehrter Altertumskenner, Süvern, in einem besonderen Buche auseinandergesetzt hatte, daß Schillers Wallenstein zwar den Weg zeige, den man betreten müsse, um die echte Tragödie zu finden, ihre Höhe aber noch nicht erreicht habe, antwortete Schiller in einem Briefe an Süvern, daß er zwar mit ihm die unbedingte Verehrung der Sophokleischen Tragödie teile, daß diese aber die Erscheinung einer Zeit sei, die nicht wiederkommen könne; wolle man das lebendige Produkt einer individuell bestimmten Gegenwart rückhaltslos einer ganz anders gearteten Zeit zum Maßstab und Muster aufdrängen, so heiße dies die Kunst, die immer dynamisch und lebendig entstehen und wirken müsse, eher töten als beleben. Schiller nahm daher den Schicksalsbegriff zwar auf; um so mehr als er sich darin durch Goethe bestärkt sah, der ihm in einem Briefe vom 8. Dezember 1798 ermunternd auseinandersetzte, daß

der astrologische Aberglaube auf dem dunklen Gefühl eines ungeheuren, mit dem Menschengeschick innig verflochtenen Weltganzen
ruhe und darum der menschlichen Natur sehr naheliege und in
gewissen Jahrhunderten, ja in gewissen Epochen des Lebens öfters
als man denke hervortrete. Allein Schiller wachte zugleich aufs
sorgsamste, daß diese Schicksalsidee die zulässige Grenze nicht überschreite.

Gleichwie Schiller in den Balladen emsig bemüht ist, den aufgenommenen Schicksalsbegriff zu verinnerlichen und auf die eigenen
eingeborenen Mächte des menschlichen Gemüts zurückzuführen, so
muß sich auch hier das Schicksalsmotiv mit einer nur untergeordne-
ten Stellung bescheiden. Soviel Wallenstein über die unmittelbare
Einwirkung der Gestirne sinnt und grübelt, das Wunderbare erscheint immer nur als innere Vorstellung Wallensteins, nie als wirklich bestimmendes, tätig eingreifendes, äußeres Verhängnis. Schiller
meinte das Übergewicht des Zufälligen und Willkürlichen, welches
er an der modernen Tragik Shakespeares rügen zu müssen glaubte,
beschränken zu können, indem er die Macht des Naturelementaren,
die wirkende Naturnotwendigkeit wieder sichtlicher und unmittelbarer hervorhob. Aber er suchte zugleich die Herbigkeit des antiken
Schicksalsbegriffs für unsere vernunftfordernde Vernunft zu mil-
dern, indem das Tun, zu dem Wallenstein durch sein Verhältnis zu
den Gestirnen halb unbewußt hingetrieben wird, schließlich doch
kein anderes ist, als was er auch ohne diese Einwirkung, nur dem
unabweislich forttreibenden Drang seiner Natur und der äußeren
Umstände folgend, getan haben würde.

Neben diesem Schicksalsmotiv daher andererseits zugleich die
kunstvollste Verkettung der äußeren Umstände und Ereignisse. Die
Macht der Tatsachen sollte den Helden mit einer ähnlichen Unent-
rinnbarkeit umstellen wie den Helden der alten Tragödie das
Schicksal.

Schiller war sich dieser Aufgabe aufs schärfste bewußt. Am
5. Mai 1797 schreibt er an Goethe, es heiße recht eigentlich den
Nagel auf den Kopf treffen, daß die Aristotelische Poetik das
Hauptgewicht der Tragödie nicht in die Charaktergestaltung, sondern in die Verknüpfung der Begebenheiten lege. Und in einem
anderen Briefe vom 28. November hebt er als den entscheidenden

Vorzug von Shakespeares Richard III. hervor, daß in dieser Tragödie nur die großen Schicksale, die in den vorangegangenen Darstellungen der englischen Geschichte angesponnen seien, auf eine
wahrhaft große Weise geendigt würden; es sei gleichsam die reine
Form des Tragischfurchtbaren; eine hohe Nemesis wandle durch
das Stück in allen Gestalten, kein anderes Shakespearesches Stück
erinnere so sehr an die griechische Tragödie. Und als Schiller am
2. Oktober desselben Jahres seinem großen Freunde meldete, daß
es ihm endlich gelungen sei, den Stoff in eine reine tragische Fabel
zu verwandeln, setzte er ausdrücklich hinzu, es werde sicher den
tragischen Eindruck sehr erhöhen, daß lediglich die Umstände alles
zur Krisis täten.

Nur auf sehr breitem Unterbau konnte diese Art der Motivierung ausgeführt werden. Jene Voraussetzungen, die der alten Tragödie der religiöse Volksglaube an die Hand gab und die in Shakespeares Richard III. das kunstvoll begründete Ergebnis eines langen
vielgliedrigen Dramenzyklus waren, mußten hier erst durch unsäg-
lichen Kunstaufwand geschaffen werden und erst im Stück selbst
lebendig vor dem Zuschauer entstehen. Und diese ohnehin verwik-
kelte Aufgabe verwickelte sich der Dichter nur noch mehr, indem er,
um dem strengen Ernst der Haupthandlung, der Wildheit des
Lagerlebens und der trockenen Geschäftigkeit der diplomatischen
Verhandlungen einen milderen menschlichen Hauch, dem düsteren
Hintergrund mehr Licht und Wärme entgegenzustellen, die Episode
zwischen Max und Thekla hinzufügte, die ihm unversehens wieder zu einer ganz besonderen, sich voll auslebenden Nebentragödie
anwuchs. Daher die über alle gewohnten und zulässigen Tragödien-
grenzen hinausquellende Breite der Exposition, die eine Ungeheuer-
lichkeit der ärgsten Art ist. Die Exposition umfaßt nicht nur Wallensteins Lager und die Piccolomini, sondern auch die zwei ersten
Akte von Wallensteins Tod, die ursprünglich zu den Piccolomini
gehörten und erst später aus räumlichen Rücksichten von diesen
abgetrennt wurden, d. h. mehr als zwei Drittel der gesamten Dichtung.

Aber alle Züge dieser Exposition sind wesentlich und ausschließlich darauf berechnet, das Werden der schuldvollen Tat nicht sowohl aus der freien Selbstbestimmung des Helden als vielmehr aus

dem unausweichbaren Druck der Verhältnisse oder, wie es in der Dichtung selbst einmal heißt, aus dem Notzwang der Begebenheiten abzuleiten.

In Wallensteins Lager die unvergleichlich kecke Zeichnung der übermächtigen und übermütigen Soldateska. Goethe nennt dies Stück in seiner Anzeige in der Allgemeinen Zeitung ein Lust- und Lärmspiel. Ein echt volkstümliches historisches Genrebild; ohne fortschreitende Handlung, aber in genialster Gestaltenfülle spannend und vorbereitend auf das, was Bedeutendes bevorsteht. Der Kern des Stückes liegt in den Worten: „Denn seine Macht ist's, die sein Herz verführt; sein Lager nur erkläret sein Verbrechen". –

Das zweite Stück, die Piccolomini, führt sogleich mitten in die Handlung. Bereits in den ersten Szenen enthüllt sich der schwere Widerspruch und Zwiespalt der Lage. Auf der einen Seite Wallenstein und sein Heer, dessen Schöpfer und Abgott er ist. „Von dem Kaiser nicht", sagt Buttler, „erhielten wir den Wallenstein zum Feldherrn, vom Wallenstein erhielten wir den Kaiser erst zum Herrn; er knüpft uns, er allein, an diese Fahnen." Hier ist kein Kaiser mehr, der Fürst ist Kaiser. Auf der anderen Seite der Kaiser und sein Hof, der sich in Wallensteins Macht eine Stütze schaffen wollte und der sich in ihr ein Schrecken geschaffen hat. „Wo war die Überlegung", sagt Questenberg, „als wir dem Rasenden das Schwert vertraut und solche Macht gelegt in solche Hand! Zu stark für dieses schlimm verwahrte Herz war die Versuchung! Und die Armee, von der wir Hilf' erwarten, verführt, verwildert, aller Zucht entwohnt; vom Staat, vom* Kaiser losgerissen, vom Schwindelnden die schwindelnde geführt, ein furchtbar Werkzeug, dem Verwegensten der Menschen blind gehorchend hingegeben!" Wie nahe lag es, aus diesem scharfen Gegensatz schrankenloser Heldengröße und rechtmäßiger Throngewalt eine Charaktertragödie ganz im Sinne Macbeths und Fiescos zu gewinnen! Dennoch hat der Dichter diesen Weg nicht eingeschlagen. Allerdings sind die ungezähmte Ehrsucht und Rachsucht Wallensteins der Grund und der Antrieb seines vermessenen Spiels. Es liegt im Wesen aller tragischen

* [Vgl. Picc., 327. Hettner zitiert gelegentlich nach dem Gedächtnis. – Anm. d. Hrsg.]

Kunst, daß der Held nicht schuldlos sei; auch in der Tragik der
Alten bricht das Schicksal nur über den Menschen herein, wenn er es
durch Überhebung gereizt hat. Das Unterscheidende aber und das
die ganze Haltung der Wallensteindichtung Bedingende ist, daß die
wirkenden Elemente so gegeneinandergestellt werden, daß Wallenstein dennoch nicht aus dem eigenen Entschluß dieser treibenden
Leidenschaft zum letzten schuldvollen Schritt kommt, sondern nur
wie der Zauberlehrling von den leichtfertig heraufbeschworenen
Geistern übermannt wird und schließlich aus Notwehr und aufge-
zwungener Selbstverteidigung eine Tat tun muß, an deren Möglichkeit er sich bisher nur frevelhaft ergötzt hatte. Die Anzeige der
Piccolomini in der Allgemeinen Zeitung, nach einem Briefe Schillers
an Körner vom 8. Mai 1799 von Goethe und Schiller gemeinsam
verfaßt, spricht dies Motiv treffend in folgender Weise aus: „Wallenstein besorgt, daß man ihn absetzen und zu Grund richten will;
am Hofe fürchtet man, daß Wallenstein etwas Gefährliches machi-
nire; jeder Theil trifft Anstalten, sich der drohenden Gefahr zu
erwehren, und der Zuschauer muß besorgen, daß grade diese Anstalten das Unglück, welches man dadurch verhüten will, beschleu-
nigen werden."

Man kann dieses Motiv der Wallensteintragödie in die Worte
fassen, welche Schiller in der Schlußcharakteristik Wallensteins in
seiner Geschichte des Dreißigjährigen Krieges mit epigrammatischer
Kürze und Schärfe gesagt hatte: „Wallenstein fiel, nicht weil er
Rebell war, sondern er rebellierte, weil er fiel."

Sosehr auch in Wallenstein die bösen Dämonen der Ehrsucht und
Rachsucht von Anbeginn wühlten, so sehr er auch die Feinde er-
forschte, ob sie zu einem Bündnis mit ihm geneigt seien, noch war
nichts geschehen, was Abfall und Verrat war, noch war er selbst in
seinem geheimsten Innern schwankend. Wie aber jetzt, da sich ein
Ungewitter über ihm zusammenzieht, noch weit drohender als
jenes, das ihn vordem zu Regensburg gestürzt? Wie jetzt, da man in
Wien den letzten Schluß gefaßt, des Kaisers Söhnlein, der Ungarn
König, als ein neu aufgehendes Gestirn begrüßt und er gleichwie
ein Abgeschiedener schon beerbt ist? Wie jetzt, da Altringer und
Gallas ein gefährlich Beispiel geben, und die Schweden, des Hinter-
haltens und des Zauderns müde, nichts weiter mit ihm zu schaffen

haben wollen? Wie vollends gar, nachdem der rücksichtslos vor-
drängende Eifer Terzkys und Illos, die bei dem Gastmahl die An-
führer und Befehlshaber betrüglich auf ihre Seite zu ziehen suchten,
das Geheimnis offenbar gemacht, und nachdem durch die Gefangennahme Sesins der ganze Plan unableugbar geworden? „Nicht herzustellen mehr ist das Vertrauen, und mag ich handeln, wie ich will,
ich werde ein Landsverräther ihnen sein und bleiben; und kehr' ich
noch so ehrlich auch zurück zu meiner Pflicht, es wird mir nichts
mehr helfen." Wallenstein kann nicht mehr bleiben, was er ist. Es
ist ihm nur die Wahl gegeben zwischen entschlossenem Vorwärts
und schimpflicher Absetzung. Einwilligung in die Absetzung aber
wäre Verleugnung seiner Heldennatur, wäre Selbstvernichtung.
„Ich kann jetzt noch nicht sagen, was ich thun will; nachgeben
aber werd' ich nicht. Ich nicht. Absetzen sollen sie mich auch nicht."
– „Zeigt einen Weg mir an aus diesem Drang, hilfreiche Mächte!
einen solchen zeigt mir, den ich vermag zu gehen. Wenn ich nicht
wirke mehr, bin ich vernichtet. Nicht Opfer, nicht Gefahren will ich
scheuen, den letzten Schritt, den äußersten, zu meiden; doch eh' ich
sinke in die Nichtigkeit, so klein aufhöre, der so groß begonnen, eh'
mich die Welt mit jenen Elenden verwechselt, die der Tag erschafft
und stürzt, eh' spreche Welt und Nachwelt meinen Namen mit
Abscheu aus, und Friedland sei die Losung für jede fluchenswerthe
That."

> Wär's möglich? Könnt ich nicht mehr, wie ich wollte?
> Nicht mehr zurück, wie mir's beliebt? Ich müßte
> Die That vollbringen, weil ich sie gedacht?
> Beim großen Gott des Himmels! Es war nicht
> Mein Ernst, beschloß'ne Sache war es nie.
> In dem Gedanken blos gefiel ich mir,
> Die Freiheit reizte mich und das Vermögen.
> War's Unrecht, an dem Gaukelbilde mich
> Der königlichen Hoffnung zu ergötzen?
> Blieb in der Brust mir nicht der Wille frei,
> Und sah ich nicht den guten Weg zur Seite,
> Der mir die Rückkehr offen stets bewahrte?
> Wohin denn seh ich plötzlich mich geführt?
> Bahnlos liegt's hinter mir, und eine Mauer
> Aus meinen eignen Werken baut sich auf,

Die mir die Umkehr thürmend hemmt!
So hab ich
Mit eignem Netz verderblich mich verstrickt
Und nur Gewaltthat kann es reißend lösen.
[Tod, 139–41, 146–58, 177–79]

Macbeth und Fiesco konnten auf dem gefährlichen Scheideweg noch umkehren. Schiller, der an Macbeth tadelte, daß das Schicksal zuwenig, der eigene Fehler des Helden zuviel tue, kann jetzt seinen Helden von sich sagen lassen: „O sie zwingen mich, sie stoßen gewaltsam, wider meinen Willen, mich hinein." Über den Ausgang ist kein Zweifel. Schon kennen wir die widerstrebende Gesinnung Max Piccolominis. Die ursprüngliche Anlage der Piccolomini schloß mit dem Abfall Isolanis und Buttlers.

Nun ist alles vorbereitet, was der zweite Teil auszuführen hat. In seinem Briefe an Goethe vom 2. Oktober 1797 hatte es Schiller als die Einzigkeit des Königs Ödipus gerühmt, daß in dieser Tragödie die tragische Verwicklung von Anbeginn fest gegeben sei und ganz jenseits der Tragödie falle; dies gewähre den doppelten Vorteil, erstens, daß die Handlung, auch bei sehr zusammengesetzten Begebenheiten, eine sehr einfache und zeitlich beschränkte sein könne, denn sie sei gleichsam nur tragische Analysis, alles sei schon da und werde nur herausgewickelt, und zweitens, daß die tragische Wirkung eine viel tiefere sei, denn das Geschehene als unabänderlich sei seiner Natur nach viel fürchterlicher als die Furcht, daß möglicherweise etwas geschehen werde. Auch Wallensteins Tod, insofern wir nach der ursprünglichen Einteilung unter diesem letzten Teile nur die drei letzten Akte der jetzigen Einteilung verstehen, ist in unverkennbarer Nacheiferung jenes hohen Musters nur eine solche tragische Analysis.

Wallenstein muß jetzt notwendig die Tat des offenen Abfalls tun und er muß die Verantwortlichkeit dieser nichtgewollten Tat auf sich nehmen.

Der erste, d. h. nach der jetzigen Einteilung der dritte Akt, ist der Höhepunkt. „Es ist entschieden; nun ist's gut und schnell bin ich geheilt von allen Zweifelsqualen; die Brust ist wieder frei, der Geist ist hell. Nacht muß es sein, wo Friedlands Sterne strahlen. Mit zögerndem Entschluß, mit wankendem Gemüt zog ich das

Schwert; ich that's mit Widerstreben, da es in meine Wahl noch war gegeben; Nothwendigkeit ist da, der Zweifel flieht, jetzt fecht ich für mein Haupt und für mein Leben." Je entschlossener Wallenstein vorschreitet, desto fester zieht sich über ihm das Netz zusammen. Auf der Seite der gegenwirkenden Macht steht nicht bloß, wie Wallenstein sich vorphantasiert hatte, die Gewohnheit und die Verjährung, sondern die unbeugsame Stimme des Gewissens der Menschen. Die Generale verlassen ihn, die Regimenter fast alle haben dem Kaiser neu gehuldigt. Es folgt die ergreifende Szene mit den Kürassieren. Selbst der sonst so gefürchtete Anblick der gebieterischen Persönlichkeit Wallensteins vermag nichts mehr über die Truppen. Und es ist ein Zug, wie ihn nur der echteste Dichtergenius erfindet, daß auch Max Piccolomini, der hochherzige Jüngling, den Wallenstein wie sein besseres Selbst liebt, schmerzvoll, aber unweigerlich sich von ihm abwendet, und daß er dies unter der Zustimmung und auf Andringen Theklas, der Tochter Wallensteins, tut. Man hat es als hart und unmännlich getadelt, daß Max diese schwere Entscheidung in das Gewissen des schwachen Mädchens schiebt. Der Sinn dieses Motivs ist klar. Der Wahrspruch reiner und hoher Weiblichkeit ist der Wahrspruch der reinen und unverfälschten Natur.

Sodann die Katastrophe. Zu breit ausgemalt, aber namentlich in den letzten Szenen von tief erschütternder Wirkung. Einerseits die finstere Gestalt Buttlers und seine unheimlichen Vorbereitungen zum Mord; andererseits die nachtwandlerische Verstörtheit Wallensteins und sein sich selbst übertäubender Mut der Verzweiflung. Schritt vor Schritt die unablässigste Steigerung. Es ist die angstvolle Schwüle vor dem Gewitter. Max Piccolomini hat im wilden Schlachtengewühl den Tod gesucht; Thekla sucht ihr Ende an der Gruft des Geliebten. Wir wissen, was kommen wird und kommen muß. Die Ermordung Illos und Terzkys; zuletzt die Ermordung Wallensteins selbst. Hinter der Bühne; aber darum nur um so düsterer und schauervoller, da wir genau den Augenblick kennen, in welchem das Grause geschieht.

Mit beispielloser Erfindungskraft hatte Schiller nach einer höheren Einheit und Verschmelzung der antiken und modernen Art tragischer Motivierung gestrebt. Und wer vermag in Abrede zu

stellen, daß ihm dies kühne Wagnis bis zu einem hohen Grade gelungen ist? Indem Schiller die tragische Verwicklung nicht bloß, wie
meist die moderne Tragödie, auf die angeborene Eigenart des Charakters des Helden, sondern in antiker Weise weit mehr auf die
Macht der Begebenheiten, auf den drängenden Zwang der einwirkenden Verhältnisse stellt, gewinnt er eine Unvermeidlichkeit des
tragischen Kampfes, die allerdings etwas von der Tiefe und Großheit des unentfliehbaren unabänderlichen antiken Schicksals hat.
Wallenstein hat nur die Wahl zwischen unberechenbarer Tat und
würdeloser Selbsterniedrigung. Und indem Schiller doch zugleich
in der Weise der modernen Charaktertragödie die eigene Schuld des
Helden tiefer betont als die meisten antiken Tragödien, namentlich
weit tiefer als der ihm zunächst vor Augen stehende König Ödipus,
wird doch zugleich die für unsere moderne Empfindungsweise ab-
stoßende Härte der antiken Tragik wesentlich gemildert und ver-
innerlicht. Wallenstein selbst hat sich durch sein unklug tolldreistes
Doppelspiel sein Schicksal herbeigeführt und, um ein Wort Buttlers
zu gebrauchen, durch eigene Wahl sich die furchtbare Notwendigkeit geschaffen. Dennoch aber muß gesagt werden, daß diese Art
der Behandlung eine spitzfindige Künstelei war und daß sich diese
Künstelei empfindlich gerächt hat.

Jene tiefere Begründung der tragischen Notwendigkeit, nach
welcher Schiller suchte, war in der Wallensteinfabel auf natur-
gemäßem Wege nicht erreichbar. Seitdem die Schicksalstragödie
unmöglich geworden, gibt es nur eine einzige Art der Tragik, in
welcher die tragische Verwicklung nicht aus der Überstürzung der
Leidenschaft quillt, sondern aus schicksalsgleicher unabwendbarer
tragischer Notwendigkeit. Es ist der naturnotwendige unlösbare
Gegensatz und Widerstreit zweier durchaus gleichberechtigter sittlicher Mächte. In der griechischen Tragik ist Antigone als der tragische Kampf zwischen dem unverbrüchlichen Recht des Familien-
geistes und der nicht minder unverbrüchlichen Forderung strenger
Gesetzvollziehung, in der modernen Tragik ist Shakespeares Julius
Cäsar als der tragische Kampf zwischen der geschichtlichen Notwendigkeit der aufkommenden Monarchie und der lebendigen Nach-
wirkung der alten republikanischen Überlieferung, ein höchstes
Beispiel jener erschütternden Art der Tragik, welche die neuere Ästhe-

tik Prinzipientragödie genannt hat. Die Wallensteintragödie war entweder als Prinzipientragödie zu behandeln, und dies war nicht durchführbar, wenn man sie nicht ungeschichtlich als den Kampf des aufstrebenden Naturrechts und des gegenwirkenden historischen Rechtes fassen wollte, oder sie mußte sich bescheiden, einfach Charaktertragödie zu sein, die sich mit der Voraussetzung begnügt, daß die angeborene Gemütsanlage und die entschiedene Natur des Menschen sein Schicksal ist. Schiller tat weder das eine noch das andere. Worauf aber läuft all seine gekünstelte Motivierung schließlich hinaus? An die Stelle der geforderten inneren Notwendigkeit der Dinge tritt äußere Nötigung.

Ein Ersatz von sehr zweideutigem künstlerischen Wert und überdies für Komposition und Charakterzeichnung von sehr nachteiligen Folgen. Lediglich dieser künstlichen Motivierung ist es zuzuschreiben, daß die Exposition der Piccolomini so über alle Tragödienökonomie hinausschwillt, daß die theatralische Aufführbarkeit des Ganzen fast zur Unmöglichkeit geworden ist. Der Aufbau der Handlung leidet an den ärgsten Unwahrscheinlichkeiten und Gewaltsamkeiten; die Komposition ist nicht bloß weitschichtig, es mangelt ihr auch die zwingende Folgerichtigkeit und Klarheit. Selbst Goethe, der an der Schöpfung des Wallenstein so warmen Anteil nahm und immer ihr begeisterter Lobredner geblieben ist, kann sich nicht enthalten, in einem Briefe vom 9. März 1799 gegen Schiller selbst anzudeuten, daß das Gewebe der Piccolomini verwirrend künstlich und willkürlich sei. Das Übelste aber ist, daß diese seltsame und willkürliche Verkettung der Begebenheiten, die an die Stelle des Schicksals treten sollte, nicht gewonnen werden konnte, ohne die Gestalt des tragischen Helden selbst bedeutend herabzudrücken. Weil die geschichtliche Forschung über den Tatbestand der Wallensteinschen Pläne im Dunkeln ist, glaubte Schiller diese Ungewißheit dem Helden selbst unterschieben zu können. Wallenstein, wie er in den Piccolomini auftritt, weiß nicht, was er will. Wo Gefahr im Verzug ist, wo einzig rasches Handeln entscheiden kann, ist Wallenstein der kläglich Unentschlossene, der töricht Zaudernde, ein düster grübelnder Hamlet, in Entwürfen tapfer, feig in Taten. Wo alle, alle sehen, ist er der einzig Blinde. Tragisch ist aber nur die Schuld der Leidenschaft, nicht die Schuld des

Verstandes. Das letzte Stück, Wallensteins Tod, beweist, daß dem Dichter, je näher er der Darstellung der Katastrophe kam, sich immer mehr und mehr das Bedürfnis aufdrängte, den Helden wieder zu heben und ihm die unerläßliche tragische Größe und Hoheit zu sichern. Erst jetzt kommt die genial dämonische Natur Wallensteins, die Majestät seiner gebieterischen Persönlichkeit, seine Unerschrockenheit und kühn umgreifende Gemütsart, der Glaube an sich selbst und an die Unfehlbarkeit seiner Bestimmung, seine milde und herzenswarme Menschlichkeit zur vollen Geltung; Züge, die zum Wallenstein der Piccolomini zum Teil im unglaubhaftesten Widerspruch stehen und dem Schauspieler die unüberwindlichsten Schwierigkeiten bieten. Daher auch jetzt das entschiedene Hervortreten des in den Piccolomini nur leise angedeuteten Motivs, Wallenstein gegen das verrottete Alte als den Vorkämpfer einer neuen freieren Zeit darzustellen. Und aus demselben Gefühl ist es hervorgegangen, daß namentlich die Schlußszene, nach bereits erfolgter Katastrophe, wesentlich darauf berechnet ist, die tragische Berechtigung des Helden nachdrucksvoll zu betonen und zu erklären. Die Gräfin Terzky mag den Fall ihres Hauses nicht überleben. „Wir fühlten uns nicht zu gering, die Hand nach einer Königskrone zu erheben – es sollte nicht sein –, doch wir denken königlich und achten einen freien muth'gen Tod anständiger als ein entehrtes Leben." Und Octavio kann den Lohn seiner Tat, den Fürstenhut, nur als schmerzlichen Vorwurf empfinden. Eine schneidend epigrammatische Wendung, der auch Goethe die höchste Bewunderung zollte. Aber keine noch so geniale Nachhilfe, kein noch so reiches und wirksames Ornament kann verdecken, was im Grundriß verfehlt ist.

Wir dürfen uns diese Mängel nicht verhehlen. Schillers Wallenstein ist trotzalledem die größte deutsche Tragödie.

Die hinreißende Gewalt dieser Dichtung liegt in der Macht des Gegenstands und in der großartigen Kunst der Ausführung.

Über die Tiefe und Bedeutung des inneren Gehalts hat Schiller selbst am bündigsten gesprochen. Der Prolog, welcher der beste Kommentar der Dichtung ist, sagt:

> Und jetzt an des Jahrhunderts ernstem Ende,
> Wo selbst die Wirklichkeit zur Dichtung wird,

Wo wir den Kampf gewaltiger Naturen
Um ein bedeutend Ziel vor Augen sehn,
Und um der Menschheit große Gegenstände,
Um Herrschaft und um Freiheit wird gerungen,
Jetzt darf die Kunst auf ihrer Schattenbühne
Auch höhern Flug versuchen, ja sie muß,
Soll nicht des Lebens Bühne sie beschämen.

[61–69]

Nicht sentimentalische Idealität wie vordem im Don Carlos, sondern naive Poesie der Geschichte.

Ganz besonders aber die Kunst der Ausführung!

Auch in den Einzelzügen der künstlerischen Formengebung macht sich dasselbe antikisierende Streben geltend wie in der eigentümlichen Fassung des Grundmotivs. Es ist mit ganz bestimmtem Hinblick auf das Vorbild Sophokleischer Tragik geschehen, daß dieselben Mittel, welche der Held zu seiner Erhöhung verwertet, sich immer vernichtend gegen ihn selbst wenden. Thekla, die Tochter, soll ihren Gemahl nur unter den alten Königsgeschlechtern suchen; Thekla verdammt des Vaters verbrecherische Tat und treibt Max zum Abfall. Wallenstein wird vom bösen Geist der Rache gegen den Kaiser getrieben; die Rache Buttlers bereitet ihm den Untergang. Er, der Verräter, fällt durch Verrat. Und auch für die leitenden Grundsätze der Charakterzeichnung ist es überaus bedeutsam, daß Schiller, wie seine Briefe an Goethe aus dem April 1797 bezeugen, eine der wesentlichsten Bedingungen der ruhigen Klarheit und Großheit der antiken Tragik darin fand, daß deren Charakter nicht sowohl scharf durchgeführte Individuen als vielmehr nur idealische Masken oder, was dasselbe sagt, feste und in sich notwendige Typen bestimmter Stände und Verhältnisse seien, und daß er Shakespeare nicht so sehr auf seine feine Individualisierung ansah als vielmehr auf den glücklich wirksamen Kunstgriff, mit welchem derselbe z. B. in den Volksszenen des Julius Cäsar auch seinerseits die einzelnen Volksfiguren ganz im Sinne dieser griechischen Typik behandelt hatte. Man komme mit solchen Charakteren in der Tragödie offenbar viel besser aus; die Einführung und Entfaltung sei leichter und geschwinder, die Charakterzüge seien bleibender und allgemeiner. Zugleich aber war sich Schiller aufs klarste bewußt, daß diese Typik niemals auf Kosten der Naturwahrheit erreicht sein oder, wie er sich ausdrückte, nie bloß logische Begriffsallgemeinheit sein dürfe. Er betrachtete es als die erfreulichste Erweiterung seiner Natur, daß die zunehmenden Jahre, der anhaltende Umgang mit Goethe und das Studium der Alten, die er erst nach dem Don Carlos kennengelernt, allmählich einen realistischen Sinn in ihm erzeugt hatten, der zu seiner früheren Manier im schärfsten Gegensatz stand. Hatte er doch, um sich vor dieser Gefahr rhetorisierender Unart zu schützen, sogar eine Zeitlang den uns jetzt kaum noch begreiflichen Gedanken gehegt, Wallenstein in Prosa zu schreiben! Und auch nachdem er durch die Hoheit des Stoffs zum Verse gedrängt worden und unter dessen idealisierender Gerichtsbarkeit seine ganze Behandlung geklärt und auf die Höhe des großen Stils emporgehoben hatte, blieb ihm die Forderung zwingender Naturwahrheit und Lebensfrische nach wie vor unverbrüchlichstes Ziel. Die Art seiner dichterischen Begabung und die Art seiner Kunstanschauung wirkten daher aufs glücklichste zusammen, auf eine Charakterzeichnung hinzuarbeiten, in welcher die Typik der Alten durch noch wärmere Lebensfülle bereichert, d. h. noch schärfer individualisiert, und die Individualisierung der Neueren, insbesondere Shakespeares, durch noch strengere Ausscheidung des bloß Zufälligen und Nebensächlichen zu mehr plastischer Großheit geführt, d. h. schärfer stilisiert werde. Es heißt vielleicht den Willen für die Tat nehmen, wenn Gervinus in seiner Geschichte der deutschen Dichtung (Teil 5, S. 461) rühmt, daß die Charaktere der Wallensteintragödie mit Virtuosität sich in die Mitte zwischen der typischen Art der Alten und der individualisierenden Art Shakespeares stellen; aber gewiß ist, daß dieses Ziel das Ideal war, das dem Dichter im Wallenstein und fortan in allen seinen Dramen spornend vor Augen stand.

Wallensteins Lager, die Szenen mit Questenberg, das Bankett, die Unterhandlung mit Wrangel, der Übertritt Isolanis und Buttlers auf die Seite Octavios gehören zum Großartigsten aller dichterischen Gestaltung. Einzig in der Episode von Max und Thekla regt sich die zurückgedrängte Überschwenglichkeit; aber selbst über diese Charaktere ist nicht so vornehm abschätzig zu urteilen als seit den Romantikern üblich geworden.

Und über dem Ganzen liegt ein so warmer Herzenston, soviel Schwung und Hoheit, ein so milder Hauch echter Volkstümlichkeit, wie Schiller diese hohen Vorzüge nirgends, selbst im Tell nicht, in solcher Weise wieder erreicht hat.

Diese gewaltige Dichtung war eine neue Epoche Schillers. Und sie war auch eine neue Epoche des deutschen Dramas. Erst Schillers Wallenstein hat Goethes Iphigenie und Tasso den Weg auf die Bühne gebahnt. Erst Schillers Wallenstein hat den hohen und idealen Stil des deutschen Bühnendramas in Wahrheit geschaffen.

Wilhelm Dilthey, Von deutscher Dichtung und Musik. Aus den Studien zur Geschichte
des deutschen Geistes. Leipzig u. Berlin 1933, S. 380—412.

WALLENSTEIN
(1895)

Von WILHELM DILTHEY

Das historische Drama, das aus der Geschichtswissenschaft entstand, empfängt die Rechtfertigung seiner Entstehung und Gesetze
aus dem Verhältnis der geschichtlichen Wissenschaft zu der historischen Wirklichkeit.

Gäbe es eine Abbildung der historischen Wirklichkeit in sicheren
historischen Erkenntnissen, so wäre für die historische Dichtung
kein Platz. Wenn die Lüge der Menschen nicht wäre! Aber die
Personen auf der Weltbühne versuchen jede ihre Zwecke zu erreichen; in der Verhandlung ist ihnen jede faktische Mitteilung über
Motive, Erlebnisse, Tatsachen ein Teil der Mittel dazu. Daher fällt
das politische Wirken von Macht zu Macht unter den Gesichtspunkt
des Kriegs; ist ja doch dieser nur das wichtigste Instrument, den
Willen eines Staates durchzusetzen. Der Gesichtspunkt von Wahrhaftigkeit hat hier überhaupt keine Stelle. Es ist natürlich, daß das
politische Genie dieses Verfahren auf jede Art von Verhandlung,
von Partei zu Partei, vom Minister zum König, vom Beamten zur
Öffentlichkeit zu übertragen die Neigung hat. Sofern Briefe mit
Absichten im Zusammenhange stehen, sind sie daher eine unzuver-
lässige Quelle. Denkwürdigkeiten werden auch bei dem besten Willen, wahr zu sein, bei solcher Gewöhnung und der daraus entstande-
nen Unsicherheit der Erinnerung ebenfalls wenig zuverlässige
Dokumente sein. Akten sind nur als Repräsentation der Geschäfte,
nicht aber in Rücksicht auf die Beweggründe zu benutzen, über die
sie ohnehin selten Aufschluß geben. Zuschauer haben diese Figuren
auf diesem Theater immer nur so vor sich, wie diese selbst sich darzustellen geneigt sind. Hieraus ergibt sich, daß die Persönlichkeiten
und ihre Beziehungen zueinander in den Geschäften immer nur in
subjektiver Beleuchtung gesehen werden können. Der Sitz der ge-

schichtlichen Wahrheit ist in wirtschaftlichen Verhältnissen, Veränderungen der Verfassungen, Machtbeziehungen der Staaten, dem Gegensatz der Richtungen und dem Verhältnis der leitenden Persönlichkeiten zu diesen Kräften im Ganzen und Großen. Die Zuständlichkeiten selbst als geistig-sittliche können durch kein methodisches Verfahren objektiv erfaßt werden, sondern nur durch die Kraft geistigen Sehens, die immer etwas Subjektives an sich behält. Dies sind die Ursachen, welche der objektiven Geschichtschreibung bestimmte Grenzen ziehen. Der Historiker wird Künstler, indem er den Zusammenhang der geistig-sittlichen Zuständlichkeiten, den Charakter der Menschen einer Epoche, große Persönlichkeiten im Kern ihres Charakters und ihre innersten Relationen zueinander darzustellen unternimmt. Der Dichter versucht dasselbe nach einer anderen mehr intuitiven Methode. Er bringt den Zusammenhang einer Wirklichkeit hervor, in welcher eindrucksvoll ein großer historischer Vorgang erklärt wird. Nie kann er seine Rolle mit der des Historikers vertauschen, er ist immer Seher. Aber das Verhältnis ist doch ganz verschieden, in welchem die Dichter im Lauf der Zeit zu den historischen Stoffen gestanden haben. Und wir befinden uns hier an einer der merkwürdigsten Stellen, welche die Wirkungen betreffen, die von der fortschreitenden Wissenschaft im 18. Jahrhundert auf die Dichtung geübt worden sind.

Mythen, Sagen, Legenden sind zunächst das Gebiet, in welchem das große Drama die Symbole fand, deren es bedurfte. Es war zunächst eine religiöse Vergegenwärtigung, aus dem Drang entsprungen, das religiöse Erlebnis anschaulich, sichtbar wirksam vor sich zu sehen. Es wurde dann Darstellung freien großen Gehaltes in diesen Symbolen. Immer enthielt es bis zu Goethe, Grillparzer und Wagner die freieste, der historischen Wissenschaft unzugängliche Gestaltung großer Vorgänge, deren weiter Abstand vom Zuschauer die reinste Wirkung gestattete. Von den ältesten Resten der griechischen Tragödie ab treten Zeitvorgänge daneben. Für diese bedurfte es ebenfalls keiner historischen Orientierung. Dann aber bemächtigte sich die Dichtung historischer Stoffe, und sie trat so als Nebenbuhlerin neben die Geschichtsschreibung. Die Römertragödie zumal bildet einen wichtigen Bestandteil der Dichtung in jener Epoche, in welcher Italiener, Franzosen, Niederländer die Ideale ihres politischen

Lebens, ja der menschlichen Gesinnung in der römischen Welt fanden, die durch den Unterricht allen Gebildeten vertraut war.

Das dichterische Sehen, mit Empfinden und Gemüt Eindruckerfahren von historischen Gegenständen ist unter allen Umständen verschieden von dem des Historikers. Zwischen beiden stehen in Abstufungen der Chronist und der biographische Künstler nach der Art des Plutarch. Denn diese beiden haben für das Persönliche, das Schicksalsvolle, das Anekdotische ein ähnliches Interesse wie der Dichter. Geschichtsschreibung aber ist auf den Kausalzusammenhang gerichtet, der die Glieder eines historischen Ereignisses zu einem Ganzen verknüpft.

Shakespeare lebte im Zeitalter der beginnenden pragmatischen Geschichtsschreibung. Diese erklärt aus den inneren Zuständen, den Machtverhältnissen der einzelnen Personen. Sie entspricht dem inneren Betriebe in Zeiten der Selbstherrschaft, hinter welchem dann freilich die großen bestimmenden Kraftverhältnisse in der wirtschaftlichen Gliederung und im Verhältnis der Staaten untereinander sich verbergen. Noch stärker ist diese auf das Persönliche gestellte Auffassung in Shakespeares nächsten Quellen, dem Plutarch und den Chroniken hervorgetreten. Als Dichter sah nun Shakespeare in diesen Stoffen gewisse eindrucksfähige, allgemein-menschliche Verlaufsweisen von Entfaltung einer Leidenschaft, Charakterzersetzung usw. Wie es dem Plutarch vor allem um die Persönlichkeiten und ihre Relationen zu tun war, durften die Lebensbedingungen selber außer Betracht bleiben. Eine andere Stellung hat schon Voltaire eingenommen ...

Der Schritt, den Schiller in der Ausbildung des historischen Dramas getan hat, ist bedingt durch den Fortschritt des geschichtlichen Denkens und den persönlichen Anteil, welchen der Dichter an diesem nahm. Hieraus entsprang eine neue Art, historische Gegenstände dichterisch zu sehen und auf eindrucksvolle Momente zu bringen. Dies führte zu einer neuen inneren Form des historischen Dramas.

1

Im Wallenstein schuf Schiller das historische Drama. Hiermit vollzog sich einer der Fortschritte in der Poesie, welche dauernd in der Menschheit fortwirken. Historisches Drama, geschichtlicher Roman, ja die Geschichte selbst wurden durch Schillers Drama beeinflußt. Schiller hat der Lösung dieser Aufgabe die größte Anstrengung seines Lebens gewidmet. Im Mai 1796 entschied er sich für den Wallenstein und legte den Plan der Ritter von Malta zurück, und 1799 ist dann das Werk erschienen. Mit welcher Ehrfurcht betrachtet man heute den stillen Garten mit dem Gartenhäuschen über dem Flüßchen, wo Schiller dies Werk vollbracht hat!

Es gab vor dieser Zeit Stücke genug, welche geschichtliche Stoffe behandelt haben. Aber das Geschichtliche gab hier nur Szene und Umgebung für einen allgemein-menschlichen Charakter, für die aus ihm fließenden Schicksale. Was das große Drama bedarf: große Verhältnisse, in denen ein heroischer Charakter aktiv sich auszuatmen vermag, war zunächst in Sage, Mythos und Geschichte gegeben. Wenn Shakespeare in seinen Römerdramen geschichtliche Charaktere darstellte, so dramatisierte er seinen Plutarch. Den Zusammenhang des geschichtlichen Charakters mit einem bestimmten historischen Milieu hat er niemals dargestellt. Sein Blick breitete sich aus über die Menschen seiner Zeit; die Unterschiede des Klima, der Nation und der Stände hat er meisterhaft dargestellt: aber die Verschiedenheiten der geschichtlichen Lagen waren ihm nicht so bekannt, daß er Charakter und Schicksal der geschichtlichen Menschen daraus begreiflich zu machen vermocht hätte. Das aber setzte sich nun Schiller zur Aufgabe. Auch war zwischen Shakespeare und ihm niemand, der diese Aufgabe gelöst hätte. War doch das hierzu erforderliche dichterische Verfahren auch von dem ganz verschieden, welches er selber und Goethe in ihren historischen Stücken bisher angewandt hatten. An Goethes Egmont hatte er nachgewiesen, wie Goethe, anstatt den inneren Zusammenhang der Geschichte durch seine Erfindungen einfacher und folgerichtiger zu gestalten, vielmehr durch die Erfindung der Liebschaft mit Clärchen denselben zerstört hatte. Mit dem Sarkasmus, der aus dem Bewußtsein seiner Überlegenheit in geschichtlichem Sehen floß, hat er die Verfehlung Goethes nachgewiesen. Von seinem eigenen Carlos urteilte er jetzt, daß er in diesem Jugendwerke auf Einzelheiten das entscheidende Gewicht gelegt und die fehlende Wahrheit durch schöne Idealität zu ersetzen gesucht hätte. Nun erkannte er, daß das historische

Drama von einer großen Realität ausgehen und durch Notwendigkeit, Stetigkeit und Bestimmtheit den Charakter des Helden mit den geschichtlichen Bedingungen in Zusammenhang bringen müsse. Zum ersten Male stellte er sich, wie Shakespeare getan hatte, seinem Stoffe mit objektiver Kälte gegenüber. Eine historische Totalität hinzustellen, vor welcher alle Einzelschönheiten zurücktreten: das war die Aufgabe, welche er sich setzte. Sie war so mächtig und umfassend, daß er die Verbindung von drei Stücken bedurft hat, um sie zu lösen.

Die angeborene Größe des Willens in ihm, die ungeheuren Weltvorgänge, denen er aus der Ferne mit leidenschaftlicher Seele folgte: diese beiden Momente haben ihm die Schöpfung des geschichtlichen Drama ermöglicht, da er doch selber in eine ganz ungeschichtliche, stagnierende Atmosphäre eingetaucht war. Er beklagte selbst, daß ihn „eigene Erfahrung nicht mit Menschen und Unternehmungen aus diesen Klassen bekannt machte". „Das weitläufige und freudlose Studium der Quellen ist mir zu diesem bloß objektiven Verfahren unentbehrlich: denn ich mußte die Handlung wie die Charaktere aus ihrer Zeit, ihrem Lokal und dem ganzen Zusammenhange der Begebenheiten schöpfen." Auch hätte er das überhaupt nicht leisten können, wäre ihm nicht aus seiner Tätigkeit als Professor der Geschichte das 17. Jahrhundert und der 30jährige Krieg vertraut gewesen; daher für sein spezielles Quellenstudium nunmehr überall eine gediegene Grundlage vorhanden war. Die vollendete Meisterhaftigkeit, mit welcher er seine Aufgabe löste, war hierdurch bedingt; nun kamen ihm die Jahre zugute, in denen er vornehmlich mit diesem Jahrhundert sich beschäftigt hatte.

Den Zusammenhang des Wallenstein mit den großen Ereignissen seiner eigenen Zeit hat er in dem prachtvollen Prolog selbst ausgesprochen. Sein Drama verläßt „den engen Kreis des Bürgerlebens" und sucht „einen höheren Schauplatz, nicht unwert des erhabenen Moments der Zeit, in dem wir strebend uns bewegen".

> Und jetzt an des Jahrhunderts ernstem Ende,
> Wo selbst die Wirklichkeit zur Dichtung wird,
> Wo wir den Kampf gewaltiger Naturen
> Um ein bedeutend Ziel vor Augen seh'n,
> Und um der Menschheit große Gegenstände,

Um Herrschaft und um Freiheit wird gerungen,
Jetzt darf die Kunst auf ihrer Schattenbühne
Auch höhern Flug versuchen; ja, sie muß,
Soll nicht des Lebens Bühne sie beschämen.

[Prol., 61–69]

2

Das Thema seiner Dichtung ist das Rätsel der größten deutschen
Persönlichkeit des 30jährigen Krieges. Auf dem Hintergrund der
miteinander ringenden geschichtlichen Kräfte ist es doch dieser
Mensch und sein Schicksal, das Geheimnis, das Furchtbare, in das
sein Charakter und sein Schicksal eingehüllt ist gleichsam, was den
Gegenstand ausmacht. So beschreibt der Prolog die Weltlage. Sechzehn Jahre des 30jährigen Krieges sind vorüber.

Auf diesem finstern Zeitgrund malet sich
Ein Unternehmen kühnen Übermuts
Und ein verwegener Charakter ab.
Ihr kennet ihn, den Schöpfer kühner Heere,
Des Lagers Abgott und der Länder Geißel,
Die Stütze und den Schrecken seines Kaisers,
Des Glückes abenteuerlichen Sohn,
Der von der Zeiten Gunst emporgetragen
Der Ehre höchste Staffel rasch erstieg,
Und, ungesättigt immer weiter strebend,
Der unbezähmten Ehrsucht Opfer fiel.

[Prol., 91–101]

Ist nun so diese Person der eigentliche Gegenstand des Drama,
so begegnen sich zwei verschiedene Interessen in ihr: die Art, wie sie
zur Geltung gelangen, bestimmt den Charakter des Drama als eines
historischen oder eines menschlich-typischen. Auch an der geschichtlichen Gestalt haben die menschlich-typischen Züge das Interesse des
Dichters wie das seiner Zuschauer. Man könnte zunächst sagen, daß
der Dichter seine große Person darum aus der Historie nimmt, weil
Größe ihm hier leibhaftig, wirklich, individuell und in ihren Wirkungen entgegentritt. Wir werden doch nur da an Größe glauben,
wo sie sich geschichtlich als solche erwiesen hat. So nimmt auch
Schiller zunächst sein Interesse am Wallenstein. „Nur der große

Gegenstand vermag den tiefen Grund der Menschheit aufzuregen"
(Prolog). Oder noch tiefer, noch mehr in Schillers eigenstem Geiste
die nächsten Worte: „Im engen Kreis verengert sich der Sinn; es
wächst der Mensch mit seinen größern Zwecken." Gerade in der
mächtigen Inhaltlichkeit seines Lebens, in der Erfüllung mit den
großen Objekten, welche die Geschichte ausmachen, sieht Schiller
die Natur des heldenhaften Mannes. Gerade der Gegensatz der
Männer, welche durch diese Inhaltlichkeit geschichtlich sind und
Geschichte machen, und der Frauen, die geschichtslos und darum
naiv und natürlich-vollkommen sind, geht durch alle Dichtungen
Schillers hindurch.

Hiermit stimmt seine ästhetische Theorie überein. In der Abhandlung über das Pathetische findet er den Unterschied des moralischen von dem ästhetischen Verhalten darin, daß das letztere uns
befreit durch die Darstellung eines absoluten Vermögens, wogegen
uns das erstere bindet durch die Darstellung eines unbedingten Gesetzes. „Dort stellen wir das sinnlich beschränkte Individuum und
den pathologisch affizierbaren Willen dem absoluten Willensgesetz
der unendlichen Geistespflicht, hier hingegen stellen wir das absolute Willensvermögen und die unendliche Geistesgewalt dem
Zwange der Natur und den Schranken der Sinnlichkeit gegenüber.
Daher läßt uns das ästhetische Urteil frei und erhebt und begeistert
uns, weil wir uns schon durch das bloße Vermögen, absolut zu
wollen, schon durch die bloße Anlage zur Moralität gegen die Sinnlichkeit in augenscheinlichem Vorteil befinden." So bereitet die
Darstellung des absoluten Willensvermögens im Drama und die Her-
beiführung der erhabenen Gemütsverfassung hierdurch den morali-
schen Zustand vor. In diesen Sätzen hat Schiller unübertrefflich den
Grund dargelegt, aus welchem die ungeheure Willensmacht von
Prometheus zu Ödipus, von da zu Richard III. und den anderen
Machtmenschen Shakespeares das höchste Objekt des Drama bilden.
Und wenn er drei Jahre vor dem Beginn des Wallenstein diese
Sätze niederschrieb, so erkennt man nunmehr, warum er gerade
aus dem von ihm beherrschten Gebiete des 17. Jahrhunderts diesen
Menschen nahm. Neben ihm hat ihn dann auch Gustav Adolf be-
schäftigt. Aber das Dämonische des Machtwillens drückt sich doch
noch furchtbarer und pathetischer in der Figur des Wallenstein aus.

So hat er in ihm schlechthin das größte Objekt des Drama zum Gegenstand genommen, nach seinem Begriff und nach dem jeder echten Poetik, nur daß man das Verhältnis des großen Willens zum moralischen Prozeß doch wohl noch positiver fassen muß, als Schiller tat. Denn dieser Wille, welcher sich selbst dem Tod zum Trotz durchsetzt, in seiner Folgerichtigkeit und Konstanz unerschütterlich ist gegen jedes Schicksal und in den großen Inhalten der Welt und der Historie lebt, ist selbst ein großer Teil jeder moralischen Aktion. Solchen Willen hervorzubringen, solche Herrscherpersonen möglich zu machen, dazu ist zu einem großen Teil alle Historie da.

Nun aber wurde Schiller durch eine angeborene historische Genialität, mit welcher er alle Dichter unseres Volkes überragt, darauf geführt, daß ein solcher dämonischer Wille, als welcher mit den großen Objekten der Herrschaft und Freiheit zu tun hat, sonach von den großen Inhalten erfüllt ist, auch nur in seinem Zusammenhang mit der geschichtlichen Inhaltlichkeit verstanden werden kann, auf welche sich sein Wirken gründet. Ruhte doch die Größe seines eigenen Wesens eben darauf, daß er immer in der Hingabe an große allgemeine Zwecke das Glück seines Lebens gefunden hat. So war in ihm ein angeborenes, instinktives, naturstarkes Verhältnis zu der geschichtlichen Welt.

Welch ein Gegensatz zwischen ihm und Goethe, dessen Natur auch in allem Erfassen von Inhalten schließlich nur der Erweiterung des eigenen Daseins dabei froh wurde und eben in diesem gesteigerten, persönlichen Bewußtsein sein Glück fand! Das ist der Gegensatz, der dann zwischen den beiden größten deutschen Dramen, dem Wallenstein und dem Faust besteht.

So mußte Schiller sich die Aufgabe stellen, von den großen geschichtlichen Potenzen, welche die Lage des Helden bilden, bis zu dessen geschichtlicher Seelenverfassung und seinem Schicksal genau, bestimmt, folgerichtig, lückenlos vorwärtszuschreiten. Nach dieser Seite hin haben alle Stücke vor dem Wallenstein verglichen mit ihm etwas Zusammenhangsloses, geschichtlich Unbestimmtes, in den Motiven historisch Kindliches. Schiller schreibt allein und er zuerst wie ein großer historischer Kopf, der zugleich ein echter Dichter ist. Sicher bleibt er in der poetischen Gestaltungskraft, in der Phantasie weit zurück hinter Shakespeare. Die Abhängigkeit der Zeit von den

Theorien, seine eigene idealistische ästhetische Theorie hemmten
vielfach die reife Durchführung seiner großen Konzeption des
historischen Drama, aber vieles von dem, was man an diesem Werke
ausgesetzt hat, stellt sich doch als ein bloßes Mißverständnis der
Leser und auch der Schauspieler dar. Man kann sagen, daß noch
niemals Wallenstein so aufgeführt worden ist, wie Schiller ihn
intentioniert hat.

3

Das Ineinandergreifen des allgemein-menschlichen und des historischen Sehens und Gestaltens in dem großen historischen Drama ist
nach Zeitalter, Dichter, Stoff verschieden. Das aber entspringt nun
aus dieser großen humanistischen Epoche, daß das Menschliche in
seiner lebendigen Totalität stets als die Grundlage aller geschichtlichen Bedingtheit gefühlt wird. Wie die historische Singularität mit
dem Allgemein-Menschlichen in einem großen Charakter zusammen-
hängt, haben Goethe, Schiller, Kleist stets darzustellen gesucht. Und
so mächtig ist dieser humanistische Grundzug in Schiller, daß er
menschliche Idealität in irgendeiner Form seinem historischen Gemälde einzuweben sucht. In Max und Thekla ist gleichsam der
Maßstab des Ideals für die Beurteilung der handelnden Personen
gegeben, und ihre Gespräche und Handlungen sind so geleitet, daß
sie einen solchen Maßstab enthalten.

Die Handlung verläuft in dem Gegensatz der großen geschicht-
lichen Potenzen der katholisch-österreichisch-bayrisch-jesuitischen
Politik und der Politik Gustav Adolfs und der protestantischen
Fürsten. Während aber im Carlos (wie auch in den Räubern und
Kabale und Liebe auf allgemein-menschlichem Gebiet), in Maria
Stuart, Tell dieser große Gegensatz in verschiedenen Formen das
Thema des Drama selber bildet, ist er hier nur der Hintergrund
desselben. Nur leise klingt der Kontrast des schweren Gewissens-
ernstes in dem schwedischen Unterhändler zu der jesuitischen Skru-
pellosigkeit der österreichischen Politiker an. Nichts von dem, was
ihm sonst so nahe lag, ist eingemischt. Der Kampf, den hier Wallenstein führt, geht um die Herrschaft. Und das Werkzeug desselben
ist überall die Armee.

Die historisch-politische Lage. Der Reichsfeind an den Grenzen, Meister des Donaustroms, Aufruhr, Stände schwierig. Und nun die Armee, losgerissen „ein furchtbares Werkzeug, dem Verwegensten der Menschen blind gehorchend hingegeben". Die Führer der Armeen erhalten in dieser Lage eine durch den langen Krieg herbeigeführte Selbständigkeit. Sie streben danach, Reichsfürsten zu werden. Der Prinz von Weimar will sich am Main ein Fürstentum gründen. Der Mansfelder und der Halberstädter würden bei längerem Leben das auch getan haben. Unter ihnen ist Wallenstein durch sein Heer der mächtigste. Sein Plan ist, selbständig den Frieden herbeizuführen, und dafür will er als Herrscher von Böhmen unter den Reichsfürsten sitzen. Er hat sich schon in Besitz von Böhmen gesetzt. Er verträgt die Glaubenstyrannei von Wien und den Jesuiten nur schwer. Die Stimmung des Heeres ist nun, daß er sein wirkliches Oberhaupt ist. Er selbst hat durch seinen Vertrag mit dem Kaiser und seine durch diesen ermöglichten Maßregeln diesen Zustand herbeigeführt. Das Heer ist sein Werkzeug.

In dieser Lage wird er zu selbständigem politischen Handeln vorwärtsgedrängt. Hier greift die Kriegführung jener Tage ein, die sich in ihm verkörpert. Sie kann nicht losgelöst werden von den politischen Operationen. Und die Verhandlungen mit Sachsen und Schweden müssen ihn am kaiserlichen Hof verdächtig machen.

Dieser kaiserliche Hof seinerseits zeigt sich zu subaltern, um mit dem Recht der angeborenen Genialität rechnen zu können. („Der seltne Mann will seltenes Vertrauen.") Es schreckt sie alles, was eine Tiefe hat. Das Spiel des Pater Lamormain, der Spanier und Baiern hinter der Bühne, der Neid der Höflinge kommt dazu. Die Auslegung seiner Handlungen durch die, welche selbst nichts leisten. Das Werkzeug des Hofes ist Piccolomini. Der Hof kann nur durch Schleichwege sein Ziel erreichen. Und Piccolomini ist die Person für ihn. Ein Italiener, bei dessen „Staatskunst" man sogleich an Macchiavelli denken muß. Sein heimliches Spiel gegenüber seinem Sohn macht ihn kinderlos.

Die Armee fühlt ihren Gegensatz gegen den Hof, welcher den Krieg erregt, und ihr den Sold vorenthält. Sie fühlt auch den Gegensatz gegen die geistlichen Hintermänner der Regierung.

Indem nun dieser Hof und dieser Mann zusammentreffen, ent-

steht folgende Lage: der Hof fürchtet Wallenstein, gerade darum
kann er nur heimlich und auf Schleichwegen prozedieren. Er
wünscht ihn aus der Führung zu verdrängen. Und zwar muß Wallenstein aus Böhmen entfernt, seine Armee muß verringert werden.
Dabei ist im Hintergrund – aber Wallenstein sogleich am Beginn
des Stückes und der Handlung bekannt –, daß man Ferdinand,
den jungen König von Ungarn, „des Kaisers Söhnlein", ihm zum
Nachfolger bestimmt hat. Er soll durch diesen Prinzen, der bei dem
Heer erscheint, allmählich verdrängt werden. Die Anklagen gegen
ihn, durch welche man diese Eingriffe rechtfertigt, sind die Preis-
gebung Regensburgs, die Freigabe des gefangenen Matthias Thurn,
das überflüssige Verweilen in Böhmen und die Schonung Sachsens.
Der heimlichen Verhandlungen mit Schweden und Sachsen wird
keine Erwähnung getan, weil Wallenstein sie ableugnen konnte, da
er nichts Schriftliches an Schweden oder Sachsen abgab. Sonach
sendet der Hof nunmehr Questenberg mit folgenden Bedingungen:
vor Ostern soll Regensburg „vom Feind gesäubert" sein; Wallenstein soll acht Regimenter dem Infanten abtreten, der mit spanischen Truppen durch Deutschland nach den Niederlanden zieht.
Ächtung Wallensteins und Übergang des Kommandos an Octavio
Piccolomini, falls Wallenstein dem Kaiser nicht gehorcht.

Dem entspricht der Eindruck der Herzogin in Wien: feierliche
Förmlichkeit am Hofe, Schweigen – wie Wallenstein sagt: „*Die
Sonnen also scheinen uns nicht mehr.*" Spanien und Baiern klagen
ihn an. Sein schnelles Glück hat ihn dem Haß der Menschen bloß-
gestellt.

*Die Möglichkeiten, welche vor Wallenstein liegen und seine Ent-
schließungen.* Wallenstein kann in dieser Lage entweder dem Hof
zuvorkommen, seine Stelle niederlegen, seine Aussichten auf Böhmen
zunächst aufgeben und sich auf seine Güter zurückziehen – die
Gräfin Terzky zeigt ihn sich selbst in einer solchen Lage: er wird
jagen, bauen usw. Oder er stellt sich ausschließlich auf das Heer.
Dieses würde eine solche Position akzeptieren; er würde also weder
abdanken noch auf die Bedingungen des Kaisers eingehen. Das wäre
dann die Aufgabe, in einer Art von Neutralität und Selbständigkeit
so sich zu halten. Oder endlich: er verbindet sich mit den Schweden. Die erste dieser Möglichkeiten ist durch die Herrschernatur

Wallensteins ausgeschlossen. „Wenn ich nicht wirke mehr, bin ich vernichtet." Über die zweite Möglichkeit finde ich in dem Stück keine Auseinandersetzung; immer wieder wird betont, daß dem Geist der Armee dies entsprechen würde und in ihr kein Hindernis liegt; das Hindernis muß sonach in den politischen Bedingungen liegen, unter denen Wallenstein und diese Armee stehen. Erwägt man, wie lange das Heer auf Sold wartet, so würde der Versuch, den Krieg durch den Krieg zu nähren, alle Reichsstände gegen Wallenstein aufgebracht haben. Und wenn diese neutrale Armee sich nur die Aufgabe stellen konnte, den Frieden zu erzwingen, so mußte die Lösung dieser Aufgabe die Armee überflüssig machen. Damit aber wäre die Basis der Macht Wallensteins aufgehoben. So ward er der dritten Möglichkeit entgegengedrängt, als welche ihm allein ein Leben nach seiner Natur möglich machen konnte.

Die Entschließung, welche zwischen diesen Möglichkeiten wählt, der folgerichtige Zusammenhang, in welchem Wallenstein zu der dritten Möglichkeit gedrängt wird, und aus ihr folgend die blutige Katastrophe: das ist der Gegenstand des großen Drama.

Sonach finden wir schon im ersten Akte des Stückes, gleich bei Wallensteins erstem Auftreten nach dem Gespräch mit der eben angekommenen Herzogin, deren Erzählung mit all seinen Berichten übereinstimmt, ihn einem Entschluß entgegengedrängt: „O! sie zwingen mich, sie stoßen gewaltsam, wider meinen Willen, mich hinein." Er sagt zu sich selber als Schluß aus der Lage: „Drum keine Zeit verloren!" Aber er entschließt sich zunächst nur zu einem ersten Schritt, der die erste Möglichkeit ausschließt und ihm zwischen den beiden andern noch die Wahl offen läßt. Das ist die große Aktion in den Piccolomini, wo er sich dem Heer gegenüber zum Bleiben verpflichtet und dessen Verpflichtung, bei ihm standzuhalten, erhält. Warum er nun so vorschreitet und von da ab weiter, das folgt aus seinem Charakter, zusammengenommen mit der dargestellten Lage. Dieser muß nun also ins Auge gefaßt werden.

Der Charakter Wallensteins. In dieser Lage tritt uns nun, lange vorbereitet – erst am Beginn des 2. Aktes der Piccolomini – Wallenstein selbst gegenüber. Sein Schattenbild war immer gegenwärtig, der Zuschauer erwartete ihn beständig. Schon diese lange Erwartung, daß er immer gegenwärtig war in seinen Wirkungen

und nun endlich in „lebender Gestalt" dem Zuschauer gegenüber-
tritt, muß die Wirkung außerordentlich steigern. Dämonischer
Machtwille und ungeheures schöpferisches Vermögen: so erschien er
in seinem Wirken. Senis astrologische Manipulationen gehen vor
ihm her, Geheimnis umgibt ihn, die Haupteindrücke, die er hervorrufen soll, sind so ihm voraufgehend. Es ist der Moment, in welchem er nach langem Zögern die erste Entscheidung zu treffen genötigt ist. Von diesem Moment bis zu seiner Ermordung ist nur
noch eine kurze Spanne Zeit. Die innere Notwendigkeit, welche zu
seinem Entschluß führt und seinen Untergang herbeiführt, wird also nicht in den Momenten ihrer Entstehung entwickelt, sondern sein
Charakter kommt analytisch zur Darstellung. In den Gesprächen
und Handlungen wird derselbe gleichsam rückwärts aufgewickelt,
und zwar so, daß in einer wunderbar poetischen Wendung die
Bilder seiner Jugend unmittelbar vor seinem Tode auftauchen. Insbesondere wird durch die Eindrücke anderer Personen über ihn ein
immer tieferes Verständnis seines Charakters herbeigeführt. Es ist
eine nie dagewesene Kunst, mit welcher all die Tatsachen und Zusammenhänge, deren es zum Verständnis dieser Notwendigkeit bedarf, zufällig, ganz natürlich, nacheinander hervortreten, und nur
wer dies Detail so als Meister beherrschte, war einer solchen Leistung fähig. Man vergleiche, wieviel von einer historisch-politi-
schen Lage und ihrem Zusammenhang mit den Beweggründen eines
Helden in irgendeinem Stücke Shakespeares vorkommt, mit dem,
was Schiller dem Zuschauer so ohne alle Pedanterie, so ganz natürlich zum Verständnis an die Hand zu geben weiß –, welch ein
Unterschied!

In Shakespeares Zeitalter herrscht der Affekt, die Gewalt, entsprechend in der damaligen psychologischen Auffassung die Lehre
von den Temperamenten, von den Affekten und von den Charak-
tertypen. So zeigt er einen Menschen in dem Augenblick, in welchem
eine Leidenschaft sich seiner bemächtigt. Derselbe ist nun wie ein
Apparat, in welchem diese Leidenschaft abläuft. Alle Lebendigkeit
scheint sich in diese nun konzentriert zu haben. Schiller ist der Sohn
eines Zeitalters, in welchem Humanismus und Transzendentalphilosophie regieren. So gibt er in seiner reifen Entwicklung jedem
Charakter als Grundlage die freie Lebendigkeit einer ganzen Men-

schennatur. Und er läßt Leidenschaft, Handlung, Schuld und Untergang in der lebendigen Betätigung des ganzen Willens, in welcher
alle Kräfte rege werden und alle Seiten einer reichen Menschennatur in Wirksamkeit treten, entstehen. Wie oft ist der Monolog
des Wallenstein und der des Tell getadelt worden! Sie entspringen
doch gerade aus dem Bewußtsein von der freien Lebendigkeit der
Menschennatur, als in welcher auch bei großer Gewalt eines Beweg-
grundes doch die ganze Breite der Existenz anklingt, mithandelt,
Geltung fordert an der entscheidenden Stelle des Lebensweges. In
seinen Briefen spricht er es aus und in dem Prolog sagt er es ausdrücklich: Die Kunst „soll diesen furchtbaren Helden und sein Verbrechen dem Herzen menschlich näherbringen". „Sie, die alles be-
grenzt und bindet, führt jedes Äußerste zur Natur zurück." Und
nie hat er einem seiner Helden eine größere Breite der Menschennatur, eine universelle Gefühligkeit solcher Art gegeben, wie dem
Wallenstein. Dies Vermögen, sich in Jeden und Alles temperament-
voll hineinzugeben, ist es eben, auf welchem sein Zauber über die
Gemüter und über die Menschen beruht. Aber weder der Leser noch
der Schauspieler möge sich täuschen. In jedem Gefühl solcher Art
besitzt er doch immer zugleich sich selbst und seinen harten Herr-
scherwillen. Vielleicht ist nie in einer Szene diese dämonische Ver-
bindung von Eigenschaften, welche die universelle Herrschaft eines
Geistes über seine Zeit bedingt, so dargestellt worden, als in den
Unterredungen Wallensteins mit den Kürassieren, in der ersten
Unterredung mit Max, dann in der zweiten, und in einer anderen
Tonart in der Verhandlung mit Questenberg in Gegenwart der
Generäle. Es gibt einen Moment, da er seine Tochter zum ersten
Male wiedersieht, in welchem er glaubt, er habe gelebt, seiner
Tochter einen Königsschmuck um die schöne Stirn zu flechten. Aber
in all diesen Gesprächen sollte der Schauspieler die „Masken" Wallensteins von seinen Intentionen sondern, nie darf ein Hausvater
oder treuherziger Freund aus Wallenstein werden. Es ist vollständig
wahr, und es ist tief ergreifend, wie Wallenstein sein Gefühl für
Max ausspricht. „Denn über Glück geht doch der Freund, der's
fühlend erst erschafft, der's teilend mehrt", aber ebenso wahr ist,
daß ihm die Hoffnung von Max auf seine Tochter als etwas Unfaß-
bares erscheint. Diese Zweideutigkeit seiner Natur, diese beständige

Gegenwart eines eigensüchtigen Willens mitten in der Hingabe der Gefühle zeigt sich dann von der tragischen Seite in der Bewillkommnung Buttlers in Eger. Was für Herzenstöne: „Komm an mein Herz, du alter Kriegsgefährte", und dann „Weißt du's schon, der Alte hat dem Kaiser mich verraten". Auch Gordon spricht von seiner „Größe, seiner Milde, und seines Herzens liebenswerten Zügen". Wie tief die Bewegungen seines eigenen Herzens sind, zeigen die Worte an die Herzogin über Thekla:

> Es gibt Schmerzen, wo der Mensch
> Sich selbst nur helfen kann: ein starkes Herz
> Will sich auf seine Stärke nur verlassen.
>
> [Tod, 2972—74]

Diese breite Menschlichkeit ist in der ganzen Handlung gegenwärtig; wie sie in seinen Entschlüssen mitwirkt, kommt in dem großen Monolog, welcher der Vereinbarung mit den Schweden voraufgeht, zum Vorschein. Diese gehörte zu dem Schatz von Mitteln, den er sich für seine Zwecke bereitgehalten hatte. Jetzt sucht er vor seinem eigenen Gewissen sich zu rechtfertigen; er bringt sich auch die ungeheure Macht der kaiserlichen Autorität zum Bewußtsein; er findet sich an der Grenze, die zwei Lebenspfade scheidet. So ist in dem Menschen bei großen Entscheidungen der Inbegriff aller Momente, die ganze Vergangenheit gegenwärtig. Aus der Tiefe des unbewußten Zusammenhangs unseres Seelenlebens tauchen die Bilder davon auf. Schließlich entscheidet doch die Richtung, welche unser Charakter schon genommen hat.

Wallenstein war eine Willensnatur, eine Herrscherseele. Im Bewußtsein der Macht zu leben und zu wirken, war ihm allein Glück. Ihn umgab wie alle königlichen Naturen Einsamkeit und Schweigen. Auch für die, die ihm am nächsten standen, war er unfaßbar. Immer spann er in dieser Einsamkeit Pläne, welche die ganze politische Welt seiner Zeit umfaßten. Gordon erzählt, wie er schon als zwanzigjähriger Edelknabe am Hof von Burgau diese angeborene Königsnatur zeigte. Ernst über seine Jahre, auf große Dinge allein gerichtet, ging er schon damals einsam durch die Genossen, ausschweifend große Gedanken erfüllten ihn schon, die wie Wahnsinn erscheinen konnten. Zumal nachdem er, im Fensterbogen eingeschla-

fen, vom zweiten Stock herabgestürzt war, ohne eine sichtbare
Beschädigung, hielt er sich vom Schicksal zu großen Dingen aus-
ersehen. Von da ab glaubte er an seinen Stern. Noch ausschweifen-
der wurden seine Gedanken über seine Zukunft. Hier mag aus-
nahmsweise eine Erzählung Schillers aus der Geschichte des 30jähri-
gen Krieges eingeschaltet werden, wie Wallenstein nach dem Regensburger Tag auf seinen Gütern lebte: „Sechs Barone und ebensoviel Ritter mußten beständig seine Person umgeben, um jeden Wink
zu vollziehen, zwölf Patrouillen die Runde um seinen Palast
machen, um jeden Lärm abzuhalten. Sein immer arbeitender Kopf
brauchte Stille; kein Gerassel der Wagen durfte seiner Wohnung
nahekommen, und die Straßen wurden nicht selten durch Ketten
gesperrt. Stumm, wie die Zugänge zu ihm, war auch sein Umgang.
Finster, verschlossen, unergründlich, sparte er seine Worte mehr als
seine Geschenke, und das Wenige, was er sprach, wurde mit einem
widrigen Ton ausgestoßen. Er lachte niemals, und den Verführungen
der Sinne widerstand die Kälte seines Bluts. Immer geschäftig und
von großen Entwürfen bewegt, entsagte er allen leeren Zerstreu-
ungen, wodurch andere das kostbare Leben vergeuden. Einen durch
ganz Europa ausgebreiteten Briefwechsel besorgte er selbst; die
meisten Aufsätze schrieb er mit eigener Hand nieder, um der Ver-
schwiegenheit anderer so wenig als möglich anzuvertrauen. Er war
von großer Statur und hager, gelblicher Gesichtsfarbe, rötlichen
kurzen Haaren, kleinen, aber funkelnden Augen. Ein furchtbarer,
zurückschreckender Ernst saß auf seiner Stirne, und nur das Übermaß seiner Belohnungen konnte die zitternde Schar seiner Diener
festhalten."
So hat er Schiller vor der Seele gestanden. Ich hebe dies heraus:
jede Stelle seines Drama läßt sich so verstehen, daß sie mit diesem
Bilde im Einklang bleibt. Zu Terzky sagt er einmal: „Ich wüßte
nicht, daß ich mein Innerstes dir aufgetan." Die Gräfin sagt zu
Thekla, die sich vorgenommen hat, für ihre Liebe zu ihm zu sprechen, sie möchte sich wohl schöne Worte ausdenken, wenn sie allein
sei, aber vor ihm . . .

> Tritt vor sein Auge hin,
> Das fest auf dich gespannt ist, und sag' Nein!

> Vergehen wirst du vor ihm, wie das zarte Blatt
> Der Blume vor dem Feuerblick der Sonne.
> [Picc., 1873–76]

Wie schildert ihn die Herzogin! Sie erschien sich in dieser Ehe wie
an ein feuriges Rad gefesselt. So ist sie am Rand eines Abgrunds
schwindelnd hingerissen worden. Er war ihr immer eine Unfaßbar-
keit. Und Max sagt von ihm:

> Wie er sein Schicksal an die Sterne knüpft,
> So gleicht er ihnen auch in wunderbarer,
> Geheimer, ewig unbegriffner Bahn.
> [Picc., 2549–51]

Als Questenberg ihn tadelt, daß er erscheine, „als wär' mit seiner
Würd' er schon geboren", macht Max in seiner Antwort das angeborene Recht der Königsgenialität Wallensteins geltend. Ganz wie
Shakespeares Heinrich IV. auf dieser steht. „Mit jeder Kraft zu
herrschen", sei er geboren

> Und mit der Kraft noch obendrein,
> *Buchstäblich zu vollstrecken die Natur,*
> Dem Herrschtalent den Herrschplatz zu erobern.
> [Picc., 439–41]

Auch in seinen Verhandlungen mit Schweden und Sachsen ist etwas
von der „Freude, seine Macht zu kennen". Ein „königlich Gemüt"
und eine „volle Hand" schreibt ihm der Jugendgefährte zu. Er entschließt sich allein. Nie hat er Rat bedurft. Er ist absolut furchtlos.
Selbst sein Aberglaube hat etwas Königliches. Er findet sich zu Jupiter in Verhältnis. Er weiß sich als „das gefürchtete Grauen seiner
Armee". In den Grenzen der feinsten Formen hat er sich seine Frau
ganz unterworfen.

Schiller dringt tiefer in die Herrschernatur, als Shakespeare
vermochte, durch den Begriff des schöpferischen Vermögens. Er gebraucht den transzendentalen Idealismus als Mittel des Verständ-
nisses für die praktische Genialität. Er überschreitet die Grenzen der
ästhetischen Auffassung der Genialität, indem er in der praktischen
Welt diese Grundbestimmung der Transzendentalphilosophie verwendet: Wallenstein, verlassen von dem größten Teil seiner Armee,

findet in sich selbst das schaffende Vermögen, das schon zweimal
eine Armee aus dem Nichts hervorgerufen hat.

> Es ist der Geist, der sich den Körper baut.
> ... Innen
> Im Marke lebt die schaffende Gewalt,
> Die sprossend eine Welt aus sich geboren.
>
> [Tod, 1813, 1793–95]

Ein „Schöpfungswort" liegt in ihm. Die Äußerung dieser schaffenden Kraft war die Organisation seines Heeres. Er empfing dies
Heer nicht, sondern schuf es. Aus Menschen aller Länder hat er es
organisiert zu einer lebendigen imposanten Einheit. Der Geist hat
sich in diesem Heer seinen Körper geschaffen.

> Alle führt an gleichgewalt'gem Zügel
> Ein Einziger.
>
> [Picc., 231/32]

Als eine solche organisatorische Macht weiß er jeden an seine Stelle
zu setzen. Er kennt die Menschen, und er weiß sie zu gebrauchen.
Er benutzt auch ihre Schwächen, aber das ist doch das Wesentliche,
er gebraucht die positive Kraft und gibt ihr dadurch das Gefühl
ihres Wertes. „Eine Lust ist's, wie er alles weckt." So wird er von
selbst zum „Mittelpunkt für viele tausend".

Demnach ist er ebensowohl Politiker als Feldherr, ja diese beiden
Eigenschaften sind nach seiner Lage untrennbar miteinander verbunden. Eben in ihrer Verbindung findet er die Macht Gustav
Adolfs mit Recht hauptsächlich gegründet. Sein schönstes Wort ist
wohl:

> Ein König aber, einer, der es ist,
> Ward nie besiegt noch, als durch seinesgleichen.
>
> [Picc., 1223/24]

Wallenstein ist ein *historischer Charakter*. Ich verstehe unter
einem solchen eine Verbindung von Eigenschaften, welche durch
eine geschichtliche Lage bedingt ist und nur aus ihr verständlich
wird. Und hier habe ich mich mit der gewöhnlichen Auffassung
dieses Charakters auseinanderzusetzen.

Es ist die Regel, daß Wallensteins zögerndes, tastendes Vorgehen als Äußerung eines schwankenden Charakters aufgefaßt wird. Man kann Schiller nicht gründlicher mißverstehen. Aus den Quellen selbst entstand ihm das Bild des Manövrierens, Tastens, des An-knüpfens von Fäden, die er das Bewußtsein hat immer wieder fallen lassen zu können, des Zauderns und Passens auf den Moment. Und eben diese Eigenschaften sind bezeichnend für die ganze Kriegskunst der damaligen Zeit und übertragen sich ebenso auf die politische Technik derselben. Es ist in diesem großen 17. Jahrhundert etwas Rechnendes, eine Art von mathematischer Verfassung des militärischen und politischen Geistes, wie das der Epoche der mathematischen Naturwissenschaft entspricht.

> Ein großer Rechenkünstler war der Fürst
> Von jeher, alles wußt' er zu berechnen.
>
> [Tod, 2853/54]

Dasselbe Verfahren wendet er auf dem politischen Gebiet an; so im Zusammentreffen mit Gustav Adolf.

> Vergebens lockt man ihn zur Schlacht; er gräbt
> Sich tief und tiefer nur im Lager ein,
> Als gält' es, hier ein ewig Haus zu gründen.
> Verzweifelnd endlich will der König stürmen,
> Zur Schlachtbank reißt er seine Völker hin.
>
> [Picc., 1044–48]

So ist die Verbindung dieses königlichen Machtwillens und Or-ganisationsvermögens mit solchem Manövrieren, Zaudern, Anspin-nen und Fallenlassen schon historisch bedingt durch den rechnen-den Geist des Jahrhunderts.

Eine weitere, in noch strengerem Sinne historische Verbindung von Zügen ist die Verknüpfung dieses ungeheuren rechnenden Ver-mögens mit einem astrologischen Glauben, der aber zugleich durch die Lehre der Transzendentalphilosophie auf die Tiefe des Bewußt-seins zurückbezogen wird. Wie durch einen unterirdischen Gang, welchen die Geschichte gegraben hat, sind durch den mathemati-schen Charakter der Zeit und die auf ihn gegründete Herrschaft der Astronomie – dies aber doch noch in einem Zeitalter, das see-lische Kräfte in den Gestirnen annahm, – politisch-militärische

Genialität und astrologischer Glaube in eine mögliche Verbindung getreten. In keiner anderen Zeit und beinahe in keinem anderen Lande war diese Verbindung möglich, als in zeitlicher und örtlicher Nähe Keplers. Dieser größte deutsche Zeitgenosse Wallensteins, dessen Eroberungen in den Regionen des Himmels lagen, ein Hofastrolog, verband ebenfalls mit überragender rechnender Genialität Astronomie, Glaube an die seelischen Mächte in den Gestirnen und darauf gegründet astrologischen Aberglauben. Schiller packt auch hier den Zusammenhang in seiner letzten Tiefe, in welchem das Königliche in diesem Aberglauben, das Naturphilosophische und das Mathematische verbunden ist.

> Die Geisterleiter, die aus dieser Welt des Staubes
> Bis in die Sternenwelt, mit tausend Sprossen,
> Hinauf sich baut, an der die himmlischen
> Gewalten wirkend auf und nieder wandeln,
> Die Kreise in den Kreisen, die sich eng
> Und enger ziehn um die zentralische Sonne –
> Die sieht das Aug' nur, das entsiegelte,
> Der hellgebornen, heitern Joviskinder.
>
> [Picc., 978–985]

Und schließlich knüpft Schiller mit tiefstem Bewußtsein, wie es aus der Anwendung seiner Transzendentalphilosophie auf diesen Glauben entspringt, denselben an das Bewußtsein der Allebendigkeit der Natur und ihres universalen Zusammenhangs, in welchem Max und Thekla auch ihre seelische Einheit gegründet finden.

Aus diesen Zügen ergibt sich nun gleichsam die Objektivität des rechnenden Kopfes, welchem auch die Menschen nur Ziffern in seinem Kalkül sind.

> Die Menschen wußt' er gleich des Brettspiels Steinen
> Nach seinem Zweck zu setzen und zu schieben.
>
> [Tod, 2855/56]

Immer geringer denkt der große Realist im Laufe der Zeit von den Menschen.

> Der Mensch ist ein nachahmendes Geschöpf,
> Und wer der Vorderste ist, führt die Herde.
>
> [Tod, 1434/35]

Sie werden ihm unter diesem Gesichtspunkt Mittel zu seinen Zwecken. Ja, er gelangt dazu, sie durch ihre Schwächen an seinen Fäden leiten zu wollen, – er scheut selbst Hinterlist nicht, sie in seine Hand zu bekommen. Woraus dann im Widerspruch zu der Breite seines Temperaments eine besondere Unbegreiflichkeit seiner Natur sich ergibt. Die Menschen sind ihm feste Größen. Er sollte sich sowohl in Piccolomini als in Buttler, selbst in seiner nächsten Umgebung verrechnen.

Der letzte hiermit zusammenhängende Zug ist seine religiöse Indifferenz. Der große Realist, welcher über dem Schachbrett der europäischen Politik sitzt, betrachtet auch die religiösen Kräfte nur als Faktoren in seiner Rechnung. Er ist als Jüngling, nach seinem Sturz aus dem Fenster, zum Katholizismus übergetreten. Nicht daß er nun religiös oder philosophisch über die religiösen Gegensätze sich erhoben hätte. Als praktischer Politiker nimmt er sie als Kräfte unter anderen Kräften und so sind sie etwas außer ihm.

> Ich hasse
> Die Jesuiten – läg's an mir, sie wären längst
> Aus Reiches Grenzen – Meßbuch oder Bibel!
> Mir ist's all eins – Ich hab's der Welt bewiesen –
> In Glogau hab' ich selber eine Kirch'
> Den Evangelischen erbauen lassen.
> [Tod, 2595–2600]

Der Realist, welcher die Menschen an ihren Schwächen zu fassen gewohnt ist, um sie zu beherrschen, der gewaltige Heerführer, der zwischen den religiösen Parteien sich einen Weg suchen möchte, sieht auch die Konfessionen als Kräfte außer sich, er selbst ist nur Machtwille und ungeheurer Verstand, sie zu beherrschen. Sein Glaube ist das Geschöpf seines Machtwillens. Zumal seit dem Regensburger Reichstage ist es der Zusammenhang der menschlichen Schicksale mit den Gestirnen. Vor seiner Ermordung – wer gedächte nicht des Faust! – umgibt ihn etwas Gespenstiges, Luft voll von Ahnung – sein Stern hat sich verdunkelt – der Jupiter.

> Mir deucht, wenn ich ihn sähe, wär' mir wohl.
> Es ist der Stern, der meinem Leben strahlt,
> Und wunderbar oft stärkte mich sein Anblick.
> [Tod, 3415–17]

Es ist etwas Königliches in seinem Glauben. Er fühlt sich durch die Konstellation seiner Geburt als mit Jupiter verbunden und über die erhoben, die „nur in der Erde finster wühlen". Zu diesem königlichen Glauben gehört auch:

> Wie sich der Sonne Scheinbild in dem Dunstkreis
> Malt, eh' sie kommt, so schreiten auch den großen
> Geschicken ihre Geister schon voran.
> Es machte mir stets eigene Gedanken
> Was man vom Tod des vierten Heinrichs liest.
> Der König fühlte das Gespenst des Messers
> Lang' vorher in der Brust, eh' sich der Mörder
> Ravaillac damit waffnete.
>
> [Tod, 3486—94]

Das Wirken der geschichtlichen Umstände auf diesen Charakter. Sein Plan. Dies ist die Verbindung von Zügen, welche nach Schiller den geschichtlichen Charakter des Wallenstein ausmachen. Indem derselbe nun aber an einem bestimmten Punkte der geschichtlichen Welt in Aktion tritt, empfängt Wallenstein eine planvoll wirkende Inhaltlichkeit des Wesens und Wirkens, welche wir in der Regel mit dem Charakter eines Menschen ungesondert zusammen vorstellen, die aber doch noch etwas auch von seinen inhaltlichen Zügen, wie religiöse Indifferenz, Gesondertes ist, da sie als sein Plan, sein planmäßiges Wirken außer ihm heraustritt. Dieser Charakter hat sich gleichsam objektiviert in der Armee, welche er dem Kaiser geschaffen hat und die er beherrscht. Daher die Darstellung dieses Heeres die Grundlage bildet. Wie sich in diesem Heer sein Charakter ausdrückt, so bestimmt diese Herrschermacht auch wieder seinen Charakter. Diese beinahe schrankenlose Macht muß ungeheure Pläne in einem solchen Geiste hervorrufen.

Diese Pläne waren zugleich in Übereinstimmung mit den Intentionen aller großen Heerführer der Zeit. Unter den großen Heerführern der Zeit ist er von den Deutschen der gewaltigste. Wie die Condottieren Italiens, wie die Führer der Armeen auf deutschem Boden teilweise, denkt er daran, ein Fürstentum zu erlangen. Er will unter den Reichsständen sitzen. Er will Böhmen behalten. Um so mehr wird er hierzu angetrieben, als sein Vertrag mit dem Kaiser ihm eine unumschränkte Vollmacht verliehen hat.

Diese Pläne für ihn selbst nötigen ihn nun dazu, seine Armee selbständig zu behaupten und in den Operationen derselben seine eigenen Interessen zu verfolgen. In der Weise, in welcher er das tat, machte der Regensburger Reichstag einen Einschnitt. Zugleich brachte derselbe in Wallensteins Verhältnis zum Kaiser, von welchem doch seine Lebenshaltung abhing, und sonach in seiner Seelenverfassung selber, eine durchgreifende Veränderung hervor. Vor diesem Reichstag sah er sich als den Heerführer des Kaisers an, der mit seinem Heer über die Reichsstände hinwegschritt, jedes deutsche Land kraft dieser Stellung sich preisgegeben ansah: nur den Kaiser und sich als dessen Heerführer strebte er zu erheben: „Du hattest jeden Stand im Reich beleidigt..." Im Namen des Kaisers hatte er so gewirtschaftet, „dem Thron zu dienen auf des Reiches Kosten". Auf dem Regensburger Fürstentag

> Da brach es auf! Da lag es kund und offen,
> Aus welchem Beutel ich gewirtschaft't hatte.
> [Picc., 1166/67]

Zugleich mußte der Regensburger Tag seine innere Entwicklung bestimmen.

> Seit dem Unglückstag zu Regensburg
> Ist ein unsteter, ungesell'ger Geist
> Argwöhnisch, finster über ihn gekommen.
> Ihn floh die Ruhe, und dem alten Glück,
> Der eignen Kraft nicht fröhlich mehr vertrauend,
> Wandt' er sein Herz den dunkelen Künsten zu,
> Die keinen, der sie pflegte, noch beglückt.
> [Tod, 1402–09]

Sein Plan, als Fürst unter den Reichsständen zu sitzen, muß nun unter anderen Umständen verwirklicht werden. Das innere Verhältnis zum Kaiser ist zerstört. Beziehungen zu Sachsen und Schweden sind während seines Weilens in Böhmen eifrig gepflegt worden. Wie seine Tochter ihn unverändert findet, wie er sich Gordon gegenüber jugendlich fühlt, so sind auch seine Pläne dieselben geblieben, nur ihre Dimensionen wachsen. Er will in seinem Heer eine Macht etablieren, welche selbständig zwischen den kämpfenden Monarchen steht und den Frieden herbeiführt. Als Reichsstand will er die

Interessen des Reiches durch die Herbeiführung eines ihm entsprechenden Friedens wahren und so als ein verdientes Glied des Reichs unter den Reichsständen sitzen: an „Europas großem Besten" liegt ihm mehr „als an ein paar Hufen Landes, die Östreich mehr hat oder weniger". Darum schont er die Sachsen und „sucht beim Feind Vertrauen zu erwecken".

> Mich soll das Reich als seinen Schirmer ehren,
> Reichsfürstlich mich erweisend, will ich würdig
> Mich bei des Reiches Fürsten niedersetzen.
> [Picc., 835–37]

Daher soll keine fremde Macht im Reich Wurzel fassen. Am wenigsten die Schweden. Er haßt sie im Grunde so gut als Österreich. Sie sollen aus dem Reiche. Er will also dem Reich Frieden schenken, und zwar will er den Frieden dem Kaiser aufzwingen. Er möchte auftreten als ein Friedensfürst. Sein eigenes Ziel, Reichsfürst und Regent von Böhmen zu werden, verbindet sich hiermit untrennbar. Nur als Reichsfürst hat er dies Reichsinteresse, und dieses Interesse ist es, das ihm diese Stellungnahme nützlich macht. Es wäre unmöglich, seine Pläne und die allgemeinen zu trennen. Seine Tochter will er fürstlich vermählen. Er glaubt wohl im Moment, daß er nur ihr zuliebe sein Ziel sich gesetzt habe. Seine breite Menschlichkeit und sein Machtwille sind in jedem Moment miteinander verbunden. Noch als er zu den Schweden überzugehen im Begriff ist, empfindet er tief, welches Unglück er über den vaterländischen Boden heraufrufe.

Darin liegt nun aber die Schwäche dieser Position, daß er ein Heer, das er im Namen des Kaisers leitet, gegen ihn benutzen will. Und sucht er nun in den Schweden einen Stützpunkt, so sind auch diese von ihrem Interesse geleitet, und es erscheint schimärisch, sie zu benutzen und sie um ihren Vorteil zu bringen.

Seine Schuld. Indem seine Politik all die Fäden zusammenhielt, deren sie hiernach bedurfte, indem er Böhmen festhielt, mit Sachsen und Schweden unterhandelte, seinem Haß gegen Bayern als den persönlichen Feind nachgab, seine militärischen Operationen hiervon leiten ließ, rief dies alles den Verdacht des Kaisers wach, seine persönlichen Feinde schlossen sich gegen ihn zusammen, der Kaiser betrachtete seine Verbindlichkeit gegen ihn als aufgehoben, und so faßte er die Entschlüsse, welche seine Entlassung herbeiführen sollten. Damit entstand die Lage, die wir geschildert haben und mit welcher das Stück beginnt.

Der nächste und notwendige Schritt, den nun Wallenstein sofort tut, ist der Vollzug der Verpflichtung der Führer der Armee gegen ihn. Seine Umgebung, Illo, die Terzkys, im Einverständnis mit Oxenstierna und Arnheim, wollen, daß er sogleich unter der Gunst des Moments die Verhandlungen mit jenen zum Abschluß bringe. Wallenstein ist entschlossen, sich nicht absetzen zu lassen, aber er wartet im übrigen. Hier ist undurchdringlich, ob er bloß um der Konstellation der Gestirne willen diesen Moment versäumt, in dem alle Hauptführer, erregt vom Plan der Absetzung, um ihn versammelt sind, oder ob das Gefühl, daß er das Äußerste erwarten müsse, ehe er zu der dritten Möglichkeit greife, ihn bestimmt. Vielleicht weiß er es selbst nicht, welcher dieser Beweggründe ihn regiert.

Der „Tod" beginnt. Wallenstein ist mit Seni in die Konstellation vertieft, die Konstellation, auf die er wartete, ist da, jetzt muß gehandelt werden: in diesem Moment kommt die Nachricht, daß sein Unterhändler Sesin ergriffen ist und sonach der Hof seine Beziehungen zu Sachsen und Schweden kennen wird. Wallenstein weiß jetzt, daß „das Vertrauen nicht mehr herzustellen" ist.

> Ich werde
> Ein Landsverräter ihnen sein und bleiben.
> [Tod, 106/07]

Dies ist das erste der tragischen Momente, welche ihn in die dritte Möglichkeit hinübertreiben. Diesen tragischen Zusammenhang verstärkt es nun aber, daß in der Welt Wallensteins auch außer ihm überall gewissenlose Selbstsucht regiert. Daher denn aus diesem Zusammenwirken selbstsüchtiger Handlungen von hier ab die tragische Notwendigkeit immer zunimmt:

> Unglücklich schwere Taten sind geschehen,
> Und eine Frevelhandlung faßt die andre
> In enggeschloßner Kette grausend an.
> [Tod, 2132–34]

Tragisch ist für Schiller immer die große Kombination von Schicksal, d. h. äußeren Umständen, und Charakter, welche den Menschen seinem Verderben entgegentreibt.

> Die Kunst
> Sieht den Menschen in des Lebens Drang
> Und wälzt die größre Hälfte seiner Schuld
> Den unglückseligen Gestirnen zu.
>
> [Prol., 108–11]

Das ist das Menschliche seiner Auffassung im Unterschied von Shakespeare, bei welchem der Held durch die innere Gewalt einer abstrakten Leidenschaft vorwärtsgetrieben wird. Aus den Umständen, welche Schiller als Schicksal bezeichnet, entspringt inmitten einer großen menschlichen Lebendigkeit kraft der in ihr herrschenden Beweggründe eine Notwendigkeit:

> Wie? sollt ich's nun im Ernst erfüllen müssen,
> Weil ich zu frei gescherzt mit dem Gedanken?
> Verflucht, wer mit dem Teufel spielt!
>
> [Tod, 112–14]

Ein weiteres Moment liegt darin, daß diejenigen, welche er ganz zu leiten glaubt, in gemeiner Kurzsichtigkeit ihn selbst regieren. Aber eben in diesem entscheidenden Moment läßt er sich nicht von den Umständen führen.

> Ich bin es nicht gewohnt, daß mich der Zufall
> Blind waltend, finster herrschend mit sich führe.
>
> [Tod, 136/37]

In dem großen Monolog gelangen alle Momente seiner Lage zur Erwägung. Er hört Wrangel. Nur um so deutlicher wird ihm, daß er sich nicht wie jener königliche Bourbon den Feinden seines Volkes verkaufen kann. Es ist ein Weib, die Gräfin Terzky, deren Überredungskunst das Elementare in seiner Natur, den Machtwillen und seine Konsequenzen ihm zum vollen Bewußtsein bringt:

> Eh' mich die Welt mit jenen Elenden
> Verwechselt, die der Tag erschafft und stürzt,
> Eh' spreche Welt und Nachwelt meinen Namen

Mit Abscheu aus, und Friedland sei die Losung
Für jede fluchenswerte Tat.

[Tod, 533–37]

Nun wird durch sie sein eigener harter Realismus, nach welchem
Kräfte in der Welt entscheiden, und die Natur seiner Relationen
zu Österreich, welche ebenfalls ausschließlich durch die Beziehungen
von Not, Bedürfnis und Kraft bedingt gewesen sind, klar. Er vollzieht den Vertrag mit Wrangel:

Geschehe denn, was muß.
Recht stets behält das Schicksal, denn das Herz
In uns ist sein gebietrischer Vollzieher.

[Tod, 654–56]

In dem Gespräch mit Max bringt er diesem gegenüber diesen seinen
realistischen Machtwillen als Rechtfertigung seines Handelns von
neuem zur Geltung. Er weiß, daß dieser ihn regiert, und daß die
Lage daher Vereinigung mit den Schweden fordert.

Da seine Natur Zwecke in sich enthält, gehört sie der Erde. Er
handelt wie Cäsar: „Ich spüre was in mir von seinem Geist." Die
Peripetie ist hier. Wallenstein zeigt sich von diesem Moment ab,
nachdem der Entschluß gefaßt ist, als heroischer, königlicher, uner-
schütterlicher Machtwille. Aber das ihn umgebende Spiel der
Kräfte, Intrigen und Leidenschaften wendet sich nun Schritt für
Schritt gegen ihn. Eben in dieser Lage zeigt sich seine Größe. So
verlassen, muß er den Rest seiner Armee hinüberführen zu den
Schweden. „Nacht muß es sein, wo Friedlands Sterne strahlen."
„Notwendigkeit ist da." Er fühlt in sich das schaffende Vermögen,
eine neue, dritte Armee zu bilden. „Ich fühl's, daß ich der Mann des
Schicksals bin."

Er muß alle, die mit ihm verbunden waren, ins Verderben reißen.
Das ist gerade das furchterregend Tragische, das nun als eine neue
Seite seiner Natur hervortritt, daß er sein ganzes Haus wie das
seines Gegners in seinen Sturz hinabzieht. Max prophezeite dem
Octavio:

Denn dieser Königliche, wenn er fällt,
Wird eine Welt im Sturze mit sich reißen.

[Picc., 2639/40]

Wie ein Stern, der aus seinem Geleise tritt und sich brennend auf
eine nächste Welt stürzt, alle zerstört, die auf ihr leben und woh-
nen. Wie er eine Welt geschaffen, so zerstört er eine solche. Immer
zunehmend offenbart sich von der Peripetie ab nunmehr Schillers
Bewußtsein von dem Sinn des Lebens, als welches schließlich das
Höchste ist, was die Tragödie ausspricht.

Schiller bezeichnet als Schicksal das Eingreifen der Umstände in
die seelische Lebendigkeit, durch welches diese kraft ihrer Eigenart
in eine bestimmte Richtung genötigt wird. Die Lehre der Transzendentalphilosophie vereinigt sich in ihm mit der Schicksalslehre
der Alten, aber nicht äußerlich, sondern er erlebt tief und wahr
den Zusammenhang der menschlichen Dinge. Buttler:

> Nicht mein Haß macht mich zu seinem Mörder.
> Sein böses Schicksal ist's . . .
> Es denkt der Mensch die freie Tat zu tun,
> Umsonst! Er ist das Spielwerk nur der blinden
> Gewalt, die aus der eignen Wahl ihm schnell
> Die furchtbare Notwendigkeit erschafft.
> [Tod, 2873/74 u. 2876–79]

Anderseits:

> Den Menschen macht sein Wille groß und klein,
> Und weil ich meinem treu bin, muß er sterben.
> [Tod, 2909/10]

Wallenstein:

> Hätt' ich vorher gewußt, was nun geschehn . . .
> Kann sein, ich hätte mich bedacht – kann sein
> Auch nicht – . . .
> [Tod, 3657 u. 3660/61]

Die verschiedenen Ansichten, denen man Handlungen unterwerfen
kann: Max zeigt seinem Vater, daß er von „unseliger Falschheit"
geleitet wurde:

> Wahrhaftigkeit, die reine, hätt' uns alle,
> Die welterhaltende, gerettet.
> [Tod, 1202/03]

Dies ist eine mögliche Ansicht der Sache. Und zwar ist wie bei
Shakespeare der Tod nicht Folge der Schuld. Gerade Max und

Thekla sterben früh im Vollgefühl eines reinen Glücks und sind darum nicht zu beklagen. Es ist derselbe Gedanke, den Shakespeare zur Geltung bringt, nur hier bewußter philosophisch – die Gebrechlichkeit aller Idealität und Schönheit auf dieser Welt. Das kündigt sich in dem elegischen Lied Theklas an. Dann, im letzten Akt:

> Was ist das Leben ohne Liebesglanz?
> Ich werf' es hin, da sein Gehalt verschwunden.
> [Tod, 3163/64]

Und schließlich: was ist das Schicksal? *„Das ist das Los des Schönen auf der Erde.*" Dieser Satz spricht philosophisch das aus, was realistisch: Antastbarkeit, Zerbrechlichkeit, das Flüchtige des Idealen auf dieser Welt. Schiller verstärkt das philosophische Bewußtsein vom Sinn der Welt, indem er seine großen und idealen Personen ausstattet mit dem Vermögen „zu sagen, was sie leiden", auszusprechen den Sinn dessen, was ihnen Charakter und Schicksal bereiten. Shakespeare steigert die Phantasiemacht an Personen, Schiller und Goethe nach ihrem Zeitalter ihre menschliche Besonnenheit.

Und hier mag von der Natur der Transzendentalphilosophie geredet werden. Sie ist Bewußtsein des Menschen von sich und dem Leben aus höchster sokratischer Besonnenheit auf einer höheren Stufe. Ihr letzter Ausdruck ist die Philosophie der Selbstbesinnung und des Lebens, in welcher auch der Poesie ihr Recht wird.

An diese allgemeine Auffassung des Lebens schließt sich nun aber auch hier die historische. Im Unterschied von Shakespeare hat Schiller ein geschichtliches Bewußtsein über den Zusammenhang des Lebens. Dieses manifestiert sich in dem strengen Nachweis der Notwendigkeit, welche die Glieder der Handlung von den Bedingungen aufwärts verbindet. Wie aus den geschichtlichen Bedingungen die Charaktere abgeleitet werden, so auch das Schicksal. Das Drama zeigt eine ganze geschichtliche Welt nach ihren kausalen Beziehungen. So lehrt es uns die geschichtliche Welt verstehen, und zwar sind es große durchgreifende gegensätzliche Verhältnisse, welche sich in dieser Welt manifestieren. Dieses Drama ist nicht nur philosophischer als die Philosophie, sondern auch historischer als die Geschichte. Ein solches großes gesetzliches Verhältnis ist: daß es Helden gibt, welche für sich und aus sich zum Schicksal für eine ganze Welt werden. Ein anderes solches Verhältnis ist in der tragischen Ironie enthalten, nach welcher wir uns dann am sichersten dünken, wenn über uns von anderen Händen die Würfel geworfen werden. Wieder ein anderes liegt in dem furchtbaren Kontrast der Notwendigkeit, sich zu entscheiden, und der menschlichen Unwissenheit. Dies sind Zusammenhänge, welche in der Geschichte darum auftreten, weil sie ganz menschlich ist. Vielleicht ist nichts in Rankes Schriften ergreifender, als daß er solche Bezüge zuweilen zu Worte kommen läßt, die sonst nur der Dichter ausspricht. Er war eben der Erbe unserer dichterischen Epoche.

Hermann August Korff, Geist der Goethezeit. Versuch einer ideellen Entwicklung der klassisch-romantischen Literaturgeschichte. Koehler & Amelang: 2., durchges. Aufl. Leipzig 1955. II. Teil: Klassik, S. 236—242.

SCHILLERS ›WALLENSTEIN‹ ALS TRAGÖDIE DES REALISMUS*
(1927)

Von HERMANN AUGUST KORFF

Weil der Dichter es darauf abgesehen hat, das Verbrechen Wallensteins als ein Verhängnis zu zeigen, pflegt man von Schillers großer Tragödie gern als von einem *„Schicksals-Drama"* zu reden. Mit Recht, sofern man unter Schicksal nur die verhängnisvolle Verkettung des Lebens versteht, durch die Wallenstein infolge seines eigenen Verhaltens tatsächlich vor die tragische Wahl gestellt wird, entweder sich gegen den Kaiser zu empören oder abzudanken. Und so meint es auch Schiller im Prologe, wenn er von seiner Tragödie sagt: „Sie sieht den Menschen in des Lebens Drang und wälzt die größere Hälfte seiner Schuld den unglückseligen Gestirnen zu." Ein vollkommenes Mißverständnis aber wäre es, das Schicksalsdrama in diesem Sinne dem antiken Schicksalsdrama gleichzusetzen, das den Menschen gerade unschuldig schuldig macht, um damit seine vollkommene Abhängigkeit von dem blinden Ohngefähr, der Willkür der Götter, zur Anschauung zu bringen und den Zuschauer zur Demut zu stimmen. Denn Schillers Tragödie zeigt nicht nur dies, daß letzten Grundes der Held selbst die Ursache seines Schicksals ist — denn ohne Wallensteins gewissenlosen Ehrgeiz kein Mißtrauen des Kaisers in seine Macht und seine Pläne, sondern auch das Wichtigere, daß von einem *absoluten* Zwange zur Vollendung des Verrats auch bei Wallenstein nicht die Rede sein kann. Dieser Zwang ist gleichfalls nur ein Zwang von Wallensteins Charakter, aus dem es freilich kein Entrinnen gibt. Und nicht einmal Wallenstein selbst gibt sich darüber einer Täuschung hin. Max sowohl wie die Gräfin zeigen dem Schwankenden klar den Weg, auf dem er sich auch nach

---

* Titelfassung von den Herausgebern.

dem Verluste des kaiserlichen Vertrauens davor bewahren kann, zum Verräter zu werden. Aber dieser Weg ist der Weg eines ehrenvollen Verzichts auf weitere politische und militärische Tätigkeit. Und diesen Weg vermag ein Wallenstein „natürlich" nicht zu gehen. Er sagt es uns mit nackten Worten:

> Zeigt einen Weg mir an aus diesem Drang,
> Hilfreiche Mächte! Einen *solchen* zeigt mir,
> Den *ich* vermag zu gehen. – Ich kann mich nicht
> Wie so ein Wortheld, so ein Tugendschwätzer
> An meinem Willen wärmen und Gedanken –
> Nicht zu dem Glück, das mir den Rücken kehrt,
> Großtuend sagen: „Geh! Ich brauch' dich nicht!"
> Wenn ich nicht wirke mehr, bin ich vernichtet.
> Nicht Opfer, nicht Gefahren will ich scheun,
> Den letzten Schritt, den äußersten, zu meiden;
> Doch eh ich sinke in die Nichtigkeit,
> So klein aufhöre, der so groß begonnen,
> Eh mich die Welt mit jenen Elenden
> Verwechselt, die der Tag erschafft und stürzt,
> Eh spreche Welt und Nachwelt meinen Namen
> Mit Abscheu aus, und Friedland sei die Losung
> Für jede fluchenswerte Tat!
>
> [Tod, 521–37]

Warum aber vermag Wallenstein diesen Weg nicht zu gehen? Warum ist das, was theoretisch möglich wäre, praktisch so völlig ausgeschlossen, daß selbst wir dazu verführt werden könnten, hier von einer absoluten Unmöglichkeit zu sprechen? Darauf lautet die entscheidende Antwort: *weil es Wallenstein an wahrer sittlicher Freiheit gebricht* und weil er nicht zu jenen wahrhaft großen Menschen gehört, deren Pflichtgefühl die natürliche Neigung zu besiegen vermag. Das aber ist seine Schuld! Seine eigentliche und tiefste Schuld! Die Schiller ja schon dadurch anerkennt, daß er nur die größere *Hälfte* seiner Schuld „den unglückseligen Gestirnen", dem tragischen Verhängnisse zugewälzt sehen will. *Wallensteins tiefste Schuld ist nicht seine Tat, sondern seine Gesinnung.* Und diese Gesinnung ist auch in dem realistischen Sinne des Worts „schuld" an seinem Untergange. Denn nur deshalb kommt es doch zu den Gegenmaßnahmen des Kaisers, weil der Kaiser seinem Generalissi-

mus nicht traut und wegen seiner gewissenlosen Gesinnung schlechterdings nicht trauen kann. Das ihn verderbende Mißtrauen seiner
Feinde ist also nur der notwendige Reflex jenes Mangels an Gewissen, der Wallenstein so gefährlich macht. Unter diesem Gesichtspunkte ist Schillers Dichtung also *die Tragödie des Realisten ohne
Gewissen, dem seine Gewissenlosigkeit zum Verhängnis wird.*

Allein die Tragödie Schillers ist weit mehr. Sie ist nicht nur die
Tragödie eines Realisten, sondern die Tragödie des *Realismus überhaupt.* Denn die Gesinnungsschuld, mit der Wallenstein beladen
erscheint, ist seine Schuld durchaus nicht etwa allein. Er teilt sie
vielmehr im vollen Umfange mit seinen Gegnern, die geradeso-
wenig wie er Idealisten sind und keinen größeren Anspruch auf
Vertrauen haben als er selbst. Damit aber rückt nicht nur die Schuld
Wallensteins, sondern auch die Tragödie in eine neue Beleuchtung,
geradeso wie die Tragödie Deutschlands dadurch eine ganz andere
Beurteilung erfährt, daß wir begreifen, wie sehr es alle Veranlassung hatte, seinen Feinden ebenso zu mißtrauen wie diese Feinde
ihm. Wie hätte Wallenstein diesem Kaiser vertrauen können, der
ihn in Regensburg aus rein opportunistischen Gründen hatte fallenlassen und dessen Treue auch diesmal wieder geradeso lange dauern
würde, als Wallenstein ihm nötig wäre! Beruht doch die ganze
Stellung Wallensteins als Generalissimus auf einem lediglich durch
Not erzwungenen Vertrage und auf Zugeständnissen, die der Selbst-
erhaltungstrieb des Kaisers rückgängig zu machen notwendig versuchen muß. Weder von Wallenstein noch vom Kaiser ist dieser
Vertrag in ehrlicher Gesinnung abgeschlossen worden, und jeder der
beiden Kontrahenten muß daher den andern fürchten. Es ist daher
keine Sophisterei, sondern von einer nicht zu leugnenden Berechtigung, daß die Gräfin Terzky Wallenstein einzureden sucht, das
Verhältnis, das ihn an den Kaiser binde, sei durchaus nicht sittlicher
Natur. Das Amt, das er vom Kaiser bekommen habe, verdanke er
nicht dem Vertrauen, sondern der bitteren Not des Kaisers. Und
der Kaiser habe wohl gewußt, wen er mit diesem Amte belehnte.
„Nicht *du,* der stets sich selber treu geblieben, *die* haben unrecht,
die dich fürchteten und doch die Macht dir in die Hände gaben . . .
Gestehe denn, daß zwischen dir und ihm die Rede nicht kann sein

von Pflicht und Recht, nur von der Macht und der Gelegenheit." Die Argumente der Gräfin wiederholend, kann Wallenstein deshalb mit vollem Recht zu Max sagen: „Nicht meiner Treu' vertraute sich der Kaiser. Krieg war schon zwischen mir und ihm, als er den Feldherrnstab in meine Hände legte; denn Krieg ist ewig zwischen List und Argwohn, nur zwischen Glauben und Vertraun ist Friede." Die Schuld liegt also keineswegs bei Wallenstein allein, sondern bei dem ganzen *System der Politik*, das nirgendwo auf Recht und Sittlichkeit, sondern immer nur auf Macht und Opportunität gegründet ist. Diese realistische Welt der Politik ist unsittlich durch und durch. Sie kennt keinen kategorischen, sondern nur einen hypothetischen Imperativ. Sie verfährt nach dem Grundsatze: Handelt der andere anständig, handle ich vielleicht auch anständig. Aber ihr gilt keine absolute Pflicht, die von dem Verhalten des anderen unabhängig ist. Nirgendwo gibt es deshalb einen festen Punkt, keiner vermag dem andern völlig zu trauen; denn jeder Vertrag hat lediglich relative und bedingungsweise Gültigkeit. Das ist der Fluch des politischen Macchiavellismus, jener reinen Machtpolitik, die die Verbindlichkeit der Moralität für das Völkerleben leugnet und für die die Treue im politischen Leben ein leerer Wahn sein muß. Diesen Fluch offenbart Schillers große Tragödie in dem tragischen Geschicke eines Mannes, der daran zugrunde geht, aber mit dessen Untergang keineswegs nur der Mann, sondern das ganze System gerichtet wird. *Wallenstein: das ist die Tragödie der unsittlichen Welt des politischen Realismus,* die mangels jeglicher Treue und zufolge des daraus entspringenden ewigen Mißtrauens keinen wahren Bestand besitzt. Und in sie leuchtet deshalb wie kein anderes das Wort hinein, das Max seinem Vater entgegenhält:

> Fluchwürd'ger Argwohn! Unglücksel'ger Zweifel!
> Es ist ihm Festes nichts und Unverrücktes,
> Und alles wanket, wo der Glaube fehlt.
> [Tod, 1257–59]

Freilich, Max befindet sich noch in dem Irrtum, daß er Wallenstein ein Vertrauen entgegenbringt, das dieser schlechterdings nicht verdient. Und Wallenstein müßte ein anderer sein, als er ist, wenn Max mit der Verteidigung seines großen Freundes recht haben sollte:

„Der seltne Mann will seltenes Vertrauen. Gebt ihm den Raum, das
Ziel wird *er* sich setzen." Denn nicht der große Mann schlechthin,
sondern nur der charakterfeste große Mann würde ein solches Vertrauen rechtfertigen. Und wie wenig gerade auf Wallensteins Treue
zu bauen ist, das beweist ja nicht nur sein Benehmen dem Kaiser
gegenüber, sondern auch seine mehr als hinterhältige Behandlung
der Schweden, die ihm gerade gut genug zur Durchführung seiner
politischen Pläne sind, die er aber vorsätzlich um den ausbedunge-
nen Lohn betrügen möchte. Er zeigt das gleiche in seinem Verhalten
zu demjenigen Manne, in dem sich seine Treulosigkeit den Treue
heuchelnden Mörder erzieht. List wider List, eine Treulosigkeit um
die andere! Es geht auf Piccolomini, es geht auf Wallenstein, und
es geht auf die ganze Welt der hinterlistigen Macht- und Kabinetts-
politik, was Max im höchsten Schmerz ausruft:

> Unsel'ge Falschheit, Mutter alles Bösen!
> Du jammerbringende, verderbest uns!
> Wahrhaftigkeit, die reine, hätt' uns alle,
> Die welterhaltende, gerettet!
> [Tod, 1200–03]

Aber alle diese absoluten Ideale haben in der Welt der Politik nur
einen Wert als Mittel zum Zweck. Daß man auch mit der Wahrheit
politische Geschäfte machen könne, das haben große Staatsmänner
immer gewußt und oft danach gehandelt. Aber im System der
Machtpolitik hat die Ehrlichkeit immer nur den Charakter eines
Mittels zum Zweck, wie in dem System des Kaufmanns auch, der
es sich aus Klugheitsgründen zum Prinzip gemacht hat, „reell" zu
sein.

Diese Welt des morallosen Realismus als solche kenntlich zu machen
und in ihrer inneren und äußeren Fragwürdigkeit zu enthüllen,
hat sich Schiller in genialer Weise des Kunstmittels der Kontrastierung bedient und dem realpolitischen Wallenstein in Max Piccolomini einen Idealisten gegenübergestellt, der in seinem Pflichtbe-
wußtsein jenen absoluten Halt des sittlichen Menschen besitzt, der
Wallenstein gebricht. Und er hat diese Gegenüberstellung dadurch
noch verschärft und tragisch verknotet, daß er die beiden, den

Realisten und den Idealisten, durch die Bande schöner Menschlichkeit miteinander verbunden hat. Für Max ist Wallenstein, ehe er ihn wirklich erkennt, der große Held und hohe väterliche Freund, dem er blindlings folgt und absolutes Vertrauen entgegenbringt; für Wallenstein aber ist Max der einzige wirklich geliebte Mensch – „Dich hab' ich *geliebt*, mein Herz, mich selber hab' ich dir gegeben. Sie alle waren Fremdlinge, *du* warst das Kind des Hauses" –, der einzige Mensch, zu dem Wallenstein nicht in einem „politischen" Verhältnis steht und der ihn darum auch für Augenblicke von der Fragwürdigkeit seines politischen Lebens befreit. Ja, für ihn ist Max wie das verlorene Paradies, nach dem auch Wallenstein sich unbewußt zurückzusehnen in sentimentalen Stunden nicht umhin kann. „Denn *er* stand neben mir wie meine Jugend, er machte mir das Wirkliche zum Traum, um die gemeine Deutlichkeit der Dinge den goldnen Duft der Morgenröte webend. Im Feuer seines liebenden Gefühls erhoben sich mir selber zum Erstaunen des Lebens flach alltägliche Gestalten." Wallenstein braucht Max, der Realist den Idealisten. Und es ist schon etwas Wahres daran, wenn Wallenstein angesichts von Max' Tode in die Klage ausbricht: „Die Blume ist hinweg aus meinem Leben, und kalt und farblos seh' ich's vor mir liegen ... Was ich mir ferner auch erstreben mag, das Schöne ist doch weg, das kommt nicht wieder." Also nicht nur gegenübergestellt hat Schiller den Realisten und den Idealisten, wie Goethe ein Jahrzehnt zuvor im ›Tasso‹ getan hatte, sondern er hat sie auch in einer so eigentümlichen und feinen Weise miteinander verbunden, daß der am Ende unvermeidliche Konflikt die Weihe ganz besonderer Tragik erhält. Von diesem Max muß Wallenstein sich richten lassen: die Tragik Wallensteins. Von diesem Wallenstein muß Max so tief enttäuscht werden: die Tragik Maxens. Man hat sehr richtig bemerkt, daß erst Max es ist, der, wenn alle anderen nur mit Klugheitsgründen argumentieren, Wallenstein vor den Richterstuhl der unbestochenen Stimme des Gewissens zieht und damit seine Tat in ihrer absoluten moralischen Verwerflichkeit beleuchtet. Max gesteht der äußeren Zwangslage Wallensteins zwar das Menschenmögliche und selbst das Notrecht offener Empörung gegen den Kaiser zu, wenn anders dieser schon auf Wallensteins Sturz hinarbeitet. „Nur – zum *Verräter* werde nicht! Das Wort ist ausgesprochen. Zum Ver-

räter nicht! Das ist kein überschrittnes Maß, kein Fehler, wohin der
Mut verirrt in seiner Kraft. O, das ist ganz was anders – das ist
schwarz, schwarz wie die Hölle!" Und nun folgt eine jener großen
Aussprachen über die Grundprinzipien des Lebens, an denen unsere
klassische Dichtung so reich ist, in der die praktische Schwierigkeit
idealistischen Handelns ganz ebenso wie zwischen Pylades und
Iphigenie erörtert wird. Sie beginnt mit Wallensteins klassischer Erwiderung:

> Schnell fertig ist die Jugend mit dem Wort,
> Das schwer sich handhabt wie des Messers Schneide;
> Aus ihrem heißen Kopfe nimmt sie keck
> Der Dinge Maß, die nur sich selber richten.
> Gleich heißt ihr alles schändlich oder würdig,
> Bös oder gut – und was die Einbildung
> Phantastisch schleppt in diesen dunkeln Namen,
> Das bürdet sie den Sachen auf und Wesen.
> *Eng* ist die Welt, und das Gehirn ist *weit.*
> Leicht beieinander wohnen die Gedanken,
> Doch hart im Raume stoßen sich die Sachen;
> Wo eines Platz nimmt, muß das andre rücken.
> Wer nicht vertrieben sein will, muß vertreiben,
> Da herrscht der Streit, und nur die Stärke siegt.
> – Ja, wer durchs Leben gehet ohne Wunsch,
> Sich jeden Zweck versagen kann, der wohnt
> Im leichten Feuer mit dem Salamander
> Und hält sich rein im reinen Element.
> Mich schuf aus gröberm Stoffe die Natur,
> Und zu der Erde zieht mich die Begierde.
> Dem bösen Geist gehört die Erde, nicht
> Dem guten. Was die Göttlichen uns senden
> Von oben, sind nur allgemeine Güter;
> Ihr Licht erfreut, doch macht es keinen reich,
> In ihrem Staat erringt sich kein Besitz.
> Den Edelstein, das allgeschätzte Gold
> Muß man den falschen Mächten abgewinnen,
> Die unterm Tage schlimmgeartet hausen.
> Nicht ohne Opfer macht man sie geneigt,
> Und keiner lebet, der aus ihrem Dienst
> Die Seele hätte rein zurückgezogen.

[Tod, 779–809]

Das ist das ewig wiederkehrende Argument des Realisten: Es geht nicht anders. Es ist dasselbe Argument, mit dem sich auch Octavio vor seinem Sohn entschuldigt:

> Mein bester Sohn! Es ist nicht immer möglich,
> Im Leben sich so kinderrein zu halten,
> Wie's uns die Stimme lehrt im Innersten.
> In steter Notwehr gegen arge List
> Bleibt auch das redliche Gemüt nicht wahr. –
> Das eben ist der Fluch der bösen Tat,
> Daß sie, fortzeugend, immer Böses muß gebären.
>
> [Picc., 2447–53]

Man möchte es bedauern, daß Schiller seinem Helden nicht unmittelbar an dieser Stelle die Antwort in den Mund gelegt hat, die doch gewissermaßen die ganze Tragödie erteilt: Mit bloßem Realismus geht es *noch viel weniger!* „Denn alles wanket, wo der Glaube fehlt", so sagt schon Max. Und Wallenstein denkt theoretisch nicht anders darüber: „Nur zwischen Glauben und Vertraun ist Friede. Wer das Vertraun vergiftet, o, der mordet das werdende Geschlecht im Leib der Mutter." Vertrauen aber ist nur möglich, wo die Treue etwas Absolutes ist, was über jede „Gelegenheit" erhaben ist und auch da nicht gebrochen wird, wo es, wie der Realist meint, „nicht anders geht". *Denn es geht schon anders;* das beweist Max durch die Tat, als er um seines ehrlichen Namens willen alles opfert, was ihm überhaupt auf Erden lieb und teuer ist: Freund, Vater, Braut und Leben. Nur die Kraft zum Opfer muß man haben, um sich auch durch die Drohungen des Lebens nicht von seiner Pflicht abwendig machen zu lassen. Denn wie es der Dichter später formuliert hat: „Das Leben ist der Güter höchstes nicht, der Übel größtes aber ist die Schuld." Kurz, man muß ein erhabener Charakter im kantisch-schillerischen Sinne sein, wenn dasjenige möglich sein soll, was der Realist für unmöglich erklärt.

Zwischen Realismus und Idealismus als Prinzipien aber entscheidet leicht das Kantische Kriterium der Generalisierbarkeit. Eine Welt von lauter Idealisten hätte ewigen Bestand; eine Welt von Realisten aber müßte zweifellos zugrunde gehen. Die Wallenstein-Dichtung zeigt den unvermeidlichen Untergang einer lediglich realistisch gesinnten Welt; *sie ist die Tragödie des Realismus.* Aber, und das ist ihr weiterer Aspekt, sie zeigt *zugleich die Tragödie des Idealismus in dieser Welt des Realismus.* Denn freilich im Zusammenhange mit einer Welt, die nach den Worten Illos „nur vom Nutzen regiert wird", hat auch der Idealist nicht, und dieser am allerwenigsten eine Stätte. Er ist genauso wie der Realist zum Untergang verurteilt, wenn er irgendwie mit dem Realisten verbunden ist. Dieses Schicksal, äußerlich wohl zufällig, ist innerlich doch notwendig. Und so meint es Schiller, wenn er Theklas Totenklage um Max mit den Worten beschließt:

> Da kommt das Schicksal – roh und kalt
> Faßt es des Freundes zärtliche Gestalt
> Und wirft ihn unter den Hufschlag seiner Pferde –
> *Das ist das Los* des Schönen auf der Erde!
> [Tod, 3177–80]

Das erst ist der *tiefste Fluch des Realismus,* daß er nicht nur sich selbst, den Schuldigen, sondern in seinem Sturze *auch den Unschuldigen vernichtet,* den Idealisten mit sich in die Tiefe reißt.

Jahrbuch des Freien Deutschen Hochstifts 1930, S. 23—29. (Auszug mit geringfügigen Änderungen im Text, die vom Verfasser autorisiert wurden.)

DIE PROBLEMATIK DES TRAGISCHEN IM DRAMA SCHILLERS
(1930)

Von GERHARD FRICKE

Die Spannung von Schicksal und Freiheit in der Tragödie
des Klassikers

Der ›Wallenstein‹ führt die Gestaltung des Tragischen auf eine neue Stufe. Das Jahrzehnt ästhetischer und philosophischer Besinnung hatte den schwärmerischen Idealismus der Jugend, der immer schwerer den Angriffen einer widersprechenden Wirklichkeit standzuhalten vermochte, in den durch Kant gesicherten *transzendentalen* hinaufgehoben und damit das Urerlebnis der moralischen Freiheit aller materiellen und direkten Gegenständlichkeit im Sinne der träumerischen Ideale des jungen Schiller beraubt, es aber gleichzeitig vor aller Bedrohung durch die Endlichkeit gesichert durch die Erkenntnis seines unbedingten Charakters und seiner autonomen reinen Form.

Nunmehr vermochte Schiller den unentrinnbaren Untergang eines tragischen Helden darzustellen, der dennoch die Möglichkeit und Wirklichkeit der Freiheit nicht antastete, sondern bestätigte, nun konnte er die *Notwendigkeit*, das „große, gewaltige Schicksal", das seine Jugenddramen noch nicht kennen, zum unerläßlichen Hebel der tragischen Handlung machen, weil die Freiheit nunmehr *allem* Schicksal und *aller* Notwendigkeit gewachsen war. Nun war jene unmittelbare und direkte Übereinstimmung des Dichters mit seinem Helden nicht mehr nötig, denn der Sieg der Idee wurde ebenso in der Preisgabe ihres Verächters an das streng richtende Schicksal wie in der todbereiten Selbstüberwindung des freien Willens manifest. Was bei Philipp noch nicht möglich war, gelingt jetzt: ein Schiller fremder, ja unsympathischer Charakter, der nicht dem

Ewigen hingebend geöffnet, sondern selbstisch in sein endliches
Dasein verstrickt ist, wird der Held einer Tragödie.

Auch im Wallenstein triumphiert die Idee, aber diesmal durch
das Negative, durch den Untergang des Realisten, der die Freiheit
leugnet, weil er die Wirklichkeit und ihr strenges Gesetz der Notwendigkeit zu kennen und zu beherrschen glaubt – und der eben
durch die Notwendigkeit, die er sich dienstbar glaubt, vernichtet
wird. Wallenstein unternimmt es, sich als Sinnenwesen gewissermaßen mit dem Schicksal auf gleicher Ebene einzulassen, er betet
es an und lauscht ihm gleichzeitig, selbstsüchtigen Herzens, sein
Geheimnis ab, um es sich dienstbar zu machen; dieses aber, unwiderstehlich in der Sinnenwelt, richtet ihn in ironischer Überlegenheit
zugrunde. Von hier aus wird die Bemerkung Schillers an Goethe
verständlich, daß alles darauf ankomme, „das Proton-Pseudos in
der Katastrophe": daß das eigentliche Schicksal zuwenig, der Fehler dem Helden zuviel dabei tue, zu vermeiden. Die Freiheit darf,
nachdem Wallenstein sich einmal von ihr ausgeschlossen hat, nicht
gleichsam hinten herum dadurch wieder eingeführt werden, daß der
Held wegen fehlerhafter oder verbrecherischer eigener Entscheidungen sich das Unheil zuzieht. Er muß lediglich durch die Notwendigkeit, der er sich verschreibt, die er allein anzuerkennen vermag,
untergehen. Insofern ist seine Katastrophe nicht mehr ethisch –
wie es in den Jugenddramen der Fall war –, sondern metaphysisch
begründet. Dabei liegt das Tragische darin, daß er, je tiefer er der
Dämonie der irdischen Mächte verfällt, seiner geheimen Übereinstimmung mit ihnen um so sicherer wird; je mehr er bloß noch Objekt des Schicksals ist, desto stärker fühlt er sich als Subjekt. Darum
hat ihn Schiller zwar ehrgeizig, machthungrig, rachgierig sein lassen, aber nicht eigentlich böse, er gab ihm vielmehr einen Hauch von
Größe und gewisse sympathische Züge, die verhindern sollen, daß
sich des Dichters und des Zuschauers gelassene Kälte gegen den
keiner Begeisterung fähigen (und keine erweckenden) Helden in moralischen Widerwillen verkehre. Von dieser geflissentlichen und auf
ihre Gründe hin noch zu untersuchenden Sorgfalt, daß dem Helden
auch der letzte Rest eigener Entschlußkraft genommen werde, rührt
die im Gesamtbilde dieses mächtigen Feldherrn so fremdartige
Passivität, die er in Schillers Dichtung zur Schau trägt.

Diese Passivität macht uns zugleich auf einen anderen Mangel aufmerksam: es fehlt dem Vorgang ein tragisch-unauflöslicher Konflikt. Denn der Konflikt, ob Wallenstein dem Kaiser treu bleiben oder von ihm abfallen soll, ist nicht tragisch, nicht einmal primär politisch, sondern ethisch; er wird weniger von Wallenstein entschieden, als daß dieser dem „Schicksal", den Sternen, die Entscheidung überläßt. Am Beginn der eigentlich tragischen Handlung ist die Entscheidung bereits gefallen. Das Schicksal, das Schiller hier gestaltet, erinnert in seiner reinen, den Helden zum bloßen Objekt machenden Zwangsläufigkeit also mehr an das des Ödipus als an das der Antigone. Aber auch bei Ödipus liegt das Tragische doch nicht einfach in seiner ihm selber verborgen bleibenden Determiniertheit als vielmehr in dem unauflöslichen Widerspruch, daß er notwendig – in unheilbare Schuld gerät. Der Zuschauer verläßt den Ödipus mit dem seine Seele erschütternden Gefühl: ich bin ein Mensch und dem Schicksal preisgegeben wie er – auch mein Leben kann der Widersinn, daß ich willenlos in unsühnbare Schuld gerate, zerstören. Auch Wallenstein wird schuldig, aber nicht aus einer Notwendigkeit seiner Natur oder des äußeren Schicksals, sondern zuerst und zutiefst, weil er an das Schicksal mehr glaubt als an die Freiheit, weil er sich des moralischen Majestätsrechts jedes Menschen begeben hat. Er wird schuldig nicht mehr aus einem unmittelbar ethischen, aber doch aus einem im höheren Sinne moralischen Grunde. So verläßt der Zuschauer den Wallenstein, wohl erschüttert von der Unwiderstehlichkeit des gewaltigen Schicksals, das seiner nicht spotten läßt, aber gleichzeitig mit dem metaphysischen Trost, daß es so nur dem „Realisten" gehen kann, daß es jedoch etwas gibt, „gewaltiger als das Schicksal", daß der Mut und der Wille, frei zu sein und sich dem ewigen Gebote zu einen, allein, aber auch sicher, über diesen wie über jeden Abgrund trägt. Die in den Jugenddramen gewöhnliche Scheidung der Menschen und Handlungen in gute und böse ist auf der nunmehr errungenen Stufe einer höheren, allgemeineren und mehr formalen gewichen: dem *Glauben* an die Freiheit, dem Vermögen, den Bannkreis des Sinnlichen zu sprengen und das Ewige, das unbedingte Soll, die Idee aufzunehmen in den Willen, der *Kraft*, diesem seinem „ätherischen" Teile das sinnliche und individuelle Dasein zu opfern, steht die

Beschränkung auf die irdische Wirklichkeit, der Glaube an die
physische Notwendigkeit, das Verfallensein an die endliche *Leidenschaft* der Macht, kurz das Beherrschtwerden vom Schicksal gegenüber. Wallenstein wird von der Notwendigkeit, von der er sich
emporgetragen wähnt, vernichtet. Er geht unter durch das Schicksal,
aber er wird nicht eigentlich schuldig durch das Schicksal – oder
besser, er muß erst auf die Freiheit verzichten und ein Gläubiger
oder Sklave des Schicksals geworden sein, ehe es ihn moralisch
und physisch verderben kann. Das aber heißt nichts anderes, als
daß auch hier die Idee der Freiheit der perspektivische Punkt ist,
von dem das Ganze gesehen ist. Dichter und Zuschauer befinden
sich grundsätzlich auf einem Punkte außerhalb des Bereichs, innerhalb dessen Tragik, Schuld und Schicksal Wallenstein zerstören.
Nur von der Gewißheit einer Freiheit außerhalb und über *aller*
Notwendigkeit konnte diese Tragödie des Verfallenseins an die
Notwendigkeit *so* geschrieben werden. Nun erhellt vollends, warum
Wallensteins Untergang so passiv, so konfliktlos erfolgen mußte,
warum das Schicksal alles und der Held nichts tun sollte: weil der
Held, um diese Tragödie so zu ermöglichen, sich ja gerade seiner
Freiheit begeben hat. Gäbe es für Wallenstein wirklich noch einen
ernsthaften Konflikt, könnte er wirklich noch wählen, mit anderen
Worten, wäre er noch im Besitze seiner Freiheit, dann fiele die Idee,
dann wäre die ganze spezifische Tragik von Schicksal und Notwendigkeit in dieser Tragödie hinfällig. Denn niemals könnte Schiller zugeben, daß der Mensch, der wirklich noch will und an die
Freiheit glaubt, wollen und handeln *muß.* Hier ist Schillers „Theorie" von entscheidender Wichtigkeit für die Gestalt des tragischen
Kunstwerks, eben weil es sich hier nicht mehr um Theorie, sondern
um Grund und Wurzel seiner geistigen Existenz handelt. Der
Mensch *ist* frei und „nimmermehr kann er das Wesen sein, welches
will, wenn es auch nur *einen* Fall gibt, wo er schlechterdings muß,
was er nicht will". (W. 12, 265.) In diesem Umkreis liegen die Möglichkeiten und die Grenzen der Schillerschen Tragödie beschlossen.
Im ›Fiesko‹, in den ›Räubern‹, im ›Karlos‹ hatte der tragische Konflikt seines sittlichen Charakters wegen das tragische Schicksal, die
Notwendigkeit, aufgezehrt. Im ›Wallenstein‹ macht das tragische
Schicksal die Entstehung eines tragischen Konflikts unmöglich. Denn

der unerschütterlich festgehaltene Supremat der Freiheit läßt nur zwei Möglichkeiten offen: entweder der Mensch hat sich selber *freiwillig* der Freiheit entschlagen – dann bildet er den Stoff für eine Tragödie, in der „die Notwendigkeit alles tut" – oder der Mensch wahrt seine Freiheit, dann verwandelt sich das tragische Schicksal spätestens am Rande der Katastrophe in die in Freiheit vollzogene tragische Entscheidung, die den Tod zur eigensten Tat macht. Reine Aktivität (der sterbende Karl Moor, der sterbende Don Karlos und Don Cesar, die sterbende Johanna) oder reine Passivität (der sterbende Wallenstein, der sterbende Fiesko) – das sind die beiden möglichen Gestalten des Tragischen innerhalb der Grundhaltung Schillers.

Das „Reich der Schatten", das Reich des Geistes, der sich selber die Gesetze gibt, Gesetze, die um ihrer selbst willen gültig und eben darum ewig und notwendig sind –, das ist die Sphäre der Freiheit, in ihr fällt die tragische Entscheidung, die das sinnliche Individuum opfert und das idealische hinaufrettet in die ewige Welt. Die „Sinnlichkeit", die ganze psychophysische, von fremden Ursachen auf fremde Zwecke wirkende, nur aus Objekten, nie aus Subjekten bestehende Welt der zufälligen, vergänglichen, im blinden Kreislauf zutiefst sinnlosen Welt des Seins –, das ist das Reich des tragischen Schicksals, der Leidenschaften, ererbten Fehler, zwangsläufigen Verstrickungen, die das Individuum, wenn es den immer vorhandenen ewigen Ausweg nicht sieht oder verachtet oder nicht an ihn glaubt, hinunterreißen in den Abgrund. Zwischen beiden allgemeinen Möglichkeiten aber verliert das Individuum seine individuelle Dichte, das, was es gerade zum Individuum macht, wird zur leeren Hülse. Am Ende hat jeweils eine der beiden Möglichkeiten: das Schicksal oder die Idee – das Menschlich-Individuelle aufgezehrt. Wallensteins Ermordung hinter der Szene im Schlaf ist hier von fast symbolischer Ausdruckskraft dafür, daß er – im Gegensatz etwa zu Max, der sich zum „reinen" Subjektsein erlöst – nur noch „reines" Objekt ist. Wo aber die ursprüngliche Kraft des Dichterischen sich als stärker erweist, wo sie Menschen erschafft, in deren Sein, in deren Schicksal sich jene beiden allgemeinen Möglichkeiten zu einer einmaligen, unauflöslichen und existierenden Einheit zusammenschließen – und wie in allen Dramen bisher, so und noch stärker ist das auch in der Gestalt Wallensteins der

Fall –, da droht sie die Einheit der Schillerschen Welt, die Einheit seiner Lösung zu sprengen, da kündet sich ein anderer verborgener, immer wieder bezwungener und eingeordneter Schiller an – der in die Zukunft weist.

Jene beiden Attribute der tragischen Substanz, das tragische Schicksal und die tragische Entscheidung, sind also im Wallenstein auf zwei Figuren verteilt, auf Wallenstein und Max. Max stirbt, weil jeder andere Weg ihn schuldig machen würde. Auch hier liegt „Notwendigkeit" vor, aber es ist die rein innerliche des Sittlichen selber. Max entscheidet sich und handelt völlig frei. Er gibt seine Individualität an das Höhere auf, wie Wallenstein sie an das Niedere verloren hat.

Moderne Aufführungen vermögen kaum noch jene innere Korrektur zu vermeiden, die gewisse, nur vom Instinkt des Dichters – nicht vom Ethiker der Freiheit – geschaffene Züge heraushebt und verstärkt, die Wallenstein doch zum Subjekt, zum persönlichen Mittelpunkt der Tragödie macht, die in ihm das Ringen eines großen Individuums mit dem Schicksal in ihm und über ihm darstellen. Damit ist jedoch die *Schiller*sche Tragödie zerbrochen, und das tritt unwidersprechlich klar darin hervor, daß Maxens Gestalt zur Verlegenheit wird, zum „Jüngling" – liebenswürdig, unreif, Phraseur, Pathetiker und Held aus Mangel an Wirklichkeit, wie es Jünglinge wohl sind. Mag jede Zeit berechtigt sein, sich das aus der Dichtung der Vergangenheit zu nehmen, was ihr gemäß ist –, mit der eigentlichen Idee des ›Wallenstein‹ haben solche Darstellungen wenig zu tun. Aber sie wären überhaupt nicht möglich, wenn ihnen in der Gestalt des Helden nicht etwas entspräche: Sie befreien das Urbild des *Dichters* aus der beherrschenden Gewalt der nicht minder ursprünglichen *Idee*.

So tritt im Wallenstein die neue Struktur der Schillerschen Tragödie hervor. Sie wird wohl noch variiert und bietet insofern noch Gelegenheit zur näheren Untersuchung der einzelnen Momente ihres inneren Stils, aber sie bleibt bis zur ›Braut von Messina‹ grundsätzlich dieselbe. Notwendigkeit und Freiheit, Schuld und Schicksal, Konflikt und Katastrophe haben ihre eigentümliche, dem Schillerschen Geiste und der Schillerschen Lösung gemäße Konstellation erhalten.

Reinhold Schneider, Dämonie und Verklärung. Veränderte Neuausgabe Freiburg:
Herder KG 1965, S. 19—40. Erstdruck Vaduz 1947.

WALLENSTEINS VERRAT
(1947)

Von Reinhold Schneider

> Doch ich muß bitten, ein'ge Blicke noch
> Auf diese ganz gemeine Welt zu werfen,
> Wo eben jetzt viel Wichtiges geschieht.
>
> (Schiller, Die Piccolomini III, 3)

> Wie sollen wir Deutschen zur Moral und
> zum rechten Verständnis der Geschichte
> kommen, wenn das moralische Gefühl von
> unserem Lieblingsdichter so verwirrt, die
> Geschichte uns mit so falschem Idealismus
> aufgestutzt und sentimentalisiert wird?
>
> (Otto Ludwig)

Über den historischen Wallenstein urteilte der bedeutende tschechische Forscher Josef Pekař, der seine Lebensarbeit an das Studium des Friedländers gesetzt hatte, daß dieser „ein Sohn jenes Teiles der damaligen böhmischen Gesellschaft gewesen sei, der im Körper der Nation ein Symptom des Verfalls und der Verderbnis bedeutete". Er erinnere an die italienischen „Raubtiernaturen und Kondottieren" und stehe in dieser Beziehung nicht allein unter den Standesherren jener Zeit; die „erstaunlichsten Kontraste von Licht und Schatten", „sein vertrauensvoll den Anforderungen und Warnungen der Gestirne zugewandter Blick stellen ihn völlig in die Umwelt des Barocks"; mit Bezug auf seine staatsmännischen Absichten könne man der „Aufrichtigkeit seiner Ausführungen über seine auf das Reich gerichtete Politik keinen Glauben schenken". Wallenstein war vom Kaiser verletzt und wollte sich rächen; der Aufstand gegen den Kaiser habe „das eigentliche Motiv für alle Handlungen des Herzogs abgegeben"; der Verzweiflungskampf,

den der Kaiser seit Anfang 1634 um seinen Thron und um die
Ahndung des Verrats mit allen Waffen, „auch den furchtbarsten
einer trügerischen Politik", geführt hat, ließe sich „nicht nur entschuldigen, sondern geradezu rechtfertigen". Ein Dolchstoß oder
Pistolenschuß erscheint in dieser Perspektive als angemessenste Lösung, als ein Schritt «comme il faut» (Josef Pekař: Wallenstein
1630–1634, Berlin 1937, S. 707 u. a.).

Man wird an diesem Urteil nicht leicht vorübergehen können;
es steht, da es aus Wallensteins eigenem Land und Volke kommt,
in einem auffallenden Gegensatz zu den Bemühungen, den Empörer, in dessen „Innerstem", wie Pekař sagt, „die Wirrnis kreiste",
zu einem Helden der Reichspolitik zu machen, in seinem Aufstand
gegen den Kaiser eine der großen Verheißungen, in seiner Ermordung einen der tückischen Anschläge oder tragischen Fälle zu sehen,
die dem Deutschen seine leidenvolle Geschichte erklären sollen.
Die Verherrlichung des Politikers Wallenstein wird sich wohl
nie von dem Vorwurf reinigen können, daß der Sinn für Gesetz
und Ordnung ihr abgehe; daß ein anarchischer Geist Anteil an
ihr habe.

Aber wir haben es hier nicht mit der geschichtlichen Person, sondern mit dem Helden des Schillerschen Trauerspiels zu tun. Die
Urteile der Geschichtsschreibung können sich wandeln; neue Dokumente können auftreten, die sie verbindenden Thesen erschüttert
werden, die Perspektiven, in denen die Gestalten stehen, wechseln.
Anders steht es mit den Gestalten, die der Dichter gebildet hat; er
ist der Geschichtsschreibung nicht untertan, vielmehr ihr gegenüber
frei; wohl aber ist er verpflichtet der Wahrheit von der Geschichte
an sich: die Vorstellung von Geschichte, die er vermittelt, muß
dem furchtbaren Schauplatz entsprechen, auf dem das Drama der
Völker, der Welt geschieht. Im andern Falle wird seine Dichtung
übergangen, wieder abgeworfen werden. Von seinen Gestalten aber
gilt der sonst recht fragwürdige Satz, mit dem die Gräfin Terzky
den Zaudernden endlich zum Handeln fortreißen will:

> Denn Recht hat jeder eigene Charakter,
> Der übereinstimmt mit sich selbst, es gibt
> Kein andres Unrecht als den Widerspruch
>   [Tod, 600–02]

Damit stehen wir vor der Frage, die wir hier aufwerfen wollen: Hat Wallenstein als Gestalt dieses Recht? Stimmt er überein mit sich selbst? Und wenn es nicht der Fall sein sollte, was könnte der Widerspruch uns sagen? Wir müssen die Gestalten, die Aussagen unserer Dichter so ernst wie möglich nehmen; sie haben nicht für sich gesprochen, sondern für uns. Ihre Stimme kehrt nicht wieder; Geschichtszeiten lösen gewisse Stimmen aus; Schiller selbst hat es deutlich gefühlt, daß die Geschichte ihn angerufen hatte, als er diesen Wurf wagte, der in mancher Hinsicht sein größter war und bleiben sollte (wenn wohl auch nicht sein bedeutendstes Kunstwerk); er spürte „an des Jahrhunderts ernstem Ende", daß die Kunst den höheren Flug versuchen mußte: „Soll nicht des Lebens Bühne sie beschämen." Dieses Bewußtsein der Zeit, der kommenden zumal, deren gewaltigsten Wogenschlag der Dichter schon nicht mehr erfahren sollte, stellte ihm offenbar das Thema. Es geht weniger um „Herrschaft und Freiheit" als um die Versuchung durch die Macht.

„Denn seine Macht ist's, die sein Herz verführt", heißt es im Prolog vom Helden; und Questenberg nimmt im Drama dieses Motiv auf:

> Und solche Macht gelegt in solche Hand!
> Zu stark für dieses schlimmverwahrte Herz
> War die Versuchung!
>
> [Picc., 305–08]

Die napoleonische Ära kündigt sich an; wie der ›Wallenstein‹ etwa der Prolog, so ist ›König Ottokars Glück und Ende‹ der Epilog des deutschen Dramas auf Napoleon; in Grillparzers Trauerspiel erscheint freilich der rechte Herr als Gegenspieler und Sieger; im ›Wallenstein‹ steht die ordnende Macht als Gegenmacht nicht im Verhältnis zum Helden. Vielleicht ist dies – wenn wir so weit vorgreifen dürfen – einer der Gründe, warum so viele ordnende Gedanken, Bestrebungen, Ideale in den Helden selbst gelegt werden, der doch Träger „unnatürlich frevelhafter Tat" ist; vielleicht rühren wir damit an das schwerste Problem der Konzeption, das nach seinem Ursprung wie nach seinen Folgen gleich bedeutend und aufschlußreich ist. Die Handlung der Schillerschen Tragödie gleicht dem Einstürzen eines Turmes; sie ist ein einziges Fallen, demgegenüber das Gegenspiel, ob es den Fall auch beschleunigt, zu schwach erscheint. Es ist, als gleite die Wirklichkeit unter unseren Füßen hinweg. Octavio, der am Ende auf der Bühne steht, gefürstet von der immer unsichtbaren, aber auch nicht recht fühlbaren Macht des Kaisers, kann uns nicht beruhigen, der Ordnung, des Fortbestandes, gar der Reinigung und Erneuerung nicht versichern. Hier betet kein Rudolf vor dem Überwundenen: „Nicht führ' uns in Versuchung, großer Gott!" (König Ottokars Glück und Ende, 5.) Hier erscheint kein Fortinbras, kein Heinrich V., die schuldbeschwerte Krone aufzunehmen, kein Malcolm, der mit „der ew'gen Gnade Gnadenhort" die Ordnung wiederherstellen, das Land befrieden wird; hier ist *der* gefallen, der im Grunde alles war: Frevler an der Welt und Hoffnung der Welt, Verbrecher und erwählter Retter.

Die Versuchung durch die Macht ist freilich nicht allein das Motiv der napoleonischen Ära; Nietzsche hat gewiß übertrieben, als er das Erscheinen Napoleons das „Hauptereignis des letzten Jahrtausends" (Kunst und Künstler, 1883/88) nannte; aber Napoleon und seine Tragödie hat nicht nur sein Jahrhundert erfüllt; er hat vom Geschichtlichen her die Geister bewegt, und die Geister haben die Bewegung auf das Feld der Geschichte zurückgeworfen. Noch immer wäre von einem „schlimmverwahrten Herzen" zu sprechen, das mit der Macht nicht zu schalten wußte. Noch immer kommt fast alles darauf an, daß einem Volke der rechte Herr und der Frevler, Verwalter und Aufrührer, der Wohl- und der Schlimmverwahrte, Malcolm und Macbeth, Rudolf und Ottokar in entschiedener Klarheit vor Augen stehen. Und selbst wenn die Geschichtsschreibung den Prozeß des Friedländers noch einmal aufnehmen sollte: in der Tragödie müßte er zum Austrag gekommen, die innere, aber auch die ganze Wahrheit der Geschichte sichtbar geworden sein.

Wir billigen dem Träger eines so ungeheuren Staatsstreiches, wie dem von Wallenstein unternommenen, wohl jede Größe des Willens, politischen und militärischen Vermögens zu; nur was Max Piccolomini noch am Ende des ersten Dramas sagt:

> Glänzend werden wir den Reinen
> Aus diesem schwarzen Abgrund treten sehn.
> [Picc., 2553–54] *

---

* [In V. 2554 steht bei Schiller „Argwohn". – Anm. d. Hrsg.]

das zu sagen, und selbst mit Einschränkungen zu sagen, zu fühlen, dürfte uns wohl nimmer erlaubt sein. Der Empörer kann uns zur Bewunderung hinreißen, erschüttern; er kann von düsterer Großartigkeit sein. Nur recht kann er nicht haben, nicht auf dem Gebiet der Sitte noch des Geistes; er darf uns keinen berechtigten Anlaß geben zu einer idealisierenden Betrachtung, wie sie Max Piccolomini vertritt. Es könnte sein, daß wir auch das Verbrechen idealisierten; daß der idealisierte Verbrecher ein ersehnter Held würde – und der Machtsüchtige und der Machtverfallene, der sich idealisch zu geben weiß, unser Herr. Schon darin, daß er Aufzug um Aufzug beherrscht, ohne daß die Welt je ins Gleichgewicht kommt, liegt eine eigentümliche, wenn auch verhüllte Gefahr. In der Nacht allein, wo das „dunkel zubereitete Werk" (Wallensteins Tod I, 1) zu Hause ist, können wir nicht leben; unversehens sammelt sich Licht um das Haupt des Frevlers.

Die Kritik bleibe dahingestellt; sie ist längst geleistet; wir suchen die Selbstbegegnung, uns selbst in den Worten und Gebilden derer, die den Auftrag hatten, unsere Sprache, unseren Geist zu verwalten. Und selbst wenn wir das Empfinden haben sollten, einem Großen nicht folgen zu können, in einem Werke von verehrungswürdiger Glut, adlig-einmaliger Sprache einem Irrtum zu begegnen, so sollten wir bedenken, daß dieser schwerlich ein Zufall sein mag oder allein des Dichters Schuld, daß auch der Irrtum aus der Tiefe gekommen sein könnte wie die Sprache selbst. Wo die repräsentativen Geister schwanken zwischen Wahrheit und Lüge, Recht und Unrecht, wieviel mehr sind wir da selber in Gefahr! Und vielleicht sind es die Bruchstellen in der Aussage, die uns in den Abgrund unseres Wesens blicken lassen und den Selbstbetrug entdecken, der uns zum Scheine sicher macht.

Sollten wir uns nicht selbst betrügen, da doch der Held es tut? Sollten wir uns nicht auf seine Weise unseres Edelmuts freuen? Erinnern wir uns der großen Selbstbetrachtung, die der Held anstellt, da er der Tat nicht mehr ausweichen kann (Wallensteins Tod I, 4). Er hat sich der Generale nach Möglichkeit durch die erschlichene Unterschrift versichert; aber der Unterhändler, der „um jede Verhandlung mit den Schweden weiß und Sachsen", ist in die Hände des kaisertreuen Generals Gallas gefallen: was hat Wallen-

stein eigentlich gewollt? Das Spiel, das Gaukelspiel, „beschlossene
Sache war es nie". Er „erscheint" nur strafbar, er ist es nicht. Ihn
„verklagt der Doppelsinn des Lebens"; wäre er Verräter gewesen,
er hätte den guten Schein gewahrt und nicht offen seinen Unmut
ausgesprochen; – im Grunde ist er also doch redlich, eine gerade,
fast scheint es, arglose Natur. Ja, er ist sich „der Unschuld des
unverführten Willens" bewußt; sein „Wort war kühn, weil es die
Tat nicht war". Was ist aber dann dieses „kühne Wort"? Was geschehen ist, das ist planlos geschehen. Der „Zorn", der „frohe Mut",
der „Überfluß des Herzens" ließen ihn sprechen; jetzt werden die
schlimmen Menschen planvoll ein künstliches Gewebe daraus knüpfen. „Seine Tat" ist nicht mehr sein: er muß sie tun. Aber was bedeutet sie? Er will den Kaiser stürzen oder

> die Macht,
> Die ruhig, sicher thronende erschüttern,
> Die in verjährt geheiligtem Besitz,
> In der Gewohnheit fest gegründet ruht...
>
> [Tod, 193–96]

Aber mit jedem Gegner, den er ins Auge fassen kann, der voll Mut
ihm den Mut entflammt, würde er den Kampf wagen: hier jedoch
steht ihm ein unsichtbarer Feind gegenüber: „Das ganz Gemeine
ist's, das ewig Gestrige"; es ist der „Völker frommer Kinder-
glaube", der am Kaiser hängt. Und dies eben ist das Gemeine, aus
dem der Mensch gemacht ist; er vergibt es nicht, wenn man an den
würdig alten Hausrat, das teure Erbstück seiner Ahnen rührt: „Was
grau für Alter ist, das ist ihm göttlich."

Wäre die Darstellung des Selbstbetruges beabsichtigt, sie könnte
nicht meisterlicher sein. Sobald Wallenstein an die Wahrheit rührt,
wandelt er sie um; er, der mit äußerster Vorsicht Schritt vor Schritt
zu Werke ging; der niemals Schriftliches gab und dies auch sofort
seinen nächsten Vertrauten Illo und Terzky schroff entgegenhält,
da sie ihm die Gefangennahme Sesinas berichten: „Von meiner
Handschrift nichts. Dich straf' ich Lügen" (I, 3), sagt er zu Terzky;
der sich immer in ein Geheimnis hüllte, so daß Terzky ihm schon
zu Anfang vorwarf:

> So hast du stets dein Spiel mit uns getrieben.
>
> [Picc., 871]

er, von dem wir nicht anders urteilen können, als daß er die Verschlagenheit selber ist vor seinen Vertrauten und Verwandten, seinem Herrn, den Schweden und Sachsen, will nun, da die Notwendigkeit ihn anruft und er vor ihr erschrickt, ohne Verantwortung und Verpflichtung, planlos gehandelt haben. In der vorhergehenden Szene sagte er noch: „Verflucht, wer mit dem Teufel spielt!" (Wallensteins Tod I, 3.)

Nun beteuert er sich selbst „die Unschuld des unverführten Willens", tröstet er sich damit, daß sein Wille frei geblieben, sein Wort offen gewesen sei. Und doch hat er „Werke" getan, die sich zu verderblichen Mauern türmen. Er muß zugeben, daß des Kaisers Macht „auf verjährt geheiligtem Besitz" ruht; aber er erhebt sich darüber, indem er das Geheiligte kühn das „ganz Gemeine, das ewig Gestrige" nennt; bald darauf (I, 5) spricht er von dem Empörer Bourbon, der seines Volkes Feinden sich verkaufte und dafür Fluch erntete; er hatte die Treue gegen sich, als deren Rächer ein jeder Mensch sich geboren fühlt: die „fromme Treue", die dem Menschen den bloßgegebenen Rücken beschützen soll, weil die Klugheit ihn nicht hinreichend beschirmen kann. Und so verwandeln sich hohe Werte, sofern der Empörer sich gegen sie stellte, in seinem Munde augenblicklich in niedere, verfälscht er seine Ränke zu planlosem Spiel, wird die Empörung gegen die legale Macht ein Kampf gegen das ganz Gemeine, ewig Gestrige, ein Unternehmen, das jedenfalls dem ausgehenden 18. Jahrhundert noch weit wohlgefälliger sein müßte als dem 17. Wir denken zurück an den Wallenstein der Geschichte und die „kreisende Wirrnis" in seinem Innersten. Ist der Held der Tragödie nicht noch weit fragwürdiger, weit gefährlicher? Er möchte zu sich selbst kommen, aber es gelingt ihm nicht. Eine unvertilgliche Neigung zur Selbstidealisierung steht der Selbsterkenntnis entgegen; er glaubt wahrhaftig zu sein, und indem er sich dies vorhält, ist er stolz darauf — und ist es nicht mehr.

So steht Max Piccolomini freilich eine furchtbare Enttäuschung bevor, bekennt er doch noch im folgenden Aufzug:

> Auf dich nur braucht' ich
> Zu sehn und war des rechten Pfads gewiß.
> [Tod, 714/15]

Dieser Mann war ihm der „feste Stern des Pols", die ihm vorschei-
nende „Lebensregel". Derselbe Held bekennt ihm jetzt, daß zur
Erde ihn die Begierde ziehe und er sich eingelassen habe mit den
„falschen Mächten", die unterm Tage schlimm geartet hausen und
aus deren Dienst kein Lebender die Seele rein zurückziehe. Aber
auch Max, dessen tragisches Geschick es ist, für „Wahrhaftigkeit,
die reine, welterhaltende" (Wallensteins Tod II, 7) zu glühen, ist
seinem Helden ein wenig verwandt; er spricht selber von seinem
„reinen Auge", mit dem er den Bewunderten sehe, mit dem auch
der Kaiser ihn sehen solle. Da Octavios Verrat offenbar wird, fällt
Wallenstein wieder in den Traum von seinem Ich zurück:

> Das war kein Heldenstück, Octavio!
> Nicht deine Klugheit siegte über meine,
> Dein schlechtes Herz hat über mein gerades
> Den schändlichen Triumph davongetragen.
> Kein Schild fing deinen Mordstreich auf, du führtest
> Ihn ruchlos auf die unbeschützte Brust,
> Ein Kind nur bin ich gegen solche Waffen.
>
> [Tod, 1681–87]

So sieht der Herzog sich immer wieder mit den Augen seines Bewunderers, greift er, sobald ihn ein Schatten streift – der doch nur
der Schatten seiner Taten ist –, nach einem verklärenden Schein.
Nun umarmt er Buttler – der ihn im geheimen bereits verraten –
als das „treue Herz", auf das er Anspruch hat (III, 10). Wenn es
aber wahr ist, was die Dichtung so eindringlich sagt, daß des Menschen Schicksal und sein ganzes Tun hervorgehn aus seinem Herzen:

> – Des Menschen Taten und Gedanken, wißt,
> Sind nicht wie Meeres blind bewegte Wellen.
> Die innre Welt, sein Mikrokosmus, ist
> Der tiefe Schacht, aus dem sie ewig quellen.
> Sie sind notwendig, wie des Baumes Frucht,
> Sie kann der Zufall gaukelnd nicht verwandeln.
> Hab' ich des Menschen Kern erst untersucht,
> So weiß ich auch sein Wollen und sein Handeln,
>
> [Tod, 953–60]

wie ist es dann möglich, daß der Verräter von seinem geraden
Herzen sprach, daß er sich einem falschen Freunde gegenüber – er

ist falsch im Dienst der legalen Macht – ein „Kind" nennen darf?
Und selbst wenn Wallenstein noch nichts getan hätte, als die Notwendigkeit ihn einforderte, sollte sein „gerades Herz", sein offener
Mut nicht fühlen, daß es eine Gedankenschuld gibt, daß Treue als
Treue nicht angezweifelt, Geheiligtes nicht gemein sein kann? Be-
flecken schlimme Gedanken das Herz nicht, kommen sie nicht aus
dem Herzen, als Vorbereiter der Tat, wirken sie nicht auf die Welt,
indem sie ihr Klima verändern und das Klima des Verbrechens
schaffen, die Nacht weben, in der die verbrecherische Tat geschieht?
Wo ist die Grenze zwischen dem innern Verrat und dem Tun? Eben
der innere Verrat, Arges zu sinnen im Herzen, ist ja der Ursprung
allen Übels auf Erden. Ein Schmerz will uns ergreifen, daß hier die
Botschaft vom Dichter übergangen wird: das verpflichtende läu-
ternde Bild vollkommener Herzensreinheit ist uns gegeben; die
Wahrheit hat unter uns gelebt, und von der höchsten Gestalt fällt
ein verzehrendes Licht auf die im Selbstbetrug verfangenen Gebilde; sie verlieren in diesem Lichte ihre Glaubwürdigkeit. Weder
aus der Macht des Guten, noch aus der Macht des Bösen kann der
Held der Tragödie in diesem Lichte bestehen. Das „reine Auge" des
Bewunderers ist nicht des Leibes Licht; es wird zum verfälschenden
Auge, sobald sich der Held mit ihm betrachtet.

Stellen wir die Gestalt vor die Wahrheit, so kann sie schwerlich
bestehen – und doch hat sie Macht, Max Piccolomini in den Tod
zu reißen. Vielleicht verführt sie gerade darum, weil sie unwahr-
haftig ist, weil sie den Aufruhr als ein kühn-verdienstliches Werk
ausgibt, alte Ordnung herabsetzt und sich tapfer und arglos nennt
im Streite mit unsichtbaren Gegnern (mit der Treue, die recht hat);
weil sie den geheimnisvollen Reiz des Bösen ausspielt unter dem
Anschein heldisch-reinen Strebens; weil sie schlimm ist mit allen
Gewalten dieser Neigung, mit aller Macht des Entschlusses zum
Untergang, zur Zerrüttung, zur Selbstherrlichkeit und es entschieden ablehnt, sich schlimm zu nennen; weil die Art und Stärke der
Wirkung niemals übereinstimmt mit dem Namen, der, wenn er
wahrhaftig wäre, kennzeichnen und befreien würde. Wir nehmen
dieser Verschwommenheit ihre Gefährlichkeit und Bedenklichkeit
nicht durch das Eingeständnis, daß sich in ihr etwas Liebenswertes
birgt: es ist der Dichter selbst, seine Liebe zum Helden, zum Men-

schen überhaupt. Der Dichter ist es, der in der Gestalt des Max
Piccolomini den Helden bewundernd oder bangend und klagend
begleitet; ja, der sich in ihn verwandelt und immer dann aus ihm
zu sprechen beginnt, wenn der Held sich gedrängt fühlt, sich zu
bezichtigen. Es ist der lyrisch-pathetische Dichter, der sich nicht
völlig überwinden kann zur Gestalt, zum tragischen, in sich selbst
verbannten Charakter. Aber auf welche bedrohliche Weise bringt er
alle Werte ins Schwanken und – wie nah ist er uns, die wir doch
sein Feuer, seinen Hochsinn nicht haben und wie er geneigt sind,
uns auf den „Überfluß des Herzens" zu berufen, wo Gedanke, Plan
und Tat zeugen gegen das Herz und gegen den vermeintlichen
Überfluß.

Wir möchten Schillers starkes, großes Empfinden nicht verletzen.
Es tritt uns gerade in einem Zusammenhang entgegen, der viel
getadelt worden ist. Wie Wallenstein am Ende, da er das Schloß zu
Eger schon betreten hat, empfinden lernt für Max und sein Geschick
verflochten sieht mit dem des toten Jünglings, dies ist tief eigentümlich, ergreifend.

> Was ich mir ferner auch erstreben mag,
> Das Schöne ist doch weg, das kommt nicht wieder,
> Denn über alles Glück geht doch der Freund,
> Der's fühlend erst erschafft, der's teilend mehrt.
>
> [Tod, 3452–55]

Nun gelangt er auch zum Bekenntnis einer Schuld, das er nicht
mehr zurücknehmen wird; selbst wenn der Kaiser ihm vergeben
würde, wie Gordon meint – auch dieser bezeugt, wie Wallenstein
und Max, daß das Herz Gottes Stimme ist –, dann wäre er doch
gerichtet: „Ich könnte nimmer mir vergeben lassen." Blut ist geflossen; aber das Herz hätte ihm sagen können, was geschehen
werde. Das Herz des verlorenen jungen Freundes hat es ihm gesagt,
und dies ist das Unverzeihliche, daß die Menschen im Streite um
die Macht das Herz nicht hören, die reine Stimme, die allein leiten
kann, die einzig recht hat, das Geschick zu bestimmen. Denn nur
das reine Herz ist zur Tat berufen. Um das Heiligtum des Herzens
ist das Drama gebaut. Darum steht das unglücklich liebende Paar in
der Mitte, nicht etwa am Rande; da Wallenstein der Warnung der

Liebe nicht gehorcht; da die Liebe untergehen muß unter seinem unglückseligen Planen, Handeln, Zaudern, so ist alles verwirkt, und welche sonderbaren Hoffnungen und Gesichte ihn auch noch blenden mögen: es kann nichts in seinem Umkreise gedeihen, weil die Liebe darin stirbt. Es ist nichts schlimmer, als daß in der Verwirrung der Geschicke das reine Herz nicht mehr weiß, wie es entscheiden soll. „In mir ist Nacht", bekennt Max, „ich weiß das Rechte nicht zu wählen" (III, 21). Damit erlöscht, nach des Dichters Überzeugung, das Licht dieser Welt. Die Mahnung, das Herz zu verwahren gegen die „falschen Mächte" und dem reinen Herzen, das allein weiß, was gut und böse ist, die Herrschaft einzuräumen auf dem Feld der Geschichte – so wie es hätte gehört werden sollen in Pilsen –, dies ist wohl das dringendste Anliegen des Tragikers gewesen. Sollte es sein Vermächtnis sein für sein Volk in der heraufziehenden Zeit? Nicht die politische Schuld, die Schuld am Herzen ist es, die Wallenstein wie Octavio auf sich laden, die ihnen zum Unheil wird. Nur sie will Wallenstein gelten lassen. Aber wie sollte die Warnung verstanden, beherzigt werden, wenn der Held, da er schon ganz umstrickt ist von seinen Ränken und bereits in den Abgrund seines Sturzes blicken könnte, von seinem „geraden" Herzen spricht?

So steht der Held auch hier in Widerspruch mit sich selbst. Und doch wird das Herz allein die Wirklichkeit sicherlich nicht bestehen; was Wrangel als Gustav Adolfs Meinung anführt:

> Und stets der Herrschverständigste, beliebt' ihm
> Zu sagen, sollte Herrscher sein und König.
> [Tod, 244/45]

dürfte nicht übergangen werden. Die Wahrheit vom Herzen könnte, sofern sie in ausschließendem Sinne verstanden würde, an der Wirklichkeit des Politischen vorbeiführen, die der Dichter einmal, im „Geisterseher", mit bewundernswerter Schärfe aufgefaßt hat. Nur dem Klugen könnte der Gehorsam gegen das Herz wirklich zum Segen werden. Wallenstein, der im Gespräch mit den Sternen an seinen Träumen spinnt und sich damit tröstet, daß es nur Träume sind – Träume, die, wie er meint, das Gewicht der Schuld nicht haben –, wäre wohl schwerlich durch das Herz zu retten. Er

verfehlt die Wirklichkeit des Politischen in gleicher Weise wie den
Menschen, wie das Herz. In einem jeden Falle nimmt er den Verrat
zu leicht. Der Verrat spielt ja nicht nur zwischen ihm und Max und
Octavio, auch nicht allein zwischen dem Erneuerer der Welt und
der alten Krone, die eine angeblich verjährte, dem Sturze preis-
gegebene Ordnung behaupten will, nicht nur zwischen seiner Macht-
sucht und seinem matten, unsichern Gewissen: er spielt im Zusammenhang der großen Mächte, unter der Mitverantwortung für die
Welt. Was sollte geschehen, wenn der Aufrührer nicht siegte? Er
wolle die Schweden hinhalten, sagt er den Kürassieren (Wallensteins Tod III, 15), bis er Europas Schicksal in den Händen trage
und der erfreuten Welt aus seinen Lagern den Frieden schön be-
kränzt entgegenführen könne. Solche Worte, in solchem Munde, an
solcher Stelle klingen nicht minder wunderbar als die Träume von
einem patriarchalischen Friedenszustande, mit denen Napoleon
auf der Flucht aus Rußland den Gefährten im Schlitten unterhielt.
Und in welche Wirklichkeit sollen wir die an den Bürgermeister von
Eger gerichtete Prophezeiung versetzen?

> Die Erfüllung
> Der Zeiten ist gekommen, Bürgermeister.
> Die Hohen werden fallen, und die Niedrigen
> Erheben sich – Behaltet's aber bei euch!
> Die spanische Doppelherrschaft neiget sich
> Zu ihrem Ende, eine neue Ordnung
> Der Dinge führt sich ein – ihr saht doch jüngst
> Am Himmel die drei Monde?
>
> [Tod, 2604–11]

So spricht der „Herrschverständigste", der ein Anrecht, eine Be-
rufung hat, zu regieren? Welcher Art könnte die Herrschaft dieses
Soldatenkaisers sein, der an die Sterne glaubt, aber auch in diesem
Glauben so unsicher ist wie in seinem Verhältnis zu den Mächten, den
Menschen, den das Leben der Völker ordnenden Werten? Und klingt
es durch diese Prophetie nicht wie eine nachträgliche Bestätigung der
Weltgeschichte, eine Rechtfertigung vor ihr – mit welchem Troste
der Dichter seinen untersinkenden Helden zuletzt noch beschenkt?

Hat Wallenstein doch noch „Recht"? Nein, er kann nicht recht
haben, in keinem Betrachte; er ist zu schlimm, um gut, zu gut, um

schlimm zu sein, zu verschlagen, als daß er sich Träumer nennen dürfte, zu phantastisch, als daß seine List ihm glücken könnte, zu selbstsüchtig und zugleich selbstzufrieden; er ist willentlich-unwillentlich falsch gegen sich selbst und damit — um das Wort des Polonius umzukehren — falsch gegen jedermann; er denkt, wo er empfinden sollte, und empfindet, wo er denken müßte; er nimmt nicht die politisch-weltgeschichtliche Schuld auf sich, die er fraglos zu verantworten hat, sondern gewissermaßen eine „schöne" Schuld, die Schuld am Herzen; und wenn ihm die verspielte Macht nichts mehr gilt, so deswegen, weil er das „Schöne", den Freund, darangegeben hat. Was er tut und denkt, muß in irgendeinem Betrachte „schön" sein; immer legt er sich eine Gebärde zurecht, die gefällt. Er ist, wir können es nicht anders sagen, gänzlich außerhalb der Wahrheit. In bezug auf die Wahrheit könnte es mit ihm gar nicht schlimmer bestellt sein, ist er ein wahrhaft tragischer Fall. Er dringt zur Wahrheit nicht durch; denn die ergreifende Gebärde, das rauschende Wort gehen ihm über alles; er kann nicht wahrhaftig sein, nicht die Wahrheit der innern wie der äußeren Wirklichkeit sehen, nicht des Himmels wie der Hölle, soviel er auch von beiden redet; er hat das Wort, nicht die Tat, und damit nicht das echte Wort und handelt auch dann noch nicht als Verantwortlicher, da er, schon völlig im Banne des Verhängnisses, endlich im zwanzigsten Auftritt des dritten Aktes sagt: „Zu lange schon hab' ich gezaudert" (Wallensteins Tod III, 20). Schon? Da er die Wirklichkeit nicht erreicht, ist er immer zu spät. Zwischen Himmel und Hölle, Traum und Erde, immer schwankend, immer getäuscht und immer sich täuschend und Täuschung verbreitend, immer sich entziehend dem Todesernste, in dem sein Pathos sterben würde, sich täuschend noch auf dem Wege zum letzten Schlaf, in der Hoffnung auf den nächsten Morgen, der ganz anders und wahrhaft furchtbar sein muß — so wie Faust sich täuscht vor seinem offenen Grabe, vermeintlich im Angesichte der Äonen, die noch tönen sollen von seinem Ruhm, ist er Fausts echter Verwandter, Fleisch von seinem Fleische, Herz von seinem schuldig-unwahrhaftigen Herzen, Geist von seinem schweifenden Geiste; muß er, wie Faust, zur Beute der Dämonen werden, deren Macht die Lüge, die Täuschung ist. Fällt aber in solche Hände konkrete irdische Macht, die Befehlsgewalt, die sogar die Verant-

wortlichkeit der Untergebenen ausschließt, wie es Wallenstein dem
zaudernden Max Piccolomini gegenüber ausdrücklich tut:

> Wenn *ich* am Kaiser unrecht handle, ist's
> Mein Unrecht, nicht das deinige. Gehörst
> Du dir? Bist du dein eigener Gebieter,
> Stehst frei da in der Welt wie ich, daß du
> Der Täter deiner Taten könntest sein?
> Auf *mich* bist du gepflanzt, ich bin dein Kaiser,
> Mir angehören, mir gehorchen, *das*
> Ist deine Ehre, dein Naturgesetz.
>
> [Tod, 2178–85]

so ist die Welt auf das furchtbarste bedroht. Was mag es uns helfen, daß gegen Ende die Kaisermacht, mit dem letzten Auftreten
Octavios, festere Umrisse gewinnt, der Kaiser sogar als milde und
barmherzig, als gnädig – vielleicht gar begnadet – erscheint;
diese Macht wird ja untergehn, wie Wallenstein voraussagte. Wo
dieser Machtsüchtige, der Verwaltung der Macht nicht Fähige, ge-
schritten ist, gähnt die Verwüstung; das Chaos, das er fühlte, wie
Faust es fühlt, muß auf seiner irren Bahn hervorbrechen und die
Erde überfluten.

Damit tritt die Gestalt für eine bestimmte Betrachtung, die sich
der Aufgabe nicht entziehen kann, die Kunstwerke eines Volkes
nach dessen Wesen, nach seiner besonderen Weise des Daseins in der
Geschichte zu fragen, aus dem Kreise des Kunstwerks, erlangt sie
ein Eigenleben in ihrer Unbestimmtheit. Diese Unbestimmtheit
wird um so größer, je näher wir Wallenstein kommen; zwischen
den düsteren Lagerfeuern des Dreißigjährigen Krieges, des deutschen Krieges an sich, sehen wir den fest umrissenen Schatten; je
mehr wir ihn sprechen hören, um so ungewisser wird alles, bis er,
ständig dem widerstreitend, was er war und zu sein versprach, in
der großartigen Ballade des Endes untergeht und die düstre Stimmung, die Unruhe noch nachschwingen, die so ganz zu ihm gehören.

> Am Himmel ist geschäftige Bewegung,
> Des Turmes Fahne jagt der Wind, schnell geht
> Der Wolkenzug, die Mondessichel wankt,
> Und durch die Nacht zuckt ungewisse Helle.
>
> [Tod, 3406–09]

Wir wollen die bedeutungsvolle, ganz am Rande stehende Bemerkung Buttlers nicht übersehen: Am Hof zu Burgau sei Wallenstein als Page im Fensterbogen eingeschlummert und zwei Stock-
werke tief gestürzt:

> Und unbeschädigt stand er wieder auf.
> Von diesem Tag an, sagt man, ließen sich
> Anwandlungen des Wahnsinns bei ihm spüren.
> [Tod, 2562–64]

Noch einmal: es kommt uns nicht auf die Kritik an, die von
Berufenen längst vorgebracht worden ist. Tieck rühmte wohl das
unvergängliche geistesgeschichtliche Verdienst der Dichtung: unter
blassen Tugendgespenstern sei „Wallensteins mächtiger Geist, groß
und furchtbar", erschienen. Aber er findet das Stück „beschlossen,
nicht vollendet", bei aller Größe einzelner politischer, militärischer
Momente dem Geschichtlichen im ganzen, dem eigentümlichen Ge-
halte des Dreißigjährigen Krieges, doch nicht gemäß; an der Viel-
heit der Motive zersplitterte die mit so großer Kunst vorbereitete
Wirkung. Den Schritt vom Kunstwerk zur Haltung, vom Ge-
schichtsbild des Dichters zum geschichtlichen Leben der Nation tut
Otto Ludwig, der leider zu wenig Nachfolge gefunden hat und
inzwischen von fast einem Jahrhundert beglaubigt worden ist.
Seine Kritik mag hart erscheinen; sie war in der vorliegenden Form
nicht zur Veröffentlichung bestimmt; aber sie ist eingegeben von
einer Schärfe des Blickes, einem Verantwortungsbewußtsein, for-
schender Wahrhaftigkeit, die als Verpflichtung nicht die geringste
Einschränkung erfahren dürften. „Überall die Scheu vor der Tat
und vor der Verantwortung." – „Alle entschuldigen sich, sowie
sie etwas unternehmen wollen, bei dem sentimentalen Publikum."
– „Nach Schillers Vorgange ist es fast unmöglich geworden, das
Schlimme anders in der Tragödie zu bringen, als unter dem glänzenden Firnis des Schönen und Liebenswerten. Und unter Schillers
Stücken wiederum ist das Gift am feinsten und sublimiertesten eben
im Wallenstein. – Weit entfernt, daß Schiller eine unsittliche Absicht gehabt hätte, er war ein so streng sittliches Gemüt, daß ihm
das Schöne immer, ohne daß er es weiß, ins Gute übergeht. Was ihn
persönlich entschuldigt, das ist eben in seinem Wallenstein das Ge-

fährliche, daß, wo er uns bloß ästhetisch für das Schlimme interessieren will, er uns zugleich moralisch dafür gewinnt." (Otto Ludwig, Werke, Bd. 5.)* Die eigentliche große, fruchtbare Kritik hat
aber Ludwig mit dem Wallenstein-Entwurf geboten: einer geschichtlichen Konzeption größter Art, die das Gegenspiel herauf-
führt und damit erst dem Helden gerecht wird, freilich auch eine
der nicht eingelösten, uneinlösbaren Verheißungen des deutschen
Theaters.

Wir möchten nicht für einen Augenblick die Achtung vor dem
hochstrebenden, verzehrenden Geist, der gebietenden Persönlichkeit
verletzen, die hinter dem Werke, vielleicht auch mitten im Werke,
steht, stärker als alle Helden, aber auch oftmals stärker als die
künstlerische Form. Wir möchten die Gestalt nur gewinnen für die
Selbsterkenntnis, für die Erforschung des eigenen Herzens; ist doch
die Herzenserforschung – mehr noch als die Gewissenserforschung
– ohne Zweifel die erste Forderung Schillers an uns; sie erst bedeutet den Übergang seines Werkes, seines Strebens in unser Leben.
Und es ist uns oftmals, wenn wir über die anderthalb Jahrhunderte
zurückblicken, die seit der ersten Aufführung des großen Dramas
vergangen sind (April 1799), als schritte die rätselhafte Gestalt des
Friedländers vor unserem Volke her, gewiß nicht in solchem Maße
bewundert und geleitet wie Faust, aber auf dem Gebiet des Poli-
tisch-Geschichtlichen von einer ähnlichen Bedeutung, Verführungs-
und Ausdruckskraft wie Faust in bezug auf Religion und Denken,
auf die Haltung zum Leben, das Verhältnis zur Wirklichkeit überhaupt.

Ist nicht etwas Wallensteinisches in dem idealen Traum von
Macht und Gewalt, der so viele Gemüter beschäftigte, in der Mißachtung großer geschichtlicher Bindungen, der Hoffnung auf das
Niedagewesene, das am Himmel sich anzeigt wie ein Spuk, das aber
erst kommen wird, wenn zertrümmert ist, was noch gilt? Ist es
nicht Wallenstein, der geschäftig ist, immer neue Ideologien zu
knüpfen, Geheimnis in Geheimnis zu weben, der viel vom Herzen
spricht, aber den falschen Mächten schon verfallen ist; nicht Wallenstein, der hochsinnig von der Freiheit, der Würde des Menschen

* Vgl. S. 52 in diesem Band.

redet und um ihretwillen scheinbar das Jahrhundert herausfordert, während er denen, die er ins Vertrauen zieht, zuflüstert, daß die Erde „dem bösen Geist gehört, nicht dem guten" (Wallensteins Tod II, 2) und daß, wer mächtig werden wolle, diesem Geiste den geforderten Preis bezahlen müsse? Und ist es nicht Wallenstein, der immer zaudert – während doch die Geschichte drängt und kein Verständnis für die Säumigen hat –, bis endlich die schlecht verwaltete Macht des schlecht verwahrten Herzens einem anheimfallen muß, der niedriger und rücksichtsloser ist und dem Dämon ohne Bedenken gehorcht? Sind es nicht die großen und nicht erfüllten Worte, die dem Dämon die Geschicke zuspielen? Und ist es nicht Wallenstein, der die Schuld des Gedankens, des Willens leugnet und nur die Schuld der Tat anerkennt und damit unser Gewissen verwirrt?

Die Antwort liegt bei uns selbst, bei der Erforschung der eigenen Geschichte wie der Geistes- und Seelengeschichte dieser anderthalb Jahrhunderte. Wir möchten nur erreichen, daß die Gestalt wieder zur Frage, daß sie zum Anstoß werde, und wir werden nicht mit ihr fertig. Wir sprechen den ideal Gesinnten an, und der Machtsüchtige herrscht uns entgegen; wir suchen ihn auf seine Macht zu verpflichten, und er weicht mit einem idealischen Worte aus. Er beschönigt all sein Tun und noch unsere schlimmsten Gedanken, bis das letzte Festmahl verrauscht und die Nacht gekommen ist, in der die Wahrheit furchtbar aufbricht.

Sonderbar! Um das Grauen dieser Nacht zu schildern, hat Schiller einen Klang aus ›Macbeth‹ übernommen: „O mordet nicht den heiligen Schlaf!" (Wallensteins Tod V, 8). So hat der Mörder Duncans seine Untat empfunden: „Mir war, als rief' es: ‚Schlaft nicht mehr, Macbeth / Mordet den Schlaf'" (Macbeth II, 2). Das Verbrechen am Schlafenden ist ein Frevel am Schlafe selbst; wie der gütige, heiligmäßige König Duncan den Menschen nur wohlgetan hat, so ist der Schlaf ein himmlischer Wohltäter:

> Der Tod von jedem Lebenstag, das Bad
> Der wunden Müh, das Balsam kranker Seelen,
> Der zweite Gang im Gastmahl der Natur,
> Das nährendste Gericht beim Fest des Lebens.
>
> (Macbeth II, 1)

Macbeth hat den eigenen Schlaf erschlagen; er wird nicht mehr
schlafen können von dieser Stunde an; er zerfällt mit sich selbst, in
die beiden Namen Glamis und Cawdor. Sein Gewissen ist tödlich
getroffen; besser, er wüßte von sich selbst nichts, als von seiner Tat;
alles, was in ihm ist, das verdammt ihn, wie es gegen Ende heißt.
Damit gelangen wir in den Bereich der furchtbaren Wahrhaftigkeit
Shakespeares, dessen Geist Tieck und Otto Ludwig geleitet hat.
Sicherlich, Schiller wollte keine Gestalt vom Geschlechte der Macbeth bilden. Was ist auch bezeichnender für den Unterschied der
Kunststile der großen Persönlichkeiten als die Umwandlungen,
denen Schiller als Bearbeiter die Tragödie Shakespeares unterwarf!
Es ist nicht erlaubt, bei so verschiedenen Vorsätzen die Gestalten
gegeneinander auszuspielen. Aber das Problem ist dasselbe: der
Aufruhr des Feldherrn gegen den gesetzlichen Herrn, die Versuchung durch die „falschen Mächte", die in Shakespeares Tragödie
auf einzigartige Weise leibhaftig auftreten. Und wenn in Schillers
Trilogie der eigentlich Herrschverständige nicht erscheint – sondern Verräter gegen Verräter steht und dadurch Wallenstein dem
Anscheine nach bestätigt wird in der Überzeugung, daß die Erde
dem bösen Geiste gehöre (was heißt es anders, als daß die Macht
selber böse sei!), gewährt uns Shakespeare das Beispiel des wohl-
verwahrten Herzens, des Herrschverständigen, der ein Recht hat,
mächtig zu werden, ja, der die Macht ergreifen, sie der schlechten
Hand entreißen muß. Es ist Malcolm, Duncans Sohn; er würde
schuldig werden, wenn er die Macht nicht antreten wollte. In guter
Sache hat er die Macht nicht zu fürchten. Eh er von England aufbricht, stellt er Macduff auf die Probe; er bezichtigt sich schlimmer
Leidenschaften, der Wollust, des Geizes und Zornes, der Habsucht.
Der Königstugenden

> Wahrheit, Gerechtigkeit, Starkmut, Geduld,
> Ausdauer, Milde, Andacht, Gnade, Kraft,
> Mäßigkeit, Demut, Tapferkeit
> [Macbeth IV, 3]

habe er keine; gelangte er zur Herrschaft, so würde er „vernichten
alle Einigkeit auf Erden". Und erst, da Macduff in heißem
Schmerze ausruft, ein solcher dürfe nicht regieren, nicht einmal

leben, faßt der kluge Malcolm das letzte Vertrauen zu dem künftigen Vasallen: wer treu sein will dem rechten Herrn aus ganzer Seele, den unköniglichen aber nicht duldet, selbst wenn er rechtmäßig ist, der wird ihm anders dienen, als Macbeth seinem Vater gedient hat. Nun darf Malcolm gestehen, daß er sich berufen glaubt:

> Noch weiß ich nichts
> Vom Weibe, habe nimmer falsch geschworen,
> Verlangte kaum nach dem, was mir gehört;
> Stets hielt ich treu mein Wort, verriete selbst
> Den Satan nicht den Teufeln; Wahrheit gilt
> Mir mehr als Leben, meine erste Lüge
> War diese gegen mich.
>
> [Macbeth IV, 3]

Hier ist ein Jüngling wie Max Piccolomini; freilich, Malcolm ist kein Bewunderer eines undurchschaubaren Helden, der denen, die an ihn glauben, furchtbare Erfahrungen bereiten wird; der schottische Königssohn steht mitten in der Wirklichkeit und weiß, welche Tugenden herrschen sollen. Er wird mit dem Beistand der rechten Männer den Thronräuber niederwerfen und die Ordnung wieder aufrichten.

Um des Problems der Macht und Herrschaft willen, das im deutschen Drama mit der großen Ausnahme Grillparzers nur selten seine Lösung gefunden hat, streiften wir die Sphäre Shakespeares, der gleich den Spaniern niemals darauf verzichtete, den Eingang unverrückbarer sittlicher Gesetze ins Irdische und ihren Bestand unter aller Anfechtung zu vergegenwärtigen. In den Werken der großen Dichter wollen die Völker zu sich selber kommen; diese Werke stehen dort, wo das Persönliche das Überpersönliche ist. Es ist tiefe Wahrheit in Ibsens Wort, daß Dichten bedeute, Gerichtstag halten über das eigene Ich, wir dürfen wohl sagen: das Ich des Dichters, des Volkes, der Menschheit. Aber wir haben mit diesem Bekenntnis noch nicht Ernst gemacht, es als Aufnehmende noch nicht vollzogen; vielleicht könnten wir ihm einmal eine Erschließung großer Dichtung an ihrem historischen Amt verdanken, die bisher kaum geschehen ist. Es geht wohl vom Dichter aus, aber es sucht nach uns. Dichtung als Gerichtstag fordert uns ein zum Selbstgerichte. Vielleicht ist es wahr, daß das Größte, was Schiller gedichtet hat, die Vision des Weltgerichtes ist in den ›Räubern‹. Und vielleicht will uns der Wallenstein in eine Stunde von ähnlichem Ernste rufen, wie es des Dichters letzter Morgen war, da der Sterbende sich einige Male aufriß und emporblickte, „als habe er alle Kraft gesammelt", und das Wort „Judex" sprach und wiederholte. Der Dichter steht unter dem Gericht; er kann nicht anders als wahrhaftig sein. Als Gestalter muß er zum Richter werden. Als Richter wird er uns zum Heil gesetzt, daß wir das Wort seines Gebildes hören und danach tun.

Stockholmer Gesamtausgabe der Werke von Thomas Mann. Nachlese. Prosa 1951—1955.
Berlin u. Frankfurt/M.: S. Fischer Verlag 1956, 1967, S. 82—101. Der Textauszug aus
›Versuch über Schiller‹ wurde unter dem Titel ›Schillers Wallenstein‹ gesondert ver-
öffentlicht in: Die Neue Rundschau 66 (1955).

SCHILLERS WALLENSTEIN
(1955)

Von THOMAS MANN

Schillers Sprache – es käme ihr eine eigene Betrachtung und
eingehende Studie zu, angefangen mit seinen hochpointierten
Schlüssen, diesem „Dem Mann kann geholfen werden", „Dem *Fürsten* Piccolomini", „Der Lord läßt sich entschuldigen, er ist zu Schiff
nach Frankreich", die untereinander verwandt und so ganz sein
eigen sind. Er hat sich ein persönliches Theater-Idiom erfunden, un-
verwechselbar nach Tonfall, Gebärde und Melodie, sofort als das
seine zu erkennen, – das glänzendste, rhetorisch packendste, das
im Deutschen und vielleicht in der Welt je erfunden worden, eine
Mischung von Reflexion und Affekt, des dramatischen Geistes so
voll, daß es schwer ist seither, von der Bühne zu reden, ohne zu
schillerisieren. Die Epigonen haben es sehr mittelmäßig gemacht.
Zu wahrer Nachfolge gehört rechte Bewunderung. Ibsen war ein
großer Bewunderer Schillers, und sein poetisierter Intellektualismus, wie selbst noch Wedekinds moralisierendes Grotesk-Pathos
stehen dem Schiller-Drama viel näher als Wildenbruch und seine
Gesellen. Dabei muß man auf die verzwickte Gescheitheit hinweisen, die dieser Sprache, besonders im Jugendwerk, eignet und zu
größter Aufmerksamkeit nötigt, wenn man genau folgen will. Das
zeitgenössische Publikum fand den ›Fiesco‹ „zu gelehrt". Das ist
ein ungeschickter Ausdruck für einen Intellektualismus der Redeweise, ganz ungewohnt bisher auf dem Theater. Wie sprechen diese
Personen! – in den ›Räubern‹ gleich, wo nicht nur Franz, der
spekulative Schurke, ein Intellektueller ist. Alle reden sie in großem
Wurf, mit einer verwickelten, gedachten Emphase, die sanfte Luise
kaum weniger als Fiesco, Verrina und Karl Moor, ja manchesmal
selbst der knorrige deutsche Mann, Musikus Miller, so daß man sich
eigentlich wundern muß, wieviel davon gleichwohl Volksgut ge-

worden oder doch in den Mund der gebildeten Schicht übergegangen ist und sich bis heute, trotz aller Entfernung vom Literarisch-Klassischen, darin erhalten hat, – allerdings ganz vorwiegend aus den Versdramen; denn der Vers begünstigt die eingängig sentenziöse Prägung, und der Schillersche neigt ausnehmend dazu: zu sehr, wie manche finden. Wir sind da bei der moralischen Tirade, über die man sich gern lustig macht, – zu Unrecht, meine ich, in seinem Fall. Es mag hohl klingen: „Der brave Mann denkt an sich selbst zuletzt", aber dahinter steht wahrhaftig der Mensch, der wirklich an sich und sein Wohlsein allezeit zu allerletzt gedacht hat und in der Sache, im Werk, im Menschheits- und Kulturgedanken rein und hochherzig aufging. „Das Leben ist der Güter höchstes nicht", – das war vorher, in der ›Maria Stuart‹, schon energischer, verachtungsvoller geformt worden: „Das Leben ist das einzige Gut der Schlechten."

Im übrigen sind die herrscherliche Virtuosität, mit der er dem Jambus gebietet, der noble Wohlklang und Glanz, den er ihm verleiht, ohnegleichen. Er behandelt ihn mit souveräner Freiheit; es kommt ihm nicht darauf an, ihm sechs Füße zu geben statt fünfen, oder ihn auf die Hälfte abzukürzen, oder das Silbenmaß aus den Fugen gehen zu lassen, wie in Theklas Klage um Max:

> Da kommt das Schicksal – Roh und kalt
> Faßt es des Freundes zärtliche Gestalt
> *Und wirft ihn unter den Hufschlag* seiner Pferde –
> [Tod, 3177–79]

„Untern" wäre unschön gewesen; und außerdem ist das Drüber und Drunter des Rhythmus lautmalerisch. – Talbots berühmtes „Mit der Dummheit kämpfen Götter selbst vergebens" beginnt ungeniert mit einem Anapäst. – Drastische Realismen finden sich, die ebenfalls virtuos wirken und den hohen Ton äußerst wirksam verleugnen, so, wenn Wallenstein sagt: „Und – wohl erwogen, *ich will es lieber doch nicht tun.*" Oder: „Prag! Sei's um Eger! Aber Prag? *Geht nicht.*" Oder Max Piccolomini: „Es *kann* nicht sein, kann *nicht* sein, *kann* nicht sein! *Siehst du, daß es nicht kann!*" Oder Octavio zu ihm: „Max! Folg mir lieber gleich, *das ist doch besser.*" Oder Wallenstein zu ihm: „Max, du kannst mich nicht verlassen!

Es kann nicht sein, ich mag's und will's nicht glauben, daß mich *der Max* verlassen kann." Wie herzlich rührend nimmt da der treuherzige Artikel vor dem Namen sich aus!

Es ist kein Zufall, daß diese Beispiele dem ›Wallenstein‹ entnommen sind; denn das Riesenwerk, das ihm die schwerste ästhetische Sorge bereitet hat und über dessen kaum zu klärender und zu formender Stoffmasse er am längsten gebrütet, hat seinen ganz eigenen, von dem all seiner anderen Gedichte verschiedenen Stil und Ton, der, stolz wohl, aber unemphatisch und von einer ins Schöne gebannten Realistik, das Produkt jener Mischung aus objektiver Kühle und artistischer Begeisterung ist, von der sein Verhältnis zu dem Vorwurf bestimmt war und von der er in seinen Briefen spricht. „Der Stoff und Gegenstand", sagt er, „ist so sehr außer mir, daß ich ihm kaum eine Neigung abgewinnen kann; er läßt mich beinahe kalt und gleichgültig, und ich behandle ihn, vorzüglich den Hauptcharakter, bloß mit der reinen Liebe des Künstlers ... Auf dem Weg, den ich jetzt gehe, kann es leicht geschehen, daß mein Wallenstein durch eine gewisse Trockenheit der Manier sich von meinen vorhergehenden Stücken gar seltsam unterscheiden wird. Wenigstens habe ich mich bloß vor dem Extrem der Nüchternheit, nicht wie ehemals vor dem der Trunkenheit zu fürchten."
Nur hier läßt der Schillersche Vers sich herbei, unbeholfen zu tun und nach dem Volks- und Bedientenmunde zu reden:

> „Den großen Kelch verlangt man, Kellermeister"
> „Der auf des Friedrichs seine Königskrönung
> Vom Meister Wilhelm ist verfertigt worden"
> „Ja, den! Den Umtrunk wollen sie mit halten."
> [Picc., 2055, 2058/59, 2061]

Aber auf dem Becher, von Golde schwer, sind „kluge Dinge zierlich abgebildet", und die erklären die Leute einander, indem sie etwas Geschichte treiben. „Gleich auf dem ersten Schildlein, laßt mal sehn!" Da setzt eine Weibsperson zu Pferd übern Krummstab und Bischofsmützen, und auf einer Stange trägt sie einen Hut, nebst einer Fahn', worauf ein Kelch zu sehn. Was meint denn das? – Das meint die Wahlfreiheit der böhmschen Kron' und wird bedeu-

tet durch den runden Hut. Des Menschen Zierat, siehst du, ist der
Hut, denn wer

> Den Hut nicht sitzen lassen darf vor Kaisern
> Und Königen, der ist kein Mann der Freiheit.
>   [Picc., 2077–79]

Und der Kelch?

> Der Kelch bezeugt die böhm'sche Kirchenfreiheit,
> Wie sie gewesen zu der Väter Zeit.
> Die Väter im Hussitenkrieg erstritten
> Sich dieses schöne Vorrecht übern Papst,
> Der keinem Laien gönnen will den Kelch.
> Nichts geht dem Utraquisten übern Kelch,
> Es ist ein köstlich Kleinod, hat dem Böhmen
> Sein teures Blut in mancher Schlacht gekostet.
>   [Picc., 2080–87]

Die Rolle darüber zeigt den böhmschen Majestätsbrief an,

> Den wir dem Kaiser Rudolf abgezwungen,
> Ein köstlich unschätzbares Pergament,
> Das frei Geläut' und offenen Gesang
> Dem neuen Glauben sichert wie dem alten.
>   [Picc., 2090–93]

Freilich, das hat ein End', und seit Pfalzgraf Friedrich in der Prager
Schlacht Kron' und Reich verloren, „ist unser Glaub' um Kanzel
und Altar", und den Majestätsbrief hat der Kaiser selbst mit der
Schere zerschnitten.

So war's, so ist's, die Leute wissen es gut, und auf dem anderen
Schildlein sehen sie auch, wie auf dem Prager Schloß des Kaisers
Räte, Martiniz, Slawata, Kopf unter sich herabgestürzt werden,
und Graf Thurn, der es befahl, steht selbst dabei. Das war ein
Tag . . .

> Schweigt mir von diesem Tag, es war der drei
> Und zwanzigste des Mais, da *man eintausend*
> *Sechshundert schrieb und achtzehn.* Ist mir's doch,
> Als wär' es heut', und mit dem Unglückstag
> Fing's an, das große Herzeleid des Landes.

> Seit diesem Tag, es sind jetzt sechzehn Jahr,
> Ist nimmer Fried' gewesen auf der Erden –
> [Picc., 2112–18]

So steht es in den „Piccolomini", wo es gelegentlich unterzubringen war, und entfernt erinnert der bewanderte Bedientenschwatz an den Austausch von Urfakten, den in Wagners ›Ring‹ die Nornen oder auch Mime und der Wanderer miteinander pflegen, – sehr gute Szenen an und für sich, doch auch dem Zweck dienend, den Hörer über die vielen Voraussetzungen der Aktion – die mythischen hier, die historischen dort – zu unterrichten. Überhaupt weisen ja die Entstehungsgeschichten der beiden theatralischen Kolosse eine gewisse Verwandtschaft auf. Beide sollten ursprünglich nur *ein* Drama sein: ›Siegfrieds Tod‹ und ›Die Wallensteiner‹, und beider Schicksal war die Aufteilung in mehrere Abende: Die Tetralogie entstand, wie die Dramendreiheit, aus der baren Unmöglichkeit, die Fülle des Stoffes in einen einzigen Theaterabend von erträglicher Dauer zu pressen. In Schillers Fall gingen viele und lange sorgenvolle Beratungen mit Goethe dem Entschluß zur Auflösung in ein Drei-Abend-Werk voraus – ein Zwei-Abend-Werk eigentlich, mit einem Vorspiel; und wenn man den Dichter schon beglückwünschen möchte zu der erlösenden Bewegungsfreiheit durch zehn Akte hin, die er sich unter des großen Freundes Zustimmung nahm, so ist nun gar dies Vorspiel, ›Wallensteins Lager‹, aufgeführt zuerst bei der Wiedereröffnung der Weimarer Schaubühne, Oktober 1798, ein nicht genug zu preisender Gewinn.

Es waren zwei Sorgenpunkte, auf die bei der Zubereitung des ungeschmeidigen Stoffes der Dichter hauptsächlich den grübelnden Blick gerichtet hielt: die Schwierigkeit, ja Unmöglichkeit, erstens, die Armee, also die Basis, auf die Wallenstein seine Unternehmung gründet, vors Auge, auch nur vor die Phantasie zu bringen – und die poetische Brauchbarkeit des Hauptcharakters, dieses zwar mächtigen und die Mitwelt bannenden, aber umwölkten, zweideutigen, aus Gut und Böse rätselhaft gemischten, fatalistisch zögernden und von seinem eigenen Gedankenspiel ins Verderben geführten Charakters, der, in Schillers Worten, „niemals edel und durchaus nur furchtbar, nie eigentlich groß erscheinen darf". – Nun, mit dem Freimachen eines Vorabends für das dramatische Tableau

des Lagers vor Pilsen war das erste Problem gelöst, dem Dichter die
Möglichkeit gegeben, das, was sonst nur ungeschaut hinter der Szene
hätte rumoren können, Wallensteins blind ihm ergebenes Geschöpf
und Instrument, den Schrecken der Bauern, den Schrecken des
Kaisers, die bunt zusammengewürfelte, übermütig vom Fett des
Landes zehrende Heeresmasse in lebendigen Bildern vor Augen zu
führen. Er hat die Möglichkeit genial genutzt und eine formale
Wendigkeit und Laune dabei bewährt, die bei seiner angestrengten
Natur in Erstaunen setzt. Nie hat er etwas so Lockeres, künstlerisch
Vergnügtes geschrieben wie diese – sollte man's glauben! – in
Knittelreimen hingeworfenen Szenen voll drastischer Zustandsschil-
derung und spielend überall aufgesetzter zeitkoloristischer Lichter,
in denen jedes Wort charakteristisch, jede Figur repräsentativ ist
für ein ungeheures Ganzes. Natürlich bot die Bühne nicht Raum,
dies Ganze auszubreiten, und wie über dem Gesamtwerk das Gebot
zeitlicher und personeller Zusammendrängung steht, so wollte gerade hier mit symbolisierender Knappheit gearbeitet sein. Ein paar
Soldatentypen der Regimenter, deren Obersten in den nachfolgen-
den Dramen agieren werden: ein Terzkyscher Wachtmeister und
Trompeter, Buttlersche Dragoner, Isolanische Kroaten und Pappen-
heimsche Kürassiere, Arkebusiere, Ulanen und Holkische Jäger;
eine umgetriebene Marketenderin, die alle mit „Meine Herrn!" an-
redet und es nicht aufs Kerbholz setzt, wenn das Wohl des jungen
Obersten der Pappenheimer, Max Piccolomini, getrunken wird; ein
Feldschulmeister und seine Buben, dazwischen der Kapuziner, der
das wilde Volk zum allgemeinen Gaudium mit seiner saftig christlichen Bußpredigt im Stil des Abraham a Santa Clara zusam-
menstaucht, – das steht schwatzend, diskutierend, streifend, rem-
pelnd, der Prügelei immer nahe im Vordergrund, aber es ist
gelungen, dahinter das sorglos schmarotzende, von überallher
zusammengelaufene, doch von *einem* gewaltigen Willen und
Ansehen in gläubige Disziplin und stolzes Einheitsbewußtsein
gebannte Friedländische Riesenheer – und nicht dies nur, nein, das
ganze abenteuerliche Elend der ewigen Kriegsepoche mit ihrem
Geruch nach Brand und Lust, ihrer wüsten Libertinage und
Soldatenfreiheit fühlbar zu machen und so mit einem gewissen
historischen Zynismus den rauchig-bunten Hintergrund zu geben

für den großen Anblick der Schicksalstragödie, die hier präludiert wird.

Man muß der Behauptung widersprechen, welche Tieck in seiner reichlich ambiguosen ›Wallenstein‹-Kritik aufstellt — er verwechselt übrigens darin Seni und Sesin —, der Behauptung, das Vorspiel gehöre nicht zur Handlung des Werkes, es sei bloße Schilderung „eines" Lagers und seiner Stimmung. Warum nicht gar! Es sind ja, auf niederer Ebene, in der Sprache der Soldateska und unter ihrem Gesichtswinkel, schon alle Elemente der kommenden, der schon spielenden Handlung gegeben, und jedes Wort zeigt sie auf: das zweifelhafte Verhältnis der Armee und des Feldherrn zum Kaiser, der ihm dies Heer nicht anvertraut, sondern es von ihm empfangen hat, unter Bedingungen, die seinen Schöpfer zum gefährlich unbedingten Herrn und Befehlshaber darüber machen.

> Der führt's Kommando nicht wie ein Amt,
> Wie eine Gewalt, die vom Kaiser stammt!
> [Lager, 326/27]

Und wären es nur zwölftausend, die er kommandiert, wie man's in Wien gemeint. Allein:

> Die, sagt' er, die kann ich nicht ernähren;
> Aber ich will sechzigtausend werben,
> Die, weiß ich, werden nicht Hungers sterben —
> [Lager, 753–55]

Das ist die Erfindung der Zeit, die Erfindung des Krieges, der sich selbst ernährt; und die Masse weiß: „Im Ganzen, da sitzt die Macht"; teilt, verringert, schwächt man sie, so ist es geschehen um Furcht, Respekt und Scheu, und den Bauern schwillt wieder der Kamm

> Da schreiben sie uns in der Wiener Kanzlei
> Den Quartier- und den Küchenzettel,
> Und es ist wieder der alte Bettel.
> [Lager, 771–73]

Ja, viel fehlt dann nicht mehr, so nehmen sie uns auch noch den Feldhauptmann, dem man in der Hofburg so nicht grün, nun, da fällt eben alles hin.

> Wer hilft uns dann wohl zu unserem Geld?
> Sorgt, daß man uns die Kontrakte hält?
>   [Lager, 778/79]

Darum ist man sehr schlecht zu sprechen auf die alte Perücke aus
Wien, die man seit gestern hier herumgehen sieht mit der güldenen
Gnadenkette, und von der man munkelt, sie überbringe dem Hoch-
mögenden, dem aller Befehl gebührt, Befehle solcher Art, wie daß
acht reitende Regimenter nach Flandern zur Verstärkung des spanischen Heeres detachiert werden sollen, das sich anschickt, durch
Deutschland nach den Niederlanden zu marschieren. Das ist Tücke.
Spanisch Kriegsvolk in Deutschland, über das der Feldherr nichts
zu sagen hat!

> Merkst du wohl? Sie trauen uns nicht,
> Fürchten des Friedländers heimlich Gesicht ...
> Dem Kriegsstand kämen sie gern ans Leben;
> Den Soldaten wollen sie niederhalten,
> Daß sie alleine können walten ...
> Freilich! Es wird alles bankerott.
> Viele von den Hauptleuten und Generalen
> Stellten aus ihren eignen Kassen
> Die Regimenter, wollten sich sehen lassen,
> Täten sich angreifen über Vermögen,
> Dachten, es bring' ihnen großen Segen,
> Und die alle sind um ihr Geld,
> Wenn das Haupt, wenn der Herzog fällt.
>   [Lager, 77/78, 812–14, 818–25]

Da korrespondiert der Knittelvers besser, als Tieck bemerken will,
mit dem Jambus nachher in den ›Piccolomini‹, als Wallenstein mit
seiner geheuchelten Abdankung alle in Aufregung versetzt.

> Es tut mir leid um meine Obersten,
> Noch seh ich nicht, wie sie zu ihren vorgeschoßnen Geldern,
> Zum wohlverdienten Lohne kommen werden –
>   [Picc., 1261–1263]

Und geradeso spielt der Eidesformel unverbrüchlicher Treue für
Friedland, die Illo und Terzky in den ›Piccolomini‹ aufsetzen, das
Pro memoria vor, das im ›Lager‹ die gemeinen Leute beschließen:

> Daß wir zusammen wollen bleiben,
> Daß uns keine Gewalt noch List
> Von dem Friedländer weg soll treiben,
> Der ein Soldatenvater ist.
> [Lager, 1031–34]

Mächtig ragt der Schatten dessen, der hier noch nicht in persona erscheint, mächtig und von faustischer Dämonie umwittert in das Lager-Stück hinein, das ihn mit den kindlich-abergläubischen Augen des Soldatenvolks sieht, denn: „Es geht nicht zu mit rechten Dingen" und „ist nicht ganz ohne".

> Der Feldherr ist wundersam geboren,
> Besonders hat er gar kitzligte Ohren,
> Kann die Katze nicht hören mauen,
> Und wenn der Hahn kräht, so macht's ihm Grauen.
> [Lager, 629–32]

– Was er übrigens mit dem Löwen gemein hat.

> Muß alles mausstill um ihn sein,
> Den Befehl haben alle Wachen;
> Denn er denkt gar zu tiefe Sachen.
> [Lager, 634–36]

Sie sind einig darin, daß sie, unter seinem Zeichen fechtend, unter „besonderen Mächten" stehen, und das soll ihnen recht sein, welcher bedenklichen Art diese Mächte immer sein mögen, da sie sich wohl dabei befinden.

> Doch unter des Friedländers Kriegspanieren,
> Da bin ich gewiß, zu victorisieren.
> Er bannet das Glück, es muß ihm stehen …
> Ja, er hat sich dem Teufel übergeben,
> Drum führen wir auch das lustige Leben.
> [Lager, 347–49, 378/79]

Auf seine Kosten sozusagen; denn sie, die kleinen Leute, wird der Himmel nicht zur Rechenschaft dafür ziehen, wieso er denn zum Exempel kugelfest ist, wie „die Affär' bei Lützen" so deutlich gezeigt hat. Das ist seine Sache. Der Koller von Elenshaut tut es gewiß nicht, vielmehr ist da eine höllische Salbe im Spiel, die Salbe von Hexenkraut, unter Zaubersprüchen gekocht und gebraut. In den Sternen die Zukunft zu lesen, wagt er auch – oder vielmehr, es sind am Ende die Sterne gar nicht: Ein graues Männchen pflegt bei nächtlicher Frist durch verschlossene Türen zu ihm einzugehen, und jedesmal hat sich drauf was Großes ereignet.

Es ist nicht anzunehmen, daß der, von dem da so volkstümlich, mit einer Art von vergnügtem Grauen, geschwatzt wird, etwas einzuwenden hat gegen die Aura von Mysterium und Unheimlichkeit, die ihn in den Augen seines Kriegsvolks umgibt. Er, sich selbst ein Rätsel, ist ganz der Mann, sein geheimnisvolles Verhältnis zu sich selbst bewußt dazu auszunutzen, daß auch andere, daß alle ihn im schwankenden Licht der Unbegreiflichkeit sehen und wie sein Schwager Terzky erklären:

> Ich kann mich manchmal gar nicht in ihn finden.
>
> [Picc., 1335]

So ist es ihm recht, und gar nicht recht ist es ihm, wenn andre in sein Innerstes zu sehn verlangen und gar glauben, es zu tun. Als Terzky sagt:

> Was du bisher verhandelt mit dem Feind,
> Hätt' alles auch recht gut geschehn sein können,
> Wenn du nichts mehr damit gewollt, als ihn
> Zum besten haben –
>
> [Picc., 857–60]

da gefriert sein Wesen, sein Blick sofort im Hochmut niemanden zulassender Einsamkeit, und er antwortet:

> Und woher weißt du, daß ich ihn nicht wirklich
> Zum besten habe? Daß ich nicht euch alle
> Zum besten habe? *Kennst du mich so gut?*
> Ich wüßte nicht, daß ich mein Innerstes
> Dir aufgetan –
>
> [Picc., 861–865]

Nichts könnte echter sein. Er ist der Zwanzigjährige noch, von dem Gordon erzählt:

Durch unsre Mitte ging er stillen Geists,
Sich selber die Gesellschaft; nicht die Lust,
Die kindische, der Knaben zog ihn an;
Doch oft ergriff's ihn plötzlich wundersam,
Und der geheimnisvollen Brust entfuhr,
Sinnvoll und leuchtend ein Gedankenstrahl,
Daß wir uns staunend ansahn, nicht recht wissend,
Ob Wahnsinn, ob ein Gott aus ihm gesprochen . . .

[Tod, 2552–59]

Ich glaube an die geniale Getroffenheit von Schillers Wallenstein-Portrait, glaube nicht denen, die wissen wollen, der „Wirkliche" sei „anders" gewesen. Historische und psychologische Intuition sind da der sich nachschleppenden Quellenforschung, die sie nur bestätigen kann, kühn und sicher voran gewesen. Dem Wirklichen hat Kepler das Horoskop gestellt und das Entscheidende seines Schicksals in der Verbindung von Saturn und Jupiter im ersten astrologischen Hause, dem Hause des Lebens, erblickt. Es ist diese Verbindung saturnischer und jovialischer Elemente, aus denen Schiller instinktiv und mit dem Ergebnis völliger realistischer Überzeugungskraft sein Wallenstein-Bild geformt hat, – einen der beschäftigendsten Charaktere, welche die Bühne kennt. Kein Held ist das, für den man sich begeistern, den man lieben, dessen schließlicher Untergang dem Schauenden Tränen entlocken könnte. Es ist nichts Sentimentales in des Dichters Art, die Gestalt zu visieren: nur eine in stetes Sinnen versetzende, durch ihre Mehrdeutigkeit den Blick brechende, verwunderliche Wahrheit, und selten so stark, wie vor dieser Gestalt, empfindet man, daß die Aufgabe, die ein Historiker sich stellte: zu zeigen, „wie es in Wirklichkeit gewesen", was wenigstens das innerlichst Menschliche angeht, doch eben dem Dichter vorbehalten bleibt.

Saturn: das ist brütende Melancholie, es sind die abseitigen und im Verborgenen gärenden Gedanken, das selbstherrliche Sich-Erheben über menschliche Gebote, die skeptische Indifferenz in religiösen Dingen, die sonst die Leidenschaft der Zeit sind („Weiß doch niemand, woran der glaubt"), Ausfälle im Gefühlsleben, Unbarmherzigkeit, unberechenbare und erschreckende Stimmungen,

dunkle Verträumtheit, Ehr- und Machtbegierde, Phantastik und
nachtwandlerische Verwegenheit.

> Nichts ist gemein in meines Schicksals Wegen,
> Noch in den Furchen meiner Hand. Wer möchte
> Mein Leben mir nach Menschenweise deuten?
> [Tod, 3570–72]

Das Außermenschliche seines Wesens schreckt; aber was Jupiter
der saturnischen Unheimlichkeit hinzufügt, ist ein Königlich-Ge-
bietendes, ein unverkennbar Herrscherliches, welches nicht nur
Furcht, sondern Ehrfurcht, Glauben, Hingabe erzeugt, weil es deutlich zuletzt aufs Gute, Vernünftige, den Menschen Wohltätige –
auf den *Frieden* gerichtet ist, sei es gewiß auch der Friede seiner
Macht und Herrschaft. Er ist ein großer General, der, obgleich
protestantisch geboren, der kaiserlich-katholischen Vormacht in
Europa gewaltige militärische Dienste geleistet hat. Aber er führt
den Krieg nicht um des Krieges willen, und wenn er durch Diplomatie und den bloßen Druck der Riesenheere, die ihm sein Name
wirbt, das Schlagen vermeiden kann, so weicht er ihm aus. Wie
recht hat der junge Piccolomini, als er von ihm sagt, daß

> an Europas großem Besten
> Ihm mehr liegt als an ein paar Hufen Landes,
> Die Östreich mehr hat oder weniger –
> [Picc., 569–71]

daß man ihn zum Verräter mache, weil er die Sachsen schone, beim
Feind Vertrauen zu erwecken suche, das doch der einzige Weg zum
Frieden sei! Wallenstein heuchelt nicht, wenn er, die Pappenheimer
zu gewinnen, Österreich anklagt, es wolle keinen Frieden, und
darum eben, weil er den Frieden suche, solle er fallen.

> Mir ist's allein ums Ganze. Seht! Ich hab
> Ein Herz, der Jammer dieses deutschen Volks
> erbarmt mich ...
> Seht! Fünfzehn Jahr schon brennt die Kriegesfackel,
> Und noch ist nirgends Stillstand. Schwed' und Deutscher!
> Papist und Lutheraner! Keiner will
> Dem andern weichen! Jede Hand ist wider

> Die andre! Alles ist Partei und nirgends
> Kein Richter! Sagt, wo soll das enden? wer
> Den Knäul entwirren, der, sich endlos selbst
> Vermehrend, wächst – Er muß zerhauen werden.
> Ich fühl's, daß ich der Mann des Schicksals bin,
> Und hoff's mit eurer Hilfe zu vollführen.
>
> [Tod, 1976/77, 1981–90]

Er heuchelt nicht, wenn er gleich hier, wie oftmals, das „jovialische" Element seines Wesens zweckhaft hervorkehrt, – will sagen: zu saturnischen Zwecken, denn er will das Regiment für die Felonie, den Verrat und Abfall gewinnen, über dem er brütet. Das eine ist so wahr wie das andere. Ranke erzählt, wie schon früh, bei der Besetzung des Niedersächsischen Kreises durch seine Truppen, die Verbindung von militärischer Zucht, die er gewaltig handhabe, mit ökonomischer Fürsorge seiner Okkupation ein eigentümliches Gepräge gegeben habe, – sie habe einen landesfürstlichen Zug gehabt. Das stimmt ganz zu den Worten des Schillerschen Wallenstein:

> Mich soll das Reich als seinen Schirmer ehren;
> Reichsfürstlich mich erweisend, will ich würdig
> Mich bei des Reiches Fürsten niedersetzen ...
>
> [Picc., 835–37]

Aber wenn er, einst ein schlichter Edelmann, nun Fürst und Herzog, seine Hand nach der böhmischen Königskrone ausstreckt, so ist zu bezweifeln, daß sein ungemessener, insgeheim nach der Sternenstunde ausspähender Ehrgeiz es dabei sein Bewenden wird haben lassen. Seine Soldaten im Lager haben darüber ihre eigenen Gedanken. „Ist nach dem Kaiser der nächste Mann", sagt der Wachtmeister.

> Und wer weiß, was er noch erreicht und ermißt,
> *(pfiffig)*
> Denn noch nicht aller Tage Abend ist.
>
> [Lager, 455/56]

Bedenkt man, daß der Besitz von Böhmen als Rechtstitel für die Wahl zum Kaisertum galt, so scheint das nicht in den Wind gesprochen.

Großartig kommt der Jupitergeist, in den er angeborenen Ein-
blick hat und gegen den doch das Saturnische in ihm zu rebellieren
gezwungen ist, zum Ausdruck in dem tiefsinnigen Monolog vor der
Zusammenkunft mit dem schwedischen Oberst, dieser klarsichtigen
Besinnung auf die Furchtbarkeit seines Vorhabens:

> Und was ist dein Beginnen? Hast du dir's
> Auch redlich selbst bekannt? Du willst die Macht,
> Die ruhig, sicher thronende erschüttern,
> Die in verjährt geheiligtem Besitz,
> In der Gewohnheit festgegründet ruht,
> Die an der Völker frommem Kinderglauben
> Mit tausend zähen Wurzeln sich befestigt.
>
> [Tod, 192–198]

„Das Jahr", so sinnt er, „übt eine heiligende Kraft." Was alters-
grau, das ist dem Menschen göttlich, und weh dem, der an den
würdig alten Hausrat ihm rührt, das teure Erbstück seiner Ahnen!

Es hat nie ein Titanismus vertrauter mit der Macht und Würde
des Bestehenden über seine Vermessenheit nachgedacht. Es hat auch
nie ein Verräter mit klarerer Einsicht über die Unentbehrlichkeit
von Treu und Glauben für jede menschliche Gesellschaft, jede Gesittung gesprochen wie Schillers Wallenstein.

> Die Treue, sag ich euch,
> Ist jedem Menschen wie der nächste Blutsfreund;
> Als ihren Rächer fühlt er sich geboren.
>
> [Tod, 424–26]

Was immer sonst wütend ringe, einander zu zerstören, das mache
Frieden, vertrage, vergleiche sich, den gemeinen Feind der Menschlichkeit, das wilde Tier, das einfach nicht zu Duldende, das Unerträgliche, mit dem das Leben nicht bestehen kann, die Treulosigkeit
zu jagen. Der so spricht, so denkt, treibt den Emporkömmling
Buttler an, in Wien um den ersehnten Grafentitel einzukommen,
und gibt sich den Anschein, das Gesuch „mit edler Freundeswärme"
zu unterstützen, macht ihn aber in Wahrheit dem Minister verächtlich und rät, seinen Dünkel mit kränkender Abweisung zu züch-
tigen, – tut das, um den bei der Armee einflußreichen Mann mit
dem Hause Österreich aufs Blut zu verfeinden und ihn an sich und

seine Pläne zu fesseln. – Und Max Piccolomini? Er liebt diesen Jüngling, liebt ihn wie ein Vater und mehr als ein Vater. Den Morgenstern nennt er ihn, der ihm die Lebenssonne heraufführe. Seine Bitte in der Verlassenheit: „Max, bleibe bei mir! Geh nicht von mir, Max!" ist erschütternd; und als der edle junge Mensch durch seine Schuld den Tod gefunden, den er als einzige Zuflucht aus dem unlösbaren Konflikt von Liebe und Ehre gesucht hat, da kommen von Wallensteins Lippen jene unvergeßlichen Schmerzensworte, die an lyrischer Schönheit Theklas allzu kommentarhafte Klage „Das ist das Los des Schönen auf der Erde!" weit übertreffen: jenes

> Denn er stand neben mir wie meine Jugend,
> Er machte mir das Wirkliche zum Traum,
> Um die gemeine Deutlichkeit der Dinge
> Den goldnen Duft der Morgenröte webend.
> [Tod, 3445–48]

Und dabei ist wenig Zweifel, daß er ihn betrügt, sich seiner als Mittel seiner Politik bedient, wie nur irgendeines Obersten Buttler. Er schickt ihn als Reisemarschall zur Gräfin und zu seiner Tochter, die Damen zu ihm nach Pilsen zu holen. Er spekuliert auf Theklas schöne Augen und Maxens entzündbare Jugend. Er macht ihm vage Hoffnungen auf die Hand der Tochter, die er ihm doch keineswegs zudenkt, sondern sie viel höher zu vermählen beabsichtigt. Das Mädchen ahnt, ja weiß das sehr wohl. „Trau ihnen nicht. Sie meinen's falsch", sagt sie dem Geliebten. „Trau niemand hier als mir. Ich sah es gleich, sie haben einen Zweck ... Glaub mir, es ist nicht ihr Ernst, uns zu beglücken, zu verbinden." Mit dem „sie" meint sie den Vater, den sie erst seit heute kennt und doch schon kennt. Als Max, in zuversichtlicher Begeisterung für seinen Jupiter-Feldherrn, ihn „wahrhaft und unverstellt", „so gut, so edel" nennt, antwortet sie: „Das bist *du*!"

Es ist saturnische Politik, charakteristisch für die stellarische Doppelnatur des Helden, die er treibt mit dem liebsten Freunde, um ihn gegen seine reine Natur für den Abfall vom Kaiser zu gewinnen; und nicht wundern sollte er sich, daß er selbst Politik, „Staatsklugheit" erleidet von Octavio Piccolomini, seinem konservativen Gegenspieler, an den ein mystisches Vertrauen ihn bindet. Seine Neigung zu diesen Welschen, Vater und Sohn, eine Bevorzugung, die man ihm vielfach verargt, ist ein von Schiller übernommener charakteristischer Zug des historischen Wallenstein, dessen Bildung und geistige Haltung italienisch-europäisch, übernational und großzügig-gleichgültig im Konfessionellen war. Papistisch oder protestantisch – in seinem nach Herkunft und Glauben buntscheckigen Heer entschied die Tüchtigkeit für den Dienst, die unbedingte Gefolgschaft für ihn, den Feldherrn, und nichts anderes, – eine pragmatische Freigeisterei, zu der die astrologische Gebundenheit und träumerische Umfangenheit seines Denkens in so sonderbarem Widerspruch steht. Auf diese gründet sich sein Verhältnis zu Octavio – eine Tragödie für sich, wie diejenige zwischen diesem und seinem Sohn, wie die dritte, gefühlstiefste, zwischen Wallenstein und Max –, gründet sich sein durch keine Warnung vor dem „welschen Fuchs" zu erschütternder Glaube an die Treue des alten Waffengefährten, die, so hält er sich versichert, ihm bis in den offenen Abfall vom Kaiser folgen wird, – während, fast unwahrscheinlich, daß er's nicht merkt, Octavio doch nur bei ihm bleibt, um ihn zu überwachen, ihn sich auf den Verrat festlegen zu lassen, die letzten Beweise abzuwarten und ihn zu verraten.

Schiller hat es sich strikt verboten, in Octavio Piccolomini einen Schurken zu sehen, und wirklich, das ist er nicht. Er ist nur ein kluger Loyaler, der weltmännisch kühle Diplomat einer ihm heiligen Ordnung und Legitimität, der es mit einem durch Faszination und Verwegenheit gefährlichen Gegner zu tun hat, in dessen Behandlung er nicht nur Falschheit, sondern auch verantwortungsvollen Mut beweist. Der Dichter hat diesem Charakter dieselbe psychologisch realistische und letzten Endes unwertbare Ambivalenz verliehen wie seinem Helden. Aber seine Zweideutigkeit, diese Mischung aus Vornehmheit und Tücke, steht, wenn nicht moralisch, so doch ästhetisch, für das Gefühl, *unter* der Wallensteins; seine Art, dessen blindes, ihm selbst unbegreifliches Vertrauen zu ihm auszunutzen, ist sittlich verstimmend.

> Denken Sie nicht etwa,
> Daß ich durch Lügenkünste, gleisnerische
> Gefälligkeit in seine Gunst mich stahl,

Durch Heuchelworte sein Vertrauen nähre.
Befiehlt mir gleich die Klugheit und die Pflicht,
Die ich dem Reich, dem Kaiser schuldig bin,
Daß ich mein wahres Herz vor ihm verberge,
Ein falsches hab ich niemals ihm geheuchelt!
[Picc., 346–53]

Man fragt sich doch, wo denn der Unterschied ist, die Grenze verläuft zwischen dem Verbergen des wahren Herzens und dem Erheucheln eines falschen. Ganz fühlt man mit dem jungen Max, wenn er ausruft:

O diese Staatskunst, wie verwünsch' ich sie!
Ihr werdet ihn durch eure Staatskunst noch
Zu einem Schritte treiben – Ja, ihr könntet ihn,
Weil ihr ihn schuldig *wollt*, noch schuldig *machen*.
[Picc. 2632–35]

Und als das Gräßliche geschehen, Cäsars Ermordung, die Octavio nicht gewollt, aber herbeigeführt hat, – als ihm dafür der Fürstentitel überbracht wird, da hat er mit seinem „schmerzvollen Blick gen Himmel" kaum Sympathien auf seiner Seite, – kaum mehr als Elisabeth nach der Hinrichtung Marias. Allein steht er da, ein Karrierist der Gesetzlichkeit.

Wie vieles umfaßt diese Dichtung an Tragik intim menschlichen und groß geschichtlichen Stils! Tieck hat es bedauert, daß Schiller gerade Wallensteins Gestalt und Schicksal sich zum Thema ersehen und nicht lieber, ein vaterländischer Shakespeare, den Krieg der dreißig Jahre selbst zum Gegenstand einer Dramenreihe gemacht habe. In der Tat aber ist in den ›Wallenstein‹, dieses Werk höchster Anstrengung – sei es auch nur in knappen Anspielungen, bedeutenden Stichworten, historischen Gedenklichtern –, die ganze Epoche der Religionskriege hineingedichtet und -gedrängt; es hat europäische Optik, universelle Übersicht, wie das Denken, die Entwürfe seines Helden sie besaßen; und nur zu wohl versteht man, daß lange Zeit die Stoffmasse, über der er brütete, „formlos und endlos" vor dem Dichter lag. „Je mehr", schreibt er, „ich meine Ideen über die Form des Stückes rektifiziere, desto ungeheurer erscheint mir die Masse, die zu beherrschen ist, und wahrlich, *ohne einen gewissen kühnen Glauben an mich selbst* würde ich schwerlich fortfahren können. „ Dieser Glaube wankt oft genug, denn fehlen ihm nicht „so manche selbst der gemeinsten Mittel, wodurch man sich das Leben und die Menschen näher bringt, aus seinem engen Dasein heraus und auf eine größere Bühne tritt"? Wer ist er, der Eingeengte, der Weltlose, und wo sind seine Werkzeuge, „um einen so fremden Gegenstand, als mir die lebendige *und besonders die politische* Welt ist, zu ergreifen"? Aber diese „Werkzeuge" sind da: es sind sein nur der Aufbietung durch die dichterische Not bedürftiges Genie, seine tief sonderliche Affinität zum Politisch-Diplomatischen; und so legt er in einem Trance von Intuition eine Szene von so unglaublicher Gelungenheit hin wie die zwischen Wallenstein und dem schwedischen Obersten, – in ihrem dramatischen Hin und Her von Mißtrauen und vorbehaltsvoller Einigung auf das Vorteilsgebot ein Musterstück schwieriger weltgeschäftlicher Unterhandlung.

Dies Gespräch in ›Wallensteins Tod‹, dazu in den ›Piccolomini‹ der große Bankett-Akt und vorher die Audienz Questenbergs mit der dialogischen Kostbarkeit:

> „Von welcher Zeit ist denn die Rede, Max?
> Ich hab' gar kein Gedächtnis mehr."
>   „Er meint,
> Wie wir in Schlesien waren."
>   „So! so! so!
> Was aber hatten wir denn dort zu tun?"
> „Die Schweden draus zu schlagen und die Sachsen."
> „Recht! Über der Beschreibung da vergess' ich
> Den ganzen Krieg – Nur weiter fortgefahren!"
>   [Picc., 1083–89]

– man kann diese drei prachtvollen Szenen die dramatischen Stützpfeiler des ganzen Werkes nennen, und ein Trost ist es für jeden Künstler, zu sehen, wie so ein Riesending in Gottes Namen nicht überall gleich gut sein muß. Das ist nicht nötig und gar nicht möglich. Ein paar Vortrefflichkeiten wie diese drei, von denen Vortrefflichkeit ausstrahlt auf das Ganze, mögen hinreichen, es zu halten, zu retten ...

Gerhard Storz, Der Dichter Friedrich Schiller. Stuttgart: Ernst Klett Verlag 1959, S. 271—292.

ZUR GESTALT VON SCHILLERS ›WALLENSTEIN‹*
(1959)

Von GERHARD STORZ

Das Vorspiel im Umriß

Sichtbar setzt sich vom Ganzen der Trilogie das Vorspiel ab. Für den Betrachter, der Schillers Werk Drama für Drama in geschichtlicher Reihenfolge kennengelernt hat, bedeutet es heute noch fast die gleiche Überraschung wie für die Zeitgenossen des Dichters, etwa für die literarische Gegenpartei der Schlegel und ihrer Freunde. Die lockere Fügung, der leichte Fluß, die Farbigkeit, die malend-schildernde Weise überhaupt — das alles scheint ohne jeden Zusammenhang mit der bisherigen Dichtung Schillers zu sein. Erstaunen läßt nicht zuletzt die neue Schau des Geschichtlichen. Dieses erscheint vornehmlich im Einzelnen und Jeweiligen, aber gerade durch die knapp-selbstverständliche Entfaltung erlangt die Einzelheit stellvertretende Kraft: was in früheren Dramen nur Andeutung war, verdichtet sich jetzt zur Atmosphäre. Die Mittel, die Schiller für die Entfaltung des historischen Lokalkolorits [1] wählte, sind für die Geschichtsgemälde im Drama und im Roman des ganzen 19. Jahrhunderts bestimmend geblieben. Vornehmlich gehören

---

* Titelfassung mit Einverständnis des Autors von den Herausgebern.

[1] Für Schiller lag die Epoche Wallensteins rund 150 Jahre zurück, also genauso weit wie für uns das Erscheinen der Trilogie in der Buchausgabe. Dieser Zeitraum scheint für ihn und seine Zeitgenossen jedoch ungleich mehr an Abstand bedeutet zu haben, als wir dies gegenüber dem Beginn des 19. Jahrhunderts empfinden. Dafür spricht seine Bemerkung über die Weimarer Uraufführung der ›Piccolomini‹: „... die Aufgabe, das barbarische Kostüm jener Zeit ... dem Auge gefällig zu behandeln und eine schickliche Mitte zwischen dem Abgeschmackten und dem Edlen zu treffen". (Allgemeine Zeitung, 31. März 1799)

zu ihnen der altertümliche Vers und die archaisierende Sprachform. Ihr Kernstück, die Kapuzinade, ist erstaunlicherweise erst kurz vor der Aufführung eingefügt worden. Auch die Anregung für die Kapuzinerpredigt hat Schiller erst ebenso spät kennengelernt: Um so bemerkenswerter ist es, wie wenig sich der Sermon, der von Abraham a Santa Claras Originalen den Ton geholt hat, vom Sprachgepräge der anderen, älteren Partien abhebt. Hinter dem bunten Kommen und Gehen wird geordnet und gegliedert: eben in ihrer Verborgenheit bestätigt sich die Meisterschaft der bauenden Hand. Selbst die Improvisationen der letzten Stunde werden gleich Akzenten aufs genaueste an die richtige Stelle gesetzt.[2] Die ehedem dem Dichter ungreifbar erscheinende Masse stellt sich nun als höchst leibhaftige Menge dar, bunt und verwegen. Behutsam, wie von selbst, teilt sie sich in enthusiastische Parteigänger und kritische Beobachter ab. In solcher Scheidung kündigen sich bereits Geist und Parteinahme der Obersten an. Was so vielgestaltig nur um seiner selbst willen dazusein scheint – die Jäger, der Wachtmeister, die Kürassiere – setzt in Wahrheit Farbe an Farbe zu einem einzigen Fresko: die Gestalt Wallensteins ragt riesig, ja fast mythisch über dem Ganzen. Dieses entwickelt sich aus wenigen handlungsartigen Kernpunkten: die Entdeckung des bäuerlichen Falschspielers, die Kapuzinerpredigt und ihre Wirkung, der Beschluß der Soldaten, auf die Entscheidung des Feldherrn einzuwirken. Dadurch greift das Vorspiel unmittelbar in das Handlungsgefüge der folgenden Dramen ein. Was derartig farbig und detailliert auseinandergelegt wurde, wird schließlich zusammengefügt zum Chor, das will sagen zu der einen Stimme und Stimmung, die aus so vielen und mannigfachen Einzelnen dringt: das Reiterlied von der Freiheit, deren Preis das volle Dasein ist, eingesetzt im blutigen Würfelspiel, läßt den Geist verspüren, der vom Feldherrn her in die Glieder dieses riesigen Leibes eingeströmt ist. Insgeheim deutet die Rühmung der erhöhenden Freiheit auf das voraus – jetzt schon –, was der Feld-

---

[2] Von der Kapuzinade schreibt Schiller vier Tage vor der Aufführung an Goethe: „Käme sie früher, so würden die unmittelbar folgenden Szenen dadurch geschwächt und gegen die Gradation gefehlt werden." (8. Oktober 1798)

herr in seinem Teil schuldig bleibt: die vorbehaltlose Entscheidung, die ebensosehr verzichtet wie wagt.

Solche Vereinigung offener und geschlossener Form, der schildernd-malenden und der gliedernd-bauenden Elemente, die Synthese imitatorischer und symbolisierender Darstellung ist über die von Schiller so bewunderten Vorbilder – die Volksszenen im ›Egmont‹ und im ›Julius Cäsar‹ – hinausgedrungen. Indessen, so gestaltungsmächtig die Hand des Dichters den Geschichtsstoff verwandelt in Form, so viel Eigengeltung spricht er ihm doch zu – mehr, als er dies hernach lange Zeit für erlaubt, für „poetisch" ansieht.

Das Ganze der Tragödie im Umriß

Die Übersicht über die Masse des Dramas selbst gelingt nicht auf den ersten Blick. Denn die Handlung, von welcher der Betrachter sich führen lassen möchte, beschränkt sich auf das dritte Stück. Zugleich wird der Handlungsverlauf auf höchst subtile Weise verteilt, ja in gewissem Sinne sogar verhüllt. Denn in weit überwiegendem Maße handelt der Gegenspieler des Helden, Octavio Piccolomini. Wallensteins Handeln ist mehr und mehr dasjenige des zweiten Zuges, mehr Parade als Angriff. Dieser Sachverhalt widerspricht jedoch so stark der Erwartung ebenso der *personae dramatis* wie des Zuschauers, so sehr dem Wort im Munde aller Auftretenden, auch Wallensteins selbst, daß man ihn erst spät erfaßt. Andererseits steht der Gegenspieler Octavio keineswegs im Mittelpunkt des zweiten Stückes der Trilogie, und ebensowenig Max Piccolomini. Der Titel ›Die Piccolomini‹ faßt diesen Teil des ganzen dramatisch-tragischen Zusammenhanges nicht völlig und, nach der Verteilung der Kräfte geurteilt, auch nicht richtig ein.[3] Jedenfalls wohnt dem Mittelstück der Trilogie keineswegs der Charakter der

[3] Der Titel ›Piccolomini‹ geht auf die äußeren Umstände (die endlich vorgenommene Teilung des Zusammenhanges) und auf die plötzliche Beschleunigung des Abschlusses zurück. Er war wohl nicht mehr als das, was man heute im Verlagswesen mit der Bezeichnung „Arbeitstitel" meint.

Vorläufigkeit oder der bloßen Exposition inne, obwohl die Handlung selbst, wie gesagt, in ihm noch gar nicht einsetzt. Das ist ein sehr eigentümlicher, höchst bemerkenswerter Sachverhalt. Wie kommt er zustande? Nicht etwa durch die vielköpfige, ruhelose Geschäftigkeit in den Szenen und Akten der ›Piccolomini‹. Diese kann nur als Folge und Begleiterscheinung der ganzen seltsamen Situation in jenem Teil der Tragödie gelten: Die Situation besteht im *Warten,* und deshalb ist sie dramatisch. Allein Wallensteins Person ist es, die ein solches Warten auszulösen und so lange in Spannung zu erhalten vermag. Alle Kräfte des Spiels und des Gegenspiels sind in diesem Teil der Trilogie auf Wallensteins noch ausstehenden Entschluß gerichtet. Deshalb wird Wallenstein gerade wegen seines undurchsichtigen Zögerns zum Mittelpunkt, ja zum Antrieb des dramatischen Kräftespiels. Nur so war das Schwierige, ja beinahe Widersprüchliche in den ›Piccolomini‹ zu bewerkstelligen: Die Exposition der Handlung wird zur Entfaltung von Wallensteins breitem, vieldeutigem Dasein, und – umgekehrt – das „Charakterbild" übersetzt sich in dramatischen, vielgliederigen Aufbau.

Indessen – Wallenstein wartet zu lange: sein Verlangen nach völlig unbeschränkter Möglichkeit und Freiheit seines Handelns wird jählings, gerade an dem für ihn ganz und gar unerwarteten Punkt, durchkreuzt. Der Entschluß, so lange für den Augenblick einer fast übermenschlichen Uneingeschränktheit aufgespart, muß nunmehr in einer Zwangslage gefaßt werden. Octavio kommt ihm zuvor und vermag fast im Handumdrehen wichtige Parteigänger seinem Gegner zu entwinden. Am bedeutsamsten, ja entscheidend erscheint diese Wendung in der Figur des Buttler: aus dem verläßlichsten, völlig vorbehaltlosen Anhänger wird er zum fürchterlichsten Feind. Buttler verkörpert geradezu den Drehpunkt der dramatischen Bewegung. Ihr paradoxer Verlauf ist schon beim ersten Überblick nicht zu verkennen: der Mächtige, der ebenso durch faktische Gegebenheiten wie durch den Genuß erhoffter Möglichkeiten der Tat geradezu entgegengetragen wird, sieht sich im Augenblick des Tuns verlassen und auf den engsten Kreis der Getreuen eingeschränkt. Dieser Umschlag gibt an Paradoxie der Ausgangssituation nichts nach, in der Wallensteins Enthaltsamkeit von entschiedenem

Handeln gerade zum verursachenden, antreibenden Element wird. Zugleich macht dieser erste Überblick sichtbar, wie eng die beiden Hauptteile der Trilogie zusammenhängen.

Octavios Gestalt und Handlung bleiben von Wallenstein abgesondert: stumm wohnt er dem Empfang Questenbergs durch Wallenstein bei. Hernach trifft er mit dem Fürsten nur einmal noch, allerdings in einem entscheidenden Augenblick, zusammen: Wallenstein entläßt den Octavio aus seinem Machtbereich mit einem Auftrag, der seinen Bruch mit dem Kaiser manifestiert. Octavio spricht auch jetzt kein Wort und steht, sozusagen mit dem Rücken zum Zuschauer, dem kordial beredten Feldherrn gegenüber: seine Antwort folgt erst hernach, allerdings so rasch wie deutlich, nämlich als knappe, entscheidende Tat. Nicht mit Wallenstein, mit seinem Sohn hat sich Octavio auseinanderzusetzen. Das geschieht zu Beginn und am Ende der ›Piccolomini‹, endlich in der Abschiedsszene von Vater und Sohn, vor der Kulmination der Handlung.

Die Liebeshandlung war von Schiller schon in seinen frühesten Entwürfen, wie die Briefe [4] zeigen, der politischen Handlung „entgegengesetzt" worden. Erstaunlicherweise traute er ihr keine Bühnenwirkung zu, ja er denkt im Zusammenhang mit den Liebesszenen, deren Ausführung er so lange aufschob, „nicht ohne Herzensbeklemmung an die Schaubühne und die theatralische Bestimmung des Stückes" [5]. Im fertigen Werk erscheint die Handlung des Paares abgesetzt vom Ganzen und ist doch zugleich dicht in das Drama verfugt, derart, daß sie einen zweiten Schwerpunkt des dramatischen Kräftespiels setzt: die Spannung auf den Entschluß des Max tritt an die Stelle der Erwartung, die zuvor so lange demjenigen Wallensteins gegolten hat. In Maxens Entscheidung liegt der Richtpunkt für den so ausgedehnten dritten Akt von ›Wallensteins Tod‹. Jetzt, nach dem Abschluß jenes Aktes, tritt zum erstenmal ein Stillstand der bis dahin unausgesetzten Bewegung ein. Hernach geht sie hauptsächlich von Buttlers Drängen aus, aber dieses wiederum wird, wenn auch verhüllt und auf Umwegen, durch

---

[4] An Goethe, 28. November 1796, 12. Dezember 1797, 9. November 1798.

[5] An Goethe, 12. Dezember 1797.

Maxens Schicksal auf dem Schlachtfeld gesteigert, ja gelenkt. Wallenstein ist nurmehr Objekt des dramatisch-tragischen Vollzuges: an die Stelle der Handlung tritt jetzt in seinem Bereich Stimmung. Sie hellt das stumpfe Dunkel des Ablaufes, die Verstrickung der Zufälle und Irrtümer für Augenblicke bedeutsam auf.

Das Gefüge und der Zeitverlauf

Unser Überblick traf auf den gewaltigen Umfang des dramatischen Gefüges und zugleich auf seine Gliederung in drei verschiedene Handlungsbereiche, aber auch auf den ebenso engen wie verzweigten Zusammenhang des Ganzen. Dieser wird in seiner ganzen Dichte erfaßt, wenn man den dramatischen Ablauf unter dem Gesichtspunkt der Zeit verfolgt: ›Die Piccolomini‹ beginnen am Morgen, kurz vor dem Eintreffen von Wallensteins Gemahlin und Tochter in Pilsen. Gleichzeitig mit der Versammlung der Generale und Obersten im Ratssaal spielt das ›Lager‹ vor den Toren der Stadt, wie ausdrücklich angegeben wird.[6] Octavio und Questenberg brechen am Ende des ersten Aktes auf, um sich vom Rathaus unmittelbar zur Audienz beim Fürsten zu begeben. Sie findet am Ende des zweiten Aktes statt: so dicht folgen sich, ja drängen sich die vielen Szenen der ersten beiden Akte ineinander. Für den dritten Akt bleibt nur der Nachmittag desselben Tages: Max muß eilen, um nicht allzu verspätet beim Bankett Terzkys im vierten Akt einzutreffen. Unmittelbar an das Gelage schließt sich die nächtliche Aussprache zwischen ihm und dem Vater. Sie findet in der Morgendämmerung statt, zur gleichen Zeit also, in der Wallenstein die Sternbeobachtung abbricht. Von da an, vom tumultuarischen Eindringen Terzkys in das Observatorium bis zum Aufbruch des Max am Ende des dritten Aktes, folgen die Begebenheiten und Szenen einander auf dem Fuße, ohne jede Pause. Im Gegenteil: die gleiche Simultaneität verschiedener Vorgänge muß angenommen werden,

---

[6] Im zweiten Auftritt, in dem Gespräch zwischen Wachtmeister und Trompeter: „Die Herzogin kommt ja heute herein / Mit dem fürstlichen Fräulein ...“

die für das Ende der ›Piccolomini‹ und den Anfang von ›Wallensteins Tod‹ feststeht. So wird man sich beispielsweise Octavios Gespräche mit Isolani und Buttler (Tod II, 4, 5, 6) in der gleichen Zeit, parallel neben der Szene zwischen Wallenstein, Terzky und Illo (Tod II, 3), vorzustellen haben. Das Gespräch der Frauen zu Beginn des dritten Aufzuges (Tod III, 1 und 2), zumindest sein Anfang, scheint gleichzeitig neben jenen Verhandlungen der Männer (Tod II, 3) herzugehen. In merkwürdiger Verkürzung des Ablaufes drängen sich also die Szenen ineinander, ja noch mehr, sie treten einander gegenüber. Wohlgemerkt, dabei handelt es sich nicht um Notbehelf, der etwa dem Regelzwang einer Zeiteinheit hätte gerecht werden wollen. Denn offensichtlich legt der Dichter keinen Wert darauf, daß der Leser oder der Zuschauer den Zeitverlauf erfaßt. Er ergab sich vielmehr beiläufig und von selbst aus der ungemein dichten Verfügung dieser dramatischen Struktur. Später hat Schiller noch oft auf dieselbe Fügungsweise zurückgegriffen: die Notizen in den späteren Entwürfen zeigen, daß sie ihm nunmehr als formales Prinzip galt („Präzipitation"). Die dramatische Anlage des ›Wallenstein‹ entfernt sich also denkbar weit von der Erzählung, vom epischen Theater. Um so auffälliger erscheint die gegensätzliche Tendenz in der Schlußphase der dichterischen Arbeit an diesem Drama. Von ihr wird im Schlußabschnitt dieses Kapitels zu sprechen sein.

Nach Wallensteins Eintreten in den Kreis der Damen (III, 4) gibt es ein solches Nebeneinander nicht mehr: die Szenen reihen sich jetzt in einer einzigen Linie, aber sie folgen sich wiederum unmittelbar. Der Einschnitt, den Schiller zwischen der 12. und 14. Szene durch Wallensteins zweiten Monolog („im Harnisch", III, 13) setzt, unterbricht fast gewaltsam, wenn auch eines wichtigen Zweckes [7] wegen, die Beschleunigung der Ereignisse. Sie hält an bis zu Maxens Abgang: noch ist es erst um die Mittagszeit oder früher Nachmittag, denn Wallenstein gibt Befehl, die treu gebliebenen Truppen zum Abmarsch aus Pilsen bereitzuhalten, der „noch vor Abend" erfol-

---

[7] Es gilt, Wallensteins Stärke gegenüber dem widrigen Schicksal deutlich hervortreten zu lassen: deshalb die ausdrückliche Vorschrift „im Harnisch".

gen soll. Bis zum Aufbruch des Max und seiner Kürassiere vollziehen sich also alle Begebenheiten der ›Piccolomini‹ und der ersten
drei Akte von ›Wallensteins Tod‹ in dichtester Folge: von der
ersten Szene der ›Piccolomini‹ bis zum Ende des dritten Aktes von
›Wallensteins Tod‹ vergehen nur ein Tag, eine Nacht und ein Vor-
mittag.

Jetzt erst tritt eine Pause und ein Ortswechsel ein: die letzten
beiden Akte der Trilogie sind von der „Masse" des dramatischen
Komplexes deutlich abgesetzt. Indessen, so nachdrücklich das geschieht, so ist doch der Zeitraum zwischen dem Hauptteil und dem
Schlußteil des Dramas gleichfalls nicht groß: dazwischen liegen eine
Nacht und ein Tag, die ohne Ereignis und Beziehung zum Drama,
also keine echte, wirkende Zeit innerhalb des dramatischen Ver-
laufes sind. Aber gleich das Einsetzen der neuen Handlung, Wallensteins abendliche Ankunft in Eger, nimmt die Verbindung mit der
Zeit wieder auf: seine letzte Etappe auf der Reise wird begleitet
von dem Schießen, das vom letzten Kampf des Max herüberdringt.
Kurz nach Wallensteins Eintreffen in Eger kommt der Kurier aus
dem schwedischen Lager an, der mit der Siegesbotschaft zugleich
die Todesnachricht bringt. Alles, was fortan bis zu Octavios letztem
Auftreten erfolgt, vollzieht sich an diesem Abend der Ankunft und
in den daran anschließenden Nachtstunden.

Die simultane Parallelität

Die Aufmerksamkeit auf den Zeitverlauf läßt die Gliederung
des Dramas klarer hervortreten, als dies an Hand der uns vorliegenden Akteinteilung möglich ist: vom Beginn der ›Piccolomini‹
bis zum Ende des dritten Aktes von ›Wallensteins Tod‹ ruht die
dramatische Bewegung niemals. Ein einziger, aus sich selbst erwach-
sender, in die Breite ausgreifender Zusammenhang — so erscheint
die Masse des Dramas. Von ihr setzt sich ein weit schmälerer
Schlußteil ab (die letzten beiden Akte von ›Wallensteins Tod‹), und
in ihm weicht die bisherige Beschleunigung des Ablaufes einer fast
retardierenden Behandlung. Die Spur der ursprünglichen Zusammengehörigkeit der Teile zu einem einzigen Drama ist also keines-

wegs verwischt. Auch in der uns vorliegenden Stück- und Akteinteilung tritt jene Fuge zwischen Hauptteil und Schlußteil weit kräftiger hervor als die Trennung zwischen den beiden Teilen der Trilogie. Im Gegenteil: gerade die Schlußszene der ›Piccolomini‹ und die Anfangsszene von ›Wallensteins Tod‹ hängen, wie sich uns bereits zeigte, aufs engste zusammen.[8] An dieser Stelle wird eine Eigentümlichkeit der dramatischen Fügung, ja einer ihrer Wesenszüge, besonders deutlich sichtbar: die Gleichzeitigkeit oder die Parallelität einzelner Szenen. Ihm gesellt sich — das wird im nächsten Abschnitt darzustellen sein — die beziehungsreiche Gegenüberstellung einzelner Situationen und Verhaltungsweisen. Durch die rasche Abfolge und die straffe Verflechtung der einzelnen Begebenheiten wird die Struktur einerseits vertikal bestimmt und schmal, andererseits greift sie, eben infolge jener simultanen Parallelität, in die Breite aus. Das Lager spielt gleichsam auf einer Seitenbühne neben der Hauptbegebenheit auf der Mittelbühne: das Bild einer solch räumlichen Gliederung horizontaler Art drängt sich dem Betrachter des Dramas auch innerhalb der beiden Hauptteile der Trilogie oft genug auf.

Dieses wahrhaftige Wunderwerk von dramatischer Komposition, deren Beschreibung der Dichter selbst in dem Brief an Goethe vom 2. Oktober 1797 gibt (vgl. S. 262*), ist durch die Trennung des einen dramatischen Zusammenhanges in zwei Stücke beeinträchtigt worden. Die Ausdehnung jedes dieser beiden Dramen auf fünf Akte mußte den Dichter zu retardierenden Verbreiterungen veranlassen: bereits im vierten Akt der ›Piccolomini‹ ist es der Aufwand an Schilderung, der in keinem entsprechenden Verhältnis zu dem einen Handlungsmoment der Unterschriftsleistung steht. Im Schlußteil von ›Wallensteins Tod‹ retardieren Buttlers Gespräche mit Gordon und seine Verhandlung mit den Mördern noch weit stärker. Ein anderer Sachverhalt darf indessen nicht übersehen werden: Obwohl

[8] Schiller hat den Einschnitt für die Abtrennung in zwei Dramen in der Fassung, die den ersten Aufführungen der ›Piccolomini‹ und von ›Wallensteins Tod‹ in Weimar und in Berlin zugrunde lag, anders gesetzt als in der späteren Buchausgabe der Trilogie, nämlich hinter den II. Akt von ›Wallensteins Tod‹.
* [In diesem Band nicht abgedruckt.]

Schiller erst spät und durch praktische Gesichtspunkte – Rücksicht
auf die Bühne und auf die knapp angesetzten Aufführungstermine
– zu der Teilung in zwei Dramen [9] veranlaßt wurde, so hat er
doch niemals Einwendungen dagegen erhoben. Vielleicht kamen
die aus der Trennung resultierenden Konsequenzen – eben jene
retardierenden Verbreiterungen – einer Wandlung entgegen, die
inzwischen seine dichterische Absicht erfahren hatte. Davon muß im
Schlußteil dieses Kapitels die Rede sein. Jetzt müssen wir uns noch
einmal dem bedeutsamsten Fall von simultaner Parallelität innerhalb der ganzen Komposition zuwenden, der auffälligen Verbindung der Schlußszene der ›Piccolomini‹ mit der eröffnenden Szene
von ›Wallensteins Tod‹. Ihre Betrachtung wird uns von der bloßen
Überschau in das Drama selbst hineinführen und seine Struktur
von innen gewahren lassen.

Struktur und Komposition

Zwischen Nacht und Tag, in der gleichen Dämmerungsstunde, in
der Octavio die Gefangennahme des Agenten Sesina und die endlich eindeutige Enthüllung von Wallensteins Absichten erfährt, erblickt dieser am Sternenhimmel die lang erwartete Glückskonjunk-
tur. Jetzt endlich spricht er das von seinen Helfern so lange schon
erwartete Wort:

> „Jetzt muß
> Gehandelt werden, schleunig, eh die Glücks-
> Gestalt mir wieder wegflieht über'm Haupt"
> [Tod, 32–34]

Kaum hat er es ausgesprochen, stürmt Terzky herein und bringt
ihm die Hiobsbotschaft, die von Octavio soeben „eine große Zeitung" genannt worden ist. Derart wird die Glücksverheißung der
Sterne alsbald widerlegt: was Gunst der Stunde schien, offenbart
sich als Anfang des Verhängnisses. – Illo gibt freilich eine andere
Deutung des Mißgeschickes, und sie kommt mit dem glückhaften

---

[9] Goethe hatte sie ihm schon früher nahezulegen versucht: „Sollte Sie
der Gegenstand nicht am Ende noch nötigen, einen Cyklus von Stücken
aufzustellen?" (an Schiller, 2. Dezember 1797)

Himmelszeichen überein: er versteht es als gebieterischen Wink zur hurtigen Tat. Wallenstein widerspricht Illos Folgerung nicht, aber in seinem Teil zieht er sie keineswegs: die Sternenstunde hat für ihn den glänzenden Schein und den beflügelnden Zuruf verloren. Jenes Zusammentreffen von Glücksstunde und Unglücksbotschaft, zufällig und doch zugleich doppelsinnig, deutet auf einen Kernpunkt der Struktur hin. Von ihm aus öffnet sich die Perspektive auf das Ganze. Blicken wir zurück:

Die Erwartung des Zuschauers gegenüber dem Feldherrn, der in aller Munde ist, wird lange, bis aufs äußerste gespannt. Strahlenden Glanz wirft er weit vor sich her. Endlich tritt er selbst vor uns: anstatt des Wagemutigen und Großartigen, den wir erwarteten, erscheint ein Bedenklicher, ja Betroffener. Die Nachrichten aus Wien, die ihn nicht überraschen sollten, erregen und bedrücken ihn: Der kühne Schritt, den Freund und Feind im Ratssaal so eifrig beredet haben, steht vor ihm als beklemmende Möglichkeit der Notwehr, welcher er sich anscheinend enthoben wünscht. In der Tat bekundet er dem Abgesandten des Kaisers vor versammelter Generalität – freilich im äußersten Unmut – den Entschluß, das Kommando niederzulegen. Unmittelbar vorher hat er jedoch seinen Vertrauten als vorläufig einzige, aber feste Absicht mitgeteilt, daß er sich dem Befehl aus Wien nicht beugen, gleichwohl aber an der Macht bleiben wolle. Zugleich hat er kurz vor der Antwort an Questenberg seinen Vertrauten die Forderung gestellt, die Generale und Obersten müßten sich ihm vorbehaltlos verpflichten. Dieses Begehren, an und für sich schon hochverräterisch, verlangt, wenn es den Feldherrn nicht der äußersten Gefahr aussetzen soll, alsbald den nächsten, ergänzenden Schritt, nämlich den ungesäumten Vollzug des Frontwechsels. In ihn aber willigt Wallenstein nicht, noch nicht.

Die Schweden sollen ihm, wenn er es erst für geboten erachtet, Truppen unterstellen und ihm zur böhmischen Krone verhelfen. Die Belohnung, mit der sie rechnen, will Wallenstein ihnen vorenthalten: der Thronräuber will zugleich untadeliger Reichsfürst sein.

Terzky soll die geheimen, hochgefährlichen Verhandlungen mit dem Feind führen, sie durch seine alleinige Unterschrift bekräftigen, ohne doch die mindeste Sicherheit von Wallenstein dafür zu erhalten, daß er ihn decken und nicht etwa *in extremis* preisgeben wird.

Derart zweideutig und widerspruchsvoll verhält sich Wallenstein. Er zögert, und man möchte schließlich den Zauderer für einen bloßen Prahler halten, wäre nicht die Verfassung der Armee an Haupt und Gliedern ein nicht zu entkräftendes Zeugnis für die Kraft seines Geistes, für die Macht seiner Person. Er hält sich für bedroht, fürchtet, wartet ab und hofft doch zugleich mit aller Kraft, ja er rechnet fest mit der völligen Erfüllung seiner hochfliegenden Wünsche. Er träumt nicht nur von Plänen, sondern läßt ihre Ausführung vorbereiten, gibt aber zugleich zu verstehen, daß alle seine Machinationen eines Tages vielleicht nicht mehr sein könnten als Spiel. Entgegen der klaren Rechnung, die von den Tatsachen gestellt wird, will er den Lauf der Dinge anhalten und in eine unhaltbare Schwebe bannen. Neben den kalten Praktikern, die ihm zum richtigen Schluß aus den teils gegebenen, teils von ihm selbst geschaffenen Voraussetzungen drängen, erscheint er wahrhaftig als Narr. Aber er überragt seine Helfershelfer, auch die kluge Gräfin, und dies nicht nur vermöge seines Ranges und seiner Macht. Er steht höher als sie: sieht er doch mehr, nämlich die Zweiheit der Ordnungen. Illo und Terzky – Wallenstein sagt es ihnen ins Gesicht – vermögen von selbstisch beschränktem Standpunkt aus nur den Zusammenhang des Nützlichen zu erblicken, allein das *hic et nunc* eigensüchtiger Zwecke, die nicht über sich selbst hinausweisen. In deren Berechnung sind die beiden Männer, und nicht anders die Gräfin, Meister.

Wallenstein leugnet weder die licht- und gewissenlose Welt des Besitzes und der Macht, noch verachtet er sie, ja er will sogar seinen Teil an ihr durch die Hände seiner Getreuen nehmen. Aber er sieht jene Welt *unten,* in der Tiefe, im „bleifarbnen Schein" des Saturn. Höher gilt ihm die Ordnung, in welcher die Dinge mehr sind als nur sie selber, in der das Einzelne in ein Allgemeinstes mündet und stimmt, das Irdische auf ein Überirdisches bezogen ist und dadurch voller Sinn und gerechtfertigt wird. Dieses obere Sinngefüge ist nichts anderes als die Harmonie des Universums, die sich dergestalt in das Menschlich-Irdische hinein fortsetzt: der menschlich-politische Mikrokosmos wird vom göttlich-geistigen Makrokosmos umfangen und überwölbt. Deshalb spiegelt sich im Planetengang der Lauf der irdischen Dinge ab: auf das Zeichen der Himmelsbahnen wartet er, der Jupitergeborene und deshalb der Sternenschau Teilhaftige. Dieses Warten – und in seinen Worten [10] erscheint es als eine Art Frömmigkeit – nennt er als Grund seines rätselhaften Zögerns. Sein Partner freilich, der skeptische Agnostiker Illo, nimmt die Sprache der Sterne als bloße Spiegelung von Wallensteins Gestimmtsein: das Himmelszeichen erscheine nicht, solange der Feldherr zögere. Hat er von sich aus oder durch die Ereignisse gedrängt, sagt Illo, zur Entschlossenheit gefunden, „so werden auch die rechten Sterne scheinen".

Im Menschen tief eingewurzelte, in der Sprache sich bezeugende Vorstellungen, die unserem Dichter selbst besonders nahe lagen und wert waren, wirken mit in der seltsamen Himmels- und Weltschau Wallensteins: das Schwerelose und Freie schwebt in der Höhe, ist hell und geistig – das Schwere und Gebundene sinkt ab in die Tiefe, ist dunkel und geistlos. Wieder und wieder treten in Schillers Dichtung das Hohe und das Niedere, das Geistige und das Dumpfe, die Freiheit und die Abhängigkeit derart auseinander, am mächtigsten in den Gedichtstrophen von der Apotheose des Herakles. Wie in den stoisch-platonischen Spekulationen fallen die ethischen Pole – gut und böse – zusammen mit ontisch-kosmischen Regionen. Wallenstein sieht jene beiden Ordnungsbereiche so unvereinbar voneinander geschieden wie der Dichter selbst. Dennoch hebt er für seine Person die Trennung auf: er verlangt nach den Gaben des saturnischen Dunkels, ohne doch auf die Zugehörigkeit zur lichten Höhenregion zu verzichten. Das ist ebenso widersinnig wie frevelhaft: Darin allein liegt Wallensteins Schuld, daraus entspringt aber auch seine Verblendung. Spät erst, zu spät – nachdem er schon gewählt hat – erkennt er die auch ihn selbst einschließende Notwendigkeit der Entscheidung und der einseitigen Wahl. Nicht im Sternglauben an und für sich spiegelt sich Wallensteins Menschentum ab, sondern in der Art, wie er als Glaubender verfährt: „Die Sterne lügen nicht" – dieser Ausruf ist wahrer, als Wallenstein selbst es weiß, er kehrt sich als Verdammungsurteil gegen den Sprecher, nicht gegen Octavio, gegen den sich jenes Wort richtet.

Eine der größten dichterischen Leistungen Schillers besteht darin,

[10] Picc. II, 6.

daß er – und dies geschah, wie gesagt, erst kurze Zeit vor der
Vollendung des Dramas – den Sternglauben des Helden zu einem
deckenden Symbol für dessen tiefe Zweideutigkeit zu machen gewußt hat. Ursprünglich sollte jene Neigung des Feldherrn nur dem
historischen Kolorit des Dramas dienen. Die Briefe Schillers und
Goethes über diesen Punkt [11] sind hochinteressant. Sie bleiben aber,
gemessen an der fertigen Gestalt des Dramas, durchaus, im Allgemeinen. Der in unserem Betracht wichtigste Satz Schillers lautet:
„Ich sehe aber jetzt vollkommen ein, daß ich noch etwas Bedeutendes für diese Materie tun muß . . .“ Wo und inwiefern dies geschehen
ist, erfahren wir nicht. Von der ursprünglich in Aussicht genomme-
nen satirisch-komischen Darstellungsweise zeugt die erste Szene des
zweiten Aktes der ›Piccolomini‹: Seni erscheint dort als Pedant, ja
er erinnert an den *Dottore* der *Commedia dell'arte*.

Wallensteins Verhalten erschien uns widersprüchlich und rätselhaft. Jetzt wissen wir den Grund: er kennt die Geschiedenheit der
Ordnungsbahnen, will aber dennoch das einander Widersprechende
vereinigen, und zwar zu seinen Gunsten. Er greift nach dem Äußersten, ist aber nicht bereit, das Äußerste vorbehaltlos zu wagen. Er
verlangt nach den Früchten einer Tat, die zu tun ihm widerstrebt.
Er veranlaßt Handlungen, deren Urheber er nicht sein will. Weder
die Scheu vor dem Verbotenen noch schwächliches Buhlen mit dem
ihm nicht Gemäßen ist es, was ihn hemmt. Die hochfahrende Maßlosigkeit ist es, die sich selbst zuspricht, was sie allen anderen versagt sieht: frei zu sein ohne jede Grenze, aber auch ohne den Preis
dafür zu erlegen. Jene Maßlosigkeit vermißt sich, und deshalb wird
sie wahnhaft: Der Tiefsinnige wird nicht gewahr, was für alle
anderen zutage liegt, dies nämlich, daß die völlige Unbegrenztheit,
die er für sein Handeln verlangt, so absurd wie unmöglich ist.
Wirklichkeit und Gedankenspiel fließen ihm vielmehr seltsam in-

[11] Vom 4., 7., 8., 11. Dezember 1798. Schillers ursprüngliche Fassung
der Szenen Wallensteins mit Seni, auf die sich jene Briefe zwischen ihm
und Goethe beziehen, enthält die Deutung eines Pentagramms mit den
fünf Buchstaben F oder M. Dieser Entwurf, im Cottaschen Morgenblatt
von 1807 und in einem Almanach von 1815 abgedruckt, ist uns erhalten:
er behandelt Wallensteins Beschäftigung mit der Astrologie völlig in zeit-
schilderndem Sinne.

einander: „Es macht mir Freude, meine Macht zu kennen." Die Machtprobe soll jedoch ohne allen verbindlichen Ernst bleiben, als ob dem Staatsmann freistünde, was allein dem Dichter erlaubt ist. So verfängt sich denn der Mächtige in seinem eigenen Spiel: dergestalt wird hier der tragische Knoten geschlungen, nicht etwa im Konflikt zwischen Pflicht und Neigung. Der ist Maxens Teil. Um die rechte Entscheidung in diesem Widerstreit fängt Wallenstein erst zu ringen an, wenn es, wie er selbst einsieht, dafür schon zu spät ist: „... Ich müßte die Tat vollbringen, weil ich sie gedacht ..." Deshalb nimmt sich jenes Ringen zur Unzeit schließlich so unsinnig wie jämmerlich aus: es bedarf gar der Hand einer Frau, daß sie den Gewaltigen zum endlichen Entschluß hingeleitet. Seine Bereitschaft, von oben her, von den Sternen, vom „Weltgeist" Weisung zu erwarten, hat sich längst – dies die Folge des ersten Betruges – in hochmütigen, rechthaberischen Starrsinn verkehrt: entgegen allen Warnungen, Anzeichen, Tatsachen hält er allein sich selbst höherer Einsicht für gewiß. Der eine jedoch, den er weder despotisch benützt noch hochfahrend unter sich sieht, wird sein Verderber, und der Edelsinn, den Wallenstein allein dem Octavio gegenüber makellos durchhält, erscheint als unbegreifliche Torheit.

Charakter und Schicksal

Die Verkehrung, die Wallenstein mit dem von ihm erkannten und geglaubten Sinn der Ordnungen hochfahrend vornimmt, scheint sein ganzes Wesen zu ergreifen. Das ist es, was Max als den Abfall des verehrten Meisters von ihm selbst sieht, was er Lüge nennt. In der Tat gerät Wallensteins Doppelsinnigkeit mehr und mehr in eine Unaufrichtigkeit, die deshalb peinlich wirkt, weil er selbst sie nicht mehr gewahrt. Nicht diejenige Doppelzüngigkeit ist gemeint, die als Mittel der Diplomatie oder der Demagogie gebraucht wird. Es handelt sich um Wallensteins Verhalten gerade zu Max: brutal, als närrische Anmaßung, tut er die Möglichkeit ab, daß der junge Graf Piccolomini um seine Tochter werben könnte. Aber kurz darnach findet er die herzlichsten Worte, nennt ihn den „Sohn des Hauses", um ihn zum Bleiben in seinem Heerbann zu überreden. Der Widerspruch, den der Held in sich selbst trägt und den er stiftet, greift immer mehr über ihn hinaus: schließlich stellt er sich außerhalb seiner Brust als Vorgang und Ablauf dar. Notwendig, zugleich aber über alles Begreifen, wirken menschliches Sein, menschliches Wollen einerseits, das Geschehen andererseits ineinander. Weiter und weiter breitet sich die Unstimmigkeit aus zwischen Erwarten und Eintreffen, zwischen Deutung und Wirklichkeit: Sternstunde und unselige Glückswende treffen zusammen, die feinste List – Octavios Entsendung – erweist sich als gröbster Fehler; der zurückbleibende Todfeind wird eben dann erst für den verläßlichsten Freund gehalten, als er gerade aufgehört hat, es zu sein; der Sieg der Verbündeten und ihr glückbringendes Herannahen besiegeln den Untergang; das Festgelage wird zum Henkersmahl; die sich ankündigende Ankunft wird ebenso mißdeutet wie die letzte, wahre Warnung der Sterne; der siegende Gegenspieler erhält den lang erstrebten Lohn, nachdem er so ziemlich wertlos geworden ist. Derart widerspricht immer aufs neue das Geschehen der Erwartung. Alles erweist sich auf verhängnisvolle Weise als doppelsinnig. Wohl ist die Stimme des Herzens auch die des Schicksals, in der Brust sind wahrhaftig des Schicksals Sterne, die Gestirne lügen wirklich nicht. Das alles ist wahr, aber anders, als die Sprecher jener Wahrheiten es glauben. Ist auch allein Wallenstein verblendet, so sind doch weder seine Freunde noch seine Feinde sehend. Allesamt vollenden sie ihre Bahn mit gehaltenen Augen, als Täter, die zugleich Opfer sind – Werkzeug, um nicht zu sagen Spielzeug, in einer verborgenen Hand. Für einen Augenblick weicht das Dunkel, und der Handelnde sieht sich, wie er ist: gebunden und geleitet zugleich von einem fremden, unwiderstehlichen Willen. Aber dieses plötzliche Innewerden eines schicksalhaften Waltens hilft weder zum Vollbringen noch zur Abkehr. Je näher das Wort des Täters oder des Erleidenden an die Wahrheit trifft, desto mehr erscheint er als der Genarrte: hinter dem Mächtigen und Königlichen geistert es je und je wie höhnendes Lachen. Aber auch das gehört zu der Verkettung von Charakter und Schicksal in diesem Drama: In dem Maße, in dem die Übermacht der Zufälle, der Schickungen es über den zwielichtig-düsteren Helden gewinnt, scheint sich sein Menschentum zu vereinfachen, zu klären und zu erhöhen. Erst die härtesten Schläge

machen die ruhige, große Kraft seines Wesens sichtbar, der –
scheinbar – wiederkehrende Erfolg kann seinen Gram über den
Tod des jugendlichen Freundes nicht mindern. Sein Verlust wird
ihm zum Zeichen des eigenen Versehrtseins. Aber eben in seiner
Trauer zeigt sich, ihm verborgen, beginnende Heilung an, Heilung
freilich zum Tode: ihm scheint Wallenstein am letzten Abend wahrhaftig entgegenzureifen. Nicht erst das Wort vom langen Schlaf,
den der Müde zu finden wünscht, gewinnt tragisch-ironischen Sinn.
Nicht nur von solchen Worten, im Munde des Helden und seiner
Partner, ist das Drama voll. Die ironische Tragik steckt vielmehr
in seinem Gefüge. Denn weit eigentlicher durch ihre Struktur
spricht diese Tragödie zu uns als durch die Reden ihrer Figuren:
Darin zeigt sich die innere Notwendigkeit des dichterischen
Gebildes an, die so angelegentlich erstrebt und nun erreicht
worden ist.

Die Entsprechungen als Kennzeichen der Struktur

Bereits im vorigen Abschnitt wurde auf die paradoxe Linienfüh-
rung im Grundriß des zweiten und des dritten Stückes der Trilogie
aufmerksam gemacht. Diese Anlage übersetzt sich in zahlreiche
Gegenüberstellungen oder Spiegelungen, in Beziehungen und Wie-
derholungen, die – bisweilen über beträchtliche Entfernung hinweg – miteinander korrespondieren. Wie glitzernde Refraktionen
erhellen sie für Augenblicke die Zwischenräume des Ungesagten und
Verborgenen, lassen das jetzt so bestimmt Gesagte hernach ins Fragwürdige gleiten und vertiefen dadurch das Dunkel des Rätselhaften und Ironischen. Zugleich verstärken sie wie Verzahnungen oder
Klammern den Zusammenhalt der Teile innerhalb des ausgedehnten, weitverzweigten Baues. Eine der auffälligsten Entsprechungen
solcher Art besteht zwischen Octavios Erzählung über die Begebenheit am Morgen der Lützener Schlacht und dem Bericht, den Wallenstein selbst darüber gibt. Octavio erzählt, um den Anschein eines
betrügerischen Doppelspieles dem Questenberg gegenüber zu entkräften (Picc. I, 3) – Wallenstein, um vor Illo und Terzky seine
Entsendung Octavios zu rechtfertigen (Tod II, 3). – Dem Bekennt-

nis Wallensteins über seinen Sternglauben (Picc. II, 6) wird dessen Deutung erst durch Illo (Picc. III, 1), dann durch Max (Picc. III, 4) gegenübergestellt: Illo läßt merken, daß er darin eine Selbsttäuschung Wallensteins, sozusagen eine Projektion seiner eigenen Stimmung an den Himmel sieht. Der Zögling stimmt dem Meister zu, spielt aber halb scherzend, halb begeistert den Ernst des Feldherrn hinüber ins Heitere, aus dem Bereich folgenschweren Tuns in die Region der Liebe. Den drei Szenen und den dreierlei Ansichten entspricht kontrastierend Wallensteins hernach völlig veränderte Darstellung vom Widerstreit der beiden Ordnungen, welcher Max alsbald mit seiner dringlichen Warnung vor den Lügengeistern erwidert (Tod II, 2). – Seiner Auseinandersetzung mit dem Vater (Picc. V, 1 u. 3) korrespondiert diejenige zwischen ihm und Wallenstein (Tod II, 27 und III, 18). Dazwischen steht der Abschied des Vaters vom Sohn (Tod II, 7). – Der Deutung seiner Situation, die Wallenstein im großen Monolog entwickelt (Tod I, 4), tritt alsbald die Darstellung entgegen, welche die Gräfin vor ihm ausbreitet (Tod I, 7). Ihrer überlegenen Argumentation in jener Überredungsszene (Tod II, 7) wird wiederum der Monolog konfrontiert, in welchem nunmehr sie ihre eigene Bedrängnis ausspricht (Tod III, 11). Das geschieht jedoch unmittelbar nach Wallensteins Abgang: seine letzten Worte zeigen, daß der Zögerer, jetzt mit der verhängnisvollen Wendung seiner Sache bekannt, bereits zur festen, tapferen Entschlossenheit gefunden hat. Die Gräfin aber, die den Zaudernden kurz zuvor zur Eröffnung der Rebellion bestimmt hat, unterliegt der schreckenden Vorahnung vom Untergang des Hauses Wallenstein. – Buttlers Zusage an Terzky und Illo (Picc. IV, 4) entspricht seiner Begegnung mit Octavio (Tod II, 6): an der Führung dieser beiden Szenen und an ihrer Gegenüberstellung liegt es, daß letztlich unsicher und offen bleibt, wer denn nun in Wahrheit Buttler irregeführt hat – Wallenstein oder Octavio. – Dieser eröffnet sein Bestreben, dem Wallenstein Parteigänger abspenstig zu machen, bei Isolani (Tod II, 5). Mit ebendemselben, aber verhängnisvoll zu spät, will auch Wallenstein beginnen in der Absicht, die Generale endgültig auf seine Seite zu bringen (Tod III, 5).

Solcher Wiederaufnahmen und Kontrastierungen gibt es noch

mehr,[12] der korrespondierenden Sentenzen nicht erst zu gedenken: Octavio weiß vom Geschick, das sich hinter dem glänzenden Ziel verbirgt und plötzlich in seiner wahren, furchtbaren Gestalt hervortritt, das gleiche zu sagen wie Wallenstein. Seinem Wort vom Herzen, durch welches das Schicksal befiehlt, tut es Buttlers Rede gleich über den Menschen als das „Spielwerk nur der blinden Gewalt". Die Spiegelung des Früheren im Späteren, von einer Gestalt zur anderen erfolgt am völligsten und mächtigsten in Theklas Antwort auf den Abschied des Max: die Krieger, die sie klirrend und lärmend sich in immer dichteren Reihen um den Geliebten schließen und ihn fortreißen sah, scharen sich unsichtbar, lautlos, schattenhaft, immer dichter jetzt um sie, drängen sie aus dem Hause der Lebenden fort und entführen sie zum toten Bräutigam (Tod IV, 11). Damit sind wir auf die bedeutsamste und umfangreichste aller Kontrastierungen gestoßen – auf die Liebeshandlung. Sie reicht über jene beziehungsreichen Gegenüberstellungen weit hinaus: Vom Ganzen des Dramas abgesetzt und doch aufs dichteste darin verfugt, ist die Liebeshandlung die höchste Leistung der kompositorischen Erfindungskraft geworden. In ihrem Bereich wird die dem Ganzen zugrundeliegende Paradoxie aufs äußerste gesteigert und die letzte Tiefe des Tragischen erreicht.

Die Liebeshandlung

Max und Thekla erleben ihre Liebe als Insel der unberührten Ursprünglichkeit inmitten der Parteien und Interessen ringsumher. Denn es gibt für sie keine Erwartung als diejenige, die aus ihnen selbst, aus ihrem neuen Dasein stammt: in ein solches sind sie als Liebende eingetreten. Zeitlos liegt es inmitten der Händel einer zu Ende gehenden Epoche, morgenfrisch innerhalb einer verbrauchten

---

[12] Anderer Art, doch für die Struktur der Trilogie von ähnlicher Wirkung ist das Zurückgreifen auf frühere Fakten: das beim Gastmahl unterschobene Dokument mit der Verpflichtung der Generale (Picc. IV) erlangt in der Szene mit Wrangel entscheidende Bedeutung (Tod I, 5). – Das Verhalten der Kürassiere im Vorspiel wiederholt sich in dem Auftritt der Abordnung (Tod III, 15).

und entstellten Welt. Die Beseligung durch die Liebe bezeugt sich
als Entdeckung der hohen Werte: des Friedens, der Gesittung, der
Lauterkeit, der Andacht. Die Liebenden schwärmen indessen nicht
von einem utopischen Weltstand: sie, zumindest Thekla, sehen sich
immer schärfer vom Streit der eigensüchtigen Zwecke bedroht, aber
sie fühlen sich gegenüber solchem Andringen frei. Diese Freiheit
bewähren sie in der äußersten Probe einer tragischen Wahl. Durch
sie werden sie aufs deutlichste zum Gegenbild allen Wollens und
Handelns, das in diesem Drama erscheint: niemand wählt in solcher
Freiheit wie die Liebenden, niemand wählt so tragisch. Rings um
sie her wird nur das jeweilig-Zufällige einer pragmatischen Situation gegeneinander abgewogen: bestehende Macht gegen größere
Macht, vorhandener Besitz gegen weiteren Besitz, Kränkung gegen
Genugtuung. Wahl verwandelt sich derart in Berechnung des Gelin-
gens und wird dadurch bedingt. Die Liebenden hingegen wählen
zwischen Gütern, die in ihnen selbst, ja die sie selber sind und die
doch zugleich mehr sind als nur sie selbst. Nicht durch Wahrschein-
lichkeit und Möglichkeit können sie sich leiten lassen, sondern nur
durch den Wert, den allein sie als den höheren gegenüber einem
geringeren zu bestimmen haben. Deshalb ist ihre Wahl durchaus
unbedingt. Über ihrem Wählen, wie immer es entscheidet, steht als
Verhängnis die Unvereinbarkeit von Glück und Gewissenspflicht.
Deshalb ist ihre Wahl tragisch. Und doch wird sie so glaubhaft zur
Vollendung ihrer Liebe, zu ihrem Ende und zugleich zu ihrer Erfüllung. Denn in der Abschiedsstunde erkennen sich die Liebenden
ein zweites, ein unwiderrufliches Mal: jede Gefahr der Täuschung
oder der Veränderung ist jetzt ausgeschlossen. Was ehedem – bei
der Begegnung am Ende der Reise – vorwegnehmende Ahnung
gewesen ist, das bestätigt sich nun im furchtbaren Augenblick der
Wahl: nun wird Trennung zur vollkommenen Vereinigung. Hier liegt
nicht nur ein Schnittpunkt dramatischer Linien, sondern Einfachheit
und Tiefe vereinigen sich zu ganz unmittelbarer, zugleich stiller
Wirkung, wie sie sich in Schillers dramatischem Werk kaum anders-
wo zeigt. Denn in jener Abschiedsszene ist seine frühe Dramatik, die
auf die Manifestation von Werten abzielte, ganz und gar eingegangen in die neue dichterische Absicht, die nurmehr die Gestalt
will. Aber mehr noch – in jener Szene gelingt dem Dichter, was dem

Philosophen versagt ist: das Gute und das Wahre hat menschliche Gestalt angenommen von bestimmter, personhafter Prägung, und diese Gestalt erscheint schön. Es gibt dafür kein anderes Wort.

So spürbar die Liebeshandlung als Kontrastfolie hinter dem politischen Ablauf und seinen Figuren wirkt, so steht sie dennoch nicht für sich, weder als Idyll noch als Aristeia. Die geschickten Hände der Gräfin suchen die Liebenden alsbald in den Handel der Ehrsüchtigen hineinzuziehen. Dem Verhalten der Gräfin entspricht dasjenige Octavios vollkommen: in der Neigung seines Sohnes sieht er sofort, ohne erst nähere Unterrichtung abzuwarten, das gewisse Anzeichen einer gefährlichen Intrige – nichts anderes, nicht mehr. Für Wallenstein liegt eine Verbindung seiner Tochter mit Max außer jedem Betracht: die Eröffnungen der Gräfin [13] schiebt er mit wenigen, groben Worten beiseite. Die Anlage der Haupthandlung hält, worauf schon hingewiesen wurde, Octavio und Wallenstein durchaus voneinander entfernt: die eine kurze Szene, in der sie sich ohne Zeugen gegenüberstehen, gibt allein dem Wallenstein das Wort, Octavio bleibt stumm. Seine Gegnerschaft zu Wallenstein – ihre Gründe und ihre Art – wird zur szenischen Gegenwärtigkeit nur in seinen Szenen mit Max: weniger der Vater spricht als der Parteigänger des Kaisers. Schon hier, in dem Konflikt zwischen Vater und Sohn, mündet die Liebeshandlung unmittelbar in die politische ein. In diesen Szenen sieht der Zuschauer nicht nur Wallensteins Vorhaben in der Deutung seines Gegenspielers, es ist vor allem die Figur des Octavio selbst, die allein in jenen Streitgesprächen aus einer zwielichtigen Hintergründigkeit hervortritt.

Anmerkung zur Figur des Octavio

Es handelte sich für den Dichter keineswegs darum, oder zumindest nicht in erster Linie darum, den Octavio dem „Herzen mensch-

[13] In diesem Zusammenhang kommt es abermals zu einer Kontrastierung ironischer Art: Max verlangt dringend bei Wallenstein vorgelassen zu werden. Die Gräfin glaubt (Tod I, 7), er komme als Freier zu Theklas Vater. Der Zuschauer kennt jedoch den wirklichen Grund: der Oberst Piccolomini, der Zögling des Feldherrn, will die wahren Absichten seines Meisters erfahren.

lich näher zu bringen". Die Konsequenz dieser Absicht hätte darin
bestanden, in jenen Szenen zwischen ihm und Max den Vater in
den Vordergrund zu rücken, den Sachwalter des Kaisers zurücktreten zu lassen. Aber dies geschieht ja gerade nicht. Die ausspa-
rende Behandlung des Octavio, die so vieles im Zwielicht und offen
läßt, konnte Schiller durchaus reizen: sie hätte seinem neuen Begriff
von der Aufgabe des dramatischen Dichters in einem wesentlichen
Punkt entsprochen, nämlich als diejenige Enthaltsamkeit zugunsten
des bloßen Gegenstandes, die er „objektiv" nennt. Indessen, eine
nur andeutende Darstellung widersprach einem noch wichtigeren
Erfordernis: blieb Octavios Gestalt allzusehr im Dunkel hinter
seinem Handeln, hinter den Fakten überhaupt stehen, so hätte sich
die Perspektive des Zuschauers bedenklich verengert auf Wallenstein. Neben der Mächtigkeit des Helden wäre der Gegenspieler
nicht nur zu tief ins Subalterne abgesunken, sondern die immer aus-
schließlichere Festlegung des Blickes allein auf den Helden hätte
den Zuschauer veranlaßt, schließlich ganz und gar einseitig Partei
zu nehmen für Wallensteins Mißgeschick, gegen den aus dem Hintergrund wirkenden Gegenspieler. Gerade einem solchen Verhalten
des Zuschauers mußte so kräftig wie möglich vorgebeugt werden:
nur wenn dies gelang, war die Lösung der neuen, großen Aufgabe,
wie Schiller sie sah und erhoffte, möglich. Für seine Absicht in diesem Betracht haben wir, abgesehen von der Auskunft, die das
Werk gibt, ein ausdrückliches Zeugnis. Es ist der Brief, den er am
1. März 1799 – also kurz vor der Beendigung von ›Wallensteins
Tod‹ – an den Weimarer Gymnasialdirektor Böttiger schrieb, der
über die Berliner Aufführung der ›Piccolomini‹ (18. Februar 1799)
eine Rezension veröffentlicht hatte. Auf diese beziehen sich Schillers
Darlegungen:

... So lag es zum Beispiel nicht in meiner Absicht noch in den
Worten meines Textes, daß sich Octavio Piccolomini als einen gar so
schlimmen Mann, als einen Buben[14], darstellen sollte. In meinem Stück
ist er das nie, er ist sogar ein ziemlich rechtlicher Mann, nach dem
Weltbegriff, und die Schändlichkeit, die er begeht, sehen wir auf jedem
Welttheater von Personen wiederholt, die so wie er von Recht und

[14] Dies der Wortlaut Böttigers.

Pflicht strenge Begriffe haben. Er wählt zwar ein schlechtes Mittel, aber er verfolgt einen guten Zweck. Er will den Staat retten, er will seinem Kaiser dienen, den er nächst Gott als den höchsten Gegenstand aller Pflichten betrachtet. Er verrät einen Freund, der ihm vertraut, aber dieser Freund ist ein Verräter seines Kaisers und in seinen Augen zugleich ein Unsinniger.[15]

In der Tat, was Schiller hier zur Berichtigung eines handfesten Mißverständnisses entwickelt, das steht wahrhaftig in seinem „Text", und zwar eben in den Szenen zwischen Vater und Sohn, die so eng mit der Liebeshandlung zusammenhängen. Weshalb dem Dichter so viel an der Rechtfertigung des Octavio, an der positiven oder doch zumindest neutralen Wirkung seiner Figur lag, das wird sich uns alsbald darstellen.

Nachsatz 1975

Das Wallenstein-Thema hat der Verfasser dieses Beitrags nochmals behandelt im Kapitel ›Die Klassik der Wallenstein-Trilogie‹ seines Buches: Klassik und Romantik – Eine stilgeschichtliche Darstellung, Zürich 1972.

[15] Im gleichen Sinn wird die Gräfin Terzky verteidigt: „Sie strebt mit Geist, Kraft und einem bestimmten Willen nach einem großen Zweck und ist freilich über die Mittel nicht verlegen. Ich nehme keine Frau aus, die auf dem politischen Theater, wenn sie Charakter und Ehrgeiz hat, moralischer handelte."

Euphorion 53 (1959), S. 281—302.

DEM *FÜRSTEN* PICCOLOMINI
(1959)

Von Herbert Singer

„Schillers Sprache – es käme ihr eine eigene Betrachtung und eingehende Studie zu, angefangen mit seinen hochpointierten Schlüssen, diesem ,Dem Mann kann geholfen werden', ,Dem *Fürsten* Piccolomini', ,Der Lord läßt sich entschuldigen, er ist zu Schiff nach Frankreich', die untereinander so verwandt und so ganz sein eigen sind." So fordert Thomas Mann.[1] Doch wer es unternimmt, dieser Aufforderung nachzukommen, sieht sich alsbald in Zweifel an der Richtigkeit der Fragestellung verstrickt. Sind denn diese vielbewunderten und oft beargwöhnten Schlußwendungen wirklich „Pointen", glanz- und geistvolle Spiele der dichterischen Sprache? Sind sie nicht auch oder vor allem Theater-Effekte, gewinnen sie nicht Leben und Wirkungskraft erst auf der Bühne? Thomas Mann erwähnt nicht, daß den letzten Worten des ›Wallenstein‹ und der ›Maria Stuart‹ noch Bühnenanweisungen folgen. Und Schiller selbst bemerkt in der Vorrede zu seiner ›Braut von Messina‹, zu demjenigen seiner Trauerspiele also, das als das strengste, poetischste, am wenigsten theaterwirksame gilt: „Das tragische Dichterwerk wird erst durch die theatralische Vorstellung zu einem Ganzen: nur die Worte gibt der Dichter, Musik und Tanz müssen hinzu kommen, sie zu beleben." [2]

Schiller denkt an die griechische Tragödie. Aber dagegen meldet schon Hegel Bedenken an: „Unter Musik und Tanz jedoch leidet die Rede, insofern sie die *geistige* Äußerung des Geistes bleiben

---

[1] Thomas Mann, Versuch über Schiller, Berlin 1955, S. 36. [In diesem Sammelband S. 139.]

[2] Über den Gebrauch des Chors in der Tragödie, Bd. 16, S. 118. (Schillers Schriften werden nach Band und Seite der Säkular-Ausgabe zitiert, seine Briefe nach Band und Seite der Ausgabe von Fritz Jonas.)

soll, und so hat denn auch die *moderne* Schauspielkunst sich von
diesen Elementen zu befreien gewußt." [3] Aber diese setzt sich neuen
Gefahren aus, für die Hegel ein bezeichnendes Beispiel anführt:
„Der Dichter überläßt hier der Gebehrde des Schauspielers Vieles
was die Alten durch Worte würden ausgedrückt haben. So z. B. am
Schluß des Wallenstein. Der alte Oktavio hat zum Untergange
Wallensteins wesentlich mitgewirkt; er findet ihn auf Buttler's An-
stiften meuchlings ermordet, und in demselben Augenblicke, als nun
auch die Gräfin Terzky verkündigt, sie habe Gift genommen, trifft
ein kaiserliches Schreiben ein; Gordon hat die Aufschrift gelesen,
und übergiebt den Brief dem Oktavio mit einem Blick des Vorwurfs,
indem er sagt: ‚Dem *Fürsten* Piccolomini'. Oktavio erschrickt und
blickt schmerzvoll zum Himmel. Was Octavio bei dieser Belohnung
für einen Dienst empfindet, an dessen blutigem Ausgang er selbst
den größeren Teil der Schuld zu tragen hat, ist hier nicht in Worte
gefaßt, sondern der Ausdruck ganz an die Mimik des Akteurs gewiesen. – Bei diesen Forderungen der modernen dramatischen
Schauspielkunst kann die Poesie dem Material ihrer Darstellung
gegenüber häufig in ein Gedränge geraten, welches die Alten nicht
kannten." [4] Dies „Gedränge" ist hervorgerufen durch die „Emanzi-
pation der ausübenden Kunst" [5], also des Theaters. Hegel sieht es
als unvermeidlich an, daß die Bühne eine eigene „äußere Realität"
gewinnt, daß Mimik, Gewandung, Umgebung der handelnden Figuren vom Wort unabhängig werden, daß schließlich, „was zunächst nur als Beihilfe und Begleitung Gültigkeit hatte, für sich
selber Zweck" wird und eine „in sich selbständige Schönheit" repräsentiert.[6] Aber er sieht offensichtlich in dieser Entwicklung eine
Gefahr für die Reinheit und Geistigkeit der Dichtung, die Gefahr
nämlich, daß schließlich die Poesie nur „ein Accessorium und der
Rahmen", ein Vorwand für die Entfaltung des Theaters werden
könnte, und führt als Beispiele die „ganz schlechten Produkte"
Kotzebues und Ifflands an.[7]

---

[3] Ästhetik III, Werke, hrsg. v. H. Glockner, Bd. 14, S. 518.
[4] Ebda., S. 520 f.
[5] Ebd., S. 521.
[6] Ebda., S. 520 f.
[7] Ebda., S. 523.

Dagegen fordert er: „Im Drama nämlich ist nicht das reale Thun die Hauptsache, sondern die Exposition des inneren Geistes der Handlung ... Dieser innere Geist, soweit ihn die Poesie als Poesie gestaltet, findet daher einen gemäßen Ausdruck vorzugsweise in dem poetischen Wort, als geistiger Äußerung der Empfindungen und Vorstellungen." [8] Gegen diese Forderung aber hat Schiller verstoßen, wenn er den Ausdruck dessen, „was Octavio ... empfindet", der „Mimik des Akteurs" überlassen hat.

Hegel wirft hier die Frage nach dem Verhältnis zwischen Sprache und Spiel, zwischen dichterischem Wort und sichtbarer theatralischer Aktion auf, eine Grundfrage der dramatischen Gattungen. Die beiden Verwirklichungsformen des Dramas konkurrieren miteinander, ohne immer zum reinen Ausgleich zu gelangen. Die Bühne tendiert dazu, das Wort überflüssig zu machen, die Sprache dazu, das Geschehen ausschließlich mit ihren Mitteln darzustellen. Ein real dargestellter Zweikampf wie der des Hamlet und des Laertes macht jeden Kommentar entbehrlich; ein Duell aus Worten, wie die Gartenszene der ›Maria Stuart‹, kann jeden augenfälligen Zubehörs entraten. [9] Das Drama vollzieht sich in einem labilen Gleichgewicht von Sprache und Spiel; wo jene überwiegt, wird es zum „Lesedrama", wo dieses überwiegt, tendiert es zur Pantomime.

Hegel gibt nun der Sprache den unbedingten Vorzug und läßt das Theater nur als Mittel gelten, als kaum mehr denn „Beihilfe und Begleitung", und so kann das Gegenbeispiel, der Schluß des ›Wallenstein‹, nur als Beispiel für einen Kunstfehler gelten. Und eben dieses Beispiel zitiert Thomas Mann als charakteristisch für die *Sprach*kunst Schillers und übergeht die Bühnenanweisung als unerheblich.

Die Frage nach der Gerechtigkeit und Ungerechtigkeit der beiden Urteile läßt sich nicht durch die Erörterung eines einzigen Beispiels

---

[8] Ebda., S. 495.

[9] Wieweit die „Verfremdung" nicht nur die äußeren Bedingungen, sondern auch die Sprachform der Szene verändern kann, ohne doch die dramatische Komposition zu zerstören, zeigt Bert Brechts Kontrafaktur: Der Streit der Fischweiber, in: Übungsstücke für Schauspieler, Versuche 11, Berlin 1951, S. 112–118.

entscheiden. Wir werden einen weiten Umweg machen müssen, um aus Schillers theoretischen Maximen und seiner dichterischen Praxis das nötige Rüstzeug zu gewinnen.

Was, Hegels Vorwurf zufolge, zu Unrecht der „Mimik des Akteurs" überlassen wird, ist die „Äußerung der Empfindungen und Vorstellungen"; sie ist für ihn der Zweck der dramatischen Sprache. Doch ist sie es auch für Schiller?

„Der Zweck der Tragödie ist: Rührung" – so lautet seine Definition.[10] Doch darf dies Wort nicht dazu verleiten, Hegel vorschnell recht zu geben. „Rührung" ist nicht „sentimentalisches Mitleid"[11], nicht Reaktion auf den „Ausdruck von Empfindungen", sie darf nicht „bloß zärtliche Rührung"[12], soll vielmehr „erhabene Rührung"[13] sein. Es erscheint angebracht, den mißverständlichen Begriff durch den der „Erschütterung" zu ersetzen oder besser noch durch den allgemeineren der „Wirkung". Der Zweck der Tragödie ist die Wirkung, die sie auf den Zuschauer ausübt.

Über die angemessenen und die unerlaubten Mittel, deren sie sich dabei bedienen kann, hat Schiller vielfältige Erwägungen angestellt. Doch hat schon Emil Staiger, der die Bedeutung des Wirkenwollens für Schillers dramatisches Schaffen ins rechte Licht gerückt hat, darauf hingewiesen, daß die terminologische Verwirrung, die in Schillers theoretischen Äußerungen herrscht, ihn in die „bedenklichsten Äquivokationen verstrickt"[14]. In Aufsätzen, Briefen, Entwürfen werden Adjektive wie „stofflich", „stoffartig", „theatralisch", „dramatisch", „tragisch", „poetisch" immer wieder miteinander konfrontiert, aber auch vertauscht, so daß sich endlose Wider-

---

[10] Über die tragische Kunst, Bd. 11, S. 178.
[11] Agrippina, Bd. 8, S. 283.
[12] Über das Pathetische, Bd. 11, S. 250.
[13] Über das Erhabene, Bd. 12, S. 279.
[14] Emil Staiger, Schiller: Agrippina –, – in: Die Kunst der Interpretation, Zürich 1955, S. 132–160, bes. S. 157. Die folgenden Ausführungen sind Staiger vielfach verpflichtet. Erst nach Fertigstellung des Manuskripts hatte der Verf. Gelegenheit, die sorgsame und inhaltreiche Darstellung von Gerhard Storz (Der Dichter Friedrich Schiller, Stuttgart 1959) zu vergleichen und mit Freude zahlreiche Übereinstimmungen zu entdecken.

sprüche und Überschneidungen ergeben. Wir können hier nur eine vorläufige Scheidung versuchen.

Als höchste, ja als einzig legitime Wirkung der Tragödie fordert Schiller die „poetische". Wenn Goethe ihn auffordert, „concentrirter zu arbeiten, damit Sie mehr Productionen und, ich darf wohl sagen, theatralisch wirksamere lieferten" [15], so antwortet Schiller: „Ich gebe Ihnen vollkommen recht, daß ich mich bei meinen Stücken auf das Dramatischwirkende mehr concentrieren sollte. Dieses ist überhaupt schon, ohne alle Rücksicht auf Theater und Publikum, eine poetische Forderung, aber auch nur insofern es eine solche ist, kann ich mich darum bemühen. Soll mir jemals ein gutes Theaterstück gelingen, so kann es nur auf poetischem Wege seyn, denn eine Wirkung ad extra, wie sie zuweilen auch einem gemeinen Talent und einer bloßen Geschicklichkeit gelingt, kann ich mir nie zum Ziele machen, noch, wenn ich es auch wollte, erreichen. Es ist also hier nur von der höchsten Aufgabe selbst die Rede, und nur die erfüllte Kunst wird meine individuelle Tendenz ad intra überwinden können, wenn sie zu überwinden ist." [16] Zwar ist aus der Formulierung eine gewisse Ironie herauszuhören, eine nicht ganz unterdrückte Empfindlichkeit über Goethes unerwarteten Vorwurf; aber die „höchste Aufgabe" ist doch so entschieden definiert, der Akzent so energisch vom „theatralisch Wirksamen" auf das „Dramatischwirkende" gerückt, die „Wirkung ad extra" mit solcher Verachtung dem „gemeinen Talent" überlassen, daß die Stelle verdient, als Bekenntnis genommen zu werden.

Ganz ähnlich schreibt Schiller auch an einen anderen Theaterdirektor: „wenn ich mich also, wie ich hoffe, wünsche und will, in meinen künftigen Dramen den theatralischen Forderungen nähern soll, so muß die Kunst selbst mich dahin führen" [17]. Nichts anderes besagt das Wort „dramatischrührend", das sich in den Entwürfen

---

[15] 5. 7. 02, WA IV, Bd. 6, S. 98.

[16] 6. 7. 02, Bd. 6, S. 401 f. Wenn im folgenden fast ausschließlich Zeugnisse aus dem letzten Lebensjahrzehnt Schillers herangezogen werden, so deshalb, weil wir glauben, daß die theoretischen Maximen, die auch den jungen Schiller bei seinen dramatischen Arbeiten leiten, vornehmlich in dieser Zeit formuliert werden.

[17] 22. 4. 03 an Iffland, Bd. 7, S. 34.

findet [18]: die Erschütterung darf nur durch die dramatische Handlung, die mit poetischen Mitteln dargestellt ist, bewirkt werden, nicht durch „einen Zweck, der außer meinem poetischen Interesse liegt" [17]. Schiller geht sogar noch einen Schritt weiter, wenn er selbst das lyrische Wort als legitimes Mittel anerkennt und seine Wirkung scheinbar der theatralischen vorzieht. Stolz berichtet er: „Der Wallenstein wurde gespielt und mit großer Wirkung. Was mich bei allen Vorstellungen, die ich von diesem Stück seitdem gesehen habe, verwunderte und erfreute, ist, daß das eigentlich poetische, selbst da, wo es von dem dramatischen ins lyrische übergeht, immer den sichersten und tiefsten Eindruck allgemein hervorbrachte." [19] Die legitime Wirkung des Dramas, so scheinen all diese Äußerungen zu postulieren, darf einzig von der Poesie ausgehen, vom Dichterwort, selbst vom lyrischen, nicht aber von irgendeinem äußerlichen „Effekt".

Dazu stimmt, daß, wie die Poesie das würdigste Mittel ist, der Stoff als das gemeinste erscheint. „Dramatisch tadelhaft" nennt Schiller Tragödien, die ihren „Zweck" nicht durch die „tragische Form" erreichen; solche Stücke „rühren uns einzig des Stoffes wegen, und wir sind großmütig oder unaufmerksam genug, diese Eigenschaft der Materie dem ungeschickten Künstler als Verdienst anzurechnen" [20]. Und noch schärfer urteilt er: „Nur ein barbarischer Geschmack braucht den Stachel des Privatinteresses, um zu der Schönheit hingelockt zu werden, und nur der Stümper borgt von dem Stoffe eine Kraft, die er in die Form zu legen verzweifelt." [21] Der ungestaltete Stoff, die rohe Materie ist der äußerste Gegensatz zu Kunst und Geschmack, zu Schönheit und Form. Rigoros lehnt Schiller jede unkünstlerische Wirkung, jede Erschleichung des Zwecks der Tragödie durch Spekulation auf das „stoffartige Interesse" [22] des Zuschauers ab. Er verhöhnt die „Ausleerungen

---

[18] Warbeck, in: Schillers dramatischer Nachlaß, hrsg. v. Gustav Kettner, Weimar 1895, Bd. 2, S. 132 (im folgenden zitiert: Kettner).

[19] 9. 8. 99 an Körner, Bd. 6, S. 65 f.

[20] Über die tragische Kunst, Bd. 11, S. 179.

[21] Über das Pathetische, Bd. 11, S. 272.

[22] Staiger (a. a. O., S. 137–147) widmet dieser Formel eine ausführliche Erörterung.

des Tränensacks", die durch „die schmelzenden Affekte, die bloß
zärtlichen Rührungen" hervorgerufen werden;[23] er verachtet das
Interesse an „wirklichen Begebenheiten historischer Personen" und
an „Nationalgegenständen".[24] Sogar die „Äußerungen der erha-
bensten Tugend, die vollkommensten sittlichen Muster"[25], ja ein so
erhabener Gegenstand wie die Religion: alles das kann als solches,
als Stoff nur äußerliche und somit kunstfremde Wirkungen hervorrufen und ist darum eher eine Gefahr für die Tragödie: „Ad extra
wirkt schon das Argument der Religion ... Die Religion ist aber ...
nur die Sprache, und die Formel zu einer höheren und hellern Weisheit."[26] So scheint sich also Schiller als radikaler Purist, als For-
malist von „puritanischer Reinlichkeit"[27] darzustellen; und man
glaubt schließen zu dürfen, daß ein Dichter, der die edelsten und
bedeutendsten Gegenstände, die Liebe, das Wahre, Gute und Heilige als „stoffartig" verschmäht und ihnen keinen Anteil an der
Wirkung des Dramas einräumt, die handgreiflichen Mittel und
sinnfälligen Effekte der Bühne kaum eines Wortes würdigen wird.

Doch nichts wäre unzutreffender als dieser Schluß. Das Bekenntnis zur ausschließlich kunstgemäßen Wirkung, das Schiller in der
Antwort an Goethe ablegt, schließt unmittelbar an den Satz an:
„Auch zu Lauchstädt sind es also, wie Ihr Repertorium besagt, die
Opern, die das Haus füllen. So herrscht das Stoffartige überall,
und wer sich dem Theaterteufel verschrieben hat, der muß sich auf
dieses Organ verstehen."[28] Und Schiller versteht sich wahrlich
darauf. Unter dem Stichwort „Pro" notiert er die Vorzüge des
›Demetrius‹-Plans, und unter diesen figurieren nicht nur „dramatische" und „tragische" Möglichkeiten, sondern auch „mancherlei
sinnliche und zum Theil *prächtige* Darstellungen", wie der Reichstag, der Einzug in Moskau, das Hochzeitsfest, „besonders aber der
Übergang von einem Freudenfest zu einem Mordfeste", schließlich

[23] Über das Pathetische, Bd. 11, S. 250.
[24] Ebda., S. 271.
[25] Ebda., S. 270.
[26] Die Maltheser, Kettner, S. 30.
[27] Staiger, a. a. O., S. 141.
[28] 6. 7. 02 an Goethe, Bd. 6, S. 401.

„Mordtaten, Schlachten, Siege, Ceremonien usf.". [29] Für die geplante ›Gräfin von Flandern‹ stellt Schiller unter der Überschrift
›Spectakel‹ einen Katalog von Szenen zusammen, darunter Kriegs-
gericht und Ritterschlag, Einzug und „die Bürger im Schloß" [30],
und für die ›Rosamund‹ gar Theaterkünste wie „Die herausfahren-
den Flammen. – Wolkenwagen. – Illumination und Transparent.
– Versenkungen. – Tempel, Gärten, Palläste. – Meereswogen und
Wasserwerke. – Farben-Erscheinungen. – Gespenster. Larven." [31]
Hier scheint aller Rigorismus vergessen; der „Puritaner" plün-
dert bedenkenlos die Arsenale des pompösen Ritterschauspiels und
die Zaubergärten der Oper. All diese Reize sind doch zweifellos
„stoffartig", fordern „das Interesse an schönen Gewändern, an
Schmuck und Prunk und wehenden Fahnen" [32] heraus. In scheinbar flagrantem Widerspruch zu den theoretischen Forderungen
Schillers drängen sich in seiner dramaturgischen Praxis die äußerlichsten Bühneneffekte neben die poetischen Mittel der Tragödie.

Es wäre allzu leichtfertig, diesen Widerspruch als den zwischen
ästhetischer Theorie und Theaterwirklichkeit aufzufassen. Diese
Deutung müßte voraussetzen, daß Schiller sich zu Konzessionen
entweder an die Ästhetik seiner Zeit oder an die Forderungen von
Theater und Publikum bereitgefunden hätte. Für beide Annahmen
aber fehlt jeder Anhaltspunkt. Nicht nur die erwähnten Briefe an
Goethe und Iffland, auch alle anderen Äußerungen gerade gegenüber Theaterdirektoren sind unnachgiebig, was unkünstlerische Forderungen angeht, angefangen bei dem hochfahrenden Brief an Dalberg von 1785: „ich glaube behaupten zu dürfen, daß biß jetzt das
Theater mehr durch meine Stüke gewonnen hat, als meine Stüke
durch das Theater. Niemals werde ich mich in den Fall sezen, den
Werth meiner Arbeit von diesem abhängig zu machen." [33]

---

[29] Demetrius, hrsg. v. G. Kettner, Weimar 1894, S. 219 ff. (Schriften
d. Goethe-Ges., Bd. 9). Auch für ›Warbeck‹ spricht, daß das Stück „Viel
für die Augen hat" (ebda., S. 115).
[30] Kettner, S. 200; vgl. ebda., S. 198 f.
[31] Ebda., S. 264.
[32] Staiger, a. a. O., S. 141 f.
[33] 19. 1. 85 an Dalberg, Bd. 1, S. 227.

Doch auch von einer Befangenheit in abstrakten Theorien der
Zeit kann nicht die Rede sein. An Humboldt schreibt er über dessen
›Ästhetische Versuche . . . Über Goethes Hermann und Dorothea‹:
„Meine ganze Thätigkeit hat sich gerade jetzt der Ausübung zuge-
wendet, ich erfahre täglich, wie wenig der Poet durch *allgemeine
reine* Begriffe bei der Ausübung gefördert wird, und wäre in dieser
Stimmung zuweilen unphilosophisch genug, Alles, was ich selbst
und andere von der Elementarästhetik wissen, für einen einzigen
empirischen Vortheil, für einen Kunstgriff des Handwerks hinzu-
geben." [34] Und noch im letzten Lebensjahr wirft er das unwillige
Wort hin: „auch hat mir das leere metaphysische Geschwätz der
Kunstphilosophen alles Theoretisieren verleidet" [35]. Einem Dichter, der seine Unabhängigkeit von den Konventionen der Theorie
wie der Praxis so unbedingt gewahrt wissen will, kann man nicht
unterstellen, daß er der einen oder anderen nachgäbe und so mit
sich selbst in Widerspruch geriete.[36]

So müssen wir denn, was Schiller über den „Stoff" und das
„Stoffartige" sagt, noch genauer ins Auge fassen. „Der Zweck der
Tragödie ist: Rührung; die Verbindung der Mittel, wodurch eine
Dichtungsart ihren Zweck erreicht, heißt ihre Form" [37]; fehlerhaft
ist es, „den Zweck der Tragödie nicht durch die beste Benutzung

[34] 27. 1. 98, Bd. 5, S. 394.
[35] 10. 12. 04 an Körner, Bd. 7, S. 190. Vgl. 22. 1. 02 an Schütz
(Bd. 6, S. 339): „ein poetisches Werk muß, in so fern es, auch nur in
hypothesi, ein in sich selbst organisiertes Ganze ist, aus sich selbst heraus, und nicht aus allgemeinen, und eben darum hohlen, Formeln
beurtheilt werden; denn von diesen ist nie ein Übergang zu dem Fac-
tum". Ähnlich 20. 1. 02 an Goethe (Bd. 6, S. 332 f.).
[36] Staiger (a. a. O., S. 142, 147 ff., bes. S. 147) deutet den scheinbaren
Widerspruch zwischen theoretischer Unterdrückung und praktischer Dul-
dung des Stoffartigen als Bemühung um das Gleichgewicht von Mitleid
und Furcht. „Wie jenes berückt, rückt diese ab. So schwebt das Kunstwerk in jenem bemessenen Abstand, der Mitte, die wir als klassisch anzuerkennen längst gewohnt sind." Doch bleibt in dieser Deutung kein
Raum für die sinnlich-dekorativen Reize, das Opernhafte, das Staiger
(ebda., S. 141) nur kurz streift.
[37] Über die tragische Kunst, Bd. 11, S. 178.

der tragischen Form zu erreichen" [38], denn „nur der Stümper borgt
von dem Stoffe eine Kraft, die er in die Form zu legen verzweifelt" [39]. Das heißt aber: Schiller verwehrt dem Stoff die Befugnis,
unmittelbar zu wirken, zu rühren, zu erschüttern, nicht aber die
Rolle eines jener Mittel, deren Verbindung er „Form" nennt. Wenn
der Stoff „poetisch organisiert", wenn er „in eine reine tragische
Fabel verwandelt ist" [40], wenn ihm durch die Bindung an die poetischen Mittel seine rohe Ungestalt genommen ist, darf er mitwir-
ken am Zweck der Tragödie. Nicht der Stoff ist verwerflich, sondern der Versuch, ihm die Funktion der Form zu übertragen, die
Verführung dazu, ihm das Interesse zuzuwenden, das dem kunstgemäßen Ganzen des Dramas zukommt.

Damit ist aber die Unschuld des Stoffes gesichert. Nicht das
Stoffartige, sondern das stoffartige *Interesse* sucht Schiller zu unterdrücken. Noch klarer wird die eigentliche Richtung seiner Abwehr,
wenn man den Seufzer über die Opern zu Lauchstädt mit dem Satz
vergleicht: „Ich hatte immer ein gewisses Vertrauen zur Oper, daß
aus ihr wie aus den Chören des alten Bacchusfestes das Trauerspiel
in einer edlern Gestalt sich loswickeln sollte. In der Oper erläßt
man wirklich jene servile Naturnachahmung ... und das Wunderbare, welches hier einmal geduldet wird, müßte nothwendig gegen
den Stoff gleichgültiger machen." [41] Hier ist der gemeinsame Feind
genannt, den die Idealität der Poesie ebenso abwehrt wie die Illusion
des Theaters: die Diktatur der Wirklichkeit. Beide suchen „durch
Verdrängung der gemeinen Naturnachahmung der Kunst Luft und
Licht zu verschaffen" [41]. „Was nämlich ist das Gemeine? Nicht nur
das Gewöhnliche, das Niedrige. Es ist das Natürliche, unterm Gesichtspunkt des Geistes und der Freiheit gesehen; es ist Gebundenheit, Abhängigkeit und Gehorsam." [42] „Jene servile Naturnachah-

---

[38] Ebda., S. 179.
[39] Über das Pathetische, Bd. 11, S. 272.
[40] 2. 10. 97 an Goethe, Bd. 5, S. 270. Vgl. die Stelle über die Verpflichtung der Tragödie, „die historische Wahrheit den Gesetzen der
Dichtkunst unterzuordnen und den gegebenen Stoff nach ihren Bedürfnissen zu bearbeiten" (Über die tragische Kunst, Bd. 11, S. 176).
[41] 29. 12. 97 an Goethe, Bd. 5, S. 313. Vgl. Storz, a. a. O., S. 328 u. ö.
[42] Thomas Mann, a. a. O., S. 91.

mung" bedeutet Knechtschaft, Unfreiheit. Und „beherrscht zu werden ist unerträglich. Es gibt in Schiller kein Gefühl, das elementarer
wäre als dieses" [43].

Dies Gefühl, dieser unbändige und unersättliche Drang nach
Freiheit läßt sich durch Schillers gesamte Dichtung verfolgen, er
steckt aber auch als irrationaler Motor hinter vielen seiner ästhetischen und moralischen Erörterungen, nicht zuletzt hinter seiner
immer wieder geäußerten Verachtung des Natürlichen und Wirklichen. „Nichts, was bloß die sinnliche Natur angeht, ist der Darstellung würdig" [44], so dekretiert er, und er besteht darauf, „daß
eine poetische Darstellung mit der Wirklichkeit eben darum, weil
sie absolut wahr ist, niemals coincidieren kann" [45]. Er fordert zwischen beiden Bereichen „strengste Separation", weil den „poetischen Genius die Wirklichkeit nur beschmutzen würde" [46]. Darum
kann der „Maler des Wirklichen" nur den „Stoff der Welt . . . wie-
derbringen", nicht aber die „Wirkung der Kunst, welche in der
Freiheit besteht", erreichen.[47] Aufgabe der Kunst ist es vielmehr,
„die sinnliche Welt, die sonst nur als ein roher Stoff auf uns lastet,
als eine blinde Macht auf uns drückt, in eine objektive Ferne zu
rücken" [48]. Schiller sucht nach immer neuen Mitteln, die diesen
Hauptzweck der Kunst, nämlich die Schaffung einer Distanz von
der Wirklichkeit, fördern. Eines davon ist der Chor, „eine lebendige
Mauer . . ., die die Tragödie um sich herumzieht, um sich von der

---

[43] Staiger, a. a. O., S. 141; vgl. ebda., S. 155 ff. Im Aufsatz ›Über
das Erhabene‹ schreibt Schiller (Bd. 12, S. 264): „Alle andere Dinge
müssen; der Mensch ist das Wesen, welches will. Eben deswegen ist
des Menschen nichts so unwürdig, als Gewalt zu erleiden, denn Gewalt
hebt ihn auf. Wer sie uns antut, macht uns nichts Geringeres als die
Menschheit streitig."
[44] Über das Pathetische, Bd. 11, S. 250.
[45] 4. 4. 97 an Goethe, Bd. 6, S. 168.
[46] 4. 11. 95 an Herder, Bd. 4, S. 314. Vgl. Schillers „trostreiche Erfahrung, wie der poetische Geist alles Gemeine der Wirklichkeit so
schnell und glücklich unter sich bringt" (9. 12. 96 an Goethe, Bd. 5,
S. 128).
[47] Über den Gebrauch des Chors in der Tragödie, Bd. 16, S. 121.
[48] Ebda., S. 120.

wirklichen Welt rein abzuschließen" [49]. Aber nicht nur poetische, nicht nur sprachliche Mittel erkennt Schiller an. Im selben Aufsatz steht der eingangs zitierte Satz: „Aber das tragische Dichterwerk wird erst durch die theatralische Vorstellung zu einem Ganzen: nur die Worte gibt der Dichter, Gesang und Tanz müssen hinzu kommen, sie zu beleben." [50] Dies aber ist die Rechtfertigung der Oper.

Schiller ist nicht wählerisch in seinen Mitteln, wenn sie nur das Wesentliche leisten: einen von der Wirklichkeit reinlich geschiedenen künstlichen Raum zu schaffen, der frei ist von den Fesseln und Gesetzen der Realität. Wenn nur der Dichter „seine eigene Welt formiret" [51], „die wahre Kunstwelt des Poeten" [52], dann sind ihm nicht nur „Verstöße gegen die Wahrheit der Natur" [53], wie man sie seit Goethe Schiller immer wieder vorgeworfen hat, erlaubt, sondern sogar jene „groben Effekte" [53a], die man nicht erst seit Hegel tadelt. Gerade die Gewaltsamkeit und Künstlichkeit des Theatereffekts kommt seinen Zwecken entgegen; man kann an vielen Stellen seiner theoretischen Äußerungen das Wort „Kunst" durch „Künstlichkeit" ersetzen.[53b] Die vollendete Künstlichkeit aber schafft erst die „Verbindung der Mittel", nicht allein die Dichtung oder allein das Theater, und so ist Schiller jedes Mittel willkommen, dramatische Spannung und lyrische Prunkrede, Musik und Tanz, das Prächtige und das Verblüffende, das Wunderbare und Un-

---

[49] Ebda., S. 123.

[50] Ebda., S. 118.

[51] 4. 11. 95 an Herder, Bd. 4, S. 314.

[52] 29. 12. 97 an Goethe, Bd. 5, S. 313.

[53] Goethe 14. 11. 23 zu Eckermann (Johann Peter Eckermann, Gespräche mit Goethe, Jena 1905, Bd. I, S. 81); vgl.: „Was er sich denken konnte, mußte geschehen, es mochte nun der Natur gemäß oder ihr zuwider sein" (ebda.).

[53a] Julius Petersen, Schiller und die Bühne, Leipzig 1904, S. 220. Ungerecht ist allerdings der Vorwurf, daß Schillers „theatralischer Sinn ... aus dem Stoffe jede dankbare Situation herauszupressen sucht" (ebda., S. 221); eben nicht aus dem Stoff, sondern aus der poetischen Kunstwelt sucht er seine überraschenden Wirkungen herzuleiten.

[53b] Vgl. Storz, a. a. O., S. 328 f.

erhörte, Gewänder und Fahnen und die Maschinenkünste des
Theaters.

Die gegensätzlichen Beurteilungsweisen, von denen wir ausgingen, wiederholen sich in den Bemerkungen der beiden Urteilenden
über das Opernhafte bei Schiller. Thomas Mann nennt die ›Jungfrau von Orleans‹ eine „Wort-Oper" [54], ungeachtet dessen, daß das
Opernhafte nicht nur in der Durchsetzung des Dramas mit lyrischen Elementen, sondern vor allem auch in der Zurückdrängung
des Wortes durch die sichtbare Theateraktion besteht. Hegel dagegen rügt, nachdem er über den Prunk der Oper gesprochen hat,
den Kunstfehler: „Im Trauerspiel, wo immer die Poesie die Substanz bleiben muß, hat allerdings solcher Aufwand der sinnlichen
Außenseite, obschon auch Schiller in seiner Jungfrau auf diesen
Abweg geraten ist, nicht seine rechte Stelle." [55]

Schiller indessen schreibt über den ›Wilhelm Tell‹, das opern-
hafteste seiner vollendeten Dramen,[56] höchst befriedigt: „Der Tell
hat auf dem Theater einen größern Effect als meine andern Stücke,
und die Vorstellung hat mir große Freude gemacht. Ich fühle, daß
ich nach und nach des theatralischen mächtig werde." [57] Mehr und
mehr gibt er den opernhaften „Effecten", die er „theatralisch"
nennt, Raum auch in der Tragödie, und mit den prächtigen Thea-
terkünsten dringt die Pantomime ins Trauerspiel ein; ausgedehnte
Bühnenanweisungen schieben sich vor den Text,[58] und auch dieser

[54] Thomas Mann, a. a. O., S. 61.

[55] Hegel, a. a. O., S. 503.

[56] Das ist häufig bemerkt worden, z. B. von Hermann Schneider,
Vom Wallenstein zum Demetrius, Stuttgart 1933, S. 94 f. Dort auch ein
Zitat aus den ›Göttinger Gelehrten Anzeigen‹ vom 24. 11. 04, das den-
selben Tatbestand schon tadelnd vermerkt. – Vgl. Paul Böckmann,
Stilprobleme in Schillers Dramen, JbFDH 1929, S. 3–20, bes. S. 16. –
Stark opernhafte Züge hätten auch, den Entwürfen nach zu urteilen,
›Die Gräfin von Flandern‹ und noch mehr ›Rosamund‹ getragen.

[57] 12. 4. 04 an Körner, Bd. 7, S. 137. Vgl. Storz, a. a. O., S. 357.

[58] Petersen (a. a. O., S. 316 ff.) stellt dazu fest, daß durchweg in den
Bühnenmanuskripten die Bühnenanweisungen noch häufiger sind als in
den Buchausgaben.

selbst wirkt manchmal wie gesprochene Regieanweisung.[59] In der ganzen ersten Hälfte des Schlußakts der ›Maria Stuart‹ fällt dem stummen Spiel ebensoviel Bedeutung zu wie dem Text.[60] Gerade von diesem Werk hat sich Schiller vorgenommen, „daß in dieser Tragödie alles theatralisch seyn soll" [61].

Doch dieser Satz macht stutzig. Gewiß, die ersten Szenen des

[59] Gustav Rudolf Sellner (Schiller und die heutige Bühne, in: Schiller, Reden im Gedenkjahr 1955, hrsg. v. B. Zeller, Stuttgart 1955, S. 355–365, bes. S. 362) berichtet von einer ›Carlos‹-Aufführung unter Leopold Jessner, in der die Verse 1041–45 und 1058–65 (Bd. 4, S. 54 f.) gestrichen wurden, weil die „Skala der Empfindungen", die sie enthalten, *gespielt* wurde". Es läßt sich nicht entscheiden, ob Schiller selbst mit der Streichung solcher Stellen, deren Inhalt auch mimisch dargestellt werden konnte, gerechnet hat. Manchmal deutet er durch Kreise oder Klammern mögliche Streichungen an (Briefe, 1, S. 345; Bd. 7, S. 116), ist auch gern bereit, „Nebensachen preiszugeben" (Bd. 1, S. 345) oder selbst stark zu kürzen (Bd. 5, S. 482).

[60] Der Akt beginnt mit elf Zeilen Bühnenanweisung. Es folgt: „Kennedy (schreit auf, sobald sie ihn gewahr wird). Melvil!" Der Ausruf genügte zur Kennzeichnung der sichtbaren Situation. Es folgt aber: „Ihr seid es! Euch erblick' ich wieder!" und die Antwort: „Ja, treue Kennedy, wir sehn uns wieder!" (Bd. 6, S. 154). Wenn nach über hundert Versen vorgeschrieben wird: „Es kommen noch zwei weibliche Bediente, wie die vorigen in Trauer, die mit stummen Gebärden ihren Jammer ausdrücken" (Bd. 6, S. 160), dann ist damit nachträglich der Tenor zu den vorhergehenden Pantomimen gegeben. Die zwanzig Verse, die Maria zu Leicester spricht, werden von sechs Zeilen Spielanweisung eingeleitet, die eine ganze stumme Szene vorschreiben, von einer weiteren Anweisung unterbrochen und einer dritten gefolgt (Bd. 6, S. 176). Leicesters anschließender Monolog kommentiert ausschließlich die Gebärden, die ihm zwei Anweisungen vorschreiben, und die Geräusche, die er wie der Zuschauer hört, und münden in seine Ohnmacht. Diese Szenen wirkten auf Madame de Staël (De l'Allemagne, Paris 1890) ungemein stark. «Rien n'est plus touchant», schreibt sie mit einem «profond attendrissement» (p. 243).

[61] 16.8.99 an Goethe, Bd. 6, S. 79. Vgl.: „Dieses verspreche ich Ihnen aber, daß sie von mir kein Stück mehr lesen sollen, das nicht auf die Gewalt der theatralischen Erscheinung berechnet ist." (5.8.03 an Iffland, mitget. v. Werner Volke, DVjS 32, 1958, S. 410 f.)

letzten Aktes sind theatralisch im Sinne des ›Wilhelm Tell‹; aber
die ganze Tragödie gilt gerade als diejenige, die sich am meisten der
rationalen Regelhaftigkeit und strengen Askese der klassischen
französischen Tragödie annähert – und in ihr soll „alles theatralisch sein? Schiller gebraucht den Terminus „theatralisch" – wie
viele andere – offenbar einmal in einem engeren, einmal im weiteren Sinne. Wenn er in der Bemerkung über ›Wilhelm Tell‹ noch
das Opernhafte meint, das „Spectakel", so muß er in dem Satz
über ›Maria Stuart‹ den „Effect" überhaupt meinen: also die Verbindung der Mittel, insofern sie bühnenwirksam ist. Solche zwie-
fache Verwendung des Terminus, seine Anwendung sowohl auf die
„sinnliche Außenseite" der szenischen Realisierung als auch auf die
kunstvolle Komposition der ›Maria Stuart‹, ist nur dann zu rechtfertigen, wenn auch das Theatralische im engeren Sinne nicht bloßes
dekoratives Schaugepränge ist, sondern sich der Verbindung der
Mittel unterordnet. Das heißt aber: auch das Opernhafte muß eine
dramaturgische Funktion haben; es darf sich nicht damit begnügen,
die nur „stoffartige" Schaulust zu befriedigen, sondern muß im
Ganzen des Dramas etwas bedeuten. Wäre der Krönungszug in der
›Jungfrau von Orleans‹ nur eine Einlage, bestimmt, Gelegenheit
zur Prachtentfaltung zu geben, wäre der Beginn des Schlußakts
der ›Maria Stuart‹ nur ein rührendes Gemälde, eine Art Ballett,
müßte Schiller sie als Einsprengsel toten Stoffs, als Konzessionen
an Theater und Publikum verwerfen. Erst durch den Kontrast mit
der Verzweiflung der Johanna gewinnt der Krönungszug dramatisches Leben, wie erst durch ihre Stellung im Gesamtverlauf der
Tragödie die Apotheose der Maria Stuart. Schon aus diesen beiden
Beispielen geht hervor, daß die Formel „Verbindung der Mittel"
in zweifachem Sinne zu verstehen ist: einmal als Zusammenwirken
der Kompositionselemente und zum andern als dramaturgische
Funktionalität. Wir richten unser Augenmerk zunächst vorwiegend
auf die horizontale Verbindung, auf Harmonie und Kontrast der
gleichzeitig angewandten Mittel des Theaters und der Poesie, und
kehren zu unserem Ausgangspunkt zurück: zu den Schlußwendungen Schillers.

　　Hegel scheint nicht zufällig als Beleg für seinen Vorwurf, daß
sich an manchen Stellen die Verbindung der Mittel auflöse und

die stumme Geste allein überbleibe, einen Tragödienschluß ausgewählt zu haben. Selbst bei Tragikern, die sich weniger bedenkenlos als Schiller der theatralischen Mittel bedienen, verlegt sich das Schwergewicht der Vergegenwärtigung gerade am Schluß häufig vom Wort auf die Gebärde. So ist der Schluß von Hebbels ›Gyges‹ eine Kapitulation der Sprache vor der „Mimik des Akteurs": „Jetzt aber scheide ich mich (sie durchsticht sich) so von dir!" [62] Der Vers, der so abrupt von der Bühnenanweisung unterbrochen wird, hat nur noch deiktische Funktion. Das Drama schließt mit dem Selbstmord der Rhodope; das begleitende Wortrudiment „so" ist nichts als der ausgestreckte Finger, der auf die stumme Gebärde zeigt.[63]

Warum gerade am Schluß des Trauerspiels das Mimische sich häufig vordrängt, während das Wort ermattet oder verstummt, ist leicht einzusehen: wenn das Drama mit der Katastrophe endet, mit Tod und Vernichtung, dann ist das Wort entbehrlich oder gar störend. Doch bei Schiller schließt nur eine einzige Tragödie mit der Katastrophe, die ›Jungfrau von Orleans‹. Sie ist auch, außer der Oper ›Wilhelm Tell‹, die mit einem pompösen Finale endet,[64] die einzige, deren Schluß nur mit theatralischen Mitteln bestritten wird. Auf die letzten Worte der sterbenden Heldin folgt noch eine lange

[62] Friedrich Hebbel, Sämtliche Werke, hrsg. v. Richard M. Werner, Berlin o. J., 1. Abt., Bd. 3, S. 344.

[63] In anderen Dramen wird das Wort in solchem Augenblick oft zum bloßen Kommentar. Das letzte Wort von Grillparzers ›Ahnfrau‹, das Wort „Tot!", ist entbehrlich, denn Jaromir ist soeben vor den Augen des Zuschauers gestorben (Franz Grillparzer, Sämtliche Werke, hrsg. v. August Sauer, Wien 1909 ff., Bd. I, S. 148). Dasselbe gilt von den Schlußworten seiner ›Sappho‹: „Sie ist zurückgekehrt zu den Ihren." Kurz vorher steht wiederum die Konstatierung des ohnehin Sichtbaren, die Frage: „Tot?" und die Antwort: „Tot!" (ebda., S. 373). Derselbe kurze Dialog bildet den Schluß von Hauptmanns ›Hanneles Himmelfahrt‹ (Gerhart Hauptmann, Das Gesammelte Werk, Berlin 1942, Bd. II, S. 300; vgl. ebda., S. 459).

[64] Hermann Schneider (a. a. O., S. 96) nennt ihn den „Gipfel der äußerlichen Opernhaftigkeit". Auch ›Die Gräfin von Flandern‹ sollte mit einem prächtigen Tableau schließen, mit Vereinigung der Liebenden, Volksjubel, Freudenfest. Schiller bemerkt dazu: „Oberons Schluß" (Kettner, S. 216).

Bühnenanweisung, die stummes Spiel vorschreibt: „Die Fahne entfällt ihr, sie sinkt tot darauf nieder – Alle stehen lange in sprachloser Rührung – Auf einen leisen Wink des Königs werden alle
Fahnen sanft auf sie niedergelassen, daß sie ganz davon bedeckt
wird." [65] Hier endet wirklich einmal die Dichtung „in sprachloser
Rührung". Und doch ist es nicht allein die „Mimik der Akteurs",
die die letzten Augenblicke des Trauerspiels beherrscht, sondern
eine kunstreiche Verbindung theatralischer Mittel: ein monumen-
tales Schlußbild, Rüstungen und Fahnen, Gruppen und Gesten.
Auch hier, in einem scheinbar so sinnlich-äußerlichen, stoffartigen
Schlußtableau, will Schiller nicht wirkliche „Empfindungen" unmittelbar „ausdrücken", sondern eine wirklichkeitsenthobene Apotheose repräsentieren durch ein Verfahren, das er „symbolisch" zu
nennen vielleicht sich hätte entschließen können. [66]
. Aber nur im ›Wilhelm Tell‹ und in der ›Jungfrau von Orleans‹
hat Schiller solche rein theatralischen Schlüsse gesucht, und nur in
diesen beiden Dramen gibt es auch Aktschlüsse, die sich derselben
Mittel bedienen. [67] Der Rütliakt schließt mit einem dekorativen

---

[65] Bd. 6, S. 354.

[66] In dem wichtigen Brief vom 29. 12. 97 an Goethe (Bd. 5, S. 313)
stehen zwischen den zitierten Sätzen: „. . . der Kunst Luft und Licht
verschaffen" – und: „Ich hatte immer ein gewisses Vertrauen zur
Oper . . ." die Überlegungen: „Und dieß, däucht mir, möchte unter
andern durch die Einführung symbolischer Behelfe geschehen, die in allem
dem, was nicht zu der wahren Kunstwelt des Poeten gehört, und also
nicht dargestellt, sondern bloß bedeutet werden soll, die Stelle des
Gegenstandes verträten. Ich habe mir diesen Begriff vom Symbolischen
in der Poesie noch nicht recht entwickeln können, aber es scheint mir
viel darin zu liegen. Würde der Gebrauch desselben bestimmt, so müßte
die natürliche Folge sein, daß die Poesie sich reinigte, ihre Welt enger
und bedeutungsvoller zusammenzöge, und innerhalb derselben desto
wirksamer würde." Es handelt sich also wiederum um Mittel der Distanzierung von der Wirklichkeit. Allerdings sind Schillers Ausführungen
nicht präzis genug, um zu entscheiden, ob Fahnen und Gebärden als
solche „symbolischen Behelfe" aufgefaßt werden können.

[67] Zum zweiten Aktschluß des ›Demetrius‹ haben wir nur die Notiz
(a. a. O., S. 148): „Ein hofnungsreicher Erfolg beschließt diesen Akt auf
eine theatralische Art."

Kunststück, dem Sonnenaufgang bei leerer Bühne und rauschender Musik, der vierte Akt desselben Stückes mit einem Operntableau: Volk, Hochzeitsgesellschaft und die barmherzigen Brüder mit ihrem Gesang: „Rasch tritt der Tod den Menschen an" [68]. Der vierte Akt der ›Jungfrau von Orleans‹ endlich schließt mit einer vorwiegend pantomimischen Szenenfolge, die wiederum, obgleich das Wort an ihr geringen Anteil hat, eine künstliche Verbindung der Mittel zeigt. Eine überraschende dramatische Situation spiegelt sich in einer ganzen Skala pathetischer, entsetzter, verzweifelter Gebärden, von „stillem Schmerz" und dem Blick zum Himmel bis zu „zuckender Bewegung" und der Flucht des Volkes, begleitet von drohenden Donnerschlägen. [69] Schiller schreibt dazu nicht ohne Ironie, aber doch offensichtlich guten Gewissens: „Der Schluß des vorletzten Acts ist sehr theatralisch und der donnernde Deus ex machina wird seine Wirkung nicht verfehlen." [70]

Doch damit ist die Reihe der Schlüsse, an denen das Wort geringen oder gar keinen Anteil hat, schon erschöpft. Schiller ist kein Operndichter; selbst der ›Tell‹ hat starke dramatische Akzente, lebt nicht, wie die Oper, hingegeben an den Augenblick, an die spannungslose sinnenhafte Entfaltung. Nur ein Dichter, der das unveränderlich Gültige zum Thema einer Theaterdichtung nimmt, kann in der Oper Genüge finden, wie an vielen Stellen Calderon; Goethe hat scharfsichtig erkannt, daß gerade dieser Meister „im Technischen und Theatralischen" für Schiller „gefährlich gewesen" wäre.[71] Schiller hingegen, der „seinen Zweck in die Folge und an das Ende setzt" [72], kann jene Spannung nicht entbehren, die er „Präcipitation" nennt. Das Drama „steht unter der Categorie der Causalitaet" [72], hat ein Gefälle ins Zukünftige, zum Ende hin. Vom ›Wallenstein‹ berichtet der Dichter: „Zugleich gelang es mir,

[68] Bd. 7, S. 191, 259 f. Vgl. Schneider, a. a. O., S. 95, Petersen, a. a. O., S. 150.

[69] Bd. 6, S. 327.

[70] 3. 4. 01 an Goethe, Bd. 6, S. 266.

[71] Goethe 12. 5. 25 zu Eckermann, Eckermann, a. a. O., Bd. I, S. 193.

[72] 25. 4. 97 an Goethe, Bd. 5, S. 183.

die Handlung gleich vom Anfang in eine solche Praecipitation und Neigung zu bringen, daß sie in steter und beschleunigter Bewegung zu ihrem Ende eilt."[73] „Das Künftige wirkt wie ein Magnet, der alle Gegenwart an sich zieht"[74]; nicht in der Gegenwart, wie die Oper, sondern in einer „futurischen Existenz"[75] lebt das Drama. Es fordert gespannte, zukunftsträchtige Situationen, nicht gefrorene Tableaus, es fordert Rede, und zwar dramatische Rede.

Dramatische Rede aber ist weder Mitteilung noch Ausdruck von Empfindungen, wie Hegel meint, sondern zweckgerichtete Aktion. Das Wort, sofern es, nach Hegels Formulierung, „den Geist der Handlung exponiert", teilt also weder nur Wirklichkeit mit, noch drückt es nur Wirklichkeit, „Empfindungen und Vorstellungen" aus, sondern es will vor allem Wirklichkeit entweder hervorbringen oder selbst sein. Diese letztere Unterscheidung scheint Hölderlin im Auge zu haben, wenn er in den Anmerkungen zur ›Antigonae‹ vom „tödtlichfactischen" und „tötendtfactischen Wort" spricht, das heißt von der „mittelbaren" und „unmittelbaren" Aktivität der dramatischen Rede.[76] Orakel, Beleidigung, Segen und Fluch sind unmittelbar faktisch, schöpfen ihre Bedeutung und Kraft nicht aus einer Wirklichkeit, auf die sie sich beziehen, müssen auch nicht durch den Sprechenden oder den Angesprochenen erst realisiert werden, sondern sind als Worte von einer nicht mehr zu korrigierenden Tatsächlichkeit. Das mittelbar faktische Wort hingegen, das, wie Hölderlin formuliert, „den Körper ergreift, daß dieser tödtet", ist Sprache in futurischer oder imperativischer Form, ist Entschluß, Ankündigung, Drohung, Befehl, Überredung. Lady Macbeth bietet ein Beispiel dieser Redeweise, aber auch Octavio Piccolomini, wenn er zu Buttler so wirksame Worte spricht, „daß dieser tödtet"[77]. Eben diese Redeweise ist dem Drama vertraut, weil sie, wie die dramatische Handlung, stets „im Hinblick auf"[78]

---

[73] 2. 10. 07 an Goethe, ebda., S. 271.
[74] Staiger, a. a. O., S. 151.
[75] Ders., Grundbegriffe der Poetik, Zürich 1951², S. 176.
[76] Große Stuttgarter Ausgabe, Bd. 5, S. 269 f.
[77] Ebda., S. 233–237.
[78] Staiger, Grundbegriffe, S. 177, 223 f.

etwas gerichtet ist, weil „jeder Satz . . . eine ganz bestimmte Absicht hat" [79] und so der Präzipitation des Dramas Vorschub leistet.

Dies gilt zwar nicht für den Schluß des Dramas, der ja der Präzipitation Einhalt gebietet, wohl aber für den gesamten Verlauf der Aktion und ganz besonders für die inneren Aktschlüsse. Sie verteidigen die Einheit der unaufhaltsam zum Ende hineilenden dramatischen Aktion gegen die Aufenthalte der theatralischen Realisierung, indem sie das Zukünftige, das zu Erwartende nicht nur den dramatis personae, sondern vor allem auch den Zuschauern eindringlich vor Augen führen. Die dramaturgische Funktion des Futurischen fällt hier mit der theatralischen Aufgabe zusammen, die Spannung wachzuhalten, die Erwartung des Kommenden zu steigern, den Zuschauer nicht aus dem Bannkreis des dramatischen Ablaufs zu entlassen und so die Ablenkungen des Zwischenaktes zu paralysieren.[80] Mit einer einzigen Ausnahme – der zweite Akt der ›Jungfrau von Orleans‹ schließt mit einer rührenden Gruppe – sind alle Aktschlüsse Schillers so angelegt, daß die letzten Worte, auch wenn sie von opernhaften Bühnenwirkungen begleitet werden, von dem handeln, was geschehen wird oder soll. Häufig werden Zeitangaben hinzugefügt: „Auf! hurtig! alle! nach Franken! in acht Tagen müssen wir dort sein." [81] – „Und eh' der Tag sich neigt, muß sich's erklären, ob ich den Freund, ob ich den Vater soll ent-

[79] Ebda., S. 173.
[80] Vgl. Petersen, a. a. O., S. 142: „Allmählich gewinnt der Dramatiker die Erkenntniss, daß mit dem Fallen des Vorhangs eine stärkere Accentuierung des Aktschlusses notwendig wird; das Publikum, das die Bühne selbst nicht mehr im Auge behält, muß während der Pause durch den Nachhall einschlagender Schlußworte oder die Erinnerung an eine packende Schlußgruppe gefesselt bleiben." Petersen vergißt nur zu erwähnen, daß die Spannung auf das Kommende stets fesselnder ist als die Erinnerung. Wie entscheidend spannungslose Aktschlüsse der Wirkung eines Stückes schaden können, zeigt das bekannte Debakel des wider seine ursprüngliche Anlage in drei Akte zerschnittenen ›Zerbrochenen Krugs‹ in Weimar.
[81] Die Räuber III, Bd. 3, S. 97.

behren."[82] – „Der Ritter Wird künftig ungemeldet vorgelassen."[83] In allen diesen Fällen[84] hat das grammatische Präsens futurische Bedeutung; doch auch das grammatische Futurum kommt vor: „Und seid gewiß, ich werde sie bewahren, daß sie nichts Böses tun soll, noch erfahren!"[85] Über die Hälfte aller Aktschlüsse aber sind Imperative.

Was grammatisch als Futurum oder Imperativ erscheint, ist als dramatisches Handlungselement Entschluß, Programm, Befehl: „Sei frei, Genua, und ich dein *glücklichster* Bürger!"[86] „Ihr übrigen zerstreut euch im Wald – ich bleibe."[87] Bedeutungs- und wirkungsvoller noch weist die Drohung in die Zukunft[88] und die prophetische Vorausdeutung, wie Theklas Kassandramonolog[89] oder Wallensteins: „Ob Glück, ob Unglück aufgeht, lehrt das Ende."[90]

Stets ist das Schlußwort der aktuellen Situation voraus, nimmt das Kommende vorweg. Die theatralische Aktion, die dieser Funktion des Wortes entspricht, ist der Aufbruch. „Verschworene stürzen zum Saal hinaus"[91] – „unter allgemeinem Aufbruch fällt der Vorhang"[92] – „alles setzt sich in Bewegung"[93] – so und ähnlich

---

[82] Die Piccolomini V, Bd. 5, S. 182. Der Schluß ist als Aktschluß konzipiert, da ursprünglich das Drama noch die beiden ersten Akte von ›Wallensteins Tod‹ mitumfassen sollte (Nationalausgabe, Bd. 8, S. 405, 440, 448). Schon Mme. de Staël bemerkt, das Drama ende «comme une conversation interrompue» (l. c., p. 220).

[83] Don Carlos III, Bd. 4, S. 166.

[84] Ebenso Don Carlos II, Maria Stuart III.

[85] Maria Stuart I, Bd. 6, S. 48. Vgl. Kabale und Liebe IV, Wilhelm Tell III. Ähnlich die Umschreibung mit Hilfsverben: Die Räuber II, Die Jungfrau von Orleans IV.

[86] Die Verschwörung des Fiesco zu Genua II, Bd. 3, S. 224.

[87] Die Räuber IV, Bd. 3, S. 132.

[88] Kabale und Liebe II, Bd. 3, S. 347. Vgl. auch die Herausforderung Don Carlos I.

[89] Die Piccolomini III. Vgl. Die Braut von Messina III.

[90] Wallensteins Tod I, Bd. 5, S. 214.

[91] Die Verschwörung des Fiesco zu Genua IV, Bd. 3, S. 269.

[92] Die Piccolomini IV, Bd. 5, S. 164.

[93] Die Jungfrau von Orleans I, Bd. 6, S. 242.

lauten die Anweisungen. Manchmal wird „Lärm und Getümmel" [94], „wilder Tumult" [95] oder auch „größte Ruhe" [96] vorgeschrieben, manchmal heißt es einfach: „Sie gehen ab" [97] – fast immer aber brechen alle oder die meisten Personen zu neuen Aktionen auf. Das ist nicht technischer Zwang, der die Räumung der Bühne verlangte, denn Schiller rechnet stets mit dem Vorhang auch am Ende des Aktes;[98] es entspricht vielmehr der Funktion des Aktschlusses und dem Stil der Gattung.

Zu dieser Spannung auf das Kommende hin tritt nun bei Schiller häufig noch eine innere Spannung. Schiller liebt Kontraste, und gerade diese Vorliebe ist es, die ihm oft den Vorwurf eingetragen hat, er verschmähe nicht die „groben" und „grellen" Wirkungen. Seine Kalkulation geht dabei so weit, daß er am liebsten das Publikum in seine Kontrastwirkungen einbeziehen und ernsthaften „Geschäftsleuten und Philistern" die „spielende Stimmung" der Oper, „müßigen Weltleuten" jedoch die Tragödie verordnen möchte.[99] Wichtiger ist die Erwägung, „daß ein Theil des poetischen Interesse in dem Antagonism zwischen dem Inhalt und der Darstellung liegt: ist der Innhalt sehr poetisch bedeutend, so kann eine magre Darstellung und eine bis zum Gemeinen gehende Einfalt des Ausdrucks ihm recht wohl anstehen, da im Gegentheil ein unpoetischer gemeiner Innhalt ... durch den belebten und reichen Ausdruck poetische Dignität erhält." [100] Zwar denkt Schiller hier zweifellos an die Ausgewogenheit des klassischen Kunstwerks, an die Herstellung einer einheitlichen Stilebene. Doch schon der Bezug auf das „Interesse" deutet an, daß der „Antagonism" auch andere Möglichkeiten birgt, vor allem an so ausgezeichneten und spannungsreichen Stellen wie Aktschlüssen. Schon rhetorisch pointierte Antithesen geben

---

[94] Die Räuber II, Bd. 3, S. 81.
[95] Wallensteins Tod III, Bd. 5, S. 300.
[96] Wilhelm Tell II, Bd. 7, S. 191.
[97] Die Räuber III, Bd. 3, S. 97; Don Carlos I, Bd. 4, S. 52. Ähnlich öfter.
[98] Petersen, a. a. O., S. 145.
[99] 2. 2. 98 an Goethe, Bd. 5, S. 336.
[100] 24. 11. 97 an Goethe, ebda., S. 289 f.

ihnen einen zusätzlichen Akzent: „Sie schlägt die Augen auf –
Itzt kommt, sie dem Doria zuzudrücken".[101]

Weit wirkungsvoller noch ist die Antithese, wenn das Wort im
Widerspruch zur wirklichen Situation steht.[102] Der vierte Akt von
›Wallensteins Tod‹ endet, unmittelbar vor der Katastrophe, mit
einer scheinbaren Idylle, der kurzen Szene zwischen der verzweifel-
ten, fluchtbereiten Thekla und ihrer Mutter.[103] Die Erregung über
die Nachricht vom Untergang ihres Geliebten zittert noch in ihr
nach – „du zitterst ja so heftig..." –, und doch spricht Thekla
nur von Ruhe, Schlaf und Trost, und ihre letzten Worte in den
Armen der Mutter lauten: „Schlaf wird es Besänftigen – Gut'
Nacht, geliebte Mutter!" Dies „Gut' Nacht", diese leise und innige
Szene leitet die Schrecken der Katastrophe ein, die jeder schon ahnt.
Noch zugespitzter ist der dritte Aktschluß des ›Fiesco‹, der in eine
ganz ähnliche Situation führt: der Aufstand ist vorbereitet, der
„Sturm, der heute Nacht den Stamm Doria spaltet" [104], wird so-
gleich losbrechen – da führt das Haupt der Verschwörung eine
Doria ins Theater und antwortet auf die Frage: „Doch kein Trauer-
spiel, Graf? – (tückisch) O es ist zum Totlachen, Gräfin" [105]. Die
Ironie, die im ›Wallenstein‹ leiser und bitterer ist, ist hier pointiert-
witzig zugespitzt und fast aufdringlich kraß.

Noch ausdrucksvoller aber ist der Kontrast am Ende des zweiten
Aktes von ›Wallensteins Tod‹. Mit ihm sollten ›Die Piccolomini‹
schließen, ohne daß aber die dramatische Handlung abgeschlossen
sein sollte. Der Kontrast umschreibt auf kleinstem Raum das Hauptthema der ›Piccolomini‹, Zusammengehörigkeit und Entzweiung
von Vater und Sohn:

> *Octavio.*   Wie? Keinen Blick
> Der Liebe? Keinen Händedruck zum Abschied?
> Es ist ein blut'ger Krieg, in den wir gehn,
> Und ungewiß verhüllt ist der Erfolg.

[101] Fiesco IV, Bd. 3, S. 269. Ähnlich: Kabale und Liebe III, IV, Die
Piccolomini III, Maria Stuart I, II, III, Tell I.
[102] Bd. 6, S. 101.
[103] Bd. 5, S. 336 f.
[104] Bd. 3, S. 165.
[105] Ebda., S. 247.

So pflegten wir uns vormals nicht zu trennen.
Ist es denn wahr? Ich habe keinen Sohn mehr?
(Max fällt in seine Arme, sie halten einander lange schwei-
gend umfaßt, dann entfernen sie sich nach verschiedenen
Seiten [106].)

[Tod, 1274–79]

Das Thema verdichtet sich in wenigen Worten und Gebärden, die
aufs engste zusammengehören. Ohne Octavios Worte wäre Umarmung und Schweigen, ohne die Gebärde die Klage nur eine Teil-
wahrheit. Was hier aufeinander folgt, muß doch zusammengesehen
werden: die Konstatierung der Entfremdung, der Blick in die Vergangenheit, die Vorausdeutung in die Zukunft, das zögernde Fazit
„Ich habe keinen Sohn mehr?", das alsbald widerlegt wird durch
die Umarmung und doch wieder ahnungsvoll bestätigt durch das
Auseinandergehen nach verschiedenen Seiten. Solche Widersprüche
der Gegenwart verlangen gebieterisch nach einem Austrag in der
Zukunft, einer schon angedeuteten Zukunft: blutigem Krieg mit
ungewissem Ausgang. Ein solcher Schluß aber trägt die Handlung
auch über den Zwischenakt, ja über eine längere Unterbrechung
hinweg, indem „die Erwartung in hohem Grade gespannt und bis
ans Ende immer in Athem gehalten wird" [107].

Was für die Aktschlüsse gilt, läßt sich nicht ohne weiteres auf
die Dramenschlüsse anwenden. In ihnen kommt die dramatische
Präzipitation zum Stehen, die Kette der Kausalität reißt ab. Die
Katastrophe ist das Ergebnis der dramatischen Aktion, das zugleich aus ihr hinausführt; sie gehört nur noch so zum Drama wie
der Tod zum Leben. Wenn danach die Dichtung nochmals ihre
Stimme erhebt, so steht sie meist schon außerhalb des Dramas.
Zahlreiche Tragödien schließen mit epilogartigen, berichtenden,
resümierenden oder verallgemeinernden Wendungen, mit Boten-
berichten wie Racines ›Athalie‹, mit Nekrologen wie ›Hamlet‹, mit
Chorliedern, Betrachtungen, Lehren oder Sentenzen.

Ein einziges Mal hat Schiller sich dieser Form bedient: in der
›Braut von Messina‹. Dem Selbstmord Don Cesars folgt „ein tiefes

[106] Bd. 5, S. 242.
[107] Die Prinzessin von Zelle, Kettner, S. 220.

Schweigen" und dann ein fünfzeiliges Chorlied, das mit der berühmten Sentenz endet: „Das Leben ist der Güter höchstes *nicht,
Der Übel größtes aber ist die Schuld.*" [108] Hier endet die eigentliche dramatische Handlung mit einer stummen Tat, mit Tod und
Schweigen, die Dichtung hingegen mit einer Betrachtung, die vom
Drama weg ins Allgemeine führt. Durch diese Ablösung des Worts
von der Handlung entsteht ein doppelter Schluß. Solches Verfahren ist aber, so häufig es sonst sein mag, bei Schiller eine Ausnahme.
Der Grund dafür läßt sich mutmaßen: einmal wird die Verbindung
der Mittel gelöst, zum andern bezieht die Schlußsentenz die Welt
des Dramas auf die wirkliche. Sie mißt das dramatische Geschehen
an einem allgemeingültigen ethischen Gesetz. Das aber läuft Schillers erklärter Absicht zuwider, die Welt des poetisch-theatralischen
Kunstwerks sauber und selbstgenügsam von jeder Wirklichkeit getrennt zu halten. [109]

Da aber die tragische Katastrophe dramatische Rede nicht mehr
zuläßt, greift Schiller zu dem Mittel, das Drama nicht mit der
Katastrophe, sondern vor oder nach ihr zu beenden. Der vorzeitige
Schluß eröffnet die Möglichkeit, auch die letzten Worte der Tragö-
die noch in die Zukunft zu richten, einen letzten Entschluß oder
Befehl zu verkünden. ›Don Carlos‹ endet mit der Weisung: „Kar-
dinal! Ich habe das Meinige getan. Tun Sie das Ihre." [110] Der Aus-
blick auf das Unvermeidliche endet das Stück. Und auch ein Kon-
trast fehlt nicht: nach aller Turbulenz des Geschehens, nach allen
Schrecken und Emotionen, nach der harten Pointe des in doppeltem
Sinne „letzten Betrugs" spricht der König seine tödlich faktischen
Worte „kalt und stille". Schiller stellt einmal die Regel auf:
„Stücke, worin große heftige Affekte spielen, endigen sich schöner
– ruhig und stille als rasch und reißend." [111] Ein Widerspruch,

---

[108] Bd. 7, S. 120. Eine ganz ähnliche Funktion hat die Schlußsentenz
der ›Jungfrau von Orleans‹; doch folgt ihr noch das stumme Spiel. Vgl.
dazu unten S. 205 f.
[109] Der „Moralist" Schiller opponiert sogar gegen die „sittlichen
Sprüche" und „moralischen Stellen" bei Goethe (22. 1. 02 und 17. 1. 05
an Goethe – Bd. 6, S. 337 und Bd. 7, S. 204).
[110] Bd. 4, S. 288.

der nach Auflösung verlangte, ist am Schluß der Tragödie nicht mehr möglich; wohl aber ein Kontrast als Wechsel des Tons.

Ähnlich ist der Schluß der ›Räuber‹ angelegt.[112] Wieder folgt auf die Hitze der Affekte ein ruhiges „Nachsinnen" und ein letzter Plan. Doch hier bringen die letzten Worte des Räubers, nicht ohne Gewaltsamkeit, noch eine Überraschung: er entsinnt sich eines Mannes, dessen bisher nie Erwähnung getan wurde, eines „armen Schelms", und dessen, daß sein eigenes verwirktes Leben doch noch etwas wert ist: den Kopfpreis. Und aus diesen beiden Gedanken wird der Plan: „dem Mann kann geholfen werden". Und „er geht ab", ein letztes gutes Werk zu tun, unpathetisch und selbstverständlich. Dies Werk aber wirft nun noch einmal ein Licht auf ihn, auf seinen Charakter, seine Größe. So ist der letzte Satz, während er in die Zukunft zeigt, doch zugleich und wesentlich rückgewandt.

Rückwendung: das bedeutet, daß wir uns bereits der dramaturgischen Funktion des Schlusses zugewandt haben. Rückgewandte Schlüsse sind in eine vertikale Verbindung der Mittel eingespannt: sie beziehen ihre Bedeutsamkeit aus ihrer Funktion im Gesamtablauf der Tragödie. Um aber diese Rückwendung zu ermöglichen, ohne sich über die Ebene der Aktion zu erheben und über das Drama zu raisonnieren, bedient sich Schiller häufig eines Kunstgriffs: er führt die Handlung ein Stück über die Katastrophe hinaus, scheinbar vom Hauptthema der Tragödie weg, in Wahrheit aber wieder hinein, ja auf ihren Anfang zurück. Zum Schluß wird ein – oft überraschendes – Licht auf eine Einzelheit des Geschehens geworfen, und dieses Licht verbreitet sich nachträglich über das ganze Drama. Über die ›Jungfrau von Orleans‹ schreibt Schiller: „Von meinem letzten Act augurire ich viel Gutes, er erklärt den ersten, und so beißt sich die Schlange in den Schwanz. Weil meine Heldin darinn auf sich allein steht, und im Unglück von den Göttern deseriert ist, so zeigt sich ihre Selbständigkeit und ihr Character Anspruch auf die Prophetenrolle deutlicher." [113] Der Schluß also begründet den Anfang, die Kette der Kausalität wird

---

[111] 4. 7. 87 an Schröder, Bd. 1, S. 349. Auch auf die Schlüsse von ›Kabale und Liebe‹ und andere ist die Maxime anwendbar.

[112] Bd. 3, S. 156.

[113] 3. 4. 01 an Goethe, Bd. 6, S. 266.

weitergesponnen und zum Kreis gefügt, die Welt des Dramas rundet sich. Das bedeutet aber: weder sind die letzten Worte der Johanna eine allgemeingültige Sentenz, wie die des Chors in der ›Braut von Messina‹, noch ist das stumme Spiel ein bloßes lebendes Bild; beides zusammen vielmehr, die Verklärung der Heldin und die stumme Reverenz fast aller Personen des Stückes, die nicht zu einem nur dekorativen Tableau, sondern wie zu einer Gerichtssitzung versammelt sind, bestätigen das zu Beginn des Stückes nur geforderte, nicht erhärtete Recht der Johanna auf ihre Rolle und korrigieren alle später aufgetretenen Zweifel und Irrtümer.

Solch nachträgliche Erläuterung der Voraussetzungen des Stückes ist die Funktion einer ganzen Reihe von Schlüssen, schon des ›Fiesco‹ und noch des ›Demetrius‹. Auch im ›Fiesco‹ wird die Tragödie ein winziges Stück über die Katastrophe hinausgeführt; doch die letzten Worte Verrinas: „Ich geh' zum Andreas" [114] stellen alles Bisherige in Frage. Der Entschluß, scheinbar in die Zukunft weisend, enthüllt blitzartig die ganze Schwäche des bisherigen Unternehmens: die ideologische Säule der Verschwörung, der Erzrepublikaner widerruft seine Prinzipien, alle scheinbaren Voraussetzungen der Handlung fallen dahin, alle Akzente verschieben sich: die Revolution war an persönlich-zufällige Konstellationen gebunden, an Fiescos Ehrgeiz und Gianettinos Niedertracht. Sobald diese Voraussetzungen dahinfallen, scheitern alle großartigen Zurüstungen, und der ursprüngliche Zustand stellt sich ohne Schwierigkeit wieder her.

Nicht minder ungewöhnlich sollte der ›Demetrius‹ enden: nach dem Tode des Helden tritt noch eine neue Figur auf, nicht um ihm, wie Fortinbras, Worte des Gedenkens zu widmen, sondern um sein Schicksal zu wiederholen. Wiederum ein Entschluß: der Betrüger hat sich Kroninsignien verschafft und will als neuer Prätendent auftreten. Sein Monolog sollte „die Tragödie schließen, indem er in eine neue Reihe von Stürmen hineinblicken läßt und gleichsam das Alte von neuem beginnt" [115]. Was scheinbar ein zukunftsträchtiger Neubeginn ist, bedeutet nur eine Wiederholung der Ausgangs-

[114] Bd. 3, S. 292.
[115] Demetrius, a. a. O., S. 167.

situation. Der Schluß erklärt den Anfang: erklärt die Möglichkeit, daß ein Prätendent auftreten kann. Der Schluß ist scheinbarer Anfang, wie der Anfang ein scheinbarer Schluß, denn das Drama beginnt: „So ist denn dieser stürmevolle Reichstag   Zum guten Ende glücklich eingeleitet." [116]

Doch es bedarf keiner neuen Figur, keiner Auferstehung der Zentralfigur, um solche Wirkung hervorzurufen. In zwei anderen Dramen, in ›Maria Stuart‹ und ›Wallenstein‹, stehen im Mittelpunkt der Schlußszene die Gegenspieler der Titelfiguren.

Die letzten Szenen der ›Maria Stuart‹, die Madame de Staël unterdrückt wissen wollte,[117] sind unentbehrlich für die Symmetrie wie für das Verständnis des ganzen Dramas. Sie komplettieren die „Correlationen" [118], die die ganze Komposition bestimmen und die als Gegenbilder zu den beiden ersten Akteingängen, der verlassenen Maria und der inmitten ihres glanzvollen Hofes strahlenden Elisabeth, nicht nur die Apotheose der von ihren Freunden und Getreuen in festlicher Trauer umgebenen Maria, sondern auch das Bild der vereinsamten Elisabeth fordern. Sie bringen aber nicht nur den formalen Ausgleich. Elisabeth spürt die Folgen ihrer Tat, sieht sich von ihren Dienern verlassen, hört aus Talbots Munde „betroffen" das Urteil der Geschichte: „Die Gegnerin ist tot. Du hast von nun an Nichts mehr zu fürchten, brauchst nichts mehr zu achten." [119] Diese beiden Verse könnten die Tragödie schließen. Sie zeigen charakteristische Merkmale, die wir an anderen Schlußworten beobachtet haben: die antithetische Zuspitzung, die doppelte Richtung in die

---

[116] Ebda., S. 3. Vgl. ›Don Carlos‹: „Die schönen Tage in Aranjuez Sind nun zu Ende" (Bd. 4, S. 5). Oder ›Wallensteins Tod‹: „Laß es jetzt gut sein ... Wir wissen gnug" (Bd. 5, S. 187).

[117] Sie nennt ihn « une espèce d'appendice ou d'explication, qu'on ne peut plus écouter quand la catastrophe principale est terminée » (l. c., p. 272). Tatsächlich wurde bei späteren Weimarer Aufführungen das Stück mit Leicesters Monolog geschlossen (vgl. Schillers Gespräche, hrsg. v. J. Petersen, Leipzig 1911, S. 301).

[118] ›Die Prinzessin von Zelle‹, Kettner, S. 221. Für dies Drama, das in vieler Beziehung der ›Maria Stuart‹ ähnlich geworden wäre, war eine ganze Reihe von solchen antithetischen Entsprechungen geplant.

[119] Bd. 6, S. 185 f.

Zukunft — „von nun an" — und in die Vergangenheit, ja sie haben als Urteil sogar etwas von jener unmittelbaren Faktizität, durch die „das Wort ... schrecklich ist, und tödtet" [120]. Das Stück schlösse mit einem starken moralischen Akzent.

Aber Schiller läßt noch zwei Sätze folgen, den Befehl: „Lord Leicester komme her" — und die Antwort: „Der Lord läßt sich entschuldigen, er ist zu Schiff nach Frankreich." Die Bühnenanweisung schreibt vor: „Sie bezwingt sich und steht mit ruhiger Fassung da." Wieder folgt Schiller seiner alten Regel: das Stück endet gedämpft, fast tonlos, mit einer nüchternen Meldung, in höfisch-zeremoniösem Ton vorgetragen und mit „ruhiger Fassung" angehört. Und doch ist dieser Schluß von ungeheurer Spannung. Freilich ist er nicht „hochpointiert", vielmehr resultiert die Spannung einmal aus dem Kontrast zwischen Gebärde und Wort, der vernichtenden Nachricht und der aufrecht-gefaßten Königin, zum andern aus der Funktion des Schlusses. Elisabeth sieht sich um den Preis ihrer Tat betrogen: Leicester, den sie durch den Tod der Rivalin unlöslich an sich ketten wollte, hat sie verloren. Und sie hat ihn durch ihre eigene Schuld verloren, denn sie selbst hat ihn ja, in ungroßmütiger Rachsucht — „Leicestern mit den Augen fixierend" [121] — nach Fotheringhay entsandt, ihn zum Zeugen nicht nur von Marias Tod, sondern auch ihrer Würde und Hoheit gemacht und so entscheidend zu seiner Flucht beigetragen. Diese Kleinlichkeit, dieser Mangel an königlicher Souveränität ist es, auf die das letzte Licht des Dramas fällt. Ihr fehlt, was Maria besitzt: Größe; nicht an Tugend, an Größe ist ihr die Gegnerin überlegen. So wird zum Schluß der Akzent vom moralischen Urteil auf diesen Wert verlegt, der, wie uns scheint, für Schiller wie für die ›Maria Stuart‹ entscheidend ist.[122] Ihre Kleinheit erlaubt Elisabeth nicht, Marias Existenz zu ertragen. Dies scheint die *Erklärung* der Voraussetzungen des Dramas, die sich aus dem Schluß ergibt: der Kontrast zwischen äußerer Würde und Fassung und innerer Niedrigkeit und Schwäche, zwischen der

[120] Hölderlin, a. a. O., S. 270.
[121] Bd. 6, S. 140.
[122] Wir können hier auf die Bedeutung des Begriffs für Schiller nicht eingehen; er würde eine eigene Untersuchung fordern und lohnen.

mächtigen Königin und dem von Eifersucht, Zweifeln und dem
Bewußtsein der eigenen Unzulänglichkeit heimgesuchten Weib, der
sich im Schluß verdichtet, er ist die Tragik der Elisabeth, der erst
Maria zum Opfer fällt und dann sie selbst, ihr *edlerer Teil* und ihr
Glück.

Wir kehren zum Schluß des ›Wallenstein‹ zurück, von dem wir
ausgingen. Wir haben gesehen, daß die Struktur der Schlußwendungen Schillers zu komplex ist, als daß man sie einfach, wie Thomas
Mann, sprachliche Pointen nennen oder aber als Ausdrucksgebär-
den nehmen dürfte, daß sie vielmehr höchst spannungsreiche und
komplizierte Verbindungen von Mitteln und Absichten darstellen.
Weder die zugespitzte rhetorische Formel noch die „Mimik des
Akteurs" sichert Prägnanz und Wirkung auch des ›Wallenstein‹-
Schlusses, sondern ihr Zusammenwirken und ihre Funktion innerhalb des ganzen Dramas.

Wieder führt Schiller die Handlung über die Katastrophe hinaus, wieder fällt ein Licht auf den Gegenspieler der Hauptfigur.
Doch das letzte Wort ist nicht, wie in der ›Maria Stuart‹, eine kurze
Meldung, eine Art von Botenbericht, der das vernichtende Faktum
mitteilt, sondern ein unmittelbar vernichtendes, ein „tödtendfacti-
sches" Wort: „Fürst Piccolomini", der Titel, der Octavio für seine
Treue zum Kaiserhaus zuteil wird, ist ein höchst reales Faktum,
aber identisch mit dem Wort.

Diese Identität von Wort und Faktum am Schluß des Dramas
ist nicht eben häufig. Ein deutliches Beispiel ist der Schluß von
Goethes ›Iphigenie‹ [123]. Das Drama ringt um Versöhnung und
schließt mit Versöhnung, und die Versöhnung wird Wirklichkeit
in dem „Lebt wohl!" des Thoas und in der begleitenden Gebärde.
Hier fällt Wort, Gebärde und Faktum unmittelbar zusammen
in vollkommener Harmonie. Schillers ›Wallenstein‹ dagegen endet
mit der „grellsten, schneidendsten Dissonanz" [124]. Schon Goethe
schreibt dazu: „Der Schluß des Ganzen durch die Adresse des Briefs
erschreckt eigentlich, besonders in der weichen Stimmung, in der
man sich befindet. Der Fall ist auch wohl einzig, daß man, nachdem

---

[123] WA I, Bd. 10, S. 95.
[124] Kurt May, Friedrich Schiller, Göttingen 1948, S. 164.

alles, was Furcht und Mitleiden zu erregen fähig ist, erschöpft war,
mit Schrecken schließen konnte." [125] Goethe scheint uns hier rich-
tiger zu sehen als Hegel. In der Tat schließt Schiller mit dem tragischen Schrecken; und dieser Schrecken resultiert nicht aus dem
Schmerz des Octavio, aus dem „Ausdruck seiner Empfindung",
sondern aus dem faktischen Wort und dem Kontrast zwischen ihm
und der Reaktion der Figuren.

Gordon übergibt den Brief „mit einem Blick des Vorwurfs",
Octavio nimmt ihn mit Schrecken und Schmerz entgegen: das ist
eine seltsame Reaktion auf eine glänzende Rangerhöhung. Das faktische Wort trifft den Gefeierten wie ein Keulenschlag: denn der
Titel ist der Judaslohn. Was Octavio – vielleicht – aus Treue zu
tun glaubt, honoriert der intrigengewohnte Hof auf seine Art und
degradiert den, den er zu erhöhen meint, zum „Karrieristen der
Gesetzlichkeit" [126]. Was scheinbar der Beginn eines Aufstiegs ist,
ist in Wahrheit ein moralischer Untergang. Der Schluß, der nur
aus dem Gesamtablauf der Tragödie verständlich ist, erklärt seinerseits deren Voraussetzungen. Die Zweideutigkeit von Octavios
Spiel, seine Kleinheit und Mittelmäßigkeit, die ihm zum Schluß
noch einmal durch die beschämende Ehre, die er erfährt, attestiert
wird, ist Wallenstein ebenso verderblich geworden wie Elisabeths
unkönigliche Kleinlichkeit der Königin Maria. Wenn das ›Lager‹
Wallensteins Verbrechen erklärt, so Octavios zwielichtiges Spiel, seine
Treue, die zugleich Treulosigkeit ist, Wallensteins Untergang. [127]

---

[125] 18. 3. 99 an Schiller, WA IV, Bd. 14, S. 46. Es scheint kein Anlaß
dafür vorzuliegen, aus dieser Stelle einen Tadel herauszuhören, wie dies
Clemens Heselhaus (Der Deutschunterricht 5, 1952, S. 52) tut.

[126] Thomas Mann, a. a. O., S. 56. Vgl. Max Kommerell, Geist und
Buchstabe der Dichtung, Frankfurt 1944³, S. 216.

[127] Hermann Schneiders (a. a. O., S. 49) Behauptung: „Das Lager
soll ja nicht nur sein Verbrechen erklären, sondern auch sein Scheitern"
– ist nicht belegt. Dagegen vgl. May (a. a. O., S. 163): „Die letzte Szene
entscheidet . . . die Gesamtdeutung des großen Ganzen." Storz' Deutung
(a. a. O., S. 297), daß der Schluß das Gleichgewicht zwischen den Gegen-
spielern unterstreiche, können wir nicht zustimmen. Storz schreibt: „Niemand siegt und niemand hat recht in diesem Streit. Denn die moralische
Rechnung, falls man eine solche zwischen Wallenstein und Octavio auf-

Beginn und Schluß des Dramas stützen sich gegenseitig, und wieder „erklärt" der Schluß den Anfang, indem er die Distanzen zurechtrückt; Octavios Demütigung korrigiert Wallensteins ruhmlosen Untergang, und das Gefälle zwischen der Größe des Feldherrn und der Kläglichkeit des Karrieremachers liefert den Maßstab, der an das gesamte Geschehen der Tragödie anzulegen ist.

Die Schlüsse dreier Tragödien Schillers weisen also eine ganz ähnliche Form und Funktion auf: indem sie scheinbar in die Zukunft zeigen, weisen sie in Wahrheit zurück auf den Beginn des Dramas und schließen damit den Kreis der in sich schlüssigen, runden, ausgewogenen Welt des dramatischen Kunstwerks.

Wenn wir diese Form des Schlusses als die Schiller gemäßeste, seinem Kunstwillen am deutlichsten entgegenkommende annehmen, ordnet sich die scheinbare Mannigfaltigkeit seiner Schlußwendungen. Fast immer suchen sie die horizontale und vertikale Verbindung der Mittel herzustellen, suchen in kontrastreichem Zusammenspiel von Dichtung und Theater die Voraussetzungen der dramatischen Handlung korrigierend zu erhellen. Lediglich die ›Braut von Messina‹, die sich den andersartigen Baugesetzen der attischen Tragödie unterwirft, macht eine Ausnahme, und der Schluß des ›Don Carlos‹ verzichtet auf die Rückwendung. Aber selbst das Opernfinale des ›Wilhelm Tell‹ ist nicht bloßes Schaustück, sondern hat korrigierende Funktion: es zeigt das Volk und die Natur, die eine so bedeutsame Rolle im gesamten Stück spielt, in ihrem harmonischen Zustand, der durch die Tyrannis gestört war, korrespondiert mit dem Sturm, der das Stück eröffnet, ebensowohl wie mit dem Sonnenaufgang, der den Rütliakt beschließt.

Und endlich der Schluß von ›Kabale und Liebe‹, die Versöhnung zwischen Vater und Sohn, der Zusammenbruch des Präsidenten: auch er verschiebt überraschend die Akzente: die Gegenspieler reichen sich die Hand zur Versöhnung, sie rücken plötzlich ganz nahe

macht, geht nicht auf." Wir sehen aber in der Rechnung, die da beglichen wird, gerade keine „moralische" – nicht Wallensteins Recht, sondern seine Größe erhebt ihn über den Gegenspieler, nicht das moralisch Bedenkliche, sondern das Kleinliche von Octavios Spiel trägt ihm die Verachtung nicht nur Gordons ein.

aneinander heran, näher noch als Philipp und Carlos – fordert nicht auch diese Schlußkonfiguration zu einer Neubewertung der Voraussetzungen, zu einer Korrektur der Distanzen heraus?

Wir müssen uns hier versagen, die naheliegende Frage aufzuwerfen, wie denn diese Korrektur zustande komme: ob sie ein bühnenwirksamer Effekt sei oder ein Bekenntnis zur sittlichen Weltordnung, eine Forderung der „poetischen Gerechtigkeit" oder das geheimnisvolle Walten der Nemesis. Gewiß ist, daß jedem in letzter Minute sein Recht wird: dem Räuber Moor wie der Königin von England, dem Andenken und dem Werk des Fiesco und der Jeanne d'Arc, dem Präsidenten von Walter und – „dem *Fürsten* Piccolomini".

Der Deutschunterricht 12 (1960), S. 42—71. Die vorliegende gekürzte Fassung bringt S. 54—71.

WALLENSTEINISCHES WELTTHEATER
(1960)

Von Clemens Heselhaus

Prolog und Wallensteins Lager

Zur Zeit der Abfassung des ›Wallenstein‹ sieht Schiller das Theater nicht mehr nur als ein Mittel an, die Personen und ihre Ziele zu demaskieren, sondern als ein Mittel, die Welt im Spiel zu überwinden, um das Übersinnliche anschaulich zu machen. Demaskierung der Welt im Spiel der Mächte in der Welt. Diese Theaterkonzeption Schillers muß man bei der Interpretation des ›Wallenstein‹ gegenwärtig haben. Die Entgegensetzung der Welt, die von den Spielregeln der Macht beherrscht ist, gegen den genialen Menschen, der sein Verhalten der Welt als seine Spielregel aufdrängen will, diese gegenseitige Demaskierung, um ein höheres Drittes sichtbar zu machen, ist das innerste Strukturgesetz dieses dramatischen Gedichtes. Das höhere Dritte ist die Selbstbehauptung des Geistes wider die Welt, die erst in der Tragödie ›Wallensteins Tod‹ ihre sinnbildliche Darstellung erhält. Insofern kann man, wie das schon Hermann Schneider im Nachwort zum ›Wallenstein‹ in der National-Ausgabe getan hat, das Wort aus der ›Geschichte des Dreißigjährigen Krieges‹ als die paradoxe Formel des Werkes ansehen: „Wallenstein fiel nicht, weil er rebellierte, sondern er rebellierte, weil er fiel." Erst sein Sturz führte ihn zur Rebellion, und sie wird dann mehr zu einer Rebellion gegen die Welt als gegen den Kaiser.

Schon der ›Prolog‹ weist uns unmißverständlich darauf hin. Er wurde für die Wiedereröffnung des Weimarer Theaters mit ›Wallensteins Lager‹ geschrieben und enthält *in nuce* das ganze Programm der Theater-Schriften. „Der ernsten Maske Spiel" wird erwähnt, der „Zauberschlag der Kunst"; die Vergänglichkeit der mimischen Darstellung, wenn sie nicht die Besten der Zeit erreicht;

der „große Gegenstand", der allein „den tiefen Grund der Menschheit aufzuregen" vermag; die Welttheatermetapher von der „Schattenbühne", die die des Lebens überbietet und das „düstere Bild der
Wahrheit in das heitere Reich der Kunst" hinüberspielt; die Demaskierung der Welt, indem die Muse „die Täuschung, die sie schafft, /
Aufrichtig selbst zerstört". Dies Letzte bezieht sich besonders auf
die Gestalt Wallensteins, der „des Glückes abenteuerlicher Sohn"
ist und doch den Zuschauern „menschlich" nähergebracht werden
soll. Die Kunst „wälzt die größre Hälfte seiner Schuld / Den unglückseligen Gestirnen zu"; „Denn seine Macht ist's, die sein Herz
verführt, / Sein Lager nur erkläret sein Verbrechen." Aber auch
diese schöne Täuschung der Kunst soll das Spiel selbst noch wieder
zerstören. Das ist die Demaskierung der Welt vor dem Geiste. Das
besagt die Schlußsentenz: „Ernst ist das Leben, heiter ist die
Kunst." Der Ernst des Lebens erscheint in seiner vollen Schwere in
der Nachahmung der tragischen Handlung und wird zugleich relativiert durch die Kunst und Form der Darstellung, die das Schwere
leicht macht und so in die Heiterkeit des Spiels hinüberführt. Das
Theatralische besteht darin, daß der schwere Ernst der Lebensbühne
zu einer sinnbildhaften Form auf der Schattenbühne der Tragödie
entstofflicht wird.

Sehen wir zu, wie diese theatralische Entstofflichung in ›Wallensteins Lager‹ zustande kommt. Ich gehe dabei von der jetzigen
Versgestalt aus und lasse also außer acht, daß der Knittelvers an
und für sich schon eine puppenspielhafte Entstofflichung bedeutet.
Zunächst scheint dies Vorspiel alles andere zu bringen als Entstofflichung. Mit einer raffenden Verkürzungstechnik wird ein „Gemälde" vom Lager- und Kriegsleben im Wallensteinschen Heer
entworfen. Mit genauer Detailkenntnis werden charakteristische
Figuren im Lager vor Pilsen vereinigt: der ausgeplünderte Bauer,
der feiste Wachtmeister, die wilden Jäger, die betriebstüchtige Marketenderin, der redliche Arkebusier, der überlegene Kürassier. Indem aber alle diese Figuren Repräsentanten ihrer Kommandeure
und ihrer Truppe sind, wird nicht nur ein historisches Zeitgemälde
entworfen, sondern auch der Geist des Wallensteinschen Heeres
gezeigt, ein „Reich von Soldaten", wie es heißt, und das ist ein
Reich der Fortuna, das sich auf die Fortuna ihres Feldherrn grün-

det. So haben die Glückswürfel des Bauern durchaus symbolische Bedeutung für diese Fortuna-Welt. Durch Gerüchte und Mutmaßungen drängt sich die hohe Politik hinein. Der Wachtmeister, der sich als eine Art Vertrauter aufspielt, vertraut mit den geheimen Absichten des Feldherrn, teilt sie zunächst mit. Der Kapuziner, theatralischer Glanzpunkt voll komischer Wirkung, deutet zugleich eine Art Gegenhandlung an, indem er den vergötterten Feldherrn als abgöttisch und als Teufelbeschwörer verdächtigt.

Die Schilderung geht schon in vorausdeutende Handlung über, wenn der Kürassier von dem bevorstehenden Marschbefehl, der die besten Regimenter in die Niederlande abziehen soll, berichtet. Eine erregte Diskussion setzt ein, in welcher der Wachtmeister die Ziele der Hofpolitik gegen Wallenstein interpretiert. Nun wird die Darstellung unhistorisch: die Soldateska diskutiert wie eine am Staat und an der Politik interessierte Bürgerschaft. Das ist ein wesentliches Moment der Entstofflichung des Historischen und der Vergegenwärtigung des Vergangenen. Ganz demokratisch wird der Kriegsstand und der Rechtsstand analysiert: „Weil wir einen furchtbaren Haufen ausmachen – Das Schwert ist nicht bei der Waage mehr." Das ist Philosophie über den Soldaten- und Kriegsstand. Durch den Mund des Wachtmeisters und des Kürassiers suggeriert der Theaterdichter dem Publikum seine Interpretation. Die Diskussion mündet in eine Art Verschwörung, die der Kürassier noch leidlich in die Form einer Petition kleidet. Nur einer schließt sich aus, der Tiefenbachische Arkebusier. Das Lager endet mit einem effektvollen Theater-Finale: Vorsänger und Chor singen das Lied von der Freiheit der Reiter-Soldaten. Das ist nicht nur eine theaterhafte Einheitsdemonstration als kräftiges Finale, sondern das ist zugleich eine erste Ankündigung des eigentlichen Themas dieser Tragödie: Selbstbehauptung der Freiheit. Die Soldaten singen von der Freiheit, die sie als Ungebundenheit verstehen. Das ist zugleich eine Ironie und ein Sinnbild der wahren Freiheit des Geistes: „Der dem Tod in's Angesicht schauen kann, / Der Soldat allein ist der freie Mann. – Und setzet ihr nicht das Leben ein, / Nie wird euch das Leben gewonnen sein."

Das Vorspiel ist reich an „theatralischen Motiven": das Schicksal der Bauern, die Wendung vom Zeitvertreib zum Ernst, die groteske

Kapuzinerpredigt (die das Drohende nur lächerlich andeutet), die enthusiastische Einheitsdemonstration. Selbst „dramatische Situationen", die jenen bei Schiller so beliebten Durchblick auf die allgemeine Situation des Menschen geben, fehlen nicht: die edle Großmut des Kürassiers gegen den falschspielenden Bauern, die stille Rechtlichkeit des abseitsstehenden Arkebusiers, die Verquickung der großen Sache mit dem Vorteil des Einzelnen. Das alles gipfelt in der Funktion, die dies Vorspiel für die ganze Tragödie hat. Der Prolog sprach nur davon, daß das Lager die Motivation für Wallensteins Verbrechen gibt. Theatralisch zeigt sich aber mehr: die dämonische Attraktion, die Wallenstein auf seine Truppen ausübt; der Soldatenbund, der eine eigene Gesetzlichkeit für sich in Anspruch nimmt; die Vorwegnahme der Entscheidung, die Wallensteins Handeln mitbestimmen muß. Die Einheitsdemonstration vertritt hier die Stelle des antiken Orakels.

In dieser Bedeutung, die die Lagerszenen für das Ganze haben, wird die Technik der indirekten Darstellung deutlich. Das Lagerleben ist nicht nur farbensatt und blutvoll, sondern auch bedeutungsvoll. Einmal im ökonomischen Sinn: Wallensteins Gestalt wird indirekt deutlich, bevor er selbst aufgetreten ist; dann in jenem eigentlich theatralischen Sinn: der Zuschauer wird im Für und Wider der Diskussion und im zweideutigen Sinn der Soldaten-Freiheit zu einer Parteinahme und Bedenkung der Situation gezwungen. Die Entstofflichung des Historischen wird also schon im ›Lager‹ durch den verschiedenen Perspektivismus erreicht: Über der Schilderung der Zustände steht die Vorbereitung der dramatischen Handlung und darüber noch die Vorbereitung der eigentlich tragischen Frage, wie kann ein Wallenstein noch frei entscheiden, wenn das Lager schon für ihn entschieden hat.

Lehrreich ist ein Vergleich dieses Vorspiels mit anderen Expositionen Schillers. Wir denken sogleich an den Maskenball in den ersten vier Fiesco-Szenen, in dem das Maskenspiel auf den Demaskierungscharakter des ganzen Stückes überdeutlich hinweist. Wir können auch an den polnischen Reichstagsakt im ›Demetrius‹ denken, in dem das Spiel der Marina-Anhänger über alle Bedenken triumphiert. Anders scheint das Johanna-Vorspiel zu sein, in welchem die Legende die Sendung Johannas erklärt. Aber selbst darin mischt sich das Spiel mit dem Helm der Zigeunerin. Deutlicher noch das verworfene Demetrius-Vorspiel, in dem die unerwartete Glückswendung vom Treubruch an Lodoiska begleitet ist. Das alles sind mehr oder minder theatralische Eröffnungen, die dem Zuschauer den Spielcharakter der jeweiligen Welt nahebringen. Die Aufmerksamkeit auf die Maschinerie des Spiels wird geweckt, indem die Spielregeln dieser Welt bis in den Vokabelschatz hinein erscheinen. Das ist der Realismus dieser Theatereingänge: die Einführung der Bedingungen, unter denen das Spiel steht.

Die Piccolomini

Nachdem das ›Lager‹ die Regeln des kommenden Spiels eingeführt und dieses Spiel schon von der unteren Ebene der Soldaten her eröffnet hat, treten in den ›Piccolomini‹ die Generäle in Aktion. Das Lager-Thema von der Attraktion Wallensteins wird in einer ersten Schicht fortgeführt. Terzky, Illo und Isolani haben ihr materiell-finanzielles Schicksal unbedingt an Wallensteins Glück geknüpft. Buttler, der vom einfachen Reiterjungen durch Wallenstein zum Generalmajor befördert wurde, ist aus verletztem Ehrgeiz, aus Ressentiment, seinem Feldherrn ergeben. Max Piccolomini brennt in Bewunderung und Leidenschaft für den außerordentlichen Menschen, in dem er das Sinnbild einer neuen Ordnung sieht. Wir befinden uns unversehens in einem Drama der Leidenschaften: Macht, Besitz, Ehre, Ideal ziehen die verschiedenen Generale unwiderstehlich an.

Das eigentlich theatralische Spiel liegt aber erst in den Intrigen. Sie werden mit der Leidenschaft des Spielens angezettelt und mit der Berechnung eines Jägernetzes geknüpft. Beide Worte, „Spiel" und „Netz", fallen öfter. Es handelt sich um nicht weniger als vier Intrigen. Terzky, Illo und Isolani binden die Generäle durch eine erlistete Ergebenheitserklärung unbedingt an Wallenstein und zwingen damit den Feldherrn zu einer Entscheidung, zur Loslösung von Wien und zum Bündnis mit den Schweden. Was das ›Lager‹ mit der Petition andeutete, setzen die Generäle in die Tat um. Diese Aktion der Wallensteiner ist durch die Ankunft des kaiserlichen

Rates Questenberg in Pilsen ausgelöst worden. Er hat von Wien den Befehl zur Abstellung von 8000 Reitern zur Begleitung des spanischen Infanten in die Niederlande gebracht. Wallenstein läßt Questenberg seinen Generälen den kaiserlichen Marschbefehl vortragen. Als sich die Generäle gegen den Marschbefehl auflehnen, bietet Wallenstein seinen Rücktritt an. Damit gibt er das Zeichen für die Vorbereitung der Ergebenheitserklärung. – Die Intrige des Octavio Piccolomini ist aber schneller gewesen: Die Generäle Gallas und Altringer sind auf seine Veranlassung nicht in Pilsen erschienen. Wie wir am Ende des Dramas in der Unterredung Octavios mit seinem Sohn Max hören, hat der ältere Piccolomini bereits den kaiserlichen Erlaß mit der Absetzung Wallensteins in der Schatulle; ein Netz von Spionen beobachtet die Konspiration Wallensteins mit den Schweden; geschickte Unterredungen erinnern einige Generäle an ihre Eidespflicht gegen den Kaiser. – Auch Wallenstein intrigiert. Wir erfahren von seinen Unterhandlungen mit den Schweden, wofür Terzky den Namen hergeben muß. – Zuletzt hat noch die Gräfin Terzky die Herzensintrige zwischen Max und Thekla angezettelt, um den jüngeren Piccolomini an Wallenstein zu binden; aber diese Intrige wird von der Liebe überspielt.

So ist das ganze Piccolomini-Drama ein Gespinst von Intrigen, die ineinander und gegeneinander arbeiten. Handlungsmäßig gipfeln sie in der Ausspielung von Papier gegen Papier, der erlisteten unbedingten Ergebenheitserklärung beim Festbankett und der geheimen Absetzungsurkunde in Octavios Schatulle. Das ist ein höchst abenteuerlich-romanhafter, ja unwahrscheinlicher Kunstgriff, aber eben ein sehr theatralisches Mittel. Schiller hat es schon in den ›Räubern‹ mit den falschen Briefen Franz Moors angewendet; im ›Fiesco‹ mit der schwarzen Liste Gianettinos; in ›Kabale und Liebe‹ mit der erpreßten Absage an Ferdinand; im ›Don Carlos‹ mit dem unterschobenen Eboli-Brief. Die Verwendung des Motivs in den ›Piccolomini‹ ist insofern theatermäßiger, als die Eideserklärung der Generäle zu einer großen dramatischen Aktion wird und die Absetzungsurkunde in der Schatulle bleiben soll, wenn Wallenstein den entscheidenden Schritt nicht tut. Theatralische Spannung und Schaustellung wird also durch dies Motiv gewonnen und nicht nur das abgefeimte Spiel der gemeinen Intrige bloßgelegt.

Genau an diesem Punkt des Intrigenspiels hat die Max–Thekla-Handlung ihre große Bedeutung. Thekla ist die einzige, die das Intrigenspiel in Pilsen gleich ahnt und instinktiv ablehnt. Max in seinem deutsch-frommen Idealismus ist der einzige, der solche Intrigen nicht wahrhaben will: „Der Herzog, glaub mir, weiß von all dem nichts." So leben beide in ihrer Liebe wie auf einer Insel der Glückseligen und sparen einen Raum aus, der über der Welt der Intrigen und der Selbstsucht steht. Ist das eine utopische Insel oder die Welt der wahren Menschlichkeit? Von Max aus gesehen, ist es eine Utopie. Im Zauber der ersten Liebe und durch die Reise in die vom Krieg unberührte Landschaft hat er die Idee des ewigen Friedens erfaßt, und nun will er den verehrten Menschen Wallenstein als Schöpfer und Verwirklicher dieser Friedensidee sehen. Von Thekla aus gesehen, ist es die wahre Welt des Menschen, in welcher das „Herz" regiert und der Mensch identisch ist mit sich selbst: „Daß ich mir selbst gehöre, weiß ich nun." [1] „In meiner Seele lebt / Ein hoher Mut, die Liebe gibt ihn mir." [2] Damit ist zum erstenmal in diesem Intrigen-Drama das hohe Ziel der Tragödie sichtbar: gebrochen zwar, indem hier alles auf die Liebe und das Herz abgestellt ist. Aber diese Brechung schwächt nicht die Wirkung, so wenig wie die Soldaten-Interpretation der Freiheit die Freiheit an sich in Frage stellte. Identität mit sich selbst gibt Sicherheit, Ruhe, Glück. So fällt von dieser utopischen Insel der glückseligen Liebenden ein Lichtstrahl auf das dunkle Gebräu der „gemeinen Welt". Diese utopisch-humane Perspektive wird gleich auch als dramaturgisches Mittel eingeführt: Theklas einsames Herz ahnt das düstere Ende der Intrigen-Welt, in dessen Untergang sie beide hineingezogen werden. In ihrem Liede (III, 7) erschrickt sie vor der Vision einer liebeleeren Welt, und sie flüchtet ins Reich der idealen Liebe. In ihrem Monolog (III, 9) ahnt ihre Unschuld das Verderben ihres Hauses:

Es geht ein finstrer Geist durch unser Haus,
Und schleunig will das Schicksal mit uns enden. [3]
[Picc., 1899–1900]

---

[1] [Zitiert wird nach Schiller: Sämtliche Werke, Säkular-Ausgabe,] V, 142.
[2] V, 136.
[3] V, 144.

Max weigert sich in der Unterredung mit seinem Vater, den Dokumenten zu glauben und eine „Rolle" in dessen Spiel zu spielen. Er will das Netz der Intrigen und Mißverständnisse zerreißen und Wallenstein selbst nach seinen Absichten fragen. Aber auch ihm kommt in seinem Schlußwort der düstere Vergleich mit einem Schiffsuntergang, in dessen Strudel sie alle hineingerissen werden.

Es gehört mit zum Großartigsten von Schillers Theater, wie er diesen offenbaren Themen und Gegenständen zwei andere Themen unterlegt hat, aus deren Grund und Abgrund erst diese szenischen Vorgänge möglich werden. Das ist das Zögern Wallensteins und der Vater-Sohn-Konflikt. In dem ganzen Piccolomini-Drama tritt Wallenstein nur in den drei Szenen auf, die mit dem Vortrag Questenbergs vor den Generälen zusammenhängen (II, 5–7). Das ist ein schwieriges dramaturgisches Problem, das aber zu einem theatralischen Mittel von neuer Wirkung genutzt wird. Nicht sosehr dadurch, daß der Feldherr und seine Politik in allen Plänen und Gesprächen indirekt anwesend ist; dies Mittel könnte durch das ›Lager‹ abgenutzt sein. Überzeugender ist die Motivation dieser Abwesenheit: Wallenstein zögert den entscheidenden Schritt hinaus. Wie aber kann man Zögern auf der Bühne darstellen? Dafür hat Schiller eine theatralische Anschauung eingeführt, gegen die er sich lange gesträubt hat: Wallensteins Sternenglaube. Die Sternstunde seines Handelns ist noch nicht gekommen, aber die Erwartung der Sternstunde durchzieht nun als untergründiges Spannungsmoment das ganze Drama. Die Zurichtungen des Astrologen Seni werden komisch von den Dienern kommentiert. Die Generäle mokieren sich über den Aberglauben und wollen durch ihre gefälschte Unterschriftserklärung den Sternen nachhelfen. Octavio kann im Schutze des Horoskops überhaupt erst seine Gegenintrige durchführen. Max hat große Mühe, diese Marotte seines Helden zu verteidigen. Es gelingt ihm erst bei Thekla, als er den Sternenglauben als poetisches Zeichen für den Geistesglauben erklärt. Auch Wallensteins Verteidigung vor dem Vertrauten Terzky ist so gehalten, daß der Aberglaube zugleich eine symbolische Bedeutung erhält. Er spricht von der „Geisterleiter", vom Abstieg des Jupiter und von den „heitern Joviskindern". Das ist die neue symbolische Kunst Schillers: Selbst noch das ganz und gar Widervernünftige wird zum

Symbol der hohen Vernunft. Insbesondere gelingt es auch mit diesem Symbol des Sternenglaubens, Wallensteins Rachgier gegen den Kaiser zu verdecken. Die Vorgeschichte von Wallensteins Verrat, wie sie Questenberg entwickelt, zeigt deutlich, daß die nie verwundene Niederlage auf dem Fürstentag zu Regensburg ein bedeutendes Motiv für seine eigenmächtige Politik ist. Für Octavio Piccolomini steht es fest, daß Wallenstein den Rang eines Reichsfürsten von Böhmen anstrebt. Die Strategie Wallensteins will sich dies Land sichern. Die Generäle mit ihrer Animosität gegen Wien tun nichts, beim Zuschauer dies Argument des Hofs zu entkräften. Die Andeutungen Wallensteins von seiner Verantwortung für das Reich und von seiner Mißachtung der kaiserlichen Hausmachtpolitik sprechen auch eher dafür als dagegen. Wenn also das nicht abzuleugnende Motiv der Rache für Regensburg nicht zu deutlich hervortreten sollte, mußte eine andere Motivation gefunden werden. Sie liegt in dem Befragen der Sternenkonstellation. Die Verantwortung wird dem Kosmos zugeschoben. Das Warten auf die Sternstunde ist sogar so etwas wie ein Zögern vor der Ausübung der Rache, über die nun die Natur oder der Kosmos entscheiden soll.

Dies Zögern wird überhaupt zu einem Strukturelement der ›Piccolomini‹. Bis zum IV. Akt wird die Eideserklärung der Generäle hinausgezögert, bis zum letzten Akt die Auseinandersetzung zwischen Vater und Sohn Piccolomini. Das Max-Thekla-Spiel kann sich darum so breit entfalten. Es soll gar nicht verschwiegen werden, daß Schiller das Piccolomini-Drama zerdehnt hat, um ein fünfaktiges Drama zu gewinnen. Das merkt man an der Erzählung des Kellermeisters und an dem umständlichen Gehabe der Gräfin Terzky. Aber ebenso geht aus bestimmten Äußerungen Schillers während der Abfassung der ›Piccolomini‹ hervor, daß er mit einer gewissen Lust und „Gemütlichkeit" bei der Ausfaltung der Welt verweilt hat. Zerdehnung und Entfaltung gehören zur welttheaterhaften Darstellung.

Die ›Piccolomini‹ bringen den bedeutendsten der Vater-Sohn-Konflikte Schillers. Unübersehbar geht von den ›Räubern‹ bis zu den ›Piccolomini‹ das Mißverständnis und Nichtverstehen der Generationen. Zuerst versteht der blinde Moor seinen Sohn Karl nicht:

wie der alte König Lear läßt er sich von der Falschheit des anderen Kindes umgarnen. Die Lossagung Karls vom Vater ist ein gräßlicher tragischer Irrtum, und Karl wird erst am Ende in einer gräßlichen Anagnorisis zu dieser Einsicht geführt, die der Zuschauer von Anfang an hat. Ferdinand dagegen in ›Kabale und Liebe‹ hat allen Grund, sich von seinem Vater loszusagen, und er versöhnt sich erst sterbend mit ihm. König Philipp wird am tragischen Nichtverstehen des Sohnes Carlos zur selbständigen tragischen Figur. Nicht anders sind Octavio und Max voneinander geschieden. Dennoch läßt es Schiller bis zum letzten Akt nicht zu einem tragischen Zerwürfnis kommen. Octavio gehört zur alten Ordnung des Legitimitätsdenkens, Max vertritt die neue Haltung des selbstverantwortlichen Menschen. Der Gegensatz von Fiesco und Andrea Doria taucht wieder auf. Fast so menschlich wie dieser schont jetzt der Vater den Sohn. Er läßt ihm die Freiheit, Wallenstein selbst zu fragen. Zum erstenmal führt der Vater-Sohn-Konflikt nicht zur Familientragödie. Aber die Unvereinbarkeit der Ansichten tritt durch diese edle Haltung der beiden um so stärker und lebensvoller hervor: schmerzliche Einsicht des Vaters – schmerzliches Rechthabenmüssen des Sohnes. In Schillers neuem Verhältnis zur Welt, das nicht mehr von dogmatischen Zielen bestimmt ist, steht der Widerspruch zum Vater nur noch als ein naturnotwendiges Anderssein der jungen Generation gegen die alte, nicht mehr als die Auflehnung um der Auflehnung willen. Gewiß ist das eine klassische Dämpfung, vom französischen Drama (Racine) beeinflußt. Aber es ist auch jene Goethesche Einsicht in das Recht des Lebens, die die Problematik nicht leugnet und doch an ihrer Überwindung arbeitet.

Alles dies führt uns immer wieder auf das zentrale Thema: die Demaskierung der Welt vor dem Geist. Die Intrigenwelt, die dies Drama entfaltet, wird vor der Liebe Theklas demaskiert, vor der Wahrheitsliebe des Max, vor dem Geistglauben Wallensteins, vor der Pietät Octavios.

Wallensteins Tod

Goethe hat von Schiller einmal gesagt: „Alle acht Tage war er ein anderer und ein vollendeterer." [4] Schiller selbst behauptete:

Jeder Stoff will seine eigene Form, und die Kunst besteht darin, die ihm anpassende zu finden. Die Idee eines Trauerspiels muß immer beweglich und werdend sein, und nur virtualiter in hundert und tausend möglichen Formen sich darstellen.[5]

Die Wandlung der theatralischen Mittel zeigt sich nirgends so deutlich wie beim Übergang vom Piccolomini-Drama zur Tragödie ›Wallensteins Tod‹. War das Verzögern das dramaturgische Strukturprinzip in den ›Piccolomini‹, so ist die Beschleunigung („Precipitation") das dramaturgische Prinzip im ›Tod‹. Von den ersten beiden Szenen an geht dieser neue theatralische Atem durch dies Stück. Im astrologischen Zimmer ist endlich die langerwartete glückliche Sternenkonstellation da: der bedrohliche Mars ist von Jupiter und Venus in die Mitte genommen. Ist es ein Zufall, daß diese Glückskonstellation genau der Situation des Rebellen Wallenstein zwischen Kaiser und Tochter entspricht, zwischen Legalität und Menschlichkeit? Wenn es kein Zufall ist, dann bestätigt es Schillers symbolische Verwendung der Astrologie. Wenn Wallenstein dann unter dem Einfluß der günstigen Stunde zum Handeln schreiten will, kommt Terzky mit der Schreckensnachricht, daß Sesina mit den Depeschen an die Schweden abgefangen ist. Das ist eine mit Bedacht herbeigeführte „ungeheure Peripetie", wie sich Schiller in den Demetrius-Vorarbeiten ausgedrückt hat. Im Augenblick der lange erwarteten günstigen Stunde kommt der erste entscheidende Rückschlag. Im Sinne der Beschleunigung als Strukturprinzip ist das erregende Moment jetzt das Zögern, Überlegen, Zurücknehmenwollen, wie es den ersten Akt bis kurz vor Schluß beherrscht. Der Rhythmus von Beschleunigung und Retardierung kehrt im Ganzen wieder, wenn auf den überstürzten Ablauf der Handlung bis zum Aufbruch von Pilsen (III. Akt) die große Verzögerung des Ermordungsfinales in Eger (IV. und V. Akt) folgt. Die Peripetien drängen sich im II. und III. Akt. Sie werden eröffnet mit der Abwendung des Max Piccolomini von Wallenstein. Eben ist Wallenstein noch im besten Zuge der Argumentation und zitiert Cäsars Tat, als Max ihn nach schmerzensvollen Kampf ohne ein Wort verläßt. Da sieht

[4] Gespräche mit Eckermann, 18. 1. 1825.
[5] an Körner, 28. 7. 1800.

ihm Wallenstein doch „verwundert und betroffen" nach. Wenn er
dann bei Illos und Terzkys Warnungen seine ahnungsvolle Verbindung mit Octavio bekannt hat, zeigt die nächste Szenenfolge
Octavios listiges und wirkungsvolles Gegenspiel: Isolani fällt ab;
selbst Buttler läßt sich durch die Aufdeckung von Wallensteins
persönlichen Intrigen gegen ihn umstimmen und wird ein furchtbarer Rächer; die Mehrzahl der Generäle und Regimenter hat Octavio jetzt dem Kaiser erhalten oder wiedergewonnen. Wenn im
III. Akt Buttler sich betrügerisch zu Wallenstein bekennt, folgen
Szene für Szene die Schreckensnachrichten: die Reiterregimenter
sind mit Octavio abmarschiert; die Stadttore sind von kaisertreuen
Truppen besetzt; die Soldaten revoltieren, weil sie vom mißglück-
ten Anschlag Wallensteins auf Prag unterrichtet worden sind. Es
gelingt Wallenstein nicht einmal, die Pappenheimer zu halten. Eine
neue Peripetie: er ist im Harnisch aufgetreten, er erinnert sich an
seinen Wiederaufstieg nach der Regensburger Niederlage, er fühlt
neue junge Kraft; aber die alte Gabe der Attrattiva, des magischen
Einflusses verfängt nicht mehr. Max Piccolomini kann er zwar in
seinem Entschluß noch wankend machen, aber die eigene Tochter
erinnert Max an seine Pflicht gegen den Kaiser. Und dann der
theatralische Zusammenbruch: auf dem Altan wird er von den
Truppen niedergeschrien (welch eine Peripetie gegen das Lager!).
Die Pappenheimer holen Max aus dem Saale ab. Nur mit den fünf
Terzky-Regimentern muß Wallenstein nach Eger aufbrechen. Das
alles muß man auf dem Hintergrund der Absprache mit Wrangel
sehen, dem er nun keine 18 000 Mann mehr bringen kann. Seine
ganzen Pläne sind zusammengebrochen.

Diese Folge von Peripetien besteht darin, daß jeweils starke
Kontraste und unerwartete Umschläge auf der Bühne gezeigt werden. Sie werden aber nicht als bloße Fakten mitgeteilt, sondern in
ihrer Wirkung auf Wallenstein gezeigt. Dadurch wird der Theater-
coup, der *colpo di teatro,* der immer etwas Massives hat, in seiner
Wirkung veredelt. Der Zuschauer soll den tragisch-theatralischen
Sinn spüren: Wallenstein, auf den die Schläge niederprasseln, verliert die Fassung nicht.

Was ist diese Fassung Wallensteins? Wir sind schon auf den pathetischen Stoizismus hingewiesen worden. In der Aussprache mit Wal-

lenstein empfiehlt ihm Max diese Haltung: „Falle würdig, wie du standst." [6] Aber das ist nicht Wallensteins Haltung. Nach jeder Peripetie faßt er sich wieder und schöpft von neuem Mut, Vertrauen zu sich selbst, Zuversicht. Es gibt ein Wort in den Dibattimenti und Monologen, das immer wiederkehrt: das ist das Wort vom „Spiel" und von der „Rolle". Wallenstein spielt ein großes Spiel, er fühlt sich zur „großen Lebensrolle" berufen.[7] Nach den Hiobsposten im III. Akt faßt er sich in neuer Zuversicht, und die Gräfin Terzky muß sogar für das Publikum das katastrophale Fazit ziehen. Der verlassene und entmachtete Wallenstein entwirft immer neue Pläne und Perspektiven, bis er vor dem Bürgermeister von Eger von der „Erfüllung der Zeiten" und von der „neuen Ordnung der Dinge" orakelt. Schiller läßt jetzt sogar psychologische Anspielungen auf „Anwandlungen des Wahnsinns" [8] geben. Goethe hat zutreffend von der „phantastischen" Existenz gesprochen. Man wird sie nicht nur in Wallensteins Astrologie, in seinen vagen politischen Plänen für das Reich, in seinen voltaireschen Toleranzideen sehen, sondern vor allem auch darin, daß man die Figuration des Spielers in ihm erkennt, bereit, aus jeder Konstellation das Günstigste herauszuholen, von einem faszinierenden und ansteckenden Zutrauen zu sich und seinem Schicksal, von einer unermüdlichen Geschäftigkeit des Planens und Spielens. Nichts haßt und fürchtet er so sehr wie die gemeine rechtschaffene Alltäglichkeit, wie bürgerliches Leben und Besitzen, wie Untätigkeit und Statisterie. So sehen ihn alle, ob es seine Frau ist oder Thekla oder die Terzky oder selbst Octavio. So auch erhält der Sternenglaube als der Aberglaube des Spielers eine tiefe ursymbolische Bedeutung.

Schiller hat in dem erwähnten Brief an Böttiger darauf hingewiesen, daß er seinem Wallenstein „Ideenschwung" habe geben müssen. Kann der Sternenglaube und die Spielerexistenz „Ideenschwung" enthalten? „In deiner Brust sind deines Schicksals Sterne." Das ist auch Schillers Überzeugung. Dennoch ist durch Max und

[6] V, 220 (WT II, 2).
[7] V, 255.
[8] V, 305 (WT IV, 2).

Wallenstein angedeutet, daß auch dem Sternenglauben eine symbolische Bedeutung zuerkannt werden kann: letzter karikierter Rest oder erster Anfang eines Glaubens an das Übersinnliche. Sowenig der geflüchtete Regimentsarzt Schiller in Wahrheit von der Soldatenphrase überzeugt sein konnte: „Der Soldat allein ist der freie Mann" – sowenig konnte er als aufgeklärter Mensch in den astrologischen Wahnwitz zurückfallen. Aber seine Objektivität in der Darstellung von Welt ging jetzt soweit, solchen Spielereien des menschlichen Geistes einen gewissen Wahrheitscharakter zuzuerkennen. Er liegt im Spielcharakter. „Der Mensch spielt nur, wo er in voller Bedeutung des Worts Mensch ist, und er ist nur da ganz Mensch, wo er spielt." [9] Unverkennbar gehört der Sternenglaube zum Spielcharakter der Fortuna-Welt. Aber unversehens erhält die Wallensteinfigur durch diesen Spieltrieb, dem er nachgeht, menschliche Relevanz, ja sogar menschliche Substanz. Man könnte dagegen einwenden, und man hat es getan, das sei nicht das schöne ästhetische Spiel. Aber an der zitierten Stelle aus den ›Ästhetischen Briefen‹ (15. Brief) spricht Schiller vom Spiel schlechthin. Er führt dort die Kampfspiele der Griechen und die Gladiatorenkämpfe der Römer an, in der Anmerkung „die Wettrennen in London, die Stiergefechte in Madrid, die Spectacles in dem ehemaligen Paris, die Gondelrennen in Venedig, die Tierhatzen in Wien und das frohe schöne Leben des Korso in Rom". Ohne Zerstörung der Gedankenfolge könnte man auch die Astrologie des 17. Jahrhunderts als ein solches kennzeichnendes Spiel anführen. Der Verfasser der ›Ästhetischen Briefe‹ würde auch wohl nicht widersprochen haben, wenn man seine eigene Lust am Theater dazu gerechnet hätte. Unüberhörbar äußert sich auch in Schillers Sprache der ästhetische Spieltrieb, indem er eine Vorliebe für geistreiche paradoxe Wendungen hat: „... er ist nur da ganz Mensch, wo er spielt" – „Wallenstein fiel nicht, weil er rebellierte, sondern er rebellierte, weil er fiel" – „Die ganze Magie der Schönheit beruht auf ihrem Geheimnis, und mit dem notwendigen Bund ihrer Elemente ist auch ihr Wesen aufgehoben." Ich meine, die Spitzfindigkeit, die notwendig ist, um den Sinn solcher Wendungen zu ermitteln, muß man auch aufbringen,

[9] XII, 59.

um den Sinn seiner Dichtung zu erschließen. Nicht die beiden umfangreichen Schillerbücher von Storz und von Wiese weisen auf dieses Kunstmoment der Schillerschen Sprache hin, wohl aber Elizabeth Wilkinson in ihrem Londoner Vortrag.[10] Sie bemerkt Schillers Vorliebe für den Chiasmus, die gewisse Austauschbarkeit seiner Begriffe und vergleicht diese Sprachfiguren mit Tanzfiguren. Ich möchte dem nur noch hinzufügen, daß auch die paradoxe Figur Erkenntnis in bestimmte Sachverhalte vermittelt, nämlich in die paradoxe Natur jedes wirklichen Geheimnisses. Bis in solche Tiefe oder Höhe erhebt Schiller auch seinen Wallenstein, indem er ihm das Geheimnisvoll-Besessene und Vielfältig-Schimmernde einer Spielernatur gegeben hat. Je weiter man die Konsequenzen durchdenkt, desto aufregender wirkt die Einführung des theatralischen Symbols vom Sternenglauben. Wallenstein spielt nicht nur mit seiner Umgebung, sondern auch mit dem Kosmos – und verpaßt die Stunde der Welt. Ein hamletisches Schicksal ohne die Voraussetzungen Hamlets: wer seine Stunde verpaßt, wird selbst von der Stunde erfaßt, aber doch nur, um in einem tieferen Sinne zur wahren Darstellung seines Selbst zu kommen, als wenn er seine Stunde erfaßt hätte.

Insbesondere der berühmte Monolog am Anfang von ›Wallensteins Tod‹ machte das Spielerische und Verspielte Wallensteins deutlich. Was ihn vor dem Gespräch mit dem schwedischen Oberst Wrangel beschäftigt, ist die Frage: „Könnt' ich nicht mehr, wie ich wollte? / Nicht mehr zurück, wie mir's beliebt?" Was er anführt, ist die Spielnatur seines Unternehmens: Bisher war es Traum, Reiz der Freiheit, Leidenschaft. Das sind die Rechtfertigungen eines Mannes, der das Leben als Rolle und Spiel angesehen hat und nun entsetzt ist, daß das Spiel plötzlich Ernst wird. Wie einem Spieler wird ihm jetzt erst das ungeheuerliche Beginnen deutlich. Welcher Unterschied zu dem maskenreichen Spieler Fiesco! Bei seinen Überlegungen „Herzog Fiesco – Republikaner Fiesco" ließ sich der Genueser durch den Anblick Genuas im Abendrot und durch die Verlockung der Macht betören. Wallenstein war unwiderstehlich von der Faszi-

[10] Elizabeth M. Wilkinson: Zur Sprache und Struktur der Ästhet. Briefe. Akzente. München, 5 (1959), 389–418.

nation, die die Macht auf ihn ausstrahlte, angezogen und zögert den entscheidenden Schritt hinaus, bis die Umwelt den Schritt von ihm verlangt. Wenn er dann doch dem schwedischen Oberst Gehör schenkt, gibt er keine Begründung dafür.

Aufschlußreich ist ein Vergleich mit den Überlegungen, die Schiller für Wallenstein in der ›Geschichte des Dreißigjährigen Krieges‹ anstellt. Sie entsprechen zu einem kleinen Teil den Überlegungen des Monologs. Aber der Geschichtsschreiber führt die Bedenken schon vor der Unterschriftserklärung der Generäle an und spricht von der tatsächlichen Macht der Legalität, des Gewissens und der Pflichttreue.

Nichts geringes war es, eine rechtmäßige, durch lange Verjährung befestigte, durch Religion und Gesetze geheiligte Gewalt in ihren Wurzeln zu erschüttern; alle jene Bezauberungen der Einbildungskraft und der Sinne, die furchtbaren Wachen eines rechtmäßigen Throns, zu zerstören; alle jene unvertilgbaren Gefühle der Pflicht, die in der Brust des Untertans für den geborenen Beherrscher so laut und so mächtig sprechen, mit gewaltsamer Hand zu vertilgen.[11]

Der Dichter aber läßt Wallenstein so sprechen, als ob diese moralischen Realitäten nur Chimären und überlebte Vorstellungen seien: „Denn aus Gemeinem ist der Mensch gemacht, / Und die Gewohnheit nennt er seine Amme."[12] Das Irreale der Wünsche und Vorstellungen erhält Realitätscharakter. Das kommt noch deutlicher in den ersten Partien des Monologs zum Ausdruck. In den Reflexionen der ›Geschichte‹ heißt es kritisch und beurteilend:

Größe, für sich allein kann wohl Bewunderung und Schrecken, aber nur die *legale* Größe Ehrfurcht und Unterwerfung erzwingen. Und dieses entscheidenden Vorteils beraubte er sich selbst in dem Augenblicke, da er sich als einen Verbrecher entlarvte.[13]

Daraus machte der Dichter jene ästhetische Erfahrung, daß das Gedachte, das Gaukelspiel der Phantasie, noch keine Festlegung bedeute und daß die Festlegung das eigentlich Schreckliche und

---

[11] XV, 359.
[12] V, 196 (WT I, 4).
[13] XV, 360.

Furchtbare sei: „Hinausgegeben in des Lebens Fremde". Ästhetische Existenz ist für Schiller in den ›Ästhetischen Briefen‹ das Spiel, jene Überhöhung von Stoff- und Formtrieb. Umgekehrt darf man hier sagen, daß der Spieler-Charakter Wallensteins erst seine ästhetische Existenz sichtbar macht.

Natürlich nimmt dieser Monolog auch die berühmte Unterscheidung aus den Theaterschriften ›Über das Pathetische‹ und ›Über das Erhabene‹ zwischen dem moralischen und ästhetischen Urteil auf. Was als Verrat moralisch verwerflich ist, soll ästhetisch annehmbar gemacht werden. Tatsächlich hat dieser Monolog kaum eine andere dramatische Funktion, als auf die Wichtigkeit der Entscheidung hinzuweisen. Dafür brauchte er nicht so lang zu sein. So hat er ganz und gar die ästhetische Funktion, den Zuschauer in den Stand zu setzen, an einem Verrat überhaupt Anteil zeigen zu können, ohne das moralische Gefühl zu unterdrücken. Der natürlich-ästhetische Anteil, den Wallenstein erregt, ist der des Spielers, der einem großen Ziele nachjagt und damit – rein als Phänomen – ein lebhaftes Interesse weckt.

In der ›Geschichte‹ heißt es: „das gewöhnliche Los starker und kühner Seelen". So ist also diese ästhetische Spielerexistenz etwas ganz anderes als Goethes Dämonisches. Der Unterschied zwischen Egmonts Sorglosigkeit und Wallensteins Zielstrebigkeit ist unverkennbar. Beide berühren sich jedoch darin, daß sie wähnen, außerhalb des Schicksals zu stehen, und sich gerade damit in ihr eigenes Schicksal stellen. Egmont unterliegt seinem überlegenen Gegenspieler Alba, Wallenstein dem kühl berechnenden Spieler Octavio. Aber Egmonts Dämonisches ist blinde Sorglosigkeit, Wallensteins Dämonisches ist blinde Besessenheit, aber eine Besessenheit, die bis zur Größe eines Naturphänomens gesteigert ist. Selbst Schiller läßt die verschiedensten Erklärungen geben. Aber dieser „Abfall der Natur im großen von den Erkenntnisregeln, denen sie in ihren einzelnen Erscheinungen sich unterwirft", bleibt unbegreiflich, und das erweckt Neugierde und Staunen. Auch Octavio ist ein Spieler, nicht von Natur, sondern aus dem Willen: er steckt seine Ziele bescheidener und nüchterner und setzt die Wirklichkeit der Legitimität und der gemeinen oder beharrlichen Menschennatur in Rechnung. Octavio verliert zwar seinen Sohn in dem Spiel, aber er opfert ihn

nicht. In der Abschiedsunterredung beschwört er Max sogar, es nicht
bis dahin zu treiben, daß sein Degen von Vaterblut triefe. Wallenstein aber will mit Max einen Waffengang tun – trotz der Erinnerung an seine Vatersorge für ihn. Als Max gefallen ist, bekennt er
selbst, daß er ihn geopfert habe, aber mit der Spielermoral zieht er
daraus die ungeheuerliche Folgerung, daß er damit den Rachestrahl
vom eigenen Haupte abgewendet habe (V, 4).

Zwei wichtige Aspekte, die uns der Spieler Wallenstein gibt,
sollen noch erwähnt werden: sein Maskenspiel und die Rolle, in
die er sich drängen läßt. In einer Reihe von blendenden Szenen
entfaltet er alle Register seiner Verwandlungskunst, besonders vor
den Pappenheimern und vor Max. Er besitzt die seltene Kunst,
mit jedem zu fühlen, und die seltenere, es auch zeigen zu können.
Das sind theatralische Motive als „Coexistenz der entgegengesetzten Zustände" [14], indem solche Auftritte gerade an den Peripetien
statthaben. Aber es ist auch Theater auf dem Theater als Spielen im
Spiel. Ein gräßliches Beispiel dieser Art war der Auftritt Leonores
in Gianettinos Mantel und Helmbusch, die von ihrem eigenen Mann
Fiesco erstochen wird. Ein faszinierendes Beispiel dafür ist Wallenstein im Harnisch auf dem Altan, der von den Truppen niedergeschrien wird. Dies Spielen im Spiel ist das deutlichste Strukturelement des Welttheaters. Aber hier ist es nicht Gott als Autor wie
bei Calderón oder Prospero als Magier mit Ariel wie bei Shakespeare: bei Schiller ist es das voluntaristische Maskenspiel, das die
Umwelt von der Rolle überzeugen soll. So lebt sich in den letzten
beiden Akten der todgeweihte Wallenstein in die Rolle des Mensch-
heitsbeglückers hinein.

Paradox dazu besteht das andere Moment darin, daß sich Wal-
lenstein als Spieler auch in seine Rolle hineindrängen läßt. Das gibt
erst seinen Anhängern, den Terzkys und Illo, jene verderbliche
Macht über ihn. Auch der Schwede Wrangel nützt diese Möglichkeit
aus: kaum hat er seinen Zweck erreicht, ist er verschwunden, ehe
Wallenstein seinen Sinn wieder ändern kann. So versteht man erst
Schillers Wort: „... er rebellierte, weil er fiel". Eben das ist das
Unbegreiflich-Dämonische der Wallenstein-Natur, dies Beieinander

---

[14] Goedeke XV, 2, 369.

von Größe und Schwäche. Aus der Sphäre des Rohen und Brutalen hat Schiller diesen Sohn der Fortuna zu einer ästhetischen Existenz erhoben, ohne sein Handeln zu einer ethischen oder patriotischen Norm zu machen, aber auch ohne seine Erscheinung zu mystifizieren. Menschlich bringt er ihn uns näher als ein großes Beispiel für den Wiederaufstieg aus einer entscheidenden Niederlage im Leben wie der auf dem Regensburger Fürstentag (Formtrieb); geistig entfremdet er ihn uns als rücksichtsloses und brutales Beispiel unbezähmbaren Machtwillens (Stofftrieb). Diesen unvereinbaren Widerspruch höchster Ziele und niederster Mittel versöhnt Schiller in jener ästhetischen Spielerexistenz, die sich ihrer selbst nicht bewußt ist, die jenseits und außerhalb ihres Selbst nur im Ziel, im Glanz, im Schein mit sich selbst identisch ist. Das ist exzentrisch im eigentlichen Sinn, und darum betont Schiller als Widerpart das Beisichsein und die Übereinstimmung mit sich selbst, wie sie Thekla ausspricht und lebt. Das Mädchen und die Tochter ist Wallensteins Spielernatur eigentlicher Widerpart.

Nun aber korrespondiert auch dieses Spielen Wallensteins mit dem Spiel der Mächte in dieser Tragödie. Entsprechungen und Spiegelungen sind überhaupt ein wichtiges poetisches Mittel in diesem Stück.[15] Die bedeutendste ist die Entsprechung zwischen dem Spiel der Handelnden und dem großen Spiel unbekannter Mächte. Im Stück kommen verschiedene Namen dafür vor: „Fortuna", so barock, nennen es die einen; Nemesis ist es für die andern; dann wieder „Schicksal" oder „Verhängnis"; für Wallenstein sind es die Sterne. Man wird sich wohl vergebens bemühen, eine Übereinstimmung zwischen ihnen herbeizuführen. Es gibt keine andere Übereinstimmung, als daß Fortuna, Nemesis und Verhängnis von den Handelnden, ihren Zielen und Taten und von ihrem Betrug im Spiel heraufgeführt werden. Der Theaterdichter nimmt sich die Freiheit, aus der Mentalität und dem Charakter des einzelnen jeweils seine Vorstellungen und Begriffe zu nehmen. Ich glaube nicht, daß man das zutreffend als Eklektizismus bezeichnet, wie man es

---

[15] G. Storz, Der Dichter Friedrich Schiller. Stuttgart 1959, 287–289. [Vgl. S. 173–175 in diesem Sammelband.]

immer wieder bei den späten Tragödien versucht. (Vollends beim
›Wilhelm Tell‹ scheint man sich verabredet zu haben, von einem
eklektizistischen Drama zu sprechen.) Einem Theaterdichter muß es
erlaubt sein, sämtliche Mittel des Theaters zu verwenden. Denn
die Anwendung so verschiedener Anschauungen und Mittel beruht
auf dem Gesetz der theatralischen Wirksamkeit. Der Stil der Sym-
bolik erlaubt solche weltliterarische Präsenz des gesamten Theaters.
Somit ist Schiller schon im ›Wallenstein‹, was Goethe erst später im
›Faust II‹ erreicht hat, zur weltliterarischen Form des Theaters vor-
gedrungen, in welcher Antikes, Französisches, Shakespearesches und
Modernes nebeneinander verwendet werden kann.

Unter all diesen symbolischen Theaterbegriffen spielt im ›Wallenstein‹ die Nemesis die Hauptrolle. Ich habe selbst einmal den
Wallenstein zu den Nemesistragödien gezählt.[16] Die Nemesis-Vor-
stellung hängt hier mit dem Stoff und dem Thema zusammen, mit
der Trennung von Schwert und Waage. Bei genauerem Zusehen
muß man aber sagen, daß auch die Nemesis neben der Fortuna und
dem Schicksalsgedanken doch unter dem größeren Schillerschen
Aspekt steht: „Das aufgezogene Uhrwerk geht ohne sein Zutun." [17]
Eines dieser Räder ist die Nemesis. Aber sie scheint im ›Wallenstein‹
nicht mehr die überragende Funktion wie im ›Fiesco‹ oder in den
›Räubern‹ zu haben. Das ist die Entmoralisierung der Tragödie.
Jene Verweisungen sind unüberhörbar, die die Überwindung des
Spiels der Mächte zeigen. Max, Thekla, die Herzogin, Gordon:
sie alle stehen außerhalb des Machtbereichs der Mächte, weil sie
nicht mit ihnen spielen. Der archimedische Punkt, von wo aus sich
das Spiel der Mächte außer Kraft setzen läßt, ist die Übereinstimmung mit sich selber, die Wahrheit, die Sicherheit des Gefühls. Auch
dafür tauchen bestimmte Leitworte auf: das „Herz" und die Würde,
ganz zu schweigen von der Pflicht, Zufriedenheit, Bescheidenheit.
Nun werden gerade Max und Thekla, die sich auf das Herz berufen, in den tragischen Untergang hineingerissen. Parallel zur
Haupthandlung wandelt sich die Max-Thekla-Handlung zur Tra-

---

[16] C. Heselhaus: Die Nemesis-Tragödie. Fiesco – Wallenstein →
Demetrius. DU 1952/5, 40–59.
[17] Goedeke XV, 2, 369.

gödie. Das Romeo-und-Julia-Motiv der Liebe zwischen verfeindeten Häusern klingt an. Aber dennoch ist ein großer Unterschied da. Max Piccolomini, der dem Vater nicht folgen will und Wallenstein nicht folgen kann, wählt den verwegenen Soldatentod. Es ist ein Ende ohne jeden Zweck, als nur den einen, Opfer zu sein für die Beleidigung der menschlichen Würde. Das erkennt selbst Wallenstein, wenn er Max um das Glück dieses Todes beneidet. Das erkennt Thekla, wenn sie ihm an seinem Grabe nachsterben will. Es ist das „Los des Schönen auf der Erde"! (Nänie: „Auch das Schöne muß sterben.") Das Leben unter dem Spiel der Mächte ist nicht lebenswert. Eine erhaben-theatralische Verweisung vom Bedingten ins Unbedingte, kein Fatalismus, keine absolute Tragik, sondern die Anschauung des Übersinnlichen. Es fällt, genau besehen, nicht einmal ein Schatten auf dieses Opfer durch die Racheformel, womit Max seine Pappenheimer hinwegführt; denn die pathetische Gebärde war von Anfang an in Max vorhanden. Man fragt das Opfer nicht, wie ihm bei der Opferung zumute war. In dieser Welt des Betrugs war so viel an verletzter Menschenwürde, daß die Rache der Nemesis allein nicht genügte, die Würde des Menschen wiederherzustellen. Die Übereinstimmung mit sich selbst mußte nicht nur gelebt, sondern auch gestorben sein. Erst durch dieses Opfer des reinsten Sinns und der reinsten Liebe, durch den vollständigen Lebensverzicht ist ein Mahnmal aufgestellt, daß das Spiel der Mächte und das Wirken in diesem Spiel nicht das letzte Wort hat.

Selbst Wallensteins Zögern ist nun nicht nur ein moralisches Zögern vor der verwerflichen Tat oder ein Zaudern vor der catilinarischen Neuheit des Unternehmens, sondern vor allem auch das ästhetische Zögern, sich mit der ganz gemeinen Wirklichkeit zu verbinden: das Zögern des Gedankens vor der Beschmutzung mit dem Wirklichen der Welt. Damit enthüllt sich der welttheaterhafte Charakter des Werkes erst vollständig in der Schlußtragödie. Nur darum konnte Schiller so abschätzig von „jedem Welttheater" sprechen, weil in ihm eine Vorstellung von einer reineren und idealen Welt lebte. Der Eintritt in diese Welt ist das eigentlich Erregende und Umkämpfte in seinen Tragödien, vielleicht auch das Unvergängliche. Es gibt in den ›Ästhetischen Briefen‹ eine Stelle, die aufhorchen läßt. Beglückt nahm Schiller einen Gedanken aus Fichtes

>Vorlesungen über die Bestimmung des Gelehrten< in den vierten
Brief auf:

> Jeder individuelle Mensch, kann man sagen, trägt, der Anlage und
> Bestimmung nach, einen reinen idealischen Menschen in sich, mit dessen
> unveränderlicher Einheit in allen seinen Abwechslungen übereinzustim-
> men, die große Aufgabe seines Daseins ist.[18]

So darf man auch sagen, daß über der empirischen Fortunawelt des
>Wallenstein< eine reinere Welt schwebt, die noch an den verschie-
den gebrochenen Reflexen, die sie auf die Fortunawelt wirft, erkennbar ist. Die Vernichtung der empirischen Fortunawelt setzt
überhaupt erst die idealische Metapher von einer höheren Existenz
des Menschen als Sendung und als Mission frei. Das scheint mir der
faszinierende Sinn dieses idealistischen Welttheaters zu sein. Er war
nur in der Form einer Tragödie zu verwirklichen. Anders war es
der idealistischen Überzeugung von der Unwirklichkeit der Welt
vor dem Geist nicht möglich. Vielleicht war es ein gewagtes Unterfangen, da sich Welttheater und Tragödie im eigentlichen Sinne
ausschließen. Schiller hat dies Wagnis bei der Arbeit am >Wallen-
stein< erkannt. Darauf hat auch Gerhard Storz hingewiesen, wenn
er aus dem Brief an Goethe vom 1. 12. 1797 das Wort vom „ge-
wißen epischen Geist" hervorhebt.[19] Aber ich möchte nicht wie
Storz darin das Epische des Historischen sehen oder den Schmuck
und die Heiterkeit der Kunst, sondern die Darstellung der Welt,
wie sie zum Welttheater gehört. So heißt es ja auch in dem Brief,
daß er den „ruhigen Anfang dazu benutzt, die Welt und das Allgemeine, worauf sich die Handlung bezieht, zu meinem eigentlichen
Gegenstand zu machen". Er vermerkt ausdrücklich, daß dadurch
„der Geist und das Gemüth des Zuhörers" erweitert werden soll.
Schiller hat das Wagnis in der Folge auch nicht wiederholt. wenn
nicht der >Demetrius<, worauf einiges hinweist, eine Übersteigerung
des >Wallenstein<, aber im Sinne des Welttheaters, geworden wäre.
      Wir sind in unserem Antiidealismus gewöhnt, Schillers idealisti-
sche Vergeistigung zu verkennen, und flüchten uns gern zu Hegels

---

[18] XII, 11.
[19] G. Storz, a. a. O., 308–312.

Wort: „Wenn das Stück endigt, so ist Alles aus, das Reich des Nichts, des Todes hat den Sieg behalten; es endigt nicht als Theodizee." [20] Hegels Idealrealismus, seine These von der Realisierung des Ideals, mußte allerdings diesen Ausgang ablehnen. Denn hier wird radikal der sinnliche Zusammenbruch ausgesprochen, um das Übersinnliche triumphieren zu lassen. Dies Übersinnliche aber ist nach Schiller „jede Erscheinung, deren letzter Grund nicht aus der Sinnenwelt abgeleitet werden kann". Deshalb wird ausdrücklich auf eine Begründung für das Selbstopfer von Max und Thekla verzichtet. Das Opfer soll für sich sprechen. So wird aber auch die Ermordung Wallensteins mit jener dumpfen Rache Buttlers motiviert, die bei der sonstigen Psychologisierungskunst etwas Erschrekkendes und Massives hat. Was das Spiel allein Wallenstein nicht geben konnte, gibt ihm die ausgedehnte Opferzurüstung zurück, die der Zuschauer sieht, aber das Opfer nicht erkennt: die Würde. Es wäre hier auch auf die vielberedete tragische Ironie hinzuweisen. Sie ist hier nichts anderes als die Demaskierung der Macht und die Aufzeigung ihrer Ohnmacht. Schiller hat sie mit Vorliebe als artistischen Theaterschluß verwendet. Man könnte darüber nachsinnen, warum er nicht mehr wie Shakespeare oder Goethe im ›Egmont‹ mit einem hoffnungsvollen Ausblick die Tragödie abschließt. Dies Ende mit dem Fürstenpatent und dem schmerzlichen Aufblick Octavios hat deshalb auch Goethe geärgert. Aber endet Schiller bis zum Wallenstein überhaupt anders? Karl Moor geht mit dem Wort ab: „Dem Mann kann geholfen werden." Verrina geht zum Andrea Doria, den er stürzen wollte; der Präsident in ›Kabale und Liebe‹ stellt sich dem Gericht, das er so lange verhöhnt hatte; König Philipp sagt kalt und still: „Kardinal! Ich habe das Meinige getan. Tun Sie das Ihre." Alle diese Schlüsse haben zugleich einen tragisch endgültigen und einen geistreich vorläufigen Charakter. Schiller ist darauf aus, den letzten Grund und Halt des Menschen in der Übereinstimmung mit sich selbst zu sehen. Dieses konnte kein äußerliches Zeichen am Ende demonstrieren: kein Fortinbras, kein Areopag, kein Freiheitsengel. Die Tragödie von der Selbstbehauptung des Geistes, die Metapher von der idealischen Welt, muß strukturnotwendig mit

[20] Jubiläums-Ausgabe XX, 456.

der tiefsten Demaskierung der Welt vor dem Geiste enden. Die Hoffnung wirft dieser Theaterdichter in den Zuschauerraum, daß aus ihm je einzelne aufstehen und das Spiel der Mächte durchkreuzen.

Oskar Seidlin, Von Goethe zu Thomas Mann. 12 Versuche. Göttingen: Vandenhoeck & Ruprecht 1963, 2. durchges. Aufl. 1969, S. 120—135 (Erstveröffentlichung: Der Monat XV [1963], Heft 177, S. 28 ff.).

WALLENSTEIN: SEIN UND ZEIT
(1963)

Von Oskar Seidlin

Was Schiller in seinem großen dramatischen Gedicht als Fazit über den historischen Wallenstein auszusagen wußte: daß nämlich sein Charakterbild, von der Parteien Gunst und Haß verwirrt, in der Geschichte schwanke, das hat sich als prophetische Voraussicht auf fast eineinhalb Jahrhundert der Werkinterpretation erwiesen. Wenn jüngst auch neue Wege des Verstehens beschritten wurden,[1] noch immer schwankt das Charakterbild; noch immer schwingt der Pendel von relativer Unschuld zu schwerer Schuld, und ich glaube, nie werden wir ihn zum Stehen bringen, solange unser Blick auf Charakterologisches und Moralisches gerichtet bleibt. Vielleicht also ließe sich ein neuer Zugang erschließen, einer – und das gibt mir Mut, ihn zu wagen –, der sich freilich bei genauem Hinsehen als ein sehr alter erweisen dürfte. Bei solchem Versuch würden wir an die Reaktion des überhaupt ersten ›Wallenstein‹-Lesers anknüpfen,

[1] Dies ist der Text eines Vortrags, der im Sommer 1962 an einigen deutschen Universitäten gehalten wurde. Der gegebene Anlaß und die besondere Blickrichtung schlossen Verweise auf die jüngste Schiller-Forschung und eine Auseinandersetzung mit ihr aus. Einige flüchtige Berührungspunkte aber seien erwähnt, so etwa mit dem ›Wallenstein‹-Kapitel in Benno von Wieses ›Schiller‹, Stuttgart 1959, S. 625–677, vor allem S. 657 ff. Eine wegweisende Neubeleuchtung des Schillerschen „Idealismus" aus „existentialistischer" Sicht bietet Käte Hamburger in ihrem Aufsatz ›Schiller und Sartre‹, Jahrbuch der deutschen Schillergesellschaft 1959, und in der Abhandlung ›Zum Problem des Idealismus bei Schiller‹, ebda., 1960. Beide Arbeiten, wenn sie auch nicht an das Wallenstein-Problem rühren, waren für mich von großer Bedeutung. So auch der Aufsatz von Ludwig Kahn ›Freedom: An Existentialist and an Idealist View‹, PMLA, LXIV, S. 5 ff.

an das eilige Wort Goethes, dem Freunde übermittelt wenige Stunden nachdem das Gesamtwerk in seine Hände gelangte. Da preist
er in seinem Brief vom 18. März 1799 als den großen Vorzug des
letzten Stückes, „daß alles aufhört, politisch zu sein und bloß
menschlich wird, ja das Historische selbst ist nur ein leichter Schleier,
wodurch das Reinmenschliche durchblickt".

Gewiß, diese Worte beziehen sich auf das, was wir heute als
„Wallensteins Tod" kennen, wobei um der Genauigkeit willen noch
daran erinnert sei, daß Schiller die ersten beiden Akte dieses letzten
Teiles ursprünglich der Piccolomini-Masse zugeschlagen hatte. Aber
selbst mit diesen Einschränkungen, welch ein erstaunliches Urteil!
„Bloß menschlich", rein menschlich, „das Historische ... nur ein
leichter Schleier" – heißt das nicht, die große Haupt- und Staatsaktion um den interessanten Bösewicht in die Lebensluft der ›Iphigenie‹ etwa übersetzen? Konnte Goethe sich so monumental irren?
Aber wie, wenn er, der Klassiker, das Streben des Mitklassikers
besser erkannt hätte als kommende Generationen, wenn er die volle
Verbindlichkeit von Schillers theoretischem Denken für seine Dichtung verstanden hätte, ein Denken, das nicht um Charakterologie
und Psychologie kreiste, sondern um Ontologie, nicht um Moral-
philosophie, sondern um existentielle Wesensschau. Aber wir bedürfen kaum des Hinweises auf Schillers außerdichterische Bemühungen. Im ›Wallenstein‹ selbst, unmittelbar auf die Stelle folgend, die
das schwankende Charakterbild als ein Produkt der Parteilichkeit
verabschiedet, sagt er uns, was seine Kunst, was Kunst überhaupt
vermag:

> Denn jedes Äußerste führt sie, die alles
> Begrenzt und bindet, zur Natur zurück.
> [Prolog, 106–07]

Zurückführung, Reduktion also ist das Anliegen der Dichtung, und
was die Geschichte darbietet als einen „Fall", Fall im charaktero-
logischen und im moralischen Sinne, verwandelt Kunst in Norm
und Wesen.

So gesehen, wäre Wallenstein das *exemplum* vom Menschen in
der Geschichte oder, um ein modernes Begriffspaar zu bemühen,
von Sein und Zeit. Kein Wunder dann, daß Schiller gern die Worte

„Retardieren" und „Präzipitation" anzieht, wenn er von der Organisation seines großen Gedichts spricht – und Organisation ist dem Dichter nie ein technisch Äußerliches, sondern immer Gestalt und Gestaltung des inneren Gesichts –, Begriffe, die Stauung und Entstauung des Zeitstromes, der alles Geschehen trägt, bezeichnen, Handhabung und planvolle Manipulation des Mediums, in dem sich Geschichte vollzieht. „Retardieren": das Zurückhalten der Bewegung, die im Gang ist oder in Gang kommen will, Kontrolle und Beeinflussung des automatischen Ablaufs der Geschehnisse – das scheint mir das Strukturprinzip, dem jede Einzelepisode unseres Dramas unterworfen wird. Mit einem Akt des Zurückhaltens beginnt ›Wallensteins Lager‹, mit dem Bauernknaben, der versucht, seinem Vater den Weg in das Soldatenzelt zu vertreten, und dieselbe Bewegung oder Bewegungsstockung wiederholt sich, wenn kurz darauf der Bürger den Rekruten von seinem Eintritt in die Armee zurückhalten will. Nicht mehr kann ich hier geben als einen schnellen Katalog der zahlreichen Retardierungen und Zurückhaltungen: die ›Piccolomini‹ beginnen mit der verspäteten Ankunft Isolanis, verspätet weil auf-gehalten; Questenbergs Beschwerde über Wallensteins Kriegführung ist eine Liste von Situationen, in denen der Feldherr sich zurückgehalten hat statt vorwärts zu marschieren; Oberst Suys ist nach dem Spruch der Offiziere dem Tode verfallen, weil er vorrückte, wo ihm befohlen war, sich zu ver-halten; Max hält mit seiner Unterschrift zurück, und das Hauptgeschehen des ganzen letzten Teiles kreist um den Versuch, ihn und seine Pappenheimer zurückzuhalten. Ja, der das Stück bestimmende schwelende Kampf zwischen Kaiser und General kommt zum Ausbruch über Wallensteins Entscheidung, die zum Kardinal-Infanten abkommandierten Truppen zurückzuhalten.

Dieses Bauprinzip erweist sich als das genaue Korrelat zur Hauptfigur, dessen Charakter Schiller darum auch nicht von ungefähr mit demselben Wort, dem Wort „retardierend", belegt hat. Wallensteins Zögern ist nicht zu fassen als Charakterzug – als solcher wäre er bei dem großen Schlachtenlenker recht unüberzeugend –, und nicht abzuleiten aus dem Gegeneinanderspiel von Machttrieb und Gewissen. Sein Zögern entspringt nicht einem inneren Konflikt, noch weniger einer charakterologisch bedingten Hemmung, sondern es ist die magistrale Geste eines Menschen, der sich stemmt gegen das unerbittliche und unaufhaltsame Abrollen der Zeit, der einen Schwebezustand schaffen möchte, in dem er ganz frei verfügen kann, weil er der Zeit, dem Medium alles Geschehens, nicht untertan ist, sondern sie setzt und sich verfügbar macht. Wenn Terzky, verzweifelt über Wallensteins Unschlüssigkeit, den Feldherrn fragt: „Wann aber wird es Zeit sein?", bekommt er zur Antwort das Peremptorische: „Wenn ich's sage." Von hier aus versteht sich Wallensteins Ausbruch und Anklage gegen Tradition und Gewöhnung im großen Monolog, gegen Zustände geheiligt und von Gewicht durch bloße zeitliche Schwere und Dauer; von hier aus auch sein Selbstgefühl als Friedensfürst, als eines, der die alte Zeit aufhebt und eine neue setzt. Ja, wenn wir hellhörig genug sind, dann wird uns nicht entgehen, daß hinter jener neuen Zeit wirklich die eschatologische Vision des Endes und der Aufhebung alles Zeitlichen steht; denn solches hören wir aus Wallensteins Mund: „Die Erfüllung der Zeiten ist gekommen", und zwei Zeilen später: „eine neue Ordnung der Dinge führt sich ein": novarum rerum ordo, Echo chiliastischer Prophezeiung aus Vergils Viertem Hirtengedicht.

So nun auch könnte sich uns der Symbolwert der Astrologie erschließen, auf den Schiller und Goethe so große Stücke setzten. Denn Astrologie ist der Versuch, die Zeit und das in ihr Verhängte, das Verhängnis, zu entmachten, und dies auf doppelte Weise: einmal dadurch, daß Zeit übersetzt wird in Raum, in Kon-Stellation, und ihr damit ihr Konstitutivum, ihr ungreifbar Fließendes geraubt wird, und zum zweiten dadurch, daß sie damit kalkulabel und verfügbar wird, das in und von ihr Verhangene durchschaubar und so seiner Mächtigkeit beraubt.

Entmächtigung der Zeit, Entschleierung des Verhangenen – wird es nicht auch dadurch bestätigt, daß Wallensteins Gestirn der Jupiter ist, nicht nur Symbol erhabenster Macht, sondern der Gott, der Chronos, den Zeitengott, überwältigt? Und Chronos, oder sein lateinischer Widerpart Saturn, erscheint im ›Wallenstein‹ prominent als das feindliche Prinzip, der Maleficus in seiner bleiernen Schwere und verhangenen Undurchschaubarkeit, der Gott des ausgeworfenen Saatkorns, über das physis, die Erde, und chronos, die Zeit, blind verfügen. Dieser Gebundenheit unter dem Zeichen des

Saturns, des Erd- und Zeitengottes, setzt Wallenstein in seinem hymnischen Bekenntnis zur Astrologie seine Vision entgegen, das freie Schweben:

> Die Geisterleiter, die aus dieser Welt des Staubes
> Bis in die Sternenwelt mit tausend Sprossen
> Hinauf sich baut, an der die himmlischen
> Gestalten wirkend auf und nieder wandeln ...
>   [Picc. 978–81]

Wie, wenn das parenthetisch bemerkt werden darf, ein Visionär mit solchen Gesichten mehr als ein Jahrhundert lang und bis hin zu Hermann Korff mit dem Etikett: der Realist versehen werden konnte, entzieht sich meinem Verständnis. Der Dithyrambus endet damit, daß Wallenstein sich bei seinem Sternennamen nennt: „hellgeborenes, heitres Joviskind". Und hier gilt es aufzuhorchen: „heiter" – als Bezeichnung des Wallensteinschen Charaktertyps wäre es absurd, aber es geht eben nicht um Charakterologisches. Das Wort gehört im Schillerschen Vokabular einer anderen Welt an; im ›Wallenstein‹, gerade im ›Wallenstein‹ hat er es am Ende des Prologs apodiktisch befestigt: „Heiter ist die Kunst."

Es mag seltsam erscheinen, wie durch das Wort „heiter" das Reich der Kunst und die Figur Wallensteins zusammengerückt werden, so wie wir schon vorher darauf hinwiesen, daß *ein* Wort, das Wort „retardierend", die Figur Wallensteins und das Kunstprinzip, das im Gedicht vom Wallenstein am Werke war, zusammengerückt hatte. Aber es ist so seltsam nicht. Denn jene Existenz in der Schwebe, die Überwindung des Erd- und Zeitengottes Saturn, auf die der Wille Wallensteins gerichtet ist, jenes Freie und Un-bedingte (unbedingt im wörtlichen Sinne verstanden) gibt es, und gibt es nur in der Kunst, im Reich des Schönen. Wenn daran erinnert werden darf: „Freiheit ist nur in dem Reich der Träume, und das Schöne blüht nur im Gesang", und deutlicher noch: das Schöne, und nur das Schöne als jenes Phänomen, über das Zeit und Geschichte keine Macht haben: „Was sich nie und nirgends hat begeben, das allein veraltet nie." Diese Entmächtigung, dieses Aufhaltenwollen der Zeit – und das ist, so glaube ich, der Schlüssel zur Wallenstein-Figur – bedeutet den Übertritt aus der geschichtlichen Existenz in

die ästhetische, und hierin läge nun die Hybris Wallensteins, daß er
Geschichte leben und gestalten will, als unterstünde sie den Wesensgesetzen des Schönen.

Wenn unsere Vermutung richtig ist, dann muß im Wallensteinschen Himmelshaus neben dem Jupiter, Sinnbild höchster Majestät,
noch ein anderer Planet kulminieren: Venus, das Gestirn der
Schönheit. Und genau dies geschieht. Denn dies ist die Konstellation, auf die Wallenstein gewartet hat und die sich in der ersten
Szene von ›Wallensteins Tod‹ zusammenfügt:

> Jupiter
> Und Venus nehmen den verderblichen,
> Den tück'schen Mars in ihre Mitte, –
>
> [Tod, 11–13]

was anders könnte es heißen, als daß Geschichte, als daß die Zeit,
in die der geschichtliche Mensch hineingeworfen ist, neutralisiert
und überwältigt werden? Um es bis zum Handgreiflichen deutlich
zu machen, läßt Schiller am Anfang dieser Szene Wallenstein noch
sagen: „Mars regiert die Stunde"; der also, unter dessen Zeichen
die Stunde steht, die präsente Zeit, ist jetzt entthront. Damit das
Wallensteinsche Firmament sich auch ganz komplettiere, zieht am
Schluß noch Seni die Summe:

> Die beiden großen Lumina von keinem
> Malefico beleidigt, der Saturn
> Unschädlich, machtlos …
>
> [Tod, 22–25]

Das ist die Sternstunde Wallensteins: der Sieg über die präsente
Zeit. Und hier bricht nun – und so muß es sein, da der Mensch in
der Geschichte steht und nicht in der Freiheit des Schönen – die
Zeit mit ihrem Verhangenen herein. „Es geschehen Schläge an der
Tür", so lautet die Bühnenanweisung; die Zeit hat Wallenstein ein-
geholt, Sesin ist gefangen, und der Schwede Wrangel wartet im
Vorzimmer.

Wenn freilich unsere Spekulation über die Bedeutung der Plane-
tenmetapher sinnvoll sein soll, dann muß die Wallensteinsche Him-
melskonstellation, der Stern der präsenten Stunde flankiert und
neutralisiert von Jupiter und Venus, auch in dem Kosmos hier

unten, in dem Kosmos des Dramas selbst, auffindbar sein. Zum Joviskind muß sich das Venuskind gesellen, und in ihm muß, gelöst vom Machtkomplex, jene Befreitheit von der Zeit erscheinen, die im Heitern der Kunst, die als das Heitere der Kunst triumphiert. Es wird deutlich sein, daß ich von Max Piccolomini rede. Gewiß, Max wird sich selbst nicht bei seinem Sternennamen nennen wie Wallenstein es tut; aber unter dem Bilde der Venus, Venus in ihrem Doppelaspekt als Göttin der Schönheit und der Liebe, vollzieht sich seine Lebensbahn vom Anfang bis zum Ende. Wir sollten aufhorchen, wenn Wallenstein mit den ersten Worten, die er dem heimkehrenden Freund zum Willkomm entbietet, ihn apostrophiert:

Und, wie das glückliche Gestirn des Morgens,
Führst du die Lebenssonne mir herauf –
[Picc., 757/58]

gleich hier die Hinweise auf das Venusbild; und schlüssig, weil abschließend, werden die letzten Worte, die die Liebende dem Geliebten ins Grab nachruft, Maxens Bild wieder im Bereich des Ästhetischen ansiedeln:

Das ist das Los des Schönen auf der Erde.
[Tod, 3180]

Ist es nicht in hohem Maße verwunderlich – wenn wir uns angesichts einer Verszeile, die durch allbeliebtes Zitieren zum gedankenlos aufgenommenen Sinnspruch erstarrt ist, überhaupt noch verwundern können –, ist es nicht ganz unerwartet, daß an dieser Stelle die Geliebte von dem „Schönen" spricht, daß sie mit einer Sentenz endet, einem Leitsatz, der einer Betrachtung über das Mißverhältnis zwischen dem Bereich des irdisch Wirklichen und der Welt des Ästhetischen entnommen sein könnte? Das Los des Edlen, des Guten, des Reinen, des Tapferen – solcher Art Nachruf wäre dem Geliebten, so wie wir ihn durchs Leben und in den Tod haben schreiten sehen, gemäß; aber „des Schönen"? – und noch dazu in dem durch die Genitiv-Form geschaffenen Zusammenfall von Max-Person, der Schöne, und Abstraktum, das Schöne – es sollte uns wunderlich erscheinen, es sei denn, jenes „Ernst ist das Leben, heiter ist die Kunst" wäre mehr als nur eine runde Schlußformel, mit der

der ›Prolog‹ dekorativ an sein Ende gelangt, wäre wirklich Thema, wäre wirklich der Hinweis auf das Drama, das sich im Drama aufrollen wird.

Dem Venusstern, den Mächten der Liebe und des Schönen unterstellt, leben Max und Thekla wahrhaft in jenen Bereichen, die der Zeit entzogen sind, in einer Außerweltlichkeit und Außergeschichtlichkeit, die nur in der Liebe und im Schönen sich rein erfüllen können, rein und existentiell schuldlos – im Gegensatz zu Wallenstein, der, in der Geschichte stehend, die Zeit außer Kraft setzen, manipulieren und überwältigen wollte. Ihr Ende aber wird das gleiche sein, für den Schuldlosen nicht anders wie für den Schuldigen, weil in diesem Leben, das Leben in der Geschichte ist, die Retardation und Suspension der Zeit sich als trügerisch erweisen und in die Präzipitation umschlagen müssen, in Maxens Fall im ganz wörtlichen Sinne als Sturz vom Pferde, buchstäblich zur Erde geworfen und eingestampft in den saturnischen Schoß. Groß und entscheidend wie auch die Kluft sein mag zwischen dem, der mit herrischer Geste die Zeit und das in ihr Verhängte entmächtigen will, und dem, der als der Liebende und Schöne wirklich der Zeit enthoben ist, es ist nicht zu übersehen, wie nah unter diesem Aspekt Wallenstein und Max aneinanderrücken. Wonach Wallenstein greift, die Freiheit vom Diktat der Zeit, das hat die Liebe für den Liebenden bewirkt, bevor das Lager ihn wieder aufnimmt:

> Da rann kein Sand und keine Glocke schlug.
> Es schien die Zeit dem Überseligen
> In ihrem ew'gen Laufe stillzustehen.
> O, der ist aus dem Himmel schon gefallen,
> Der an der Stunden Wechsel denken muß!
> Die Uhr schlägt keinem Glücklichen –
>   [Picc., 1479–84]

so Max in seinem Liebesgeständnis; und nur im Vorübergehen sei erwähnt, mit welch wunderbarer Stimmigkeit Schiller das Zueinanderfinden von Max und Thekla nicht nur im Zeitlosen, sondern auch im Raumlosen statthaben läßt: auf einer Reise nämlich, losgelöst von aller lokalen Fixierung, „auf einer Insel in des Äthers Höh'n".

Immer wieder stellt sich unter unserm Blickpunkt gesehen die
enge Verbindung von Wallenstein und Max her. Ist's nur ein Zufall, daß das verräterische Beiwort „heiter", mit dem das Joviskind
Wallenstein sich schmückte und das uns das Eindringen des ästhetischen Bezirkes in die Feldherrnwelt erschloß, nun gleich auch auf
Max Anwendung findet, und dies an entscheidender Stelle, dort
nämlich, wo die beiden Liebenden zum erstenmal von sich und ihrer
Liebe reden dürfen und Thekla, den Geliebten nicht mehr auf der
„Insel in des Äthers Höh'n" findend, die Tante besorgt fragt:

> Er ist nicht heiter; warum ist er's nicht?
> [Picc., 1547]

Und entspricht nicht Wallensteins Ankündigung einer „neuen Ordnung der Dinge", novarum rerum ordo, seine Vision einer „Erfüllung der Zeiten" Maxens panegyrischem Hymnus auf den Frieden,
so deutlich Bild eines paradiesischen Zustands, daß es fast im Jen-
seits-Geschichtlichen zu liegen scheint, und daß Questenberg –
„gerührt" heißt es in der Bühnenanweisung – darauf antworten
muß:

> O, daß Sie von so ferner, ferner Zeit
> Und nicht von morgen, nicht von heute sprechen!
> [Picc., 559–60]

Darum auch erscheint es sinnvoll, daß wir, die Zuhörer, in das
astrologische Kabinett, in dem sich den Augen des heiteren Jovis-
kindes „die Geisterleiter ... aus dieser Welt des Staubes bis in die
Sternenwelt" erschließt, von den Liebenden eingeführt werden, von
Thekla und Max, den Außer-Geschichtlichen, die eine wahre Affinität und Sympathie haben für das, was Wallenstein dort zu finden
hofft: den Sieg über den dunklen Strom der Zeit. Ihnen, als den
Liebenden und Schönen, ist das freie Schweben wohl vertraut. So
Max:

> O, nimmer will ich seinen Glauben schelten
> An der Gestirne, an der Geister Macht,

so Thekla:

> Wenn das die Sternenkunst ist, will ich froh
> Zu diesem heitern Glauben mich bekennen –
> [Picc., 1619/20, 1644/45]

und wen könnte es jetzt noch erstaunen, daß hier, wo von Wallensteins Astrologie gesprochen wird, die Worte „Kunst" und „heiter" wieder ertönen und in so nahe Nachbarschaft zusammenrücken?

Manchmal möchte es scheinen, als treibe Schiller das Beziehungsspiel zwischen dem Feldherrn und dem Venuskind bis zu dem Punkte, wo die beiden in eins zusammenfallen. Es ist doch bemerkenswert, daß Maxens Tod: im Kampf vom getroffenen Pferde stürzend und unter den Hufen der ihm folgenden Reiter zermalmt, die bis in jedes Detail genaue Erfüllung der Traumvision ist, die Wallenstein in der Nacht vor der Schlacht bei Lützen von seinem eigenen Tode hatte. Am schönsten aber, am ergreifendsten verschwimmen die Lebensbilder des Feldherrn und seines jungen Freundes ineinander, wenn Wallenstein dem Gefallenen den letzten Nachruf spricht. In der finsteren Nacht seines Todes am Fenster stehend, sucht Wallenstein am Firmament noch einmal seinen Stern, den Jupiter:

> Mir deucht, wenn ich ihn sähe, wär' mir wohl.
> Es ist der Stern, der meinem Leben strahlt,
> Und wunderbar oft stärkte mich sein Anblick.
>
> [Tod, 3415–17]

Und hier nun geschieht die erschütternd unheimliche Vertauschung. Denn auf den tröstenden Zuspruch der Gräfin: „Du wirst ihn wiedersehen", antwortet Wallensteins Klage:

> Ihn wiedersehen? – O niemals wieder!...
> Er ist dahin, ist Staub –
>
> [Tod, 3419/20]

das Sternbild, sein eigenes, dessen heiteres Kind er sich nannte, fällt nun zusammen mit der Gestalt des toten Freundes, der sich von ihm gewandt hat. In der großen Nänie, die nun folgt und mit der Wallenstein den Hingeschiedenen betrauert, fügen sich wie in einem Katalog all die Wesenselemente des Venuskindes Max zusammen, Schönheit und Liebe, all das was den Feldherrn über die Wirklichkeit von Ort und Zeit heraushob und ihn in jene Reiche führte, über die das Datum und Diktum der Geschichte keine Macht haben:

> Die Blume ist hinweg aus meinem Leben ...
> Er machte mir die Wirklichkeit zum Traum,

Um die gemeine Deutlichkeit der Dinge
Den goldnen Duft der Morgenröte webend:
Im Feuer seines liebenden Gefühls
Erhoben sich mir selber zum Erstaunen
Des Lebens flach alltägliche Gestalten.
Was ich mir ferner auch erstreben mag,
Das Schöne ist doch weg, das kommt nicht wieder.

[Tod, 3443–3453]

So fügen sich jetzt in der Stunde des Untergangs Jupiter und
Venus noch einmal zusammen, ja mehr: sie fließen ineinander; aber
jetzt sind sie verschleiert und entmächtigt, nicht mehr die Herrscher
über den Gott der Stunde, der sich gegen die Wallensteinsche
Triumphkonstellation durchgesetzt hat. Und es ist nur folgerichtig,
daß die große Wehklage um den geliebten Freund mit der Anerken-
nung der unentrinnbaren Gewalt der Zeit beginnt, mit dem Sich-
Schicken in das, was sie für den Menschen bereithält und herbei-
trägt:

denn ihn besiegen die gewalt'gen Stunden:
[Tod, 3441]

Das ist das Ende der Wallensteinschen Hybris, jenes Ende, das
begann, als die Schläge an der Tür geschahen, als sich der Umschlag von „Retardieren" zur „Präzipitation" vollzog; und wieder
sei daran erinnert, daß es sich dabei nicht einfach um dramaturgisch-
technische Bestimmungen handelt, sondern um den Weg des Helden
selbst vom Zurückhalten und Freischweben in den Sturz. Das große
Spiel ist zu Ende. Spiel und Spieler, Würfel und Würfler – das
sind Leitworte, denen Schiller Wallenstein und sein Tun unterstellt
hat; wir wüßten es, auch ohne daß Buttler, dem, weil so rücksichtslos mit ihm gespielt wurde, der Haß die Augen öffnet, es ausdrücklich formulieren müßte:

Nicht Anstand nahm er, andrer Ehr' und Würde
Und guten Ruf zu würfeln und zu spielen.
[Tod, 2857/58]

Nur um mein kritisches Glaubensbekenntnis zu unterstreichen, daß
nämlich in einem Kunstwerk jede Episode, jedes Requisit als Meta-

pher zu nehmen ist, die ein Gefälle zur Mitte hat, möchte ich
flüchtig darauf verweisen, daß die allererste Szene des ›Wallenstein‹-Komplexes, des ›Lagers‹, mit Spiel und Würfelbecher beginnt. Das Wort Spiel aber, gereinigt von der niederen Bedeutung
des Hasardierens, hat in Schillers philosophischem Kanon einen
festen und zentralen Platz. Der Spieler, der spielende Mensch –
das ist der Mensch in der Freiheit, im Raum des Schönen, das
Schiller nicht zufällig als „Freiheit in der Erscheinung“ definiert
hat. Und darum lesen wir im 14. Brief ›Über die ästhetische Erziehung des Menschen‹, genau an der Stelle, wo zum allerersten Mal
vom Spieltrieb die Rede ist: er sei darauf gerichtet, „die Zeit in der
Zeit aufzuheben“. In diesem Paradox, in dem Trieb, die Zeit
in der Zeit aufheben zu wollen, was nur dem Kunstwerk gelingt,
in dem das Unzulängliche wahrhaft Ereignis wird, – hierin liegt,
glaube ich, der Schlüssel zur Figur Wallensteins – und zu seiner
Schuld, einer existentiellen viel eher als einer moralischen, die
darin besteht, daß der Mensch die Zeit in seinen Griff bekommen
will und sich damit dem Verfallensein an die Geschichte entzieht.

Der Vorstellungskomplex: Spiel, der in Schillers ästhetischer
Theorie eine so entscheidende Stelle einnimmt, muß aber in seiner
Relevanz für Wallenstein, für das dramatische Gedicht nicht weniger als für seinen Helden, näher betrachtet werden. Wieder bietet
sich der vorausgeschickte ›Prolog‹ als argumentum und Programm-
notiz an. Der Muse, „des Reimes Spiel“, so hören wir da, ihr ist zu
danken,

> daß sie das düstre Bild
> Der Wahrheit in das heitre Reich der Kunst
> Hinüberspielt, die Täuschung, die sie schafft,
> Aufrichtig selbst zerstört . . .
>   [Prolog, 133–36]

Dies nämlich ist es, was Kunst zum Spiel macht: daß sie zweckfrei
ist, interesselos, wenn wir den Kantschen Terminus einsetzen dürfen –, ein schöner Schein, der sich – und gerade darum ist er
schön – in seiner eigenen Scheinhaftigkeit durchschaut und das,
was er vorspiegelt und vorspielt, aufhebt, indem er es setzt. Dem
Menschen auf der geschichtlichen Bühne aber ist solches Spiel nicht

gegeben; er spielt, wenn er spielt, notwendigerweise falsch, und es sei hier wieder daran erinnert, daß die erste Figur, die, mit dem Würfelbecher, im ›Lager‹ erscheint – und man nehme ›Lager‹ hier nicht nur als einen Titel-Verweis – ein Falsch-Spieler ist. Das was Spiel zum Spiel macht, die Freiheit von allem eindeutig Zweckhaften, die bloße Scheinhaftigkeit, die alles Materiale zerstört und es in reine und grenzenlose Möglichkeit verwandelt, ist nur im Ästhetischen vollziehbar, nicht aber in der Gegenstandswelt. Gerade dies aber, und der Anfang seines großen Monologs gibt uns darüber Auskunft, gerade der Sprung aus der Gegenstandswelt in die Gegenstandslosigkeit des freien Spiels war Wallensteins Unterfangen und seine Schuld. Dieser Entmächtigung der *physis* durch das reine Spiel entspricht genau Wallensteins Versuch, die Zeit in der Zeit aufzuheben, ja das eine ist nur ein Komplementäraspekt des anderen. Weil aber im geschichtlichen Bereich irdischer Verkettungen kein Raum auszusparen ist für das reine, zweckfreie Spiel, schlägt das Bild des Spielers Wallenstein in das des Berechners, des Kalkulators um, der, eben weil er rechnet, kalkuliert, Interessen unterschiebt, dem Spiel sein Eigentliches, seine freischwebende Ungebundenheit rauben muß.

Nicht zufällig erscheint Wallenstein mehr als einmal als der Mann mit dem Zirkel, der Mathematiker, der Herr des reinen Formenspiels; aber in der Welt des Geschichtlichen, in jenem Raume, in dem die Sachen hart sich stoßen, kann es nur angewandte Mathematik, nur Technik geben. Und nicht zufällig, daß unmittelbar auf die zitierten Worte Buttlers, die Wallenstein als Spieler und Würfler charakterisierten, jene weiteren hochbedeutsamen folgen:

> Gerechnet hat er fort und fort, und endlich
> Wird doch der Kalkül irrig sein, er wird
> Sein Leben selbst hineingerechnet haben,
> Wie jener dort in seinem Zirkel fallen.
>   [Tod, 2859–62]

„Jener dort": Archimedes. Doppelt gewichtig dieses Leitbild, das sich hier vor Wallensteins Züge schiebt, weil der Name ausgespart bleibt und weil es beschworen wird von einem, dessen schlichtem und soldatenhaft ungelehrtem Mund wir die gebildete Anmerkung

am allerwenigsten zutrauen möchten. Gerade darum trifft die Glei-
chung Wallenstein–Archimedes ins Herz; und sie trifft ins Herz
unseres Arguments. Denn auch „jener dort" hatte sich angemaßt,
die Welt aus den Angeln heben zu können, vorausgesetzt, daß ein
fester Punkt außerhalb des Universums zu finden sei, ein Standort
in einer Jenseitigkeit – und sollte Buttler ihn vielleicht darum
mit „jener dort" apostrophieren? –, die allem Hier und Jetzt ent-
rückt ist, die Nirgends- und Nie-Stelle, von der aus der Erd-Gott
mit dem Hebel bedroht werden kann. Archimedes-Wallenstein: ein
Meister des Zirkels der eine wie der andere, beide fallend vor dem
Ansturm der Geschichte, weil nämlich das ungestörte Spiel der vollkommenen Form nur im reinen Geist möglich ist und nicht in seiner
Projektion auf den Sand der Erde, und weil in der Welt des Zeitlichen jeder Kreis, den man schlägt, einer ist, in dem man sich mit
seinem eigenen Leben engagiert.

Man mag einwenden, ich habe das Bild des großen Physikers
und Technikers unerlaubterweise auf die Ebene des Ästhetischen,
der Schillerschen Ästhetik im engeren Sinne, verschoben, um auf
diesem Umweg meine Wallenstein-These zu erhärten. Aber ich
glaube, der Vorwurf trifft mich nicht. Aus dem Jahre 1795 nämlich,
einer Zeit also, da der ›Wallenstein‹-Plan den Dichter schon intensiv beschäftigte, gibt es ein kurzes Schillersches Gedicht in Distichen,
›Archimedes und der Schüler‹, in dem ein Jüngling den Meister
bittet, ihn in die „göttliche Kunst" einzuweihen, die die Mauern
von Syrakus vor dem Ansturm der Feinde geschützt habe. Und
dies die Antwort des großen Mechanikers:

> Göttlich nennst du die Kunst? Sie ist's, versetzte der Weise.
> Aber das war sie, mein Sohn, eh' sie dem Staat noch gedient.

Sicher kein Zufall, daß Schiller Archimedes zum Verwalter der
„göttlichen Kunst" erhebt, wobei er tiefsinnig die Doppelbedeu-
tung des griechischen *techné* in Rechnung stellt, und daß er den
Techniker – in diesem Doppelsinne – zum Fürsprech des reinen,
zweckfreien Spiels macht, das die Kunst allein, das allein die Kunst
hervorzubringen vermag.

Im Konkretum der Geschichte aber kann es, darf es nicht gelingen. Und Wallensteins Aufstieg zu Größe und menschlicher Würde

beginnt in dem Moment, da der Traum vom freien Schweben über der Zeit, vom freien Spiel ausgeträumt ist, dort, wo der Mensch der Geschichte frontal begegnet und, ganz zurückgeworfen auf sich selbst, ihr standhält mit dem Wallensteinschen Wort: „Geschehe denn, was muß!" Überflüssig, darauf hinzuweisen, daß es bei diesem „Geschehe denn, was muß!" nicht um die passive Unterwerfung unter das Fatum geht, sondern um die Erkenntnis des Ausgesetztseins, des Sich-Aussetzens – im wahren Sinne von *ex-sistere* – jener Macht der Geschichte, vor der der Mensch sich nur dadurch bewährt, daß er, um mit Buttlers Worten zu reden, sein Leben selbst hineingerechnet hat. Ja, gerade in jenem vollen Exponiertsein vor dem Sinn-losen – sinn-los, weil es sich Willen und Gesetz seines Waltens nicht abfragen läßt – vollzieht sich die echte Selbst- und Seinsfindung des Menschen. Dies scheint mir die eigentliche Bedeutung der großen Entscheidungsszene Wallensteins, in der die Worte: „Geschehe denn, was muß" am Schluß fallen werden. Was sich hier vollzieht, ist eine Entscheidung eigentümlicher Art. Denn die Frage: soll ich diesen Weg gehen oder jenen – und dies ist ja die Frage, auf der Ent-Scheidung beruht – wird von Schillers Wallenstein nur als eine rhetorische gleichsam gestellt. Wohl beginnt die Szene mit seiner prüfenden Überlegung:

> Wenn eine Wahl noch wäre, noch ein milderer
> Ausweg sich fände – jetzt noch will ich ihn
> Erwägen und das Äußerste vermeiden.
> [Tod, 482–84]

Aber Schiller hat auf das Überzeugendste dafür gesorgt, daß nichts mehr zu erwägen ist. Über die Wege, die zu begehen wären, ist keine Entscheidung mehr zu treffen. Wrangel, so werden wir hören, ist spurlos verschwunden; Wallensteins Befehl „Bring mir den Wrangel in mein Kabinett" bleibt eine leere und unerfüllbare Forderung. Der Schwede braucht keine Antwort mehr, ganz gleich, was Wallenstein ihm auch als seine endgültige Entscheidung anzubieten hätte.

Wenn dem aber so ist, was dann wird in der großen Entscheidungsszene eigentlich entschieden? Doch eben nichts anderes, als daß Wallenstein sich zu sich selbst entscheidet, zu dem, der er ist, zu dem, der er, so erkennt er jetzt, immer war, zu der „Übereinstimmung mit sich selbst", wie es die Gräfin, die ihm die Augen öffnet, formuliert. So ist denn auch Wallensteins Reaktion auf die Argumente der Gräfin das immer wiederkehrende: „das ist wahr", „wahr ist's!", „ja, dem ist wirklich so", Bestätigung seines unverwechselbaren und unveräußerlichen Wesens – nicht eigentlich Antwort auf die Entscheidungsfrage: was ist zu tun?, sondern erkennende Bekräftigung seiner So-Beschaffenheit, mit der er in der Geschichte angetreten ist und die es jetzt voll einzusetzen gilt, nicht im Sinne der „Heiterkeit", durch die man sich dem Zugriff der Zeit und der in ihr waltenden Mächte entzieht, sondern im Sinne des unabwendbaren Engagements, in dem allem Dunkel, das sich naht und über das hinweg keine „Geisterleiter" in die hellen Räume führt, nur die eine Sicherheit entgegengehalten werden kann: ich aber bin, der ich bin. Darum auch endet dieser Entscheidungsprozeß, der im üblichen Verstande gar keiner ist, mit Wallensteins Worten, die mir Nietzsches demütig-stolzes „amor fati" lange vor Nietzsche vorwegzunehmen scheinen:

> Recht stets behält das Schicksal, denn das Herz
> In uns ist sein gebietrischer Vollzieher.
>
> [Tod, 655/56]

Das ist der neue Wallenstein: ein Mensch gestellt in die radikale Unsicherheit und in die Unaufhaltsamkeit des Zeitstromes. Jetzt gibt es keine warnenden Stimmen mehr, die dem großen Rechenkünstler das Geheimnis von heut und morgen verraten; jetzt wird er nicht mehr sagen: „versiegelt hab' ich's und verbrieft", alles Leben ein Faustpfand, mit dem man die anderen in die Hand bekommt; jetzt sind die Sterne, an denen er Zeit und Geschichte auszurechnen sich vermaß, stumm für ihn geworden. Der Zeit und dem von ihr Verhängten sich zu stellen, umgeben von Nichts den Kampf anzutreten – das ist die Leistung und der im Scheitern sich erfüllende Triumph des Menschen Wallenstein. Und darum gibt er, der in seiner Apotheose auf die Astrologie vom freien Schweben träumte, von der „Geisterleiter, die aus dieser Welt des Staubes bis in die Sternenwelt... hinauf sich baut", jetzt in der Stunde der Entscheidung sich selbst die Antwort. Hier zum erstenmal läßt

Schiller ihn in gereimten Versen sprechen, dem Idiom, das nur noch
Thekla und Max in den Momenten gestattet ist, da gerade die Erkenntnis ihres hoffnungslosen Verfallenseins sie in ihrer menschlichen Größe bestätigt. Dies ist Wallensteins Selbstzurückweisung
seines heitren Jovis-Anspruchs, „die Zeit in der Zeit aufzuheben",
hier wird er, um zu Goethes Worten zurückzukehren, „bloß menschlich, rein menschlich", ein Wesen gestellt in die Unerbittlichkeit und
Undurchschaubarkeit der Zeit:

> Frohlocke nicht,
> Denn eifersüchtig sind des Schicksals Mächte,
> Voreilig Jauchzen greift in ihre Rechte.
> Den Samen legen wir in ihre Hände,
> Ob Glück, ob Unglück aufgeht, lehrt das Ende.
>
> [Tod, 659–63]

Studies in Germanic Languages and Literatures. In memory of Fred O. Nolte. Ed. by
Erich Hofacker and Lieselotte Dieckmann. St. Louis/Missourie: Washington University
Press 1963, pp. 77—91. Aus dem Englischen übersetzt von Edith Zeile.

CHARAKTER UND FUNKTION VON BUTTLER
IN SCHILLERS ›WALLENSTEIN‹
(1963)

Von Walter Silz

Buttler, Befehlshaber von Wallensteins Dragonern, ist eine der
wandlungsfähigsten und gleichermaßen widersprüchlichsten Nebenfiguren im Werk Schillers. Er erscheint als vorbildlicher Soldat und
als Verräter seines Vorgesetzten, als erbitterter Feind und Retter
seines Kaisers, als brutaler Schurke und erhabener Richter, ein
wortkarger Mann der Tat und ein brillanter Redner, ein Bote, ein
Sprecher, ein Henker – kurz, eine höchst nützliche Person in
einem Drama, aber ein uneinheitlicher poetischer Charakter, Ver-
körperung eines Widerspruches in Schillers dramatischer Kunst.
Dies wird deutlich, wenn wir Buttlers Weg durch die breit angelegte
Handlung verfolgen.

Er wird zuerst im ›Lager‹ [1] als leuchtendes Beispiel dafür angeführt, wie hoch ein gewöhnlicher Mensch in Wallensteins Armee
aufsteigen kann. Ursprünglich ein ungebildeter Stalljunge aus
Irland, war er vor 30 Jahren nur Gemeiner; jetzt befehligt er
eine wichtige Waffengattung der Armee. Unmittelbar danach wird
Wallensteins Aufstieg aus bescheidenen Anfängen erwähnt.
So wird Buttler bereits ganz zu Beginn als besonders eindrucks-
volles Beispiel und als Parallele zu Wallenstein selbst herausgestellt.

Das Beispielhafte an Buttlers Charakter wird später mehrfach
unterstrichen. Sein Aufstieg wird als „Sporn" und „Beispiel" für

---

[1] Zeilen 440 ff. Im folgenden erscheinen Quellenangaben in Klammern im Text, L = ›Wallensteins Lager‹, P = ›Die Piccolomini‹, T =
›Wallensteins Tod‹. Römische Zahlen beziehen sich auf Akte, arabische
auf Szenen und Zeilen.

andere (P 49 ff.) bezeichnet, sein Verhalten als „leuchtendes Muster" und „geachtet Beispiel" (P 1978 f., T 1456 f.). Octavio weist auf ihn hin als ein Musterbeispiel für „Kühnheit", die den idealen Soldaten ausmacht (P 260 ff.). Er ist der Repräsentant der Armee, durch bloßes Verdienst aus den untersten Rängen emporgestiegen, ein Soldat der Soldaten. Mit 60 ist er ein hartgesottener Veteran, der 40 Jahre Fronterfahrung hinter sich hat, ein ernster, beinahe nüchterner Berufssoldat, voller Hingabe an die Sache. Er ist ein Beispiel für die notwendige Abkehr des Soldaten vom bürgerlichen Leben (cf. L 917 ff.). Ohne Frau oder Kind oder menschliche Bindungen, hat er das Lager zu seinem Heim gemacht und den Oberbefehlshaber zu seinem einzigen Erben. Ein Autodidakt mit Selbstvertrauen und einem harten Kern, ehrgeizig, energisch und resolut; ein Mensch von Charakter und mit Prinzipien, nicht leicht von seinen Pflichten abzubringen, stolz und „verletzlich", und das um so mehr, als er sich seiner bescheidenen Herkunft bewußt ist und die Selbstsicherheit des Hochgeborenen nicht kennt. Ausgestattet mit einem natürlichen Vorurteil gegenüber aristokratischer Geburt, befriedigt es ihn, wenn alte Namen ersetzt werden und neue aus der Dunkelheit emportauchen (P 2018 f.). So erscheint uns Buttler im ›Lager‹ und in den ›Piccolomini‹.

Er ist da zu Beginn der Handlung des eigentlichen Dramas und danach bei den wichtigsten Knotenpunkten, bis seine starke und düstere Gestalt die zwei letzten Akte der großen Trilogie schließlich beherrscht. Gegen Ende des Stückes ist er in jeder Hinsicht „im Amt": der Hauptakteur, Sprecher und Vollstrecker der Gerechtigkeit, der Geschichte und des Schicksals.

Wir sehen ihn, wenn der Vorhang sich hebt, und hören seine Stimme, bevor zehn Zeilen gesprochen werden. Im Namen des Autors sozusagen lenkt er unsere Aufmerksamkeit auf den Ernst der Situation: „Auch Frau und Tochter ruft der Fürst hieher? / Er ruft hier viel zusammen" (P 34 f.). Erst später geht Octavio näher auf diesen Hinweis ein (P 313 ff.). Auch schon sehr früh schlägt Buttler einen düsteren Ton an, wenn er als Überbringer schlechter Nachrichten auftritt. Seine knappen, unheilschwangeren Worte „Auf Gallas wartet nicht" (P 22) haben Gewicht; sie leiten den Verrat an Wallenstein und dessen Niedergang ein. Dunkelheit umgibt die Gestalt Buttlers; er ist ein typischer Repräsentant der „düstre[n] Zeit", von der der ›Prolog‹ spricht. Er hat die dunkle Farbe Shakespearescher Verbrecherfiguren.

Als Antwort auf Illos besorgte Frage erzählt er kurz von Gallas' Versuch, ihn von Wallenstein abzubringen, und seiner resoluten Weigerung. Seine Gewissenhaftigkeit zeigt sich in seinem Zögern, Glückwünsche zu seiner jüngsten Beförderung entgegenzunehmen, weil die Bestätigung durch die Regierung noch aussteht. Er spricht und handelt wie ein loyaler Anhänger Wallensteins und ist ehrlich schockiert über die Vermutung, Wallenstein könnte die Befehlsgewalt abgeben oder verlieren.

Auch in der nächsten Szene (P I, 2) erscheint Buttler als strammer Parteigänger Wallensteins. Nachdem alle ihre Meinung gesagt haben, läßt ihn Schiller, der ihn zunächst in Reserve hielt (abgesehen von einer kurzen, bissigen Äußerung gegen den Hof [161 ff.]), als Hauptsprecher der Armee auftreten: In einer ausführlichen und beredten Zusammenfassung (210–57) plädiert er für Wallensteins einzigartige und unentbehrliche Führung. Ein wenig später hört er als einer der wenigen ausgewählten Generale Questenbergs offizielle Botschaft (P II, 7). Er ist der erste, der sich dazu äußert (1149). Er unterstützt Wallenstein bei weiteren Fragen (1195, 1209) und spricht die Feindseligkeit des Heeres gegen den Abgesandten des Hofes aus (1287 ff.). Buttlers Worte der Zuneigung Wallenstein gegenüber sind im ganzen ersten Teil des Stückes zu herzlich und positiv, als daß man sie mit der rein negativen Tatsache erklären könnte, er zürne dem Hof, weil ihm eine Gunst versagt worden sei. Buttler fehlt im dritten Akt, wo das Max–Thekla-Geschehen im Mittelpunkt steht, und er fehlt auch im fünften Akt, der die Aussprache zwischen Max und Octavio enthält. In den meisterhaften Bankettszenen jedoch (P IV, 4–7) steht er an prominenter Stelle, wenn er sich für die Sache Wallensteins ausspricht und sich nach Kräften für sie einsetzt. Er bietet Illo und Terzky aus freien Stücken seine Hilfe in ihrem Komplott an und schwört seinem Vorgesetzten bedingungslose Treue (1962 ff.). Er spricht nicht nur im Sinne des ehrgeizigen Wallenstein, sondern auch des Geschichtsphilosophen Schiller, wenn er die Zeit des Umsturzes, die dem starken Mann eine Chance nach der anderen bietet, so beschreibt:

Es ist ein großer Augenblick der Zeit,
Dem Tapfern, dem Entschloss'nen ist sie günstig ...
Nichts ist zu hoch, wornach der Starke nicht
Befugnis hat die Leiter anzusetzen.

[Picc., 2014–29]

Dieses Gefühl entspricht dem Charakter Buttlers noch eher als einige spätere „Sprecherpassagen", aber die erhabene Schau und poetische Diktion liegen deutlich über seinem Niveau.[2]

Buttler erkennt die Ähnlichkeit zwischen seiner und Wallensteins Karriere, beide Söhne des Schicksals, die der Krieg aus der Dunkelheit der Anonymität auf Plätze von Rang hob: „Ich liebe einen Weg, der meinem gleicht" (P 2006–2012). Später – um kurz vorzugreifen – wird Buttler neben diesem positiven Zug einen negativen erkennen: neben hemmungslosem Ehrgeiz unersättlichen Rachedurst. So wie Wallenstein vom bitteren Groll über die ihm vom Kaiser in Regensburg zugefügte Schmach getrieben wird, so wird Buttler getrieben, sich für die Demütigung zu rächen, die ihm (wie er glaubt) Wallenstein zufügte. Buttler (oder Schiller) weist in einem späteren Monolog ausdrücklich auf diese Ähnlichkeit zwischen ihnen hin: „Nimm dich in acht! dich treibt der böse Geist / Der Rache – daß dich Rache nicht verderbe!" (T 2443 f.). So ist es ironischerweise ein Zug in Wallensteins eigenem Wesen, der ihm in einem seiner Anhänger zum Verhängnis wird.[3]

Diese letzten Konsequenzen sind jedoch noch nicht in Sicht. In der lebhaften Bankettfolge steht Buttler noch ganz und gar auf der Seite Wallensteins. Kühl weist er Octavios Annäherungsversuche zurück (2168 ff.). Er durchschaut und akzeptiert dennoch Illos Betrug mit dem „Revers" (2192) und tut sein Möglichstes, die Sache zu retten und die Kooperation der anderen zu sichern (2250 ff.).

[2] Zur „Funktion des Sprechers" von Buttler und anderen Personen in ›Wallenstein‹ vgl. Walter Silz, Chorus and Choral Function in Schiller, in: Schiller. 1759/1959, ed. John R. Frey (Urbana, 1959), besonders S. 158–64.

[3] Wie Wallenstein ruft Buttler am Ende des Dramas gern die Schicksalsmächte an, wenn er in Wirklichkeit den Regungen seines Herzens folgt. Seine Zeilen T 2875–79 klingen wie ein kürzeres Echo der Zeilen Wallensteins in T I, 4.

Die wichtige Rolle, die Buttler im vierten Akt spielt, ist ganz und
gar Schillers Erfindung, und alles geschieht noch im Interesse Wallensteins.

   Beim nächsten Auftritt Buttlers stellen wir eine plötzliche und
radikale Veränderung fest, einen Bruch in seinem dramatischen
Charakter und „Wert". Diese entscheidende Szene der Bekehrung
Buttlers durch Octavio (T II, 6) verlangt unsere besondere Aufmerksamkeit. Sie bildet vom Anfang bis zum Ende in jeder Hinsicht einen auffallenden Kontrast zu der gerade vorausgegangenen
Szene mit Isolani. Octavio verhandelt mit jedem seiner Natur
entsprechend. Er erledigte den Fall des gewissenlosen Isolani in
kürzester Zeit; um mit Buttler fertigzuwerden, werden doppelt
so viele Zeilen benötigt und eine vollständig andere Methode. Zu
Beginn tritt Buttler mit der üblichen Zurückhaltung und Würde
auf. Als er hört, wie Octavio Wallenstein anklagt und andeutet,
in welch gefährlicher Lage er sich befindet, steht er auf und erklärt
einfach „Sein Los ist meines" (1087). Welch Gegensatz zu Isolanis
Reaktion! Hier wird deutlicher denn je, daß Schiller mit Buttler
eine Gestalt von hohem moralischem Wert schaffen wollte.
   Octavio dagegen ist ganz offensichtlich der gerissene Drahtzieher.
Er läßt Buttler bis zur Tür gehen und spielt dann seinen Trumpf
aus. Buttlers erste Reaktion zeigt seinen Stolz und seine Reizbarkeit, aber er hat sich in der Hand. Er ist offen, ja naiv, wenn er
Octavio alle Schritte bei seiner Bewerbung um den Titel aufzählt.
Warum, so müssen wir uns fragen, vertraut er sich zu diesem Zeitpunkt Octavio an? Einige Ungereimtheiten finden sich auch in seiner Rede: es stimmt nicht – so erfuhren wir jedenfalls früher –,
„daß Geburt und Titel / Bei der Armee mehr gelten als Verdienst"
(T 1110 f.). Es hat keinen Hinweis dafür gegeben, der Wallensteins
Behauptung widerlegt hätte, daß Geburtsort, Religion und Herkunft niemals bei ihm das persönliche Verdienst haben schmälern
können (P 1266 ff.). Adlige Herkunft zählte unter Offizieren
nichts, und Buttlers eigener Aufstieg widerlegt seine gegenwärtige
Klage. Auch hat es keinen einleuchtenden Grund für den Gebrauch
des Wortes „Schmach" im Zusammenhang mit seiner Geburt gegeben: soweit wir informiert sind, waren die Verhältnisse beschei-

den, aber nicht unehrenhaft. Es ist auch kein überzeugender Grund für die Härte des Hofes vorhanden: „mit schwerem Hohn zermalmend niederschlagen" (T 1119). Dies scheint ein Fall von Übermotivierung zu sein.

Wenn man an Buttlers stolzes und empfindliches Wesen denkt, überrascht es, daß er – zutiefst beleidigt – die Niederlage eingesteckt und uns über seinen vermutlichen Feind so im ungewissen gelassen hat (T 1124 ff.). Wenn man an seine bisherigen Beziehungen zu Octavio und seine Einschätzung dieses Menschen denkt, berührt es einen seltsam, daß er Octavios Erzählung blind glaubt und den Brief nur mit einem flüchtigen Blick streift [4] und daß er niemals den „Zufall" (1136) in Frage stellt, der Octavio den Brief in die Hände spielte, einen Brief, der die Verbindung mit einem Hof bestätigte, dem Buttler doch angeblich Mißtrauen und Haß entgegenbringt.

Warum sollte Buttler andererseits in einem Augenblick seine langjährige Treue zu Wallenstein und all seine Kenntnisse über dessen Umgang mit den Leuten über Bord werfen? Warum erkennt er nicht, daß Octavio bei ihm die gleiche „deutliche Absicht" (1146 ff.) verfolgt, die er Wallenstein zuschreibt? Statt gegenüber allem, was über Octavio von Wien kommt, skeptisch und mißtrauisch zu sein, glaubt Buttler jedes Wort und bricht in tiefster Zerknirschung zusammen: seine Knie geben nach, so daß er sich nicht aufrecht halten, seine Stimme zittert, so daß er kaum sprechen kann. Nichts hat uns auf diese emotionale Labilität Buttlers vorbereitet. Von des Kaisers „Gnade" ist er überwältigt, obwohl er nichts anderes erhält als die Bestätigung der Befehlsgewalt über sein Regiment. Er hätte sich doch sagen können, daß es unbedingt in Octavios Interesse lag, ihn, den Bekehrten, an der Spitze zu wissen. Stumm und mit dem Gefühl äußerster Unwürdigkeit reicht er dem anderen sein Schwert, und als er es zurückerhält, schwört er, nicht nur Wallenstein im Stich zu lassen, sondern ihn zu töten. Buttlers vulkanischer Ausbruch an dieser Stelle „furchtbar losbrechend"

---

[4] Schiller versichert uns, „Buttler hat den Brief gelesen" (1143), aber er hat ihm nur eine Pause von 6 Zeilen dafür zugestanden, währenddessen Octavio auf ihn einredet.

(T 1168 *) ist einzigartig; nie zuvor und nie wieder bricht solche Leidenschaft bei ihm hervor. Von nun an nimmt er ganz ruhig, beinahe leidenschaftslos die Verfolgung Wallensteins auf, zu Zeiten sogar wie ein Philosoph. Der wilde Haß, der hier einen Augenblick aufflackert, zeigt sich nicht wieder. Auch — nebenbei bemerkt — hören wir nichts mehr von dem Brief; er hat kein Vorher und kein Nachher, sondern existiert nur in dieser Szene.

Es besteht auch kein Zweifel darüber, daß Octavio Buttlers herausgebrüllte Drohung „O, er soll nicht leben!" (1169) wie seine letzten Worte „Bei Gott, ihr überlasset / Ihn seinem guten Engel nicht!", die eine direkte Antwort auf eine direkte Frage sind (1181 f.), gehört haben muß, so daß seine spätere Unschuldsbeteuerung (T 3782 ff.) durchaus der Grundlage entbehrt und ein weiterer Beweis für die Zwielichtigkeit seines Charakters ist.

Buttler bittet, „auf Ehrenwort" (T 1177) bei seinem Regiment in Wallensteins Lager bleiben zu dürfen. Oberflächlich betrachtet, bedeutet das lediglich, daß Buttler sein Ehrenwort gibt, Treue zu halten, sein Regiment sicher herauszuführen und dem kaiserlichen Heer zu verbinden (wie es Max tut, T 1272 f.).[5] Später jedoch, im Gespräch mit Gordon, vermittelt er den Eindruck, er habe sein Ehrenwort gegeben, Wallenstein zu töten (T 2692 ff.). Auch das wirft ein Licht auf Octavios wahre Absichten, wie Buttler sie versteht oder verstehen soll, und macht seine Unschuldsbeteuerung unglaubwürdig. Wenn Buttler in seiner letzten Rede im Stück Octavio fragt, ob er noch *andere* Aufträge für ihn habe („Habt ihr sonst einen Auftrag mir zu geben?"), so deutet er damit an, der Mord an Wallenstein sei ein Auftrag gewesen, der ihm in T II, 6 erteilt wurde und den er „geschwind und pünktlich" (T 3810, 3814) ausgeführt habe.

Nach dem letzten Auftritt Octavios (am Schluß von T II) über-

---

[5] Es erhebt sich übrigens die Frage, wie Buttlers Leute fortan ihren Stand im Lager verstehen sollen. Und warum verdächtigen Illo und Terzky Buttler nicht, wo er doch so auffallend von der Ächtung, die gegen Wallenstein, Illo, Terzky und Kinsky (T 1738 f.) ausgesprochen wurde, ausgenommen ist? Soweit sie die Lage beurteilen können, hat Buttler doch gleichfalls den Kaiser verlassen, um mit Wallenstein in Pilsen zu bleiben.

nimmt Buttler seine Funktion als heimlicher Feind im Herzen von Wallensteins Lager, ein Vertrauter, der als unerkannter „böser Dämon" hinter dem Helden steht. Sehr bald darauf hören wir Wallenstein mit demselben blinden Vertrauen von Buttler sprechen, das er auch an die andere Natter an seinem Busen verschwendete. Buttler, bis zu diesem Zeitpunkt der ehrliche, aufrechte Soldat, entwickelt Octavios Kunst des Betrugs.[6] Schon in Akt III, Szene 10, weist Schiller Buttler sowohl die Rolle des Heuchlers als auch die des Unglücksboten zu. Auf Wallensteins herzliche und Mitleid heischende Rede erwidert er „Vergeßt den Falschen!" (T 1704) und verleumdet so – vollkommen doppelzüngig – seinen neuen Freund Octavio. Früher war Buttler als ehrenhafter, hochstehender Mensch erschienen; jetzt müssen wir ihn uns als Heuchler und herzlosen Schurken vorstellen, der imstande ist, einen Menschen, der ihm blindlings vertraut, kaltblütig umzubringen.

Wiederholt tritt Buttler als Überbringer von Hiobspost auf. Er berichtet, daß Wallensteins Kurier und dessen verhängnisvolle Botschaft abgefangen worden sei. Man darf vermuten, daß Buttler „vor mehrern Stunden" (T 1728) davon wußte und die Information Wallenstein vorenthielt. In T III, 16 bringt er wieder böse Nachricht, die Wallensteins Chancen, die Kürassiere für sich zu gewinnen, verdirbt und ihn zu der Klage veranlaßt „Buttler! Buttler! / Ihr seid mein böser Dämon, warum mußtet ihr's / In ihrem Beisein melden?" Buttler tat das natürlich in voller Absicht, und der „Eifer" beim Eintreten war vorgetäuscht. Man könnte einwenden, er habe von den Vorgängen im Raum nicht wissen können, als er im entscheidenden Moment hereinplatzte; aber gerade die Länge der Konferenz hätte seinen Verdacht erregt, sie könne zugunsten Wallensteins ausgehen. Die Art und Weise, wie hier die Entfremdung von Wallensteins Anhängern betrieben wird, erinnert an Octavio.

[6] Die Szene, in der Buttler die Mörder überredet (T V, 2), ist eine Art Parodie auf jene (T II, 6), in der Octavio Buttler überredet. Auch er verhandelt mit jedem nach seiner Veranlagung: sein Vorgehen bei Deveroux ist ganz anders als bei Gordon. Es ist ein hübscher Zug, daß er Gordon in einem kritischen Augenblick dadurch loswird, daß er ihn an seine Pflicht als Kommandant erinnert (T 3730).

Buttler ist als einer des „inneren Kreises" in T III, 17, 18, 19 und 20 auf der Bühne und ist Zeuge entscheidender Entwicklungen. Mit Illo und Terzky begleitet er den General bei seinem nutzlosen Auftritt vor den rebellierenden Truppen. Daraufhin gibt ihm Wallenstein den Auftrag, an seinen Freund Gordon, den Kommandanten zu Eger, zu schreiben, und so wird Buttler offiziell an den Schauplatz seiner letzten Unternehmungen akkreditiert. Er ist jedoch noch auf der Bühne, um Maxens inständige Bitte um Schutz des gefährdeten Führers entgegenzunehmen. Auf zweideutige Art weigert er sich, es Max in die Hand zu versprechen, und Max, der „ideale Zuschauer", stellt ihn Illo als unzuverlässigen Charakter zur Seite. So spielt hier tragische Ironie herein, und wieder erscheint Buttler als Verräter und Heuchler. In dieser Hinsicht ist er eine Projektion Octavios, wie Gordon eine des Idealisten Max ist.

Jedoch, wenn der Vorhang sich zum 4. Akt hebt und wir Buttler wiedersehen, trägt er den majestätischen Mantel eines Sprechers. Der klangvolle Monolog von IV, 1 ist ihm nur in den Mund gelegt. Er spricht ihn wohl, doch nicht in eigener Sache, sondern im Namen des reflektierenden Historikers und Moralisten Schiller, der die Karriere des Helden kommentiert, den der Dramatiker Schiller an seinen letzten Schauplatz gebracht hat. Buttler ist hier ein Beispiel für Schillers Neigung, eine „Chorperson", einen „Sprecher" einzuführen, jenes „poetische Bauchreden", das Coleridge vor allem im ›Wallenstein‹ rügt.[7] Einen Augenblick später legt Buttler das achtungheischende Gewand ab und spricht von neuem mit seiner eigenen Stimme, indem er Gordon tatsächlich fragt: „Ihr habt den Brief erhalten, den ich Euch / Durch einen Eilenden vorausgesendet?" (T 2450 f.).

---

[7] Coleridge im Gespräch mit Henry Crabb Robinson, 1812; s. Robinsons Diary, I, S. 396, zitiert nach Frank W. Stokoe, German Influence in the English Romantic Period, (Cambridge, 1926), S. 134. Es ist interessant festzustellen, daß selbst der Abgesandte der Opposition, Questenberg, ein wenig vom Schillerschen Sprecher übernimmt; seine Beobachtung über Wallenstein: „Zu stark für dieses schlimmverwahrte Herz / War die Versuchung! Hätte sie doch selbst / Dem bessern Mann gefährlich werden müssen!" (P 306 ff.) nimmt Gordons spätere Apologie vorweg.

In der folgenden ergebnislosen Debatte (T IV, 2) übernimmt Gordon seinerseits die Rolle eines Sprechers als Verteidiger Wallensteins. Buttler erscheint seltsam oberflächlich und kalt, wenn er Gordon auffordert, Anekdoten aus Wallensteins Vergangenheit zu erzählen. Es erscheint geschmacklos von ihm, sich in seichtes Geschwätz über einen Mann einzulassen, den er angeblich tödlich haßt.

Nahe am Ende der nächsten Szene gibt Wallenstein Buttler militärische Befehle über Gordons Kopf hinweg (T 2637 f.). Buttler, der auf der Bühne bleibt (T IV, 6), erklärt Gordon, was die Nachricht von Maxens Tod bedeutet, und benutzt diesen technischen „Sieg" der Schweden als zusätzliches Argument für die geplante Ermordung Wallensteins. Das Sicherstellen der Person des Generals, tot oder lebendig, gibt er als Wunsch der Regierung aus, für dessen Erfüllung er sein Leben verpfändet habe (T 2692 ff.); seine persönlichen Motive behält er jedoch noch für sich. In dem folgenden Streitgespräch gibt Gordon sozusagen das Urteil des „idealen Zuschauers" über Buttler ab, wie es Max vorher tat. Seine heuchlerische Rolle weiterspielend, spricht Buttler voller Mitgefühl von Wallenstein und Max (T 2768 f.) und unterhält sich freundlich mit Illo und Terzky, die für ihn doch Todeskandidaten sind. Nur seine unheilverkündenden letzten Worte „zu rechter Zeit" (T 2831) deuten, für uns, seine Absicht an.

In der folgenden Szene (T IV, 8), während das Gespräch mit Gordon andauert, verleiht Schiller erneut Buttler die Würde eines Sprechers. Nach einigen ganz praktischen Bemerkungen hält er plötzlich eine Rede von erhabener Schönheit, die sich hinsichtlich Stil, philosophischer Tiefe und gelehrter Anspielungen mit dem Eröffnungsmonolog vergleichen läßt (T 2847 ff.). Statt einen persönlichen Groll ehrlich zuzugeben, gibt er sich nur als widerwilliges Werkzeug eines unpersönlichen Schicksals aus: „nicht mein Haß . . . / Sein böses Schicksal ist's. Das Unglück treibt mich, / Die feindliche Zusammenkunft der Dinge". Selbstgefällig moralisiert er über des Menschen Illusion vom freien Willen: „Es denkt der Mensch die freie Tat zu tun", etc. (T 2873 ff.). Dadurch daß Buttler vorübergehend die Rolle eines Sprechers aufgezwungen wird, werden sein dramatischer Charakter verdorben und seine Beweggründe ins

Zwielicht gerückt; eine Atmosphäre abstoßender Scheinheiligkeit
umgibt ihn, was zu seinem früheren Portrait einfach nicht paßt.

Schillers Freund und Kritiker Christian Gottfried Körner sah
ganz richtig diese Schwäche in Buttlers Rolle. In seinem langen und
detaillierten Brief vom 16. Januar 1800 riet er Schiller, Buttlers
Monologe und Selbstrechtfertigungen zu kürzen. Er wollte die
Figur Buttler dunkler getönt und weniger gesprächig sehen: „Ich
wünschte ihn finsterer und verschlossener." [8] Was Körner taktvoll
andeutete, kritisierte Jakob Minor scharf, wenn er Buttler als brill-
ante, aber durch zuviel Worte ruinierte Erfindung bezeichnete. [9]
Gerade die Pose eines Werkzeugs des Schicksals machte Otto Ludwig an Buttler irre: „aus Buttler wird man nicht klug". Wenn er
wirklich „das willenlose Werkzeug des Schicksals" ist, meinte Ludwig, warum bekommt er dann am Ende eine Belohnung? [10]

Buttler kommt der reinen Wahrheit näher, wenn er sagt, „meines
Wortes Ehre muß ich lösen. / Und sterben muß er, oder ... / Ich bin
entehrt" (T 2894 ff.). Gordons nächstes Argument, das Buttlers
Stolz trifft, entlockt ihm schließlich das wahre Motiv: „Den Menschen macht sein *Wille* groß und klein, / Und weil ich meinem
treu bin, muß er sterben" (T 2909 f.).

Vom Anfang des 5. Aktes an, wenn er die Einzelheiten des Mordes arrangiert, bis zum Ende, wenn er seinen Lohn dafür fordert,
ist und bleibt Buttler ein durchtriebener Schurke ohne Schönfärbe-
rei. Die ausführliche Verhandlungsszene mit den Mördern (V, 2)
dient dazu, ihn in unserer Achtung mehr und mehr herabzusetzen,
obwohl Schiller nicht diese Meinung vertrat. Er erwähnte am
7. März 1799 in einem Brief an Goethe die „größre Breite" und
„theatralische Bedeutsamkeit", die den Vorbereitungen des Mordes
nun zukomme, und glaubte, „dadurch kommt auch Buttler höher
zu stehen" – ein seltsames Fehlurteil.

[8] Schillers Briefwechsel mit Körner, hrsg. v. Goedeke, 2. Aufl. (Leipzig, 1878), II, S. 341 f. Eine ausführlichere Wiedergabe dieses Briefes
und weitere Kritik in: Briefwechsel zwischen Schiller und Körner, hrsg. v.
Geiger (Stuttgart, 1893), IV, S. 124 ff.

[9] Schillers sämtliche Werke, Säkular-Ausgabe, V, S. 418.

[10] Gesammelte Schriften, hrsg. v. Stern und Schmidt, (Leipzig, 1891),
V, S. 301.

Als historische Gestalt war Buttler bei der Ermordung Wallensteins nicht zugegen. Schiller macht ihn zum aktiven Teilnehmer, der seine Hand auch bei der Ermordung von Illo und Terzky und beim Erdolchen eines Wachtpostens im Spiel hat (T 3362 f., 3698 ff.). Sein „blutend Schwert" (3812) ist keine bloße Metapher. Er ist in den Szenen 6, 7, 9, 10 und 11 auf der Bühne, und im Wissen um die Relativität moralischer Werte läßt Schiller Wallenstein tugendhaft erscheinen im Gegensatz zu seinen treulosen Freunden und hebt Buttler am Ende auf einen verhältnismäßig hohen Sockel auf Kosten Octavios. Obwohl Buttler Octavio als Befehlshaber (3780 f.) anerkennt, widersetzt er sich ihm ohne Furcht vor Strafe und tadelt und brandmarkt ihn öffentlich (3800 ff.). Octavio steht als kleinmütiger, zweideutiger Verschwörer da, der „nicht falsch spielen und doch unehrlich gewinnen möchte", Buttler als hellsichtiger und tatkräftiger Mensch, der erkannte, was zu tun war, und es dann tat: „Ich wußte immer, was ich tat, und so / Erschreckt und überrascht mich kein Erfolg" (3808 f. – „Erfolg" in der älteren neutralen Bedeutung „Ergebnis" gebraucht, wie im älteren Englisch „success").

So kann Buttler sich rühmen, „eine gute Tat" vollbracht zu haben, indem er das Reich von einem schrecklichen Feind befreite. Fast wird er ein Wilhelm Tell, ein Tyrannenmörder. Wie Tell hat er in erster Linie aus persönlichen Motiven gehandelt, aber da seine Tat sich mit dem öffentlichen Interesse deckt, wird er zum Vaterlandshelden. Auf ähnliche Weise ist schließlich nicht Wallensteins Verrat am Kaiser Ursache für seine Ermordung, sondern sein Verrat an Buttler. Persönliche Rache in der Maske patriotischer Gerechtigkeit bringt ihn zu Fall. Wie Maria Stuart erleidet er eine Art Ersatzstrafe für eine vergangene Untat, nicht für die, deretwegen er im Augenblick angeklagt ist. Und falls Johannas Tragödie von einem schlecht befestigten Helm abhängt, wie ein unfreundlicher Kritiker einmal bemerkte, so könnte es bei Wallenstein ein unvorsichtiger Brief sein. Auf jeden Fall überragt Buttler am Ende den erniedrigten Octavio, als er nach einer klangvollen Selbstrechtfertigung nach Wien aufbricht, um die Früchte zu ernten, die ihm nach der nützlichen Tat zustehen. Mit seinem Abgang ist die lange und komplexe Handlung von ›Wallenstein‹ eigentlich beendet. Was zu sagen übrigbleibt, findet sich in Gräfin Terzkys Abschiedsrede, voller Pathos und tragischer Würde, und Octavios schwacher Erwiderung. Was von dessen Ansehen nach Buttlers Anklage und den Vorwürfen der Gräfin übrigbleibt, wird durch Gordons Blick und Schlußworte vollends zerstört. Ironie des Schicksals: Octavio hat dies mit Buttler gemeinsam: einen begehrten Titel, mit zweifelhaften Mitteln erworben, aber keinen Sohn als Erben.

So hat Buttler seinen wechselvollen Lauf beendet. Nun ist Wechsel an sich in einem dramatischen Charakter keineswegs fragwürdig; oft macht er gerade das Wesen des Stückes aus. Was jedoch in Frage gestellt werden könnte, ist Art und Begründung des Wechsels und bis zu welchem Grad er glaubhaft erscheint. Die entscheidende Kehrtwende Buttlers findet, wie wir sahen, in T II, 6 statt. Schillers frühester Kritiker, Körner, war offensichtlich weder mit dieser Szene noch mit der Person Buttler zufrieden. In seinem Brief vom 9. April 1799 schreibt er mit taktvollem Understatement, „vielleicht bedarf dieser noch einiger Nachhilfe". Die Tatsache, daß Buttler im letzten Teil des Stückes keinen Augenblick lang durch Wallensteins Vertrauen und Gordons Bitten ins Schwanken gerät und auch nicht durch die Erinnerung an alles, was ihn einst an seinen Führer band, erscheint Körner als etwas „Empörendes", das die stärkste Motivierung verlangt. „Wallensteins Beleidigung langt dazu nicht aus." [11] Mit anderen Worten: Körner fühlt, daß die Sache mit dem Brief in T II, 6 als Grund für den radikalen Sinneswechsel Buttlers nicht genügt und diesem Charakter außerdem Tiefe abgeht, weil er ethische Konflikte nicht kennt. Dies sind ernsthafte Bedenken, die unsere Beachtung verdienen.

In seinen Quellen fand Schiller die Geschichte eines betrügerischen Briefes, der Wallenstein im Zusammenhang mit Illos (oder Isolanis) Bewerbung um einen Titel zugeschrieben wird. Dieses Motiv übertrug er auf Buttler, um dessen verruchte Tat glaubhaft zu machen. Das war ein für Schiller überaus charakteristischer Ausweg. Seine Schwäche für Intrigen, besonders Briefintrigen, offen-

---

[11] Schillers Bfw. m. Körner, hrsg. v. Goedeke, 2. Aufl. (1878), II, S. 323.

bart sich in seinen Dramen von ›Die Räuber‹ bis ›Demetrius‹.[12] Verschiedene Briefe machen auch im ›Wallenstein‹ die Runde, angefangen bei dem „Pro Memoria" des ›Lagers‹ bis zum kaiserlichen Schreiben, das Octavio am Ende übergeben wird, aber nicht alle sind überzeugend.[13]

Sicherlich hätte Schiller weniger als ein anderer Dramatiker etwas an dem Trick mit dem Brief auszusetzen, der in T II, 6 eine so abrupte Veränderung in Buttler hervorrief. Damit gab er seinem Stück einen zweiten Schurken, was angesichts Octavios hervorragender Qualifikationen ganz unnötig erscheint Er, der „Fuchs", die „falsche Katze", der „Schleicher", die „Schlange", der seine vertrauensvollen Freunde mit Spionen umgibt und Berichte über ihre kleinsten Schritte erhält, der mit kühler Falschheit das verräterische *Revers* unterschreibt, dessen Wege „krumm" sind, der durch Wallensteins Fall seinen Aufstieg plant [14] – Octavio wäre

---

[12] Oskar Seidlin, Schiller's "Treacherous Signs", in : Schiller, 1759/1959 (Urbana, 1959), S. 136, weist darauf hin, daß „das Muster des Briefes als Instrument von Betrug und Verrat" in Schillers frühesten Stücken eingeführt wurde.

[13] Der Brief, der Wallenstein absetzt und Octavio die Befehlsgewalt überträgt (P 2499 ff.), muß lange vor der Entwicklung der Dinge in Octavios Händen gewesen sein; er wurde nicht von Questenberg gebracht, sondern nur mit ihm besprochen (T 1658–60). – Damit Gordon den kaiserlichen Brief mit der Auflage, Buttlers Befehlen blind zu gehorchen, erhalten konnte, hätte Octavio wissen müssen, daß Wallenstein nach Eger aufbrechen werde (was Wallenstein erst einen Tag vorher beschloß), er hätte den Hof informieren und veranlassen müssen, den Brief an Gordon zu schicken. Dies wäre in dem Zeitraum unmöglich gewesen, und mag wieder auf Schillers Schwäche für Briefmanöver zurückzuführen sein. Daß Octavio, der Buttlers Absicht kennt, ihm so freie Hand läßt, ist übrigens ein weiterer Beweis für dessen Schuld. – In T 2728 ff. ist Buttler an der Reihe, einen Brief „hervorzulangen", um einen zaudernden Untertan zu überzeugen; Buttlers Argumente erscheinen hier wieder wie ein Echo Octavios.

[14] Im einzelnen P 885, 2207; T 1613, 2795; P 341 ff., 2163*; T 1192, 1210. Weitere schlagende Urteile über Octavio durch den „idealen Charakter" Max in P 2437 ff., 2604 ff.

der anspruchslosen Aufgabe, den Brief zu fabrizieren, durchaus gewachsen gewesen.

Falls man meint, es sei nicht sein Brief, sondern es handele sich hier um einen echten Brief Wallensteins an den Hof, so muß man entweder annehmen, (a) daß Octavio ihn schon früher vom Hof in seinen Besitz brachte auf die Möglichkeit hin, Buttler auf diese Weise von Wallenstein abzubringen (aber warum benutzte er ihn dann nicht früher, zumal er keine Beziehung zu des letzteren offenen Verrat mit den Schweden hat?), oder (b) daß Octavio sich ihn für diese bestimmte Situation von Wien zuschicken ließ –, aber wie hätte er diese Situation rechtzeitig voraussehen können? Und wie hätte er von der Existenz eines solchen Briefes erfahren können? Schon in P 284–86 weiß Octavio, was bei Buttler nicht in Ordnung ist und was da zu tun sei zu einem Zeitpunkt, da Questenberg immer noch ganz vor den Kopf gestoßen ist. D. h. Questenberg weiß nichts von Wallensteins Brief und dessen Bedeutung für die Verhandlung mit Buttler –, obwohl er von Wien kommt, wo er, wie Waldecker betont hat, als Sonder*referent* für Wallenstein und seine Armee tätig ist.[15] Wäre dieser Brief am Hof bekannt gewesen, wo Wallenstein gehaßt und verdächtigt wird, hätte Questenberg ihn mitgebracht, aber soweit dieser wichtige Beamte informiert ist, befindet er sich offensichtlich nicht „unter den Akten".

Während die Behauptung, Octavio habe den Brief für seine Zwecke gefälscht, durchaus einleuchtet,[16] ergeben sich aus der Behauptung, Wallenstein habe ihn geschrieben, ernste Schwierigkeiten. Sie steht im Widerspruch zu allen Informationen, die wir über Wallensteins Umgang mit seinen Truppen haben. Vom ›Lager‹ bis zum letzten Akt des ›Tod‹ erhalten wir nicht nur für Wallensteins Großzügigkeit Beweise, sondern auch für sein echtes Wohlwollen seinen Leuten gegenüber. Selbst wenn wir ihm bei den wiederholten Zahlungen von Isolanis Schulden ein eigennütziges Motiv unterstellten, wäre das nicht möglich im Fall des unbedeutenden Deve-

---

[15] Vgl. Ludwig Waldecker, Schillerstudien, (Bonn, 1934), S. 29.
[16] In einer älteren Untersuchung von Ad. Sütterlin, Zeitschr. f. d. dt. Unterricht, 13 (1899), 119–30, wird Octavios „Fälschung" überzeugend dargestellt.

roux (T 3317 ff.), dem er einen warmen Mantel schenkte. Wallensteins „Vatersorge" für seine Armee (L 1032, P 193, 1136 ff.) ist bezeugt. Er unterstützt beständig seine Leute bei Verhandlungen mit Wien (z. B. P 53 ff., 166 ff.); warum sollte er einen an den Hof, den er verabscheut, „ausliefern"? Und warum sollte er, der Menschenkenner, *dieses* Mittel anwenden, um einen bestimmten Offizier an seine Sache zu binden (nichts weist darauf hin, daß Buttler einer besonderen Bindung bedurfte)? Wie konnte er sicher sein, daß der Zorn in diese gewünschte Richtung zurückprallen würde? Würde nicht die positive Reaktion der Dankbarkeit für den erhaltenen Titel (Wallensteins eigener Vorschlag, T 1132) eine sicherere Methode sein, Buttler an sich zu binden, als eine unkontrollierbare Entrüstung gegen den Hof als Ganzes? Der Vorgang, der Wallenstein hier zugeschrieben wird, ist zu umständlich, waghalsig und wenig versprechend.

Außerdem würde es das Abfassen von zwei Briefen erfordern –, ein Empfehlungsschreiben, das Buttler sah (T 1134), und ein Schreiben gegensätzlichen Inhalts, das Octavio vorzeigt; mit anderen Worten, es ist der Trick mit doppelten Dokumenten, wie er schon in den Bankettszenen angewandt wurde. Die fast genaue Wiederholung des Tricks zeigt uns, wie fasziniert Schiller davon ist, aber die Wiederholung sollte uns auch nachdenklich machen. Wir erfahren mehr als einmal (auch von seiner Frau, T 1405), daß Wallenstein „argwöhnisch" ist. Würde er, der Schreiber des falschen Briefes, dann nicht voller Argwohn gegenüber Buttler sein? Würde er ihm so vertrauen, wie er es tut? Würde er, der es sich zur Regel gemacht hat, niemals etwas Schriftliches wegzugeben (P 854, T 62), ein solches Wagnis mit dem Hof eingegangen sein, wo er einflußreiche Feinde weiß, die die Gelegenheit, den Verräter zu verraten, nur willkommen heißen würden? [17] Welches Motiv würde der Hof hinter seiner Einmischung sehen? Würden sie nicht Verdacht

[17] Richard Plant, Gessler and Tell, in: MLQ 19 (1958), 62, Fußnote 15, hält die Intrige für zu ungeschickt. Wallenstein hätte voraussehen können, daß jemand in Wien die Sache an Buttler weitergeben würde. Plant sieht darin ein Beispiel für Schillers gelegentliche „Handlungsübertreibung" als Folge seiner Schwäche für Verschwörung.

schöpfen? Und würde er, der nicht einmal seinem Adjutanten und Schwager Terzky Vertrauen schenkt (P 863 f.), sich mit einem solchen Brief an den Hof in Wien ausliefern? Wie gefährlich ein solcher Weg ist, wird im Stück selbst angedeutet: Illo ist davon überzeugt, daß die Offiziere wegen ihrer Unterzeichnung des *Revers* angeklagt werden, selbst wenn sie ihre Unschuld beteuern: „Am Hofe glaubt man ihrer Unterschrift / Doch mehr, als ihrem heiligsten Beteuern" (P 1323 f.).

Und es gibt andere bedeutendere Einwände, die sich auf psychologische Erwägungen und die Darstellung des Charakters stützen. Die Passage im ›Tod‹, Zeilen 1442–1455, ist ein gewichtiges Argument gegen Wallensteins Autorschaft –, es sei denn, wir nehmen an, er „spiele eine Rolle", was hier eine unangebrachte Farce wäre: „So hab' ich diesem würdig braven Mann, / Dem Buttler, stilles Unrecht abzubitten; / ... Und hemmt der Liebe freudige Bewegung."

Diese Worte beweisen, daß sein Gewissen in bezug auf Buttler frei von jedem Schuldgefühl ist –, sonst müßte er sich an dieser Stelle durch sein Bewußtsein, diesem Mann viel größeres Unrecht zugefügt zu haben, als es ein unausgesprochener, vager, irrationaler Verdacht ist, notwendig verraten. Hinzu kommt, daß ein Charakter, der zu solch niedrigem Betrug fähig ist, nicht überzeugend jene noble Haltung annehmen könnte, die Wallenstein gegenüber Isolanis und Octavios Verrat zeigt (T 1619 ff., 1668 ff., 2105 ff.). Die schönen Worte über „Treue" (T 427–37) wären leere Heuchelei. Was die Psychologie angeht, so wäre es für einen Mann, der einem Kameraden so übel mitgespielt hat, wie es Wallenstein unterstellt wird, unmöglich, so zu sprechen und zu handeln, wie es Wallenstein gegenüber Buttler in T III, 10, besonders Zeilen 1689–1703, tut.

Wir haben die Wahl zu entscheiden, daß Wallenstein ein kaltblütiger Heuchler und vollendeter Schauspieler ist oder ein bemitleidenswerter Mensch, der an Gedächtnisschwund leidet. In beiden Fällen geht die tragische Wirkung verloren, und der Charakter des Helden wird erheblich verdorben. Die zweite Alternative steht überdies in Widerspruch mit Beweisen für Wallensteins exzellentes, in der Tat phänomenales Gedächtnis, das ihn sogar dann nicht im Stich läßt, wenn es sich um einfache Soldaten handelt (s. Szene mit

den Kürassieren, T III, 15). Außerdem wurde dieser angebliche
Briefbetrug an einem wichtigen Offizier – wie man aus Buttlers
Worten in P 1972 ff. schließen muß – im letzten halben Jahr
verübt. Falls Wallenstein dieses in jüngster Zeit begangene Unrecht
einfach vergessen hat, wird er zum pathologischen Fall und ist nicht
mehr geeignet, Gegenstand einer erhabenen Tragödie zu sein. Trotz
all dieser Schwierigkeiten und Diskrepanzen haben die meisten –
Theaterbesucher, Leser, Kritiker und Forscher – vom Erscheinen
des Stückes bis heute diese Briefintrige ohne Bedenken oder ein
Quentchen Rationalisierung hingenommen.[18] Und Schiller selber
und jene, die seinem Werk am nächsten standen, scheinen niemals
Wallenstein als Autor des Briefes, der die Wende der ganzen Handlung herbeiführt, in Zweifel gezogen zu haben. In seiner ›Geschichte
des Dreissigjährigen Kriegs‹ (4. Buch) erzählt Schiller die Anekdote
vom „Betrug" Illos und stellt dabei in der Einleitung fest, daß
Wallenstein „auch die niedrigsten Mittel nicht verschmäht hatte, die
Zahl seiner Anhänger zu vermehren" [19]. Der Wallenstein des Dramas ist natürlich nicht der Wallenstein der Geschichte, aber die
Passage wirft ein Licht auf Schillers Auffassung von seinem Helden. In einem Essay (kaum mehr als ein Resümee), den Goethe 1799
über die Premiere der ›Piccolomini‹ für die ›Allgemeine Zeitung‹
schrieb, heißt es, Octavio überzeuge Buttler „durch Vorzeigung
authentischer Dokumente", daß Wallenstein selbst der Urheber
jener Beschimpfung gewesen sei.[20] Da dieser Essay eine Koproduk-
tion von Goethe und Schiller war,[21] können wir mit Sicherheit annehmen, daß Schiller die Angelegenheit auch so sah. Auch Körner
nahm Wallensteins verräterischen Brief hin, selbst wenn er die
Angemessenheit eines solchen Motivs bezweifelte. Selbst Otto Ludwig, der ein so scharfes Auge für die Inkonsequenzen in Wallen-

[18] William F. Mainland, Schiller and the Changing Past (London,
1957), Kap. 2, setzt sich mit den Ansichten einiger Forscher, die Autorschaft des Briefes betreffend, auseinander; er selbst kommt zu dem
Schluß, daß Schiller die Sache in der Schwebe ließ.
[19] Säkular-Ausg., XV, S. 356.
[20] Jubiläums-Ausg., XXXVI, S. 182.
[21] Ibid., S. 342 f.

steins Charakter hatte, akzeptierte den Brief als seine „gemeine und kleine Art", Buttler eine Falle zu stellen.[22]

Warum hat man an Schillers Vorgehen so wenig Anstoß genommen? Die Antwort liegt, wie wir meinen, in seiner großartigen Bühnenkunst, die nicht nur unmittelbar die Zuschauer mitreißt, sondern in hohem Maße auch die Leser. Wir vergessen mitunter, daß Schiller nicht nur dramatischer Dichter war, sondern für die lebendige Bühne schrieb. In dem Dilemma zwischen poetischer Einheitlichkeit und den Erfordernissen der Bühne neigte er dazu, der Bühne den Vorzug zu geben. Wie bereitwillig änderte und beschnitt er seine Texte von Anfang an im Interesse der Darbietung! Für Schiller war eher das Stück die Hauptsache, nicht das makellose Portrait. Sein eigentliches Interesse lag in der Handlung, dem Zusammenspiel der Figuren auf den Brettern, und hier und in anderen Stücken wählte er ohne allzuviel Bedenken die Mittel, die die gewünschten Situationen und Effekte hervorbrachten. Im vorliegenden Fall kam ihm die Sache mit dem Brief gelegen, und so gebrauchte er sie, ohne sich von Überlegungen abhalten zu lassen, daß sie mit dem Bild, das er vorher von Wallenstein und Buttler entworfen hatte, unvereinbar war.

Vielleicht wurde er durch das Beispiel eines anderen Dramatikers, Shakespeares, angeregt, dessen Einfluß sich an verschiedenen Stellen im ›Wallenstein‹ erkennen läßt. Ganz ähnlich läßt Shakespeare Macbeth zwei Männer für den Mord an Banquo engagieren, auch sie beide keine Mörder von Beruf, sondern verzweifelte Edelleute, deren Glück, so überzeugt sie Macbeth, von Banquo ruiniert wurde. Shakespeare allerdings ist klug genug, keinen Beweis in Form eines Briefes auf die Bühne zu bringen.

Eine Person in einem Drama hatte für Schiller nicht nur einen Charakter, sondern eine Funktion, und manchmal opferte er das erste dem zweiten. Zuweilen sah er einen Vorteil darin, eine erwünschte Funktion von einer Person auf eine andere zu übertragen. So haben wir festgestellt, daß er Buttler Funktionen des abwesenden Octavio übernehmen läßt, und am Ende, da er einen Bösewicht zuviel vor sich sieht, setzt er Octavio herab und erhebt

---

[22] Gesamm. Schriften, hrsg. v. Stern und Schmidt, V, S. 302.

Buttler fast in den Rang eines Helden. Schiller wußte mit dem Instinkt des wahren Theaterdichters, daß eine Zuhörerschaft, die unter einem starken Eindruck steht, kaum Beweise für menschliche Niedertracht fordern würde, wenn diese erforderlich war. Wenn er nur sein Vorgehen bis zu einem gewissen Punkt glaubhaft machen konnte, reichte das aus. Daß er das in seinem größten Drama mit einer Meisterschaft getan hat, die weit über das Publikum seiner Zeit hinauswirkte, ist bezeugt.

Germanisch-Romanische Monatsschrift XV (1965), S. 15—25.

SIMULTANEITÄT UND DIFFERENZ DES WORTES IN SCHILLERS ›WALLENSTEIN‹
(1965)

Von Hans Schwerte

Bekannt ist Goethes Ausspruch zu Eckermann: „Schillers Wallenstein ist so groß, daß in seiner Art zum zweiten Mal nicht etwas Ähnliches vorhanden ist." Gerade zum großen Dichtwerk ist der Zugang oft auf eine je ihm eigentümliche Weise verstellt. Seine formale Verschlossenheit gibt nur zögernd die eigentliche poetische Auskunft frei. Und diese poetische Auskunft selbst, ist man der Form nachgegangen, hat viele Perspektiven, viele Schichten, kennt Widersprüche, mangelt immer des Eindeutigen; sie hält keine sogleich faßbare Formel bereit. Gar das Lesen und das Verstehen eines groß organisierten Dramas verlangt vom Lesenden intensiv die Einrichtung einer inneren Bühne, auf der die imaginierte Handlung spielt. Auch das gelesene Drama wird poetisch real erst auf der Bühne inneren Spielvorganges. Ohne Bühnenspiel bleibt dramatische Form spannungslos. Sie versagt sich dem Eindringen. Dann sind Begriffsschemata zum vermeintlichen Inhalt oder, im Fall Schillers durch dessen theoretische Schriften scheinbar legitimiert, philosophische Spekulationen zum Inhalt schnell zur Hand, um jene Verschlossenheit der Form zu umgehen. Schon Goethe hatte seinem bewundernden Satz vom 23. Juli 1827 einschränkend angefügt, daß Geschichte und Philosophie, „diese beiden gewaltigen Hülfen", den „reinen poetischen Succeß" des dramatischen Gedichtes verhinderten, und gab damit künftigen Deutungen ein nicht immer gutes Stichwort. Auf solche Weise fördert die eigentümliche Verschlossenheit der Form eines Dichtwerkes die andere Verstellung durch spekulative Deutungen aller Art, die Verstellung durch sogenannte Sekundärliteratur, die durch Jahrzehnte und Generationen ihren eigenen Kanon auszubilden vermag, dessen Vorurteil zu überwinden oft schwer fällt.

Diese Sekundärliteratur ist vor die Wallenstein-Tragödie, wie vor jedes andere große, in seiner Art einmalige Werk, längst ins Unübersehbare gehäuft, sperrig gehäuft. Tatsächlich jedoch ist es erstaunlich, wie spät erst die Forschung, trotz den vielen Hinweisen Schillers selbst z. B. in seinen unmittelbaren Werkstattbriefen, sich der eigentümlichen Form dieses Dramas, seiner formalen Struktur, der Organisation seiner Handlung zugewandt hat – augenscheinlich müde, wenn auch noch nicht allerorts, der schließlich ergebnislosen Debatten um Idealismus und Realismus, um Sieg der Idee oder Verklärung der Freiheit, um Sittlichkeit und Notwendigkeit.

Nicht als stehe dieses und anderes Spekulative bei Schiller nicht zur Debatte! Aber abgehoben von der dramatischen Form und deren eigener, poetischer Problemstellung, wie zu oft in älterer Deutung, mußten solche Spekulationen am Ende bodenlos wirken, losgelöst vom Grund der Form, die allein begründete Mitteilung enthält, selbst wenn diese Mitteilung in der Schwebe bleibt.

Mit der eigentlichen Formstruktur von Schillers ›Wallenstein‹ hat man sich erst seit ein, zwei Jahrzehnten befaßt, gewiß nicht ohne Vorgänger (ich denke z. B. an Wilhelm Spenglers Untersuchungen). Besonders das Schillerjahr 1959 hat zu neuerlichen Überprüfungen geführt. Aus der Fülle der jüngsten Schiller-Literatur greife ich zwei Untersuchungen heraus, deren Beobachtungen mir für das Thema am förderlichsten erscheinen und deren Ergebnisse ich zu verbinden versuche, um eine Formauskunft zu erhalten, die, wie alle solche poetischen Auskünfte, zwar nicht endgültig zu sein vermag – es kann vom poetischen Stoff und seiner besonderen Aussageweise her niemals eindeutige normative Interpretationen geben –, die aber, wie mir scheint, einige interpretatorische Festpunkte zu setzen vermag, hinter die dann nicht mehr zurückgegangen werden sollte. Nur auf diese Weise scheint Fortschritt philologischer Erhellung überhaupt möglich zu sein: gewisse unüberschreitbare Grenzpunkte einer möglichen Interpretation zu setzen, in immer genauerer Annäherung an den Gegenstand. Die Füllung solcher abgesteckten Punkte wird dann noch verschieden genug ausfallen.

Die eine dieser Beobachtungen ist in dem bekannten Schillerbuch von Gerhard Storz, Stuttgart 1959, zu finden, das im Titel heißt

›Der Dichter Friedrich Schiller‹ – die andere in dem Aufsatz von
Paul Böckmann im Jahrbuch der Deutschen Schillergesellschaft
1960, überschrieben ›Gedanke, Wort und Tat in Schillers Dramen‹.
Beide Forscher setzen, ausdrücklich betont, das szenische Gefüge,
die dramatische Struktur zum Gegenstand ihrer Wallenstein-Unter-
suchung. Einer vorurteilenden Diskussion um Weltanschauung, Bekenntnis, Verklärung wird möglichst ausgewichen.

Die wesentliche und fördernde Beobachtung bei Storz ist der
Nachweis, der, wie er formuliert, simultanen Parallelität des inneren Handlungsablaufes, der Simultaneität der Handlung, die nach
seiner Meinung zumindest bis zum Ende des III. Aktes von ›Wallensteins Tod‹ die Struktur des Dramas bilde, die aber tatsächlich,
wie ich zu sehen glaube, auch in den beiden letzten Akten wieder
aufgenommen wird und noch bis in ihren trostlosen Schluß die poetische Aussage strukturiert, d. h. ins Gleichgewicht der Schwebe
bringt. Storz untersucht also den Zeitverlauf im Gefüge des, von
Schiller allein aus theaterpraktischen Gründen schließlich in 11 Akte
geteilten, einen Wallenstein-Dramas. Er untersucht darin das Stürzen der Zeit, ihre Präzipitation, wie Schiller diesen Begriff sich
während der Wallenstein-Arbeit entwickelte, die „Neigung" der
Zeit, so übersetzte er sinnfällig, die aus dem zeitlich dicht verknäul-
ten, simultanen Anfang, der nur scheinbar wartend stillsteht, in
den breiter fließenden, tödlichen Schluß der beiden Endakte stürzt,
deren zögerndere Technik Schiller selbst als „episch" bezeichnet hat.
Das Adjektiv „episch" meint hier allerdings eine andere Dimension als die Brechtsche Distanz der von ihm sog. Verfremdung –
eher umgekehrt: Schiller verfremdet, distanziert die stürzende
Handlung in den reinen Kunstraum hinein und macht dessen allein
poetischen Charakter einsichtig. In dieser Poetisierung der geschichtlichen Daten, erst und nur durch sie, erscheinen allerdings die realen
Konturen menschlichen Daseins in der Geschichte.

Simultantechnik, Simultanbühne, Simultaneität und, als Gegensatz, die Sukzessivität, das sukzessive Spiel, sind Fachbegriffe, die
die junge Theaterwissenschaft seinerzeit entwickelt oder übernommen hat, aus Beobachtungen etwa des Nebeneinanders der mittel-
alterlichen Marktspielorte im Gegensatz zu dem sukzessiven Nacheinander des Spielortwechsels im geschlossenen Spielraum der

Rahmenbühne. Daß diese Dinge in Wirklichkeit viel komplizierter liegen – denn vom imaginierenden Auge des Zuschauers her müßte man durchaus umgekehrt definieren –, kann ich hier nicht ausführen. Simultane Handlungsführung im ›Wallenstein‹ meint demnach die parallele Gleichzeitigkeit wesentlicher Handlungszüge innerhalb des dramatischen Gesamtgefüges. Allerdings ist hierzu der anfangs von mir eingeführte Begriff der „inneren Bühne" ernst zu nehmen, als dem Spielort der Worthandlung und deren eigenen Dimensionen, der diese simultane Ineinanderklammerung des Handlungsablaufes erst mitvollziehen läßt. Im Theater allerdings werden diese Szenen nacheinander, sukzessiv, gespielt werden, bis ein kongenialer Regisseur auf einer Mehrortspielbühne einmal diese poetische Simultaneität tatsächlich szenisch transparent zu machen versucht (vgl. Gustav Manker, Wiener Volkstheater, Die Räuber, 1959).

Durch diese dramaturgische Zeittechnik Schillers, durch dieses dem Wallensteindrama eigentümliche *Formgefüge* werden eine Vielzahl von Spiegelungen, Entgegenstellungen und Gegengewichten zu setzen möglich, die den Handlungssinn, das *Sinngefüge,* entscheidend aufzuhellen vermögen – wodurch z. B. die aus ›Wallenstein‹ schon immer herausgehörte Ironie, eine tragische, tödliche Ironie hohen Maßes, die Ironie der Geschichte selbst, nun unmittelbar in dem Szenengefüge sich deutlich ausdrückt und aus ihm verständlich wird. Mit Hilfe solcher Handlungsparallelität wird vom Dichter ein kompliziertes, aber einsehbares dramatisches Spiegelsystem aufgebaut, dessen Simultaneität u. a. zur ironischen Aufhebung der einzelnen Spielzüge, aber auch jeder pathetischen Einzelaussage dient – also dient zur poetisch hinterhältigen, d. h. simultanen Interpretation des scheinbar Eindeutigen. Simultaneität meint auch den Widerspruch des Wortes in sich selbst; erst in seinen verschiedenen Facettierungen wird das Wort konkret. So auch läßt sich der von Wallenstein selbst zitierte Doppelsinn des Lebens, die Doppelsinnigkeit und Doppelzüngigkeit als Kern der dramatischen Struktur, läßt sich das jeweils Zweideutige, hat man die Simultaneität der Handlungsführung und deren Gewichtsverschiebungen erst erfaßt, exakt aus dem formalen Gefüge des Dramas selbst ablesen, viel deutlicher als aus den Worten, den meist täuschenden, der

Handlungsträger selbst. Storz sagt (286): „Denn weit eigentlicher durch ihre Struktur spricht diese Tragödie zu uns als durch die Reden ihrer Figuren." Der verborgene Sinngrund, das Schicksal, die Nemesis dieses Dramas liegt im Vorgang selbst beschlossen, in der „Neigung" des Geschehens, im poetischen Objekt, nicht in isolierten oder isolierbaren Aussagen. Alles Widersprüchliche, das die Nachdeutungen in den Diskussionen über Idealismus und Realismus, Freiheit und Notwendigkeit, Idee und Materie dennoch nicht haben überreden können, die tödliche Ironie dieses Fortunaspieles, wird erst verstehbar und am Ende erträglich im Schwebezustand der die Gegengewichte setzenden oder erinnernden Simultaneität. Die Präzipitation der Zeit, die den Menschen mitreißt, das Stürzen der geschichtlichen Zeit, gewinnt im Wallenstein-Drama erst geistigen Gegenhalt in der Schwebe dieser Gleichzeitigkeit. Einheit erscheine Schiller, folgert Storz, nur „als schwebendes Gleichgewicht einander entgegengerichteter Kräfte" – also ein „Gleichgewicht des Antagonalen" im Sinngefüge der poetischen Struktur selbst, das dann so etwas wie die Möglichkeit des Humanen im Todesgang der Geschichte zuläßt. Erst solche formale Bewältigung des Stoffes, erst – wie Schiller mehrfach versichert hat – solche Poetisierung des historisch Gegebenen, öffnete die gewünschte inhaltliche Aussage, die poetisch mehr und anderes sein wollte als ein historisches Gemälde oder ein Charakterdrama oder ein Kanttraktat.

Kurz angedeutet, stellt sich diese Simultaneität im einzelnen wie folgt dar: ›Wallensteins Lager‹, die fünf Akte der ›Piccolomini‹, ›Wallensteins Tod‹ bis Akt III, also die ersten neun Akte der Buchfassung, spielen alle am selben Ort in knapp 36 Stunden, vor und in Pilsen. Der Formeinfall der simultanen Parallelität stellt nach und nach eine dicht verknäulte Handlungseinheit her, die zeitlich zustürzt auf den Monolog Wallensteins in der Mitte des III. Aktes von ›Wallensteins Tod‹ (13. Auftritt): Wallenstein – wie Schiller vorschreibt – „im Harnisch", ganz auf sich selbst, in sich selbst zurückgeworfen, verschlossen, das große Ich, das sein Selbst zu bewahren versucht, aber schon im Netzwurf der Geschichte tödlich gefangen, und das heißt auch: gefangen im Netzwurf des ihn und die Mitspieler täuschenden Wortes, dessen Dialektik sich endgültig gegen ihn gewendet hat. Erst von hier aus und den weiteren Auf-

tritten des III. Aktes hebt sich der Mord in Eger (Akt IV und V
Wall. Tod) formal deutlich ab. Auch dort sind es dann nur noch
wenige Nachmittags-, Abend- und Nachtstunden, die die Handlung
beschließen. Dazwischen, zwischen den Spielorten Pilsen und Eger,
als formale Pause, vergeht nicht mehr als eine Nacht und ein halber
Tag, die auf der Bühne zwar szenisch sichtbar nicht existent werden,
aber dennoch ein ungewöhnliches inneres Gewicht bekommen und
in die sinnentscheidende Simultaneität des Endes münden: findet
doch in dieser scheinbaren Pause das Gefecht statt, in dem Max
verzweifelt sich vor die Pferdehufe wirft. Wallenstein selbst berichtet von dem Schießen, das er hörte, als er in Eger, in die Falle,
einritt.

Neun Akte in Pilsen: das Lager vor der Stadt, in dem bereits
aufs genaueste alle das Drama entscheidenden Stichworte fallen,
spielt gleichzeitig, Schiller läßt darüber keinen Zweifel, mit den
beiden ersten Akten in der Stadt: gleichzeitig also mit der dortigen
Generals- und Oberstenversammlung, gleichzeitig mit der Ankunft
von Wallensteins Frau und Tochter in Pilsen, gleichzeitig auch mit
dem Auftritt Questenbergs und Wallensteins selbst und beider Zu-
sammenstoß in der großen Audienzszene, in der die Handlung
zum erstenmal, Ende Akt II der ›Piccolomini‹, sich aus den vorhergehenden Zeitzügen kurz sammelt.

Aber weiter: während der Gespräche und Auseinandersetzungen
zwischen Questenberg, Octavio und Max, Szene 3–5 des I. ›Piccolomini‹-Aktes, finden, in einem anderen Stadtraum, bereits die
ersten Auftritte des II. Aktes statt: das Zusammentreffen von Wallenstein mit seiner Frau, mit Thekla, mit der Gräfin Terzky, zu
denen sodann, unmittelbar aus der 4. Szene des I. Aktes, Max hinzutritt – zeitlich gesehen also schließt die 4. Szene des II. Aktes
an die 4. Szene des I. Aktes; dazwischen liegen die simultanen
Parallelszenen.

Questenberg und Octavio eilen am Ende des I. Aktes unmittelbar
in die Audienz zu Wallenstein – diese findet in der Schlußszene des
II. Aktes statt; währenddessen aber, zu gleicher Zeit, hatte Wallenstein sich mit Terzky und Illo beraten (Akt II, 5–6) – oder umgekehrt gesagt: während dieser Beratung mit Terzky und Illo
bereitet gleichzeitig sich draußen vor dem Saal schon der Audienz-

auftritt vor, zu dem Octavio und Questenberg aus dem I. Akt eilten.

Ähnlich zeitlich simultan verklammert sind die Akte III und IV der ›Piccolomini‹, wie ebenso Akt IV und V bereits mit Akt I von ›Wallensteins Tod‹.

Während der Szenen Gräfin Terzky, Max, Thekla, später Thekla mit Max allein, später Theklas ahnend-richtender Monolog, also Picc. Akt III, 3–9, beginnt parallel „im Tafelzimmer" bereits das Abendbankett der Generale, wo auf gefälschtem Papier deren Unterschriften eingeholt werden sollen. Die erste Liebeshandlung, die Insel des Schönen, Versuch einer Widerlegung der täuschenden Fortuna, läuft simultan mit der anhebenden plumpen Intrigenhandlung und deren Worttäuschungsmanöver. Die szenischen Hinweise Schillers sind unübersehbar, vielmehr szenisch unüberhörbar.

Max, der eben noch mit Thekla gesprochen hatte – aber die Thekla-Szenen 7–9 des III. Aktes laufen Raum an Raum weiter, ihr Monolog gehört dazu – Max tritt in Akt IV mitten in das lärmend-erregte Generalsbankett: dieses endet, im V. Akt, in der dämmernden Morgenfrühe des nächsten Tages, mit der entscheidenden Unterredung zwischen Octavio und Max, während der die Gefangennahme von Wallensteins Unterhändler Sesina gemeldet wird. Wallenstein ist ins Netz geraten.

Aber genau zur selben Morgendämmerungsstunde, in der dieses Vater-Sohn-Restdrama zwischen Octavio und Max Piccolomini spielt und in der die Max nochmals den wortgeraden Weg zu Wallenstein sucht, allem Wortschein, allem Wortspiel, aller Worttäuschung abschwörend, beobachtet Wallenstein die Sterne und liest die täuschende Glückskonstellation heraus, sein Selbstbewußtsein zu stärken inmitten des Geschickes – aber auch er erfährt zur selben Stunde die Gefangennahme Sesinas. Beide Seiten sind zum nächsten Spielzug gezwungen. Hier, auf der Höhe der ersten Peripetie (die zweite beginnt mit der Buttlerhandlung im III. Akt von Wall. Tod) setzt Schiller, aus der vielfach verschlungenen Simultaneität heraus, den ersten sammelnden Monolog Wallensteins (I, 4): sein Nachsinnen über Gedanke, Wort und Tat und deren schicksalhafte Untrennbarkeit.

Auch Akt II und III von ›Wallensteins Tod‹, bis zu dem erwähnten zweiten Monolog Wallensteins „im Harnisch", III, 13, sind noch in gleicher Weise simultan durchgearbeitet und ineinandergelegt, sich steigernd schließlich bis zu einem dreifachen Parallelzug: während noch Wallenstein mit Terzky und Illo über Gegenzüge berät (II, 3–4), überredet Octavio zur selben Stunde Isolani und vor allem Buttler, dessen Gegenhandlung nun einsetzt, zum Abfall von Wallenstein, und finden, drittens, gleichzeitig die besorgten Frauengespräche zu Anfang des III. Aktes statt – dann erst, als Wallenstein zu den Frauen aus der 3. Szene des II. Aktes hinzutritt, beginnt, vom Bühnengeschehen her, die einsträngige Handlung, die mehr und mehr in die dramatische Bewegung durch Buttler übergeht.

Aus diesem hier nur flüchtig angedeuteten simultanen Handlungsgeflecht müßte man, zur genauen dramatischen Interpretation, besondere prägnante Momente herausheben. Zu diesen leitenden prägnanten Momenten der simultanen Handlungsverflechtung gehörte z. B. das Zu- und Gegeneinander des den Lagerakt abschließenden Soldatenliedes mit den gleichzeitigen Bemerkungen Max und Octavio Piccolominis im Rathaus über die Sinnlosigkeit des Kriegs- und Lagerlebens und über das Aufrechterhalten überlieferter Ordnungen – gehörte, wie schon angedeutet, die Transparenz von Theklas Monolog und der Bankettszene, die einander, Liebe und Geschichtsaktion, in dieser Transparenz gegenseitig widerrufen – gehörte, auch dies wäre deutlicher auszuführen nötig, die dunkle, tödliche Ironie der parallelen Morgendämmerszene, in der Octavio den Freund Wallenstein endgülig umstellt weiß, während dieser falsch die Sterne liest – gehört aber nun, als gewichtigster Formhinweis, die folgende Beobachtung zum Schluß des Dramas. Denn die gegenseitige Verstrickung im simultanen Gleichmut, einschließlich der Max-Thekla-Liebeshandlung in ihrer Relation zum Mordstoß Buttlers, wird erst im Schlußakt ergreifend deutlich, obgleich dieser Vorgang von Schiller selbst nur in behutsamen Wortgesten und Hinweisen angedeutet worden ist – aber Schillers Dramen sind Wortspiele, sie spielen in der Spannung des Wortes und ihrer geistigen Zeichengebung, und jedes Wort, jede Worteinweisung muß daher auch szenisch genau erfaßt werden. Nur so wird das Drama durchsichtig. Während Wallenstein sich zum Schlaf bereitet und in

der düsteren Egerer Kammer ermordet wird, eilt Thekla in denselben stürmischen Nachtstunden, mit schnellen Pferden, zur nahen
Gruft ihres blutig verstümmelten Geliebten, kniet dort am Sarge
des Geliebten in der Klosterkirche bei Neustadt nieder, auch sie den
langen Schlaf, die lange Nacht suchend – das Los des „Schönen"
auf Erden in simultane szenische Sinnfügung zum Los des geschichtlich Gescheiterten gebracht, eines das andere aufhebend, eines das
andere klärend. In der Mordszene mit ihrer abschließenden, bitteren Pointe „Dem *Fürsten* Piccolomini" ist transparent gegenwärtig
zu halten die am Sarg Max Piccolominis kniende Thekla, letzte
Freistatt der Liebe inmitten der Geschichte und ihrer Aktion. Der
Schlußakt der Liebesgegenwelt (Akt IV) und der Schlußakt der
Geschichtswelt (Akt V) sind zueinander transparent, ablesbar am
inneren szenischen Gefüge.

Nur in solcher simultanen Konstellation hält Schiller sein Drama
im Gleichgewicht des Ertragbaren, das, wie auch er verlangte,
Furcht und Mitleid erregen solle. Nur so vermochte er, seiner
Absicht nach, die moderne, neuzeitliche Variation der antiken Tragödie zu geben, allerdings indem er entschieden das Zeitelement
auf neue, moderne Weise handelnd in den Aufbau seiner Tragödie
einfügte und poetisch gegenwärtig machte; nur so auch gelang es
ihm, die vielsinnige, zwielichtige, täuschende Verfilztheit menschlicher Aktion („Wie der Mensch aus Gutem / Und Bösem ist ge-
mischt...", Picc. II, 1) als geschichtliche Realität poetisch vorzuführen, einschließlich der beiden Liebenden, die mit darin verstrickt
bleiben und in dieselbe tödliche, wenn man will: tragische Präzipitation geraten. Schillers Drama gibt nicht Verklärung – auch Max
Piccolomini wird nicht verklärt, eher fragwürdig gemacht in seinem
Tod aus Verzweiflung und im Eigensinn seines idealischen, seines
„paradiesischen" Wortanspruches. Schillers Drama gibt Aufklärung.
Zu dieser Aufklärung gehört die Ironie, die Schiller gegen das Pathos der Historie stellt, gehört aber auch die Gleichzeitigkeit des
Geistes, des „Schönen", in den Täuschungsaktionen geschichtlicher
Handlung.

An diesem Punkt sollen die Einsichten Paul Böckmanns angefügt
werden. Böckmann fragt nach der Bedeutung und der Problematik
des *Wortes* in solchem szenischen Gefüge. Das Wort ist zunächst

poetisches Material, das Material poetischen Ausdruckes – aber zugleich ist es das Aktionsfeld, das einzige Aktionsfeld der inneren Handlung, die allein jene Präzipitation der Zeit und deren Stauung in den Schlußakten bewirkt und die oft gegen den äußeren szenischen Rahmen geführt wird. Die innere Aktion des Wortes selbst gestalte das Drama Schillers – eine Beobachtung, die in derselben Präzision schon für Schillers frühe Dramen, von den ›Räubern‹ bis zu ›Don Carlos‹, gilt. Drama ist bei Schiller Sprachhandlung; diese macht dessen Größe aus. Wort und Sprache jedoch sind, von ihrem Wesen her, immer zwiesinnig, mehrschichtig, schwankend, immer gespannt zwischen Sprachschein und Sprachrealität, zwischen Täuschung und Wirklichkeit. Die Struktur des hohen Dramas bildet sich aus dieser Dramatik der Sprache selbst, bildet sich aus deren innerer Differenz, nutzt poetisch diese Differenz, die jeweils nur in simultanen Spiegelungen in geistige Übereinstimmung zu bringen möglich ist, und das heißt für das Drama: in szenischen Spiegelungen. Zwischen die Welt, den Handlungsort, und den Menschen, den Handelnden, schiebt sich die Sprache (Böckmann, S. 3), als eine Dimension menschlichen Daseins, die jede Aktion steuert. Wer im Wort handelt – und anders ist bei Schiller Handlung nicht denkbar –, muß sein Handeln in den Zwiespalt, in den „täuschenden Schein" des Wortes stellen: das ist die eigentliche Problematik Wallensteins, auch die seiner Mit- und Gegenspieler, ganz abgesehen von deren aller bewußten Täuschungsmanövern mit falschem Wort – ist auch die Max Piccolominis, der, da er jeweils Eindeutigkeit und feste Gründung des Wortes verlangt, an dieser Problematik als selbst geschichtlich Handelnder scheitern muß, zumal auch die Insel der Liebe in der Präzipitation der Geschichte nicht von realer Dauer ist. Der sprachliche Akt entscheidet jeden Einzelzug der Wallenstein-Handlung, bis zum Mordmesser, das von dem im Wort getäuschten und verletzten Buttler gegen Wallenstein gelenkt wird. Gerade in der Buttlerhandlung, die schon im Lager beginnt, bezeugt sich „die dramatische Gewalt des täuschenden Wortes" (Böckmann, S. 21), das zur Schneide wird. Aber selbst gegen diesen gradsinnigen Mörder aus Ehre, aus Wort-Ehre („Doch meines Wortes Ehre muß ich lösen ...", Wall. Tod, V. 8), kehrt sich noch am Ende das Wort: kaum getan, erscheint auch seine Tat zwielichtig, vielmehr: auch sie

gerät in das Zwielicht des täuschenden Wortes, des sprachlichen
Scheins. Die Schneide des Wortes, in Tat umgesetzt, ist schon blutig
befleckt. Die Wahrheit des Wortes hat schwankenden Boden, sobald
aus Gedanke die Tat wird. Das erfährt nicht nur Wallenstein und
Octavio, sondern auch Buttler und selbst Max. Sie alle verfangen
sich im Netz der Zweideutigkeit des Wortes.

In Schillers Dramen hängt schließlich alles „an einem Wort". Ihre
Handlung bricht meist aus dem Scheinwort, aus der Täuschung, aus
der Irreführung, eben aus der möglichen Zweideutigkeit gesprochenen Wortes. Aber das hieße noch nicht mehr als die Feststellung
intriganter Handlung und Lügenkunst. Entscheidend, und entscheidend auch für die Interpretation der Dramen Schillers, wird erst
die Einsicht, daß dieser Schein des Wortes der Sprache selbst zugehört. Böckmann formuliert (18): „Damit erhält der durch die
Sprache erregte Schein eine tiefere Bedeutung: er wirkt nicht nur
im bewußten Betrug [davon ist die Wallenstein-Handlung voll],
sondern gehört der Sprache als solcher zu, sofern sie wie ein bloßes
Spiel über den Dingen zu schweben scheint, um unversehens ihre
bindende Gewalt zu bezeugen und die Wirklichkeit des Menschen
zu begrenzen. Was wie versuchsweise geredet scheint, ist plötzlich
zum bestimmenden Schicksal geworden." Das Verhältnis von „Denken und Sprechen, Sprechen und Tun" wird, wie Böckmann sagt
(ebd.), zum „verschwiegenen Thema" des Wallenstein-Dramas –
darin wird auch, darf angefügt sein, der historisch gegebene Stoff
eigenständig poetisch. Der Abstand zwischen Gedanke, Wort und
Tat, die mögliche Differenz des Wortes in sich selbst zwischen er-
regendem Schein und bestimmender Wirklichkeit, werden zur Tragik des geschichtlich handelnden Menschen. Dieser verfängt sich
schließlich in die von ihm nicht mehr beherrschbare Eigenmacht des
Wortes. Er gerät in ihr Netz, gerät in die Falle des Wortes – Netz,
Falle, Fallstrick, Fallgitter sind daher die dramatischen und szenischen Leitworte in den beiden Schlußakten, dort wo Wallenstein
diese Differenz zwischen Schein und Sein des Wortes nicht mehr
einsieht und er verblendet, blind geworden ist, er den schwankenden Boden nicht mehr spürt – was jedoch wiederum am Ende die
Faszination seiner Figur ausmacht: der im Netzwerk von Wort und
Geschichte längst Gestellte, der dennoch sein großes Selbst durch-

hält – sein großes, trügerisches Selbst. Denn diese Faszination endet in der Entdeckung des Brüchigen, des Destruktiven in solchem totalen – oder: „idealen" Sich-Selbst-Setzen, solcher totalen Selbstbestätigung. Schillers sog. idealisch wirkenden Helden von Karl Moor, Ferdinand, Posa bis zu Wallenstein und auch Max Piccolomini beweisen dies zur Genüge. Demetrius' Behauptung „Macht braucht kein Herz; der Wille nur allein / Spricht in den Handlungen das Leben aus" setzt die äußerste Position hinzu. –

„Doch eine Sprache braucht das Herz" (Picc. III, 4), sagt dagegen Max, der Liebende, zu Thekla, der Liebenden – und weist damit hin auf die mögliche, die gewünschte Einheit von Wort und Person, Geist und Existenz, Gedanke und Tat, die beide als Liebende tatsächlich verwirklichen, leuchtendes Sternbild im Nachtlicht der Geschichte, aber sternenfern; denn als in die Handlung Mitverstrickte, der auch sie als geschichtliche Menschen nicht ausweichen können, scheitern sie gerade an der Unmöglichkeit des „Herzwortes". Jedoch sorgen sie andauernd für dessen simultane Transparenz in der Handlung des Wortscheins.

Wallenstein, der wägend und täuschend Handelnde, definiert Max Piccolominis Unbedingtheit zum eindeutigen Wort, in dem Existenz und Geist zur Deckung gebracht werden könnten, anders: „Schnell fertig", sagt er, „ist die Jugend mit dem Wort" – also unabwägend, unmaskiert – und fügt dem, nachdenkend, schon unbewußt sein Urteil aussprechend, an: das Wort, „das schwer sich handhabt, wie des Messers Schneide". Liegt in der todestraurigen, die Menschheit fast auslöschenden Verszeile der Thekla: „Das ist das Los des Schönen auf der Erde" (Wall. Tod IV, 12) die eine Achse des tragischen Geschehens, so hier, in Wallensteins Vers, die andere, um die das Spiel sich dreht: das Wort „das schwer sich handhabt, wie des Messers Schneide". Er, der alle Finten des Wortes zu seinem Vorteil zu beherrschen meinte, endet in des Wortes Schneide.

Denn gleichzeitig, also simultan zu dieser Szene ›Wallensteins Tod‹ II, 2, in der Max das Vertrauen auch zu seinem geistigen Vater Wallenstein verliert und innerhalb der das zweimalige „Es ist zu spät" das längst unaufhaltsame Geschehen andeutet, gleichzeitig, in Durchsichtigkeit zu Wallensteins Erkenntnis von der Schneide

des Wortes, verhandelt in einem anderen Pilsener Haus Octavio mit
Buttler und deckt Wallensteins Wortbetrug an ihm auf. Buttler
bindet sein Wort jetzt geradlinig in die Tat. Wort wird zur
Schneide. Voller tiefster, den Zuschauer schier beklemmender Ironie
ist es daher, wenn im nächsten Akt, III, 10, Wallenstein, nachdem
er Octavios Verrat erfahren hat, ausgerechnet zu dem durch ihn auf
Tod und Ehre verletzten Buttler, an dessen Schulter gelehnt, spricht:
„Und in dem Augenblick, da liebevoll / Vertrauend meine Brust
an seiner [Octavios] schlägt, / Ersieht er sich den Vorteil, sticht
das Messer / Mir listig lauernd, langsam, in das Herz!" Das Ende
der inneren Handlung ist ausgesprochen, dessen Ursache und dessen
Vollzug. Wallenstein geht in die Falle des Wortes, er endet im
Abstand, in der Differenz des Wortes zwischen Schein und Wahr-
sein, die er, geblendet, nicht mehr durchschaut. An Wallenstein, das
ist die poetische Richtung von Schillers Drama, vollzieht sich die
ursprüngliche Schwere des Wortes in seiner Messerschärfe. Im Wort
liegt die Entscheidung. Die aufgezeigte Simultaneität der dramatischen Struktur erweist sich als die Struktur des poetischen Wortes
selbst in seiner Gleichzeitigkeit von Wortspiel und Wortschwere,
von Worttäuschung und Worternst. Aus solchem *poetischen* Material konnte das Drama gebildet werden, dem das *historische* Material das theatralische Kostüm gab.

So allein ist die Behauptung zu verstehen, Schillers Drama sei
Wortspiel, sei Wortdrama. Darin liegt auch Schillers Erneuerung
der Schaubühne. In dieser Wortszenerie überwand er die rhetorische Wortgeste des Barock, sosehr er, seit Ludwigsburg, die
barocke Theatergeste liebte und sie großartig fortsetzte. Im Innern
des Wortes, im Wortspiel, darin als simultane Transparenz die Idee
der Freiheit des Geistes gegenwärtig bleibt, liegt vorbereitet alle
dramatische Verstrickung und Entscheidung, alle Täuschung und
Tödlichkeit. Auch das Wort steht nach Schiller in dem Doppelsinn
allen Lebens und aller Existenz; daraus wird es dialogisch, dramatisch, tragisch. Das sprachliche Handeln Wallensteins bestimmt
schließlich dessen Tod. Von daher auch erhält die Buttlerhandlung
und deren breite, „epische" Schlußdialoge ihre dramatische Gegen-
kraft. Die Katastrophe entwickelt sich aus dem täuschenden Schein
der Worte zwischen Wallenstein, Octavio und Buttler, während

Max sich daraushalten will, aber erst recht an der Gradsinnigkeit seines Wortes zerbricht. Denn das dunkelste Stichwort „Verzweiflung" setzte Schiller nur zu Max und Thekla – Verzweiflung an der Unmöglichkeit reiner Sprache zwischen Menschen, an der Unmöglichkeit ungemischter, zweckfreier Sprache, obgleich Thekla, die von Anfang an Hellsichtige, die instinktiv Weltkluge, weiß: „Laß nicht zuviel uns an die Menschen glauben." Schillers Tragödien gründen auf dieser Brüchigkeit des Wortes. In den frühen Dramen ist damit meist noch Maskenspiel und Intrige gemeint. Ab ›Wallenstein‹ ist es die Differenz des Wortes selbst, die die dramatische Aktion bildet. –

Goethes Urteil stand am Anfang dieser Untersuchung: „Schillers Wallenstein ist so groß, daß in seiner Art zum zweiten Mal nicht etwas Ähnliches vorhanden ist." Ebenso bekannt ist Hegels entsetztes Urteil (es dürfte etwa aus der gleichen Zeit stammen wie Goethes Satz) über den Schluß des Schauspieles, wo die Jugend die Bühne längst verlassen hat, der rätselvolle Große, oder wie Goethe sagte: der phantastisch Große, tot in seinem Blute liegt und der mittelmäßige Mensch die Legitimität der geschichtlichen Ordnung zu bestätigen scheint. Hegel schreibt: „Der unmittelbare Eindruck nach der Lesung Wallenstein's ist trauriges Verstummen über den Fall eines mächtigen Menschen, unter einem schweigenden und tauben Schicksal. Wenn das Stück endigt, so ist Alles aus, das Reich des Nichts, des Todes hat den Sieg behalten; es endigt nicht als eine Theodicee." Und er schließt: „Leben gegen Leben; aber es steht nur Tod gegen Leben auf, und unglaublich! abscheulich! der Tod siegt über das Leben! Dies ist nicht tragisch, sondern entsetzlich! Dies zerreißt das Gemüt, daraus kann man nicht mit erleichterter Brust springen!"

„So ist Alles aus" – das war zwar die Forderung an die Tragödie seit altersher. Aber Hegel sah falsch, vielmehr: zu wenig. Er übersah die Simultaneität der inneren Szenerie, das simultane Gegengewicht: Thekla am Sarge des Geliebten kniend in derselben entsetzlichen Mordnacht. Gewiß: Theodicee im Sinne des deutschen Idealismus ist dies nicht. Die wollte und konnte Schiller nicht geben. Es ist das reale Bild der Geschichte, wie er es sich von ›Don Carlos‹ bis ›Demetrius‹ entwickelte, aber darin enthalten jeweils das

„Schöne", das im ‚Wallenstein' in der Liebe zwischen Max und
Thekla offensichtlich wurde, kurz die Bühne erhellend; Max und
Thekla, die einzig auch, das wäre ein weiteres Interpretations-
thema, über dem Bewahren des Ich-Selbst den Anderen, das Du,
erkennen und ihn in ihrem Selbstsein mitverantworten – das Auf-
blitzen einer der Freiheit des Menschen allein möglichen Gegenwelt
im „Schönen", die aber in der Welt der Geschichtsmächte und deren
Wortdifferenz existenziell unhaltbar ist, nur als „Idee", oder wahrscheinlich genauer: nur als poetische Potentialität aufleuchtet. Schiller wollte keine erleichterte Brust. Er wollte als Dichter zeigen, wie
es zugeht. Das war seine Art der poetischen Aufklärung.

Das Wort als poetisches Material, aus dem Schiller sein dramatisches Aktionsfeld bildete: die unerträgliche, die – mit Hegel –
gemütszerreißende Differenz, die Brüchigkeit des Wortes zwischen
Sein und Schein, Wahrheit und Täuschung, darin der Mensch sich
verfängt, wird allein, so in Schillers ›Wallenstein‹-Drama, durch die
Simultaneität dramatisch im Gleichgewicht gehalten, – nicht etwa
überwunden oder gelöscht. Gegen Ende des Dramas wird der Wort-
grund immer schwankender; nur die Simultaneität des durchschei-
nenden Schönen, wenn auch von der Fremdheit des Lebens ausgestoßen, hält dieses Schwanken des Wortgrundes im Gleichgewicht
humaner Erträglichkeit. Der Schlaf des Schönen grenzt den Schlaf
des Ermordeten auf dem roten Teppich in Eger ein. Vom Sieg des
Guten, vom Sieg des Gerechten, des Ideellen, von jenem strahlenden
Heldenhimmel, in den der freie, dem gemeinen Leben entrückte
Mensch sieghaft eingehe und den noch 1949 Hermann Schneider
im Nachwort zum ›Wallenstein‹ in der National-Ausgabe entwarf,
kann nicht die Rede sein. Schiller als Dramatiker, dem wir poetisch
mehr vertrauen sollten als dem Theoretiker, zog sich in keine reali-
tätsaufhebende Innerlichkeit zurück. Allerdings vermochte er, poetisch, noch die Gegengewichte zu setzen. Diese Gegengesten, in der
simultanen Struktur seines Dramas andauernd gegenwärtig, bewir-
ken noch inmitten der schwankenden Differenz des Wortes die
Möglichkeit humaner Stabilität: das ist, im ›Wallenstein‹-Drama,
die einzige politische Hoffnung, die Schiller als Dichter mitteilte –
und zwar in der aufgezeigten Doppelsinnigkeit auch dieser Simultaneität noch: als Ironie so wie als Anwesenheit, als Gegenbild,

als Durchschein des „Schönen". Von da aus mag auch ein Licht fallen auf Schillers Vorliebe für Doppelhandlungen und für die Doppelschlüsse seiner Schauspiele, wie hier im ›Wallenstein‹. Diese dramatische Form ist zutiefst in dem Wissen um die Simultaneität menschlichen, geschichtlichen Handelns begründet, das – bei Schiller – wiederum zurückweist auf die Differenz des handelnden Wortes selbst.

The Journal of English and Germanic Philology 68 (1969), pp. 100—115. Aus dem Englischen übersetzt von Edith Zeile.

ASTROLOGIE IN SCHILLERS ›WALLENSTEIN‹
(1969)

Von GEORGE A. WELLS

Im Prolog zu seiner Trilogie stellt Schiller fest, Wallenstein sei Opfer seiner unbezähmten Ehrsucht geworden. Doch sei dem Helden, so fügt er hinzu, unsere Teilnahme nicht versagt (Z. 104–105), denn die Kunst „führt jedes Äußerste ... zur Natur zurück". Im Drama wird Wallensteins Verrat wiederholt als „das Äußerste" bezeichnet, und wenn man solch extremes Verhalten auf die Natur zurückführt, kann das nur bedeuten, daß man die Gründe dafür aufzeigen möchte.[1] Da wir außerdem mit einem Menschen, dessen Sturz ausschließlich Folge seiner eigenen moralischen Schwächen wäre, nicht mitfühlen könnten – das „doch" in Zeile 104 impliziert, daß ein solcher Mensch eher empörte Mißbilligung als Mitgefühl weckte –, muß die Natur, auf die seine Taten zurückzuführen sind, entweder aus bewundernswerten (oder auf jeden Fall akzeptablen) Charaktereigenschaften bestehen oder einer bedrängenden Lebenssituation. Lesen wir weiter, so zeigt sich, daß Schiller in der Hauptsache an das letztere denkt:

> Sie [die Kunst] sieht den Menschen in des Lebens Drang
> Und wälzt die größre Hälfte seiner Schuld
> Den unglückseligen Gestirnen zu.
>
> [Prolog, 108–10]

„Des Lebens Drang" ist die Situation, die einen Menschen zu einer bestimmten Handlungsweise zwingt. Wenn in dieser bedrängenden Situation seine Schuld zu einem großen Teil auf die „Gestirne", ab-

---

[1] Darüber herrscht weitgehende Übereinstimmung; vgl. z. B. L. Bellermann, Schillers Dramen, II (Berlin, 1898), S. 154, und E. L. Stahl, Schillers Drama (Oxford, 1954), S. 91.

gewälzt wird, dann bedeuten sie auch diese bedrängende Situation, für die er (anders als bei seinen eigenen Neigungen) nicht zur Verantwortung gezogen werden kann. Heute könnten wir sagen, jemand sei „unter einem unglücklichen Stern geboren", und das hieße nicht mehr, als daß er in ungewöhnlich hohem Maße unangenehmen und schwierigen Situationen ausgesetzt sei, die sein Verhalten nachhaltig beeinflußten.

Das Wort *Gestirne* ist oft als Hinweis auf Wallensteins Glauben an die Sterne interpretiert worden. Die zwei letzten angeführten Zeilen würden dann entweder bedeuten, daß die vermeintliche Botschaft der Sterne ihn irreführte oder daß sie eine übernatürliche Macht darstellen, die seinen Ruin bestimmte. Professor Garland z. B. hat die erste Ansicht vertreten, J. G. Robertson die zweite.[2]

[2] H. B. Garland (Schiller, London, 1949, S. 209) ist der Auffassung, Schiller „spürte, daß irgendeine Form von Schicksal nötig sei... Aus diesem Wunsch entstand das astrologische Element im Drama. Falsche Stern- und Planetendeutung veranlassen Wallenstein, gerade dem Mann zu vertrauen, der tatsächlich sein gefährlichster Feind ist". Schiller „sagt nicht, ob eine wirkliche Beziehung zwischen den Planeten und dem menschlichen Geschick bestehe... Gerade weil er von Glauben und Unglauben frei ist, ist sein Trick, die Astrologie einzuführen, von einer geheimnisvollen Atmosphäre umgeben, ohne die dieses Kunstmittel trivial erschienen wäre". Wir werden später zeigen, daß Wallensteins eigener Egoismus das blinde Vertrauen Octavio gegenüber hervorbrachte und nicht die Sterne. J. G. Robertsons Auffassung ist in seiner ›History of German Literature‹ (London, 1959³), S. 315, dargelegt. Seiner Meinung nach „treten die unglückselige[n] Gestirne an die Stelle des griechischen Schicksals. Schiller will uns glauben machen, die Katastrophe sei vorbestimmt". Kurt May (Schiller [Göttingen, 1948], S. 102) interpretiert die Zeilen 109–110 des Prologs so, „die Sterne werden den Gläubigen in diese seine Schuld hineinzwingen müssen". Später (S. 163) erwähnt er eine „von oben her inszenierte Fatalität", einen „Weltgeist", der Wallenstein richtet. Die Herausgeber von ›Schillers Werke‹ ([Nationalausgabe, Weimar, 1949], VIII, 474) bezweifeln mit Recht, daß diese zwei Zeilen eine Anspielung auf Wallensteins Sternenglauben sind, und H. Hartmann zitiert sie auch als Beweis dafür, daß Wallensteins Verhalten einzig und allein in seinem Charakter und den Umständen gründe (Schillers ›Wallenstein‹-Trilogie, in: Weimarer Beiträge, XI [1965], 50).

Es ist jedoch wichtig zu beachten, daß Schiller hier nicht ausdrücklich von Wallenstein spricht. „Seiner Schuld" ist „des Menschen Schuld", und Schiller verallgemeinert hier, daß die Kunst Schuld mildert, indem sie viel davon den „Gestirnen" zuschreibt. Will man dieses Wort in diesem Zusammenhang als Schicksal verstehen (im Sinne einer übernatürlichen Macht), so würde man Schiller das absurde Urteil unterstellen, Tragödie – ja tragische Literatur im allgemeinen – sei normalerweise Schicksalstragödie, und man würde auch annehmen, daß er seiner Trilogie eine Interpretation voranstellte, für die das Werk selber keine Anhaltspunkte liefert, wie im folgenden gezeigt werden soll. Wenn jedoch gemeint ist, Wallenstein falle, weil er sich von den Sternen irreführen lasse, dann leuchtet nicht ein, warum ein solcher Mißgriff ihn uns näherbringen sollte – und Schiller stellt doch fest, die Tatsache, daß die „Gestirne" ihn schuldig werden ließen und nicht seine unbezähmbare Ehrsucht, solle unser besonderes Wohlwollen hervorrufen –, noch läßt sich unter diesem angeblichen Einfluß der Gestirne ein unwiderstehlicher „Drang" verstehen. Zwar versucht Gordon, Wallenstein mit den Worten zu entschuldigen, ihn habe „die Gewalt der Sterne" getrieben (Tod, Z. 2743), aber der Zweck dieser Feststellung ist klar, da sie neben einer anderen, offensichtlich falschen steht (Wallenstein sei von Illo und Terzky zum Verrat veranlaßt worden). Gordon versucht hier, Wallensteins Schuld zu mindern, um Buttlers überzeugenden Argumenten für die Ermordung besser entgegentreten zu können. Schiller scheint also im Prolog Wallenstein als Beispiel für einen Menschen hinzustellen, der unter be-

Aus anderen neueren Beiträgen läßt sich wenig entnehmen, was einsichtig, geschweige denn plausibel wäre. Z. B. behauptet O. Seidlin, „Astrologie ist der Versuch, die Zeit und das in ihr Verhängte, das Verhängnis, zu entmachten, ... dadurch, daß Zeit übersetzt wird in Raum, in Konstellation, und ihr damit ihr Konstitutivum, ihr ungreifbar Fließendes geraubt wird; und auch dadurch, daß sie damit kalkulabel und verfügbar wird, das in und von ihr Vergangene durchschaubar und so seiner Mächtigkeit beraubt". „Diese Entmächtigung, dieses Aufhaltenwollen der Zeit ... ist ... der Schlüssel zur Wallensteinfigur" (Wallenstein: Sein und Zeit, in: Von Goethe zu Thomas Mann, Göttingen [1963], 123–24). [In diesem Sammelband. S. 240–241.]

trächtlichem Zwang so handelt, wie er es tut. Das ist offensichtlich auch das Hauptanliegen der Trilogie.

In ›Die Piccolomini‹ erfahren wir, daß Wallenstein eine Wiederholung der demütigenden Absetzung von 1630 droht. Der Kaiser weiß, daß er mit den protestantischen Führern verhandelt, und es ist ganz offenbar, daß Wallenstein bereit ist, Wien zu zwingen, jedes dabei getroffene Abkommen einzuhalten. Der Text gibt eindeutige Belege dafür, daß Ferdinand in seiner Angst sein Versprechen, sich in Heeresangelegenheiten nicht einzumischen, gebrochen hat (Z. 1190–1201), und nun fordert, Wallenstein solle sich durch Teilung seines Heeres in eine recht hilflose Position begeben. Bei seinem ersten Auftritt erklärt Wallenstein, daß dieser vom Kaiser ausgeübte Druck ihn wider seinen Willen zwinge, ein verräterisches Bündnis einzugehen (Z. 700–702).

Natürlich sind wir an der gegenwärtigen Situation des Bühnengeschehens stärker interessiert als an den relativ weit zurückliegenden Ursprüngen, und Schiller lenkt unsere Aufmerksamkeit so geschickt auf die augenblicklich Wallenstein bedrängende Situation, daß uns kaum auffällt, wie wenig entscheidendes Beweismaterial vorhanden ist, das eine moralische Rechtfertigung der Verhandlungen mit dem Feind überhaupt erkennen ließe. Wir erfahren jedoch, daß er (obschon mit Recht) wegen der Demütigung von 1630 zürnt (Z. 1154–83) und darauf drängt, seine Position so zu verbessern, daß er Ferdinand alles zurückzahlen kann, falls er die Absicht dazu hat (Z. 865–68). Außerdem behauptet Max – der jedoch seinen Befehlshaber zu diesem Zeitpunkt noch mit naivem Idealismus sieht –, daß die territorialen Ansprüche des Wiener Hofes alle vernünftigen Konzessionen an die deutschen Protestanten ausgeschlossen und Wallenstein so zu geheimen Verhandlungen gezwungen hätten, als dem einzig möglichen Mittel, den Krieg zu beenden und Deutschland zu einigen (Z. 569–71). Dies wird bis zu einem gewissen Grad durch Wallensteins eigene Erklärung bestätigt, daß gerade seine ernste Sorge um Deutschlands Einheit ihm verbiete, den territorialen Ansprüchen der Schweden entgegenzukommen (Z. 832–37), so daß seine langwierigen Verhandlungen mit dem Feind bisher ergebnislos geblieben seien. Daß die Engstirnigkeit des Hofes ihm nur heimlich Friedensfühler auszustrecken ermöglichte, geht wiederum deutlich daraus hervor, daß auf seine Absichtserklärung, Deutschland als Ganzem zu dienen (Z. 1181 bis 82), sofort Befehle vom Wiener Hof folgen, er solle in der für Feldzüge schlechtesten Jahreszeit Regensburg vom Feinde säubern, einfach deshalb, weil den frommen Kaiser der Gedanke quält, die Lutheraner könnten sonst während des Osterfestes im Dom predigen (Z. 1181–93).

Obwohl sich später herausstellt, daß es Wallenstein ebensosehr darum geht, Ferdinand die Krone Böhmens zu entreißen, als Deutschland Frieden und Einheit zu bringen (Z. 2333–38), ist es aufgrund einiger Andeutungen nur gerecht festzustellen, daß man Wallenstein nicht allein für seine schwierige Situation in ›Die Piccolomini‹ verantwortlich machen kann.[3] Dieser Eindruck wird bestätigt, wenn er im Tod (Z. 150–75) seine Ansprüche auf die böhmische Krone zugibt und bekennt, daß „Laune", „Leidenschaft" und „Zorn" für seine Abwendung von Ferdinand mitverantwortlich sind, aber auch ein reines Motiv für sich in Anspruch nimmt – angeblich das Streben nach Frieden und Einheit. Es ist in der Tat normales politisches Verhalten, sich in aller Aufrichtigkeit zu erhabenen und altruistischen Zielen zu bekennen als Rechtfertigung für eigennütziges Vorgehen. Politiker umreißen ihre Politik gewöhnlich mit den Begriffen Gerechtigkeit, Freiheit oder christlichen Grundsätzen, während Historiker ebenso korrekt dieselben Konflikte als Zusammenstöße rivalisierender Interessen darstellen. Diese Zweideutigkeit politischer Motive wird von Wallenstein „der Doppelsinn des Lebens" (Tod, Z. 161) genannt, und daß er damit behaftet ist, macht ihn nicht ruchloser als seine Gegner.

Obwohl Wallenstein sich in einer heiklen Situation befindet, scheut er vor dem „Äußerste[n]" zurück (Piccolomini, Z. 927), und wir können Professor Stahls Auffassung nicht teilen (S. 93, Fußnote), daß sein „Zögern" hier Kritik verdiene. Daß er vor

[3] H. Koopmann bemerkt mit Recht, daß Schiller beim Schreiben des Stückes seine ursprüngliche Auffassung (dargelegt in seinem Brief an Körner, 28. November 1796), Wallenstein habe „nichts Edles", aufgab (Schiller [Stuttgart, 1966], 35). Stahl (S. 94) jedoch geht zu weit mit seiner Behauptung, Wallensteins Feinde „trügen die meiste Schuld an seinem Verhalten".

dem extremsten Schritt zurückschreckt, bedeutet ebensowenig, daß
er ganz allgemein willensschwach ist, wie Hamlets Unfähigkeit,
einen Mord zu begehen, eine Handlungsunfähigkeit schlechthin bedeutet, obwohl in beiden Fällen so oft dieser Schluß gezogen wird.[4]
Wallenstein fühlt deutlich, daß Verrat etwas Abscheuliches ist und
nur dann zulässig, wenn es sonst keinen Ausweg gibt. Er hat nicht
die Absicht, auf Macht zu verzichten (Z. 1000), will aber nur dann
zum Verräter werden, wenn alle anderen Alternativen ausgeschlossen sind. Im Augenblick vermag er durch einen Betrug Zeit zu
gewinnen, indem er seine Bereitschaft zurückzutreten vortäuscht
(Z. 1256–60), und so vielleicht des Kaisers Verdacht zerstreuen
oder zumindest seine eigenen Offiziere dazu bringen, daß sie dem
General aus Angst bedingungslose Treue halten, von dem sie hinsichtlich Geld, Prestige und Karriere abhängig sind.

An dieser Stelle des Dramas ist es nicht Wallenstein, sondern
Illo, der bemerkt, er zögere nur, weil er auf „die Sternenstunde"
warte (Z. 960). Wallenstein stimmt insofern zu, als er behauptet,
jede Tat, im rechten Augenblick getan, werde zum Erfolg führen,
und er fügt hinzu, da die Sterne ihn bei der Wahl dieses Augen-

---

[4] Wallensteins Zögern ist Thema höchst einfallsreicher neuerer kriti-
scher Untersuchungen gewesen. Koopmann weist darauf hin (II, 39),
daß es in vielen anderen Ereignissen des Stückes „reflektiert" wird:
„Isolani kommt verspätet an, Questenberg spricht von Hemmnissen,
Oberst Suys hat den Tod verdient, weil er vorschnell handelte, Max
zögert mit seiner Unterschrift, Gordon versucht den Mord an Wallenstein
abzuwenden, die Neubrunn sucht Thekla aufzuhalten." Koopmann sieht
in diesen Beispielen einen Beweis für Schillers Bemühen, sein Material in
Übereinstimmung mit einem „Prinzip der wechselseitigen Spiegelungen"
zu „organisieren". Das ganze Stück, so scheint es, muß als großartiges
Kryptogramm angesehen werden, voller geheimer Bezüge von einem
Teil zum andern und voll unter der Oberfläche verborgener symbolischer
Botschaften oder Warnungen oder Mahnungen, die der „scharfsichtige"
Kritiker erspähen muß! R. Marleyn (›Wallenstein‹ and the Structure of
Schiller's Tragedies, in: Germanic Review, XXXII [1957], 189) hat mit
Recht festgestellt, daß Wallensteins Zögern tatsächlich für die dramatische
Handlung relativ unwichtig ist, da Octavio, wann auch immer der Held
seine letzte Entscheidung gefaßt hätte, so und nicht anders und mit den-
selben Ergebnissen im ›Tod‹ gehandelt hätte.

blicks leiten können und er und nicht Illo ihre Botschaft verstehe, müsse man ihm die Entscheidung überlassen, wann die Tat reif sei. Wir werden auf diese Stelle noch zurückkommen, aber sicher wird jetzt schon deutlich, daß sein Hauptgrund für eine Verzögerung rational, nicht astrologisch ist. Was bei diesem Hinweis auf die Sterne wichtig ist, ist nicht die Astrologie, sondern des Helden Vertrauen auf die Überlegenheit seines eigenen Urteils, das die astrologischen Ideen ausdrücken. Wallenstein, unter Jupiter geboren, ist sicher, daß er über mehr Weitblick verfügt als der unwissende Illo, geboren unter Saturn. Sein Vertrauen auf die Überlegenheit seiner Einsicht ist einer der Hauptgründe für seinen Ruin, da das Vertrauen, das er gegen allen Rat Octavio schenkt, darauf basiert.

Schiller betrachtete den Glauben an die Astrologie zunächst als „töricht und abgeschmackt" (Brief an Goethe, 4. Dezember 1798). Einige Überbleibsel dieser Haltung lassen sich an Senis Kleidung erkennen (die als „etwas phantastisch" beschrieben wird) und an seinem Verhalten bei seinem ersten Auftritt (Piccolomini, II, 1), als er darauf besteht, daß 12 Stühle in einem Zimmer eine akzeptable Anzahl seien (da es 12 Tierkreiszeichen gebe), während 11 eine böse Zahl sei (da sie die 10 Gebote um eins überschreite). Diese Szene mit den humorvollen Szenen des ›Lagers‹, die Tiefenbach-Episode in Akt IV der ›Piccolomini‹ und die burleske Szene zwischen Buttler und den angeworbenen Mördern am Ende des Stückes geben dem ›Wallenstein‹ mehr komische Elemente, als in irgendeinem anderen späteren Drama Schillers vorhanden sind.

Goethe führte auf Schillers Bemerkung, die Astrologie sei nur eine „Fratze", Argumente ins Feld, die ihn davon überzeugten, daß sie, wenn auch voller Irrtümer, so doch nicht absurd sei. Goethe wies darauf hin (8. Dezember 1798), daß Wetter und Ernte tatsächlich von den der Erde nächsten Himmelskörpern (besonders der Sonne) beeinflußt werden und es keine irrationale Vermutung sei, daß nicht nur entferntere Planeten einen gewissen Einfluß ausübten, sondern daß er sich auch auf andere Dinge als Klima und Vegetation erstrecke. Goethes Standpunkt kann von den Prämissen Volneys her am besten verstanden werden, der 1791 dargelegt hatte, daß die Bauern vor der Erfindung eines Kalenders nur von den

Gestirnen ablesen konnten, wann es Zeit zum Säen oder Ernten war. Nachdem durch Beobachtung feststand, daß diese Tätigkeiten in regelmäßiger und konstanter Verbindung mit den Gestirnen standen, war es einfach, einen Einfluß aus dieser Korrelation herzuleiten und auch zu vermuten, daß dieser Einfluß sich auf andere Bereiche des menschlichen Lebens erstrecke.[5] Wenn die Sterne darüber informieren können, daß der Bauer Schmidt bald seinen Pflug gebrauchen wird, dürfte eine genauere Prüfung zeigen, daß er in kurzem krank werden oder ein Vermögen erben wird. Goethe führt dazu folgendes aus:

> Die Erfahrung spricht, daß die nächsten Gestirne einen entschiedenen Einfluß auf Witterung, Vegetation u.s.w. haben; man darf nur stufenweise immer aufwärts steigen und es läßt sich nicht sagen wo diese Wirkung aufhört... So darf der Mensch... nur immer etwas weiter schreiten und diese Einwirkung aufs Sittliche, auf Glück und Unglück ausdehnen. Diesen und ähnlichen Wahn möchte ich nicht einmal Aberglauben nennen, er liegt unserer Natur so nahe, ist so leidlich läßlich als irgend ein Glaube.

Daß Schiller aus diesem Rat lernte, läßt sich einwandfrei an Wallensteins Feststellung erkennen, die sich auf diese fundamentalen Voraussetzungen des Sternenglaubens bezieht. In diesem Abschnitt rechtfertigt er Illo gegenüber seine Weigerung, auf der Stelle Verrat zu begehen:

> Die himmlischen Gestirne machen nicht
> Bloß Tag und Nacht, Frühling und Sommer – nicht
> Dem Sämann bloß bezeichnen sie die Zeiten
> Der Aussaat und der Ernte. Auch des Menschen Tun
> Ist eine Aussaat von Verhängnissen,
> Gestreuet in der Zukunft dunkles Land,
> Den Schicksalsmächten hoffend übergeben.
> Da tut es not, die Saatzeit zu erkunden,
> Die rechte Sternenstunde auszulesen ...
>
> [Picc., 986–94]

Goethe weist auch auf den Glauben der Astronomen hin, daß ein

---

[5] Zu Volney vgl. Wells, Stages of New Testament Criticism, in: Journal of the History of Ideas, XXX (1969).

Himmelskörper den anderen beeinflusse und daß die Philosophen
zu der Annahme gezwungen worden seien, daß ein Körper auf
einen anderen aus der Ferne wirkt. Aus all den grundsätzlichen
Überlegungen, die Goethe sorgfältig ausgeführt hat, haben Astrologen den Schluß gezogen, daß der Einfluß einiger Sterne freundlich und anderer böse sei.

Von solchen Annahmen ausgehend, meint Schillers Wallenstein,
Jupiter und Venus seien „Segenssterne", und wenn der böse Mars
zwischen sie trete, werde diese Konstellation ihn im Krieg begünstigen. Diese kosmischen Bedingungen sind in der Eröffnungsszene
von ›Wallensteins Tod‹ erfüllt, und das astrologische Motiv diene
hier dazu – wie Schiller (in seinem zitierten Brief) ausführt –,
im Helden „ein[en] mutvolle[n] Glaube[n]" an das Glück der
Unternehmung" zu wecken. Wir erfahren später, daß er sich erst
nach dem bitteren Schicksalsschlag von 1630 der Astrologie zu-
wandte, um Mut und Selbstvertrauen zurückzugewinnen (Tod,
Z. 1402 ff.). Es leuchtet also ein, daß die Konstellation der Gestirne
in der ersten Szene des ›Tod‹ von der Art ist, daß sie ihn in seinem
Vorhaben bestärkt. Unmittelbar darauf gibt ihm die Nachricht von
der Gefangennahme Sesins die allertriftigsten Gründe, mit Wien
zu brechen, denn er weiß jetzt, daß der Hof es nicht wagen wird,
ihm das militärische Kommando zu lassen, und daß er die über alles
begehrte Macht nur durch eine Verbindung mit dem Feinde festhalten kann. Sein Vertrauen wird weiter durch der Generäle Treue-
gelöbnis und der Soldaten Protest gegen Ferdinands Vorschlag, sein
Heer zu teilen, gestärkt. Wir wissen, daß das erste Dokument wertlos ist. Max hat es nicht unterschrieben, Octavio hat Zustimmung
nur vorgetäuscht, und wir haben Grund zu erwarten, daß ihr Beispiel entscheidend wirken wird (Piccolomini, Z. 880; cf. Tod,
Z. 1332–35). Und der Protest der Soldaten ist nicht, wie Wallenstein glaubt, „der erste Schritt zum Aufruhr" (Tod, Z. 129), sondern – wie in ›Wallensteins Lager‹ bemerkt (Z. 886–94) – durchaus
vereinbar mit der Treue dem Kaiser gegenüber. Wallenstein wird
hier durch einen Egoismus geblendet, den Schiller im historischen
Wallenstein erkannte, über den er schrieb:

Berauscht von dem Ansehen, das er über so meisterlose Scharen behauptete schrieb er alles auf Rechnung seiner persönlichen Größe, ohne

zu unterscheiden, wie viel er sich selbst und wie viel er der Würde dankte, die er bekleidete.[6]

Im folgenden Monolog (Tod, I, 4) scheut er immer noch vor dem Verrat zurück, und obwohl er das Gefühl hat, die Umstände trieben ihn dazu, schlägt ihm das Gewissen (Z. 256–70), und er erklärt, es sei falsch, einen Eid zu brechen, selbst wenn die Umstände es entschuldigten. Obwohl er opportunistisch genug ist, sich von diesen Skrupeln nicht leiten zu lassen, stellt allein die Tatsache, daß er darüber nachdenkt, ihn über den Zynismus Illos und Terzkys, die ihr Unvermögen, darin ein moralisches Problem zu sehen, offen eingestehen (Z. 443; 451–52). Bis zu einem gewissen Grad also gewinnt Schiller unsere Sympathie für Wallenstein, indem er ihn auf eine höhere sittliche Stufe hebt – eine Methode, die in den zwei letzten Akten des Stückes besonders angewandt wird, zu einem Zeitpunkt, da der Hinweis auf die bedrängenden Ereignisse als mildernder Umstand irrelevant geworden ist, weil seine große Entscheidung schon hinter ihm liegt. Früher, bei den besprochenen Szenen in Akt I, betont Schiller wie vorher mehr die bedrängende Situation, und diese ist es, wie sie von Gräfin Terzky (I, 7) überzeugend geschildert wird, die ihn schließlich zum Verrat veranlaßt.

---

[6] Geschichte des dreißigjährigen Krieges, Bd. IV (in: Sämtliche Werke, Säkular-Ausgabe, Stuttgart, o. J., XV, 360). Benno von Wiese sieht in Wallensteins Glauben an die Sterne ein Symbol für diesen Egoismus und diese Selbsttäuschung. Er sagt: „Wallenstein siedelt sich in einem eigentümlichen Bereich an, der zwischen Idee und Erfahrung liegt, in der Sphäre des Chimärischen, des bloß Imaginären . . . Dafür ist der Sternenglaube, der zwischen Glauben und Aberglauben, zwischen Geahntem und Gewußtem, . . . das entscheidende Symbol" (Wallenstein, in: Das deutsche Drama, Interpretationen, [Düsseldorf, 1958], I, 283). Das Argument leuchtet ein. Es gibt echte Beweise dafür, daß die Sterne mit den Angelegenheiten der Menschen in Beziehung stehen; es gibt echte Beweise dafür, daß das Heer seinem General treu ergeben ist; aber in beiden Fällen bringt Wallensteins Egoismus ihn dazu, falsche Schlüsse aus diesen Tatsachen zu ziehen. Weniger überzeugt von Wieses zusätzliches Argument (S. 279), das astrologische Motiv diene dazu, Wallenstein „über das Politische hinaus ins Religiöse und Geheimnisvolle" zu erheben.

Er muß, sagt sie, entweder ein „Tugendheld" oder ein Verräter werden (Z. 489–90). Wir wissen von Octavio (Piccolomini, Z. 2525–30), daß sie mit Recht sagt, Wallenstein werde durch einen ehrenhaften Rücktritt den tugendhaften Weg in die Nichtigkeit wählen dürfen und brauche also kein Verräter zu werden, um sein Leben zu retten. Aber sie zeigt ihm, daß er die Macht jetzt nur durch Treulosigkeit festhalten kann, und er erkennt, daß ihm sein Ehrgeiz keine echte Wahl zwischen den Alternativen läßt (Z. 523 bis 37; cf. Z. 797–98). Wenn er von Anfang an darauf aus gewesen wäre, die kaiserliche Macht an sich zu reißen, hätten wir die „unbezähmte Ehrsucht" verständlich, aber abstoßend gefunden. So aber wie Schiller ihn schildert, können wir mit ihm sympathisieren, denn nicht ganz und gar unsaubere Motive haben ihn in eine Situation gebracht, in der er entweder Gewalt anwenden oder ertragen muß (Z. 766).

Bis zu diesem Zeitpunkt hat er in seinem Dilemma die Sterne noch nicht um Rat gefragt – seit Sesins Gefangennahme, die ihm in Szene 2 des 1. Aktes berichtet wurde, sind sie nicht erwähnt worden. Aber das Argument der Gräfin gipfelt in dem Hinweis, daß die Sterne sofortiges Handeln begünstigen, und in der Frage, zu welchem Zweck er jahrelang Astrologie studiert habe, wenn er doch, zusätzlich zu all den zwingenden Gründen, die er schon habe, nun das Zeichen des Himmels außer acht lasse, das seinem Tun Erfolg verheiße (Z. 629–42). Dieser Tadel bringt ihn schließlich zum Handeln, und wir können jetzt erkennen, wie richtig Schillers Bemerkung ist, die Funktion der Sterne bestehe in einer Stärkung von Wallensteins Selbstvertrauen. Er hat schon mehr als genug Grund, zum Verräter zu werden, und sie stärken sein Vertrauen und machen so seinem Zögern ein Ende. Wie kann Wallenstein erwarten, daß Octavio sich an dem Verrat beteiligt, der seine unerschütterliche Treue etablierter Macht gegenüber erklärt (Piccolomini, Z. 2454–55) und aufs wärmste „die alten engen Ordnungen" verteidigt (Z. 463)? Einen Helden, dessen Sturz Folge eines törichten Versehens ist, müßten wir unsere Sympathie versagen, und deshalb stattet Schiller Wallenstein mit der Einsicht aus, nicht nur daß unerschütterliche Treue zu traditionellen Autoritäten und Werten gegen ihn sprechen wird, falls er Verrat begeht (Tod, Z. 193 bis

216), sondern auch daß solche Beschränkungen Octavio charakterisieren, zu dem er sagt:

> Du rettest gern, so lang' du kannst, den Schein;
> Extreme Schritte sind nicht deine Sache.
>
> [Tod, 674–75]

Er erklärt seine Gründe, warum er Octavio dennoch vertraut,
im Tod (Akt II, Szene 3) als Octavio, nach dem Verrat, schon
aktiv seinen Sturz betreibt – und mit außerordentlichem Erfolg
in den zwei folgenden Szenen auftritt, wo Isolani und Buttler
auf die kaiserliche Seite zurückgewonnen werden. Daß Wallenstein eine tatsächlich vorhandene Gefahr nicht ernst nimmt, läßt
uns für ihn fürchten. Dieses Gefühl, seit jeher wichtiges Element
der ästhetischen Wirkung der Tragödie, wird hier durch das unbedingte Vertrauen (das in den vielen Superlativen zum Ausdruck kommt) lebhaft geweckt wie auch durch den besinnlichen
Rückblick auf sein Leben, während wir uns bereits der furchtbaren Zukunft bewußt sind, die ihm bereitet wird. Er erzählt,
wie er am Vorabend der Schlacht von Lützen das Schicksal ge-
beten habe, ihm seinen treuesten Freund zu zeigen, und wie er
selbst entschieden habe, es solle die erste Person sein, die am Morgen mit einem „Liebeszeichen" zu ihm komme. Daß diese Person
ausgerechnet Octavio war, der vertraute Freund, mit dem er die
Unbill vieler Feldzüge geteilt hatte (Piccolomini, Z. 886–87, be-
stärkte ihn natürlich in seiner Meinung, das Schicksal habe ihm
eine Offenbarung gewährt. Daß er sich für wichtig genug hält,
eine solche Offenbarung zu erhalten, und sogar vorher ihre Form
bestimmte, ist ganz und gar Ausdruck seiner Egozentrik, die später
wieder mit Hilfe des astrologischen Motivs zum Vorschein kommt,
wenn er darauf besteht, Max solle ihm auf seinem exzentrischen
Weg folgen:

> Und wenn der Stern, auf dem du lebst und wohnst,
> Aus seinem Gleise tritt . . .
> Du kannst nicht wählen, ob du folgen willst,
> Fort reißt er dich in seines Schwunges Kraft
> Samt seinem Ring und allen seinen Monden.
>
> [Tod, 2186–91]

Hebbel beklagte in seiner Rezension von 1848:

Wie überromantisch ist es, daß, der Untergang des Helden durch sein übermäßiges Vertrauen auf Octavio motivirt wird, und dieses Vertrauen wieder durch einen Traum! [7]

Wallenstein träumte nicht, als er das Schicksal um ein Zeichen bat, aber er hatte tatsächlich kurz darauf einen Traum, daß er in der Schlacht von den Hufen der Pferde zertreten würde und daß Octavio ihn am Arm packte, um ihn zu retten. Und in diesem Augenblick erwachte er und sah Octavio vor sich, der ihm erklärte, ein Traum habe ihn gewarnt, er solle Wallenstein ein anderes Pferd geben. In der darauf folgenden Schlacht fiel der Mann, der Wallensteins Pferd ritt. Wir haben früher in dieser Zeitschrift [Journal of English and Germanic Philology, Anm. d. Red.] die Ansicht vertreten (LXIV) 1965, 199–200), daß die zwei Träume (Isabellas und der ihres Mannes) in ›Die Braut von Messina‹ und ihre Deutungen ein überzeugender Beweis dafür sind, daß das Stück eine Schicksalstragödie ist, denn sie sagen genau die exakten Details einer Katastrophe voraus, die erst nach Jahren hereinbricht und einige noch nicht geborene Menschen trifft. Aber die zwei Träume in ›Wallenstein‹ erfordern keine übernatürliche Erklärung – was Bellermann vor langer Zeit erkannte. Es liegt nichts Außergewöhnliches vor, wenn zwei Befehlshaber, Waffengefährten seit langem, in der Nacht vor einer Entscheidungsschlacht von den Gefahren für sich und den anderen träumen. Auch brauchen wir nicht das Schicksal herbeizuzitieren, um den Tod eines obskuren Verwandten zu erklären, der auf Wallensteins Pferd in eine Schlacht ritt, die Tausende tötete.

Die nächstliegende Antwort auf Wallensteins Bericht gibt Illo, nämlich die, daß Octavios Erscheinen an jenem Morgen nicht die Antwort des Schicksals auf die Bitte nach einem Zeichen war, sondern bloßer Zufall. Darauf erwidert Wallenstein:

> Es gibt keinen Zufall;
> Und was uns blindes Ohngefähr nur dünkt,
> Gerade das steigt aus den tiefsten Quellen.
>
> [Tod, 943–45]

[7] Hebbel, Sämtliche Werke, histor. krit. Ausgabe, besorgt von R. M. Werner, 1. Abteilung, XI, 208. [In diesem Sammelband vgl. S. 45.]

Die Heftigkeit dieser Entgegnung ließ ihn übertreiben, und deshalb
fügt er etwas bedächtiger einige Worte hinzu, die auch dem Zufall
seinen Platz einräumen:

> Des Menschen Taten und Gedanken, wißt!
> sind nicht wie Meeres blind bewegte Wellen.
> Die innre Welt, sein Mikrokosmos, ist
> Der tiefe Schacht, aus dem sie ewig quellen.
> Sie sind notwendig, wie des Baumes Frucht,
> Sie kann der Zufall gaukelnd nicht verwandeln.
>
> [Tod, 953–58]

Dies ist die völlig vernünftige Ansicht, daß ein Mensch von seinem
Charakter getrieben wird, seiner Natur, seiner „innre[n] Welt",
auf bestimmte Weise zu denken und zu handeln, unabhängig von
den Zufälligkeiten seiner Erfahrung. Seine Taten sind wie „des
Baumes Frucht" insofern, als man ebensowenig Äpfel auf einem
Birnbaum erwartet wie einen Forschungsbeitrag von einem Dumm-
kopf. Je mehr man etwas über die „innre Welt" irgendeines Orga-
nismus weiß, desto genauer kann man sein Verhalten voraussagen.
Und so fährt er fort:

> Hab' ich des Menschen Kern erst untersucht,
> So weiß ich auch sein Wollen und sein Handeln.
>
> [Tod, 959–60]

Sein Fehler liegt nicht in seinem Glauben, daß das Verhalten eines
Menschen aus seinem Charakter hervorgeht, sondern in seinem Vertrauen, daß er wirklich Octavios Charakter kennt, weil er ihm auf
übernatürliche Weise offenbart wurde.

Wallenstein leitet diesen langen Bericht, der sein Vertrauen auf
Octavio begründet, mit den Worten ein:

> Lügt er, dann ist die ganze Sternkunst Lüge.
>
> [Tod, 893]

Es läßt sich nicht ohne weiteres erkennen, wie die Astrologie überhaupt bei der Offenbarung im Spiel ist, die nach Wallensteins Auffassung vom Schicksal gewährt wurde, und sein Ausdruck „die
ganze Sternkunst" ist ein typisches Beispiel für die überspitzten
Formulierungen, durch die in dieser Szene zum Ausdruck kommt,

wie sehr er sich auf sein eigenes Urteil verläßt. Vielleicht läßt sich,
was er mit seinem astrologischen Hinweis meint, an seiner Feststellung erkennen (Piccolomini, Z. 889), er und Octavio seien
„geboren unter gleichen Sternen". Das läßt ihn auf eine tiefver-
wurzelte Verwandtschaft zwischen ihnen schließen, und des Schicksals „Offenbarung" von Octavios geheimsten Neigungen scheint
natürlich diese Auffassung zu bestätigen. Als er endlich die Wahrheit erfährt, erklärt er, seine eigene moralische Überlegenheit ver-
wehre ihm, in dem niederträchtigen Octavio einen ebenbürtigen
Partner zu sehen. Ehrliche und begabte Schüler der Astrologie,
sagt er, können von den Sternen die Charaktere ehrlicher Menschen erfahren, aber Schurken können sowohl die Sterne als auch
deren Schüler täuschen (Tod, Z. 1668–84). So bringt er es fertig,
selbst wenn sein Urteil sich als falsch herausgestellt hat, den Glauben an die eigene Überlegenheit zu bewahren, was wiederum mit
Hilfe des astrologischen Motivs zum Ausdruck gebracht wird.

Stahl (S. 98) führt Wallensteins Feststellung, menschliche Taten
seien „notwendig wie des Baumes Frucht", als Beweis für des Helden Glauben an ihre Vorhersehbarkeit an. Tatsächlich meint Wallenstein nur des Menschen Taten seien vorauszusehen, wenn sein
Charakter bekannt sei, und das ist eine wichtige Einschränkung,
denn nur in wenigen Fällen können wir behaupten, jemand gut
genug zu kennen, um sein Verhalten in einer gegebenen Situation
vorauszusagen. Stahl jedoch glaubt, er meine, es sei normalerweise
möglich, jede Handlung eines Menschen vorauszusagen, denn er
sagt (S. 97), dieser Abschnitt widerspreche der früheren Feststellung
des Helden, daß

> des Menschen Tun
> Ist eine Aussaat von Verhängnissen,
> Gestreuet in der Zukunft dunkles Land.
> [Picc., 989–91]

Stahl sieht hier nicht nur einen fundamentalen Widerspruch, sondern führt Wallensteins Tragödie hauptsächlich auf „die Fehler, die
er macht, weil er sich an beide Auffassungen klammert", zurück.
Als Beweis führt er einerseits dessen Reaktion auf die Gefangennahme Sesins an und andererseits die Verteidigung seines Ver-

trauens zu Octavio. Sesins Gefangennahme „beschreibt er wiederholt als ein[en] böse[n] Zufall, und sie erschüttert zutiefst seinen
Glauben an das Gesetz der Notwendigkeit", während er sein Vertrauen zu Octavio mit den Worten verteidigt „es gibt keinen Zufall". Es wurde bereits festgestellt, daß Wallenstein diese letztere
Bemerkung sofort zurücknimmt, die ohnedies im Zusammenhang
mit anderen maßlosen Übertreibungen steht. Auch impliziert der
Ausdruck „ein böser Zufall" keineswegs ein Fehlen kausaler Verknüpfung. Ein „Zufall" ist ein Ereignis, das durch Faktoren zustande kommt, die unserer Kontrolle zum Teil entzogen sind. Sesin
wurde gefangengenommen, weil er einer gefährlichen und nur teilweise bekannten Situation ausgesetzt war, und Wallenstein tadelt
im folgenden zu Recht nicht den „Zufall", sondern sich selbst für
dieses Ereignis und seine Folgen:

> Eine Mauer
> Aus meinen eignen Werken baut sich auf,
> Die mir die Umkehr türmend hemmt!
> [Tod, 157–58] [8]

Außerdem besteht Stahls Beweis, daß Sesins Gefangennahme Wallensteins Glauben an die Notwendigkeit unterminiere, aus einem
Abschnitt, in dem der Held erklärt, die Gefangennahme habe notwendige Konsequenzen (zwinge ihn nämlich zum Verrat)!

> Ernst ist der Anblick der Notwendigkeit.
> [Tod, 183]

Zugegeben, er sagt weiter, er könne nicht alle Folgen der Gefangennahme voraussagen. Dieses Ereignis hat seinen eigenen Plan der
Öffentlichkeit preisgegeben, der daher jetzt

> Gehört ... jenen tück'schen Mächten an,
> Die keines Menschen Kunst vertraulich macht.
> [Tod, 190–91]

Er meint, was von ihm privat geplant und gedacht sei, sei jetzt
Menschen zugänglich, die seinem Wissen und seiner Kontrolle ent-

---

[8] Vgl. Bellermann, S. 84–85.

zogen sind. Er hat die Ansicht nicht aufgegeben, daß alles Verhalten (ihres eingeschlossen) Ursache und voraussehbare Folge habe, falls nur genügend Information über ihre Charaktere, Ziele und Umstände verfügbar wäre. Selbst wenn eingeräumt werden könnte, daß Wallenstein sich in Widersprüchen verstricke, wäre es nicht eigenartig, zu vermuten, daß Schiller den Sturz seines Helden von einem abwechselnden Bejahen und Verneinen unvereinbarer philosophischer Auffassungen herleitete? Das Argumentieren über Notwendigkeit und Freiheit im menschlichen Verhalten erscheint den meisten als sinnloser Streit um Worte, während Schiller eine Gestalt schaffen wollte, der wir Sympathie und ein Gefühl geheimer Verwandtschaft entgegenbringen könnten (Prolog, Z. 104–105).

Hat Wallenstein einmal seine Entscheidung gefällt, so hat er wenig mehr zu tun, als auf den Ausgang der Dinge zu warten, besonders auf die Ankunft seiner neuen schwedischen Verbündeten, die sich ihm in Eger anschließen sollen. Aber seine Entscheidung bewirkt, daß andere dem Zwang der Umstände ausgesetzt werden. Max, Gordon und sogar Buttler fühlen sich durch die neue Situation gezwungen, etwas zu tun, was sie verabscheuen, und daß sie alle unter Zwang handeln, erinnert uns daran, daß Schiller die Darstellung „de[s] Menschen in des Lebens Drang" als Verallgemeinerung der Funktion der Kunst verstand, nicht nur als Hinweis auf Wallenstein. Daß dieser „Drang" die Minderung von Schuld bewirkt, geht auch aus der Tatsache hervor, daß gerade die am wenigsten sympathischen Charaktere (besonders Illo und Terzky) den psychologischen Konflikt nicht erleben, der in einer bedrängenden Situation entsteht.

Als Buttler zum erstenmal überzeugt wurde, daß Wallenstein seine Unterstützung durch Betrug gewonnen hatte, geriet er so in Wut, daß er sogar an die Ermordung Wallensteins gedacht haben könnte. Seine Worte (Z. 1168–69) können als Drohung interpretiert werden (wie es Octavio rückblickend tut, Z. 3783), den Geächteten zu töten, oder als Entschlossenheit, den Todeskandidaten vor Gericht zu bringen. Was Buttler auch immer damals im Sinn hatte, zu dem Zeitpunkt, da er Eger erreicht, denkt er nur noch an die letzte Alternative und drängt Gordon, ihm bei der Gefangennahme des Verräters behilflich zu sein (Z. 2500–02). Dann wird gemeldet, zwölf schwedische Regimenter würden in die Festung schon am nächsten Morgen einmarschieren und sie hätten die kaiserlichen Truppen, denen Wallensteins Person hätte anvertraut werden können, besiegt. Es wäre ein Verbrechen, ihn am Leben zu lassen und ihm so die Möglichkeit zu geben, sich an die Spitze einer kaiserfeindlichen Armee zu stellen, und diese „feindliche Zusammenkunft der Dinge" (Z. 2875) zwingt Buttler, statt der Gefangennahme den Mord zu planen. Selbst Gordon vermag keine Alternative anzubieten (Z. 2735–39). Schiller gelingt es hier, einen Konflikt darzustellen, bei dem es nicht um Recht und Unrecht geht, sondern um unversöhnliches Recht auf beiden Seiten. Gordon führt Gründe an, die den Mord als abscheuliche Tat hinstellen; Buttler präsentiert ihn als absolute Notwendigkeit. Beider Argumente bewegen uns, denn sie werden von zwingenden Beweisen gestützt. Da es keine Möglichkeit gibt, die gegensätzlichen Ansichten auf einen Nenner zu bringen, muß eine Wahl getroffen werden, und unter solchen Umständen kann ein Mensch, gleichgültig wie er sich entscheidet, nicht mit Recht ein Schurke genannt werden, obwohl das in jedem Fall ziemlich sicher geschieht – was Buttler nach der Ankunft Octavios auch erfahren muß.

Zum letztenmal erscheint das astrologische Motiv als Senis Warnung, die Sterne kündeten unmittelbar bevorstehende Gefahr von seiten falscher Freunde an (Z. 3604–05). Dies ist ein Mittel, das Schiller einsetzt, damit wir für Wallenstein fürchten. Die Tatsache, daß die goldene Kette entzweispringt (Z. 3530–34) und die Gräfin ihre Träume erzählt, hat dieselbe Funktion.[9] Noch einmal sehen wir den Helden ruhig und ohne allen Verdacht in einer gefährlichen Situation, wie damals, als er Illo sein Vertrauen zu Octavio erklärt. Daß sein Vertrauen nicht erschüttert ist, wird ein wenig früher durch seine Interpretation der „drei Monde" aufgezeigt, die für ihn den Sieg der lutherischen Sache bedeuten, womit er sich

[9] R. N. Linn betont in einer neueren Untersuchung der Bedeutung der goldenen Kette die Tatsache, daß Wallenstein sie selber zu einem Talisman gemacht hat, ebenso wie er selber die Form der Schicksalsoffenbarung, die ihm zuteil werden sollte, im voraus bestimmte. Vgl.: Wallenstein's third superstition, in: Monatshefte für deutschen Unterricht, LVIII (1966, 20.

jetzt identifiziert (Z. 2610–18). Dieses Vertrauen ist durchaus nicht
leichtfertig. Illo sagt:

> Der Fürst wird ehestens ein großes Heer
> Beisammen haben, alles drängt sich, strömt
> Herbei zum alten Ruhme seiner Fahnen.
>
> [Tod, 2801–03]

Gerade die Wahrheit dieser Bemerkung zwingt Buttler zum Mord.
Dryden bemerkt: „Wenn in unserer Seele Furcht um einen Charakter oder Hoffnung für einen anderen aufsteigen, dann stellt uns
Tragödie zufrieden."[10] Warum uns solche Dinge zufriedenstellen
sollen, ist nicht ohne weiteres verständlich, denn weder Furcht noch
Mitleid, traditionell mit der Tragödie verknüpft, sind unter gewöhnlichen Umständen angenehm. Wenn unsere Freunde in Gefahr
oder Not sind, können wir Angst um sie haben oder Mitleid für
sie empfinden, aber diese Erfahrung ist keine angenehme. Es muß
einen anderen Faktor geben, der ganz andere Wirkungen von der
Bühne aus hervorruft als in der Wirklichkeit.[11]

[10] "The grounds of criticism in tragedy", Einleitung zu Troilus and
Cressida, 1679, in: Of Dramatic Poetry and Other Critical Essays, ed.
G. Watson (London, 1962), I, 246.

[11] A. W. Schlegel erkannte diese Schwierigkeit. „Mitleid und Schrek-
ken", stellt er fest, sind „schmerzliche Empfindungen", und selbst wenn
Aristoteles mit Recht sagt, daß die Tragödie sie weckt, wäre es „noch
immer nicht erklärt, wie wir jene Wirkungen sogleich mit Wohlgefallen
spüren sollten" (Vorlesungen über dramatische Kunst und Literatur,
3. Ausg., hrsg. E. Böcking [Leipzig, 1846], I, 74). Schlegel führt unser
Vergnügen auf die Bewunderung zurück, die der Anblick einer mit ihren
Neigungen oder mit dem Schicksal heroisch kämpfenden Seele in uns aus-
löst. Er meint damit, daß wir die Zurschaustellung moralischer Stärke
ebenso bewundern wie die Kraft des Athleten oder den Mut des Gladia-
tors. Schiller hatte behauptet, daß wir uns an der Tragödie freuen, weil
das Verhalten des Helden uns erkennen läßt, daß wir unsere eigene
moralische Kraft immer durchsetzen können, und das gibt uns ein
berauschendes Gefühl unserer eigenen Macht. Aber Schiller hält nichtsdestoweniger an Mitleid und Schrecken als wesentlichen Bestandteilen der
Wirkung der Tragödie fest und bezeichnet solche „unangenehme[n]
Affekte" als „Zustände des Gemüts welche ... die Bedingungen ab-

Wallenstein bezieht natürlich das neue himmlische Omen, das Seni ankündigte, nicht auf seine neue Freundschaft mit den Schweden, sondern auf die Rückschläge, die er durch Octavio und andere Freunde erlitten hat. Er hat gute Gründe, die Interpretation, wie Seni und Gordon sie wünschen, abzulehnen – Gründe, die aufzeigen, daß sein Tod unvermeidlich ist. Vor den Schweden zu fliehen oder sich mit ihnen zu messen, käme jetzt einem Selbstmord gleich, denn der Kaiser hat ihn schon geächtet und kann niemals die Schwächung der kaiserlichen Truppen, Folge seines Abfalls, vergeben (Z. 3654–55).

Zusammenfassend läßt sich sagen, die „Gestirne" des Prologs verweisen auf die bedrängenden Verhältnisse, die Wallenstein, Max, Gordon und sogar Buttler zu einem Verhalten zwingen, wovor sie eigentlich zurückschrecken. In der Trilogie dienen die Sterne dazu, dem Helden Vertrauen zu seinen Unternehmungen einzuflößen, uns über seinen Charakter zu informieren (besonders über seinen Glauben an die eigene überlegene Urteilskraft), sie erfüllen uns mit Sorge um ihn und lassen uns schließlich seinen unausweichlichen Untergang erkennen. Ich stimme mit Breul darin überein, daß „Schiller nirgends die Absicht hat, die Sterne tatsächlich als Lenker des menschlichen Schicksals darzustellen... Das Stück schreitet auf der Basis der Realität voran, und keine übernatürliche Macht ist am Werk." [12] Breuls Behauptung (S. XXI), Wallensteins

---

geben, unter welchen allein gewisse Arten des Vergnügens für uns möglich sind". Er meint das Vergnügen, das „aus unserer moralischen Natur quillt". Er ist der Auffassung, daß jedes unangenehme Gefühl einen „Angriff auf unsre Sinnlichkeit" darstellt mit dem Ergebnis, daß unser „sittliches Vermögen zum Widerstand aufgefordert wird" (Über die tragische Kunst, in: Sämtliche Werke, XI, 157, 159–160, 167).

[12] Wallensteins Tod, ed. K. Breul (Cambridge, 1939), S. XXXVIII. Professor W. Witte stellt auch fest, daß „die Horoskope, die Wahrträume und alles okkulte Wissen einen rein subjektiven Wert haben. Sie haben keinen entscheidenden Einfluß auf seine [Wallensteins] Handlungen; sie dienen ganz einfach dazu, seinen mystischen Glauben an sich als den Herrn des Schicksals zu symbolisieren, seine *Hybris,* die die eigene Person zum Zentrum und Maß aller Dinge macht" (Wallensteins Tod, ed. W. Witte [Oxford, 1966], S. XXXIV). Vgl. dazu auch Karl Berger

Glaube an die Sterne fehle in Schillers Quellen, ist jedoch falsch. In seiner eigenen ›Geschichte des dreißigjährigen Krieges‹ berichtet Schiller selber, Wallenstein habe in den Versprechen, die Seni nach der Entlassung von 1630 aus den Sternen las, Trost gefunden, er habe Octavio vertrauen können, weil sie unter demselben Stern geboren seien, er sei überzeugt gewesen, sein Verrat werde von den Sternen begünstigt, und schließlich berichtet er von Sesins Warnung in Eger, daß seine Stunde der Gefahr noch nicht vorüber sei.[13] In Schillers Geschichtswerk wie in seinem Drama wird Wallenstein „voll Zuversicht auf seine glücklichen Sterne und noch mehr auf eine gründliche Berechnung der Zeitumstände" (Säkular-Ausgabe, XV, 124) dargestellt. Schiller fand es sehr schwierig, dem ersten dieser zwei Motive – „diese barocke Vorstellungsart" – poetische Würde zu geben (an Goethe, 7. April 1797), und er hätte es sicher nicht einmal versucht, es in sein Drama aufzunehmen, wäre es kein historisches Faktum gewesen.

(Schiller [München, 1921], II, 414): „Was er in den Sternen sucht, ist nichts anderes als Beglaubigung seines Herrscherwillens." Vgl. auch R. Marleyns Kritik an Kurt Mays Auffassung, „die Sterne symbolisierten eine göttliche Macht, die Wallenstein eine Nemesis auferlegt", während er einräumt, daß diese Macht „eine klägliche Rolle" spielt. Marleyn stellt mit Recht fest, daß „es natürlicher wäre, den Schluß zu ziehen, daß die Sterne *keine* göttliche Macht symbolisieren" (Marleyn), S. 190).
[13] Schiller, Säkular-Ausgabe, XV, 148; 357–58; 373.

Horst Hartmann, Wallenstein. Geschichte und Dichtung. Berlin 1969, Auszug: S. 83—96, 193—195. Mit Genehmigung des Volkseignen Verlages Volk und Wissen, Berlin (DDR).

WALLENSTEIN

Geschichte und Dichtung
(1969)

Von Horst Hartmann

Wallensteins subjektive Schuld und objektive Tragik

In diesem sozial wie moralisch bedenklichen Verhalten gegenüber Buttler liegt die *dritte* Ursache für Wallensteins Untergang und zugleich das Motiv für seine historische Schuld und für sein subjektives Versagen. Es erklärt sich daraus, daß sein — zunächst durchaus berechtigter und in der nationalen Zielsetzung progressiver — Ehrgeiz sich im Augenblick der Gefahr verselbständigt und auf egozentrische Ziele orientiert:

> ... Wenn ich nicht wirke mehr, bin ich vernichtet;
> Nicht Opfer, nicht Gefahren will ich scheun,
> Den letzten Schritt, den äußersten, zu meiden;
> Doch eh ich sinke in die Nichtigkeit,
> So klein aufhöre, der so groß begonnen,
> Eh mich die Welt mit jenen Elenden
> Verwechselt, die der Tag erschafft und stürzt,
> Eh spreche Welt und Nachwelt meinen Namen
> Mit Abscheu aus, und Friedland sei die Losung
> Für jede fluchenswerte Tat.   [Tod, 528—37]

Hier bekennt sich Wallenstein zum Kern seiner Natur: „Wenn ich nicht wirke mehr, bin ich vernichtet", und als Ziel seines Wirkungsdranges enthüllt sich die Macht, die für ihn nicht nur ein „realpolitischer Faktor" und Voraussetzung für die Verwirklichung seiner Ziele, sondern förmlich sein *„Lebenselement"* [1] ist. Natürlich ist

[1] Vgl. Willy Tschiedert, Der tragische Held in der marxistischen Ästhetik. Phil. Diss. Marburg 1964, S. 116.

dieses Wesenszentrum des Helden nicht nur eine individuelle Besonderheit, sondern in ihr wird seine eigene Gebundenheit an die
bestehende Feudalordnung deutlich [2], die ihn die böhmische Königskrone – jetzt mit Hilfe der Schweden – erstreben (vgl. Tod; I, 5)
und die Tochter als Pfand für die Erreichung höchster Ziele verwenden läßt:

> ›. . . Nein, sie ist mir ein langgespartes Kleinod,
> Die höchste, letzte Münze meines Schatzes,
> Nicht niedriger fürwahr gedenk ich sie
> Als um ein Königszepter loszuschlagen –
>   [Tod, 1531–34]

Dabei verfolgt Wallenstein die Realisierung seiner Ziele und die
Verwirklichung seines Wesens mit einer Intensität und einer unbe-
irrbaren Konsequenz, die ihn in die Nähe der Goethischen Faust-
gestalt rückt, wenngleich natürlich die Begrenztheit seiner Orientierung gegenüber Faust unverkennbar bleibt.[3] Auch Schillers Held
ist in der Wahl seiner Mittel nicht zaghaft, und in der äußersten
Not schreckt auch er nicht vor einem Teufelspakt – bei ihm das
Schwedenbündnis – zurück. Selbst äußerlich hat der Dichter manches unternommen, um Wrangel, den schwedischen Unterhändler,
in diesem Lichte erscheinen zu lassen;[4] um so mehr darf als gewiß
gelten, daß Schiller dieses Bündnis auch persönlich mißbilligte.

In der Wahl der Mittel gegenüber den Mitstreitern und Vertrauten wird auch die Kehrseite seines Herrschaftsanspruches und seiner
Führungsfähigkeiten erkennbar: Wallenstein degradiert den Menschen zum blinden Werkzeug seiner Pläne und beraubt ihn damit

---

[2] Auf diesen Zusammenhang weist auch Alexander Abusch hin (Wallenstein, in: Schiller – Größe und Tragik eines deutschen Genius, Berlin
1955, S. 249).

[3] Vgl. auch Willy Tschiedert, a. a. O., S. 123.

[4] Vgl. besonders die Antwort Terzkys auf die Frage Wallensteins nach
Wrangel:

> „Es war, als ob die Erd ihn eingeschluckt . .
> Ich glaub, es ist der Schwarze selbst gewesen.
> Ein Mensch kann nicht auf einmal so verschwinden."
>   [Tod; II, 3]

des in Schillers Augen höchsten Rechtes eines Menschen, seiner freien Willensentscheidung. Wie Marquis von Posa durch seine selbstherrlichen Entscheidungen an seinem königlichen Freund Don Carlos schuldig wird, so setzt sich der Held der Trilogie über das Glück seiner Tochter und seines jugendlichen Mitstreiters hinweg und sieht nur sich und seine Wünsche:

> ›... Sie ist das Einzige, was von mir nachbleibt
> Auf Erden, eine Krone will ich sehn
> Auf ihrem Haupte, oder will nicht leben ...‹
>
> [Tod, 1521–23]

Mit Recht erhebt deshalb Max gegen Wallenstein den Vorwurf:

> ... Gleichgültig
> Trittst du das Glück der Deinen in den Staub, ...
>
> [Tod, 2088/89],

und Buttler, dem der Feldherr besonders übel mitgespielt hat, gibt die zutreffende Charakteristik:

> ... Ein großer Rechenkünstler war der Fürst
> Von jeher, alles wußt er zu berechnen,
> Die Menschen wußt er, gleich des Brettspiels Steinen,
> Nach seinem Zweck zu setzen und zu schieben,
> Nicht Anstand nahm er, andrer Ehr und Würde
> Und guten Ruf zu würfeln und zu spielen ...
>
> [Tod, 2835–38]

In Buttlers Worten klingt das Motiv des „Rechners" an, das uns im Zusammenhang mit Wallensteins Stellung zur historischen Gesetzmäßigkeit wieder begegnen wird, und auch seine engsten Vertrauten beklagen mit Recht: „So hast du stets dein Spiel mit uns getrieben!" (Terzky in Piccolomini; II, 5).

Die Mittel, mit denen der Gegenspieler Wallensteins, Octavio Piccolomini, arbeitet, sind freilich nicht minder verwerflich. Da Octavio als Söldneroffizier, also als Angehöriger des Dienstadels, nur schlechte Erfahrungen mit den Menschen gemacht hat (vgl. Max zu seinem Vater, Tod; II, 7),[5] mißtraut er auch seinem Freund

---

[5] Vgl. auch das auf ähnlicher Basis erwachsene Mißtrauen Ferdinand von Walters gegenüber Luise.

und mißbraucht, da es ihm als Adligen keinesfalls als eine ver-
achtenswerte Verhaltensweise erscheint, das Vertrauen und die
Freundschaft Wallensteins (Piccolomini; I, 3). Es ist nicht die sentimentale Klage des betrogenen Betrügers, wenn der Held diesen
Verrat als widernatürlich bezeichnet (Tod; III, 9), und Wallenstein
spricht durchaus ehrliche Worte, wenn er gegenüber Max erklärt:

> ... Wär ich dem Ferdinand gewesen, was
> Octavio *mir* war – Ich hätte ihm nie
> Krieg angekündigt – nie hätt ichs vermocht.
> Er war mein strenger Herr nur, nicht mein Freund.
> Nicht meiner Treu vertraute sich der Kaiser.
> Krieg war schon zwischen mir und ihm, als er
> Den Feldherrnstab in meine Hände legte,
> Denn Krieg ist ewig zwischen List und Argwohn,
> Nur zwischen Glauben und Vertraun ist Friede.
> Wer das Vertraun vergiftet, o der mordet
> Das werdende Geschlecht im Leib der Mutter!
>
> [Tod, 2119–29]

Die letzten vier Verse drücken zweifellos unmittelbar Schillers
Überzeugung aus.[6] Damit wird deutlich, daß Octavios subjektive
Schuld im Vertrauensbruch am Freund liegt; er hat also gegen das
von der Klassik aus dem Sturm und Drang übernommene Freund-
schaftsideal und damit gegen die wertvollsten zwischenmenschlichen
Beziehungen, die der klassische Humanismus kennt, verstoßen.
Vergleicht man sein Vergehen mit dem Wallensteins, so wird offenbar, daß Octavio als Vertreter der kaiserlichen Partei im Sinne der
klassischen Ethik zumindest in gleicher Weise mit Schuld beladen
ist wie der Held.

Wenden wir uns wieder Wallenstein zu. Wir haben schon davon
gesprochen, daß die wertvolleren Teile der Armee ihn, veranlaßt
durch das beabsichtigte Schwedenbündnis, verlassen. Vielseitig wird
der Abfall der Armee motiviert: Auch die ausgesprochenen Söld-
nerhorden, soweit sie nicht gerade durch ihren Kommandeur ver-
wandtschaftlich mit dem Feldherrn verbunden sind, verlassen Wal-

---

[6] Vgl. auch S. 73 ff. dieses Kapitels. [Hier nicht abgedruckt, Anm.
d. Red.]

lenstein in dem Augenblick, in dem ihn der Erfolg verläßt, weil nur
der es ist, der sie an den Heerführer bindet. Das wird erschreckend
deutlich in dem Gespräch Buttlers mit seinen Hauptleuten:

> Deveroux:
> „Ists vorbei
> Mit seinem Glück?"
>
> Buttler:
> „Vorbei auf immerdar.
> Er ist so arm wie wir."
>
> Macdonald:
> „So arm wie wir?"
>
> Deveroux:
> „Ja, Macdonald, da muß man ihn verlassen!"
> [Tod, 3255–58]

Der Erfolg aber verläßt Wallenstein, weil er zögert, das in seiner
Situation Notwendige zu tun. Die Ursachen für das verderbliche
Zögern sind schon in anderen Zusammenhängen dargestellt worden
und brauchen hier nur noch einmal kurz zusammengefaßt zu werden. Einmal ist sich der Held durchaus der Tatsache bewußt, daß
seine Auflehnung gegen den Kaiser eine Rebellion gegen die bestehende Feudalordnung in Deutschland darstellt, von der er sich,
wie seine persönlichen Wünsche zeigen, selbst nicht konsequent zu
lösen vermag. Darüber hinaus aber fürchtet er bei seiner Rebellion
vor allem die Macht der historischen Tradition:

> ... Ein unsichtbarer Feind ists, den ich fürchte;
> Der in der Menschen Brust mir widersteht,
> Durch feige Furcht allein mir fürchterlich –
> Nicht was lebendig, kraftvoll sich verkündigt
> Ist das gefährlich Furchtbare. Das ganz
> Gemeine ists, das ewig Gestrige,
> Was immer war und immer wiederkehrt,
> Und morgen gilt, weils heute hat gegolten.
> Denn aus Gemeinem ist der Mensch gemacht,
> Und die Gewohnheit nennt er seine Amme.
> Weh dem, der an den würdig alten Hausrat

Ihm rührt, das teure Erbstück seiner Ahnen!
Das *Jahr* übt eine heiligende Kraft,
Was grau für Alter ist, das ist ihm göttlich.
Sei im Besitze und du wohnst im Recht,
Und heilig wirds die Menge dir bewahren ...
[Tod, 203–18][7]

Gegen diese objektiven Bedingungen und die Widerstände in sich
selbst muß Wallenstein mit unzulänglichen Mitteln antreten. Was
er von großen Teilen seiner Armee hält, haben wir oben schon
gehört, und wir sehen ihn damit in einer ähnlichen Lage, in der sich
auch Karl Moor nach der Befreiung Rollers (Die Räuber; II, 3)
befunden hat. Aber auch dem Bündnis mit den Schweden kann
Wallenstein nicht mit offenen Armen entgegengehen, muß er doch
mit Recht fürchten, daß seine neuen Verbündeten ihn gerade an der
Realisierung der nationalen Ziele hindern werden.[8] So kann sich
der Held nur sehr schwer entschließen, die entscheidenden Schritte
in der Auseinandersetzung mit dem Kaiser zu tun.

Lange zögert also Wallenstein und begnügt sich mit dem Wissen
um die *Möglichkeit* der Rebellion gegen den Kaiser (Piccolomini;
II, 5). Seine engsten Vertrauten bleiben, obgleich sie ständig bemüht
sind, ihn zur entscheidenden Aktion zu treiben, über seine wah-

---

[7] Diese Verse erinnern in manchem an die Worte Mephistos:
    „... Es erben sich Gesetz' und Rechte
    Wie eine ew'ge Krankheit fort,
    Sie schleppen von Geschlecht sich zum Geschlechte
    Und rücken sacht von Ort zu Ort ...“
    [Faust I; Verse 1792–1795]
Hohmann meint, daß diese und ähnliche Reflexionen des Helden Karl
Marx „besonders mit dem Blick auf die ›Wallenstein‹-Trilogie“ veran-
laßt hätten, das „Verwandeln von Individuen in bloße Sprachröhren des
Zeitgeistes“ zu rügen (Walter Hohmann, Grundfragen der marxistischen
›Wallenstein‹-Interpretation, in: Wissenschaftliche Zeitschrift des Pädago-
gischen Instituts Erfurt, Gesellschafts- und Sprachwissenschaftliche Reihe,
II, 1967, S. 91).

[8] Vgl. auch Edith Braemer und Ursula Wertheim, Einige Hauptprobleme in Schillers ›Wallenstein‹. In: Studien zur deutschen Klassik,
Berlin 1960, S. 195.

ren Absichten im unklaren und müssen schließlich erkennen, daß es
Wallensteins eigene Zweifel sind, die ihn die notwendige Tat immer
wieder aufschieben lassen:

> Wallenstein:
> „Die Zeit ist noch nicht da."
>
> Terzky:
> „So sagst du immer.
> Wann aber wird es Zeit sein?"
>
> Wallenstein:
> „Wenn ichs sage."
>
> Illo:
> „O! du wirst auf die Sternenstunde warten,
> Bis dir die irdische entflieht! Glaub mir,
> In deiner Brust sind deines Schicksals Sterne.
> Vertrauen zu dir selbst, Entschlossenheit
> Ist deine Venus! Der Maleficus,
> Der einzge, der dir schadet, ist der *Zweifel.*"
> [Picc., 958–65]

Als künstlerischer Ausdruck für das Zögern Wallensteins dient das
von Illo ausgesprochene astrologische Motiv. Bisweilen ist in der
marxistischen Literaturwissenschaft die Verwendung dieses künstlerischen Mittels durch Schiller als Mißgriff und Goethes Ratschlag
in dieser Frage als unglücklich bezeichnet worden.[9] Wir glauben
aber, daß aus der Bedeutung dieses Motivs neue Aspekte für die
Beurteilung des Helden gewonnen werden können. Wallensteins
Sternenglaube, von dem schon der Wachtmeister im ›Lager‹ spricht
(6. Szene), ist nicht nur ein historisches Kolorit, obwohl Schiller
auch auf diese Funktion des Motivs ausdrücklich verweist,[10] und er
ist nicht nur ein dramatisches Mittel zur Motivierung der Handlun-

---

[9] Vgl. z. B. Alexander Abusch, a. a. O., S. 248, und Hans-Dietrich
Dahnke, Geschichte der deutschen Literatur von 1789 bis 1806, Potsdam
1958, S. 170 f. Auch in der westdeutschen Literaturwissenschaft findet
sich die Abwertung des Gebrauchs der Astrologie als „Zaubermotiv". Vgl.
z. B. Werner Kohlschmidt, Geschichte der deutschen Literatur vom
Barock bis zur Klassik, Stuttgart 1965, S. 868.
[10] Vgl. seinen Brief an Goethe, 4. 12. 1798.

gen des Helden im zentralen Konflikt. Vor allem dient er dem
Dichter als künstlerisches Mittel zur Veranschaulichung der Stellung
Wallensteins zur historischen Gesetzmäßigkeit oder anders ausgedrückt: zum „Schicksal". Das gesetzmäßige Wandeln der Gestirne
dient Schiller als geschichtsphilosophische Aussageebene. Während
des Ablaufs der gesamten Handlung ringt der Feldherr mit den
objektiven Gegebenheiten und dem ihnen innewohnenden „Weltgeist", dessen Existenz er durchaus anerkennt:

> Es gibt keinen Zufall;
> Und was uns blindes Ohngefähr nur dünkt,
> Gerade das steigt aus den tiefsten Quellen . . .
>
> [943–45]

So ist ähnlich wie das „Dämonische" in Goethes ›Egmont‹ der
„Weltgeist" in Schillers Drama – in gleicher Weise wie die Soldaten und parallel zu ihnen – Mit- und Gegenspieler des Helden.
Es ist Wallensteins Überzeugung, daß es ihm als „Joviskind" gegeben ist, zu erkunden,

> . . . was geheimnisvoll bedeutend webt
> Und bildet in den Tiefen der Natur, – . . .
>
> [Picc., 976/77],

doch will er es erfassen, um seine eigenen Pläne trotz der objektiven
Gesetzmäßigkeiten unbeschadet verfolgen zu können[11]:

> . . . Auch des Menschen Tun
> Ist eine Aussaat von Verhängnissen,
> Gestreut in der Zukunft dunkles Land,
> Den Schicksalsmächten hoffend übergeben.
> Da tut es not, die Saatzeit zu erkunden,
> Die rechte Sternenstunde auszulesen, . . .
>
> [Picc., 989–94][12]

[11] Vgl. auch Herzog Alba in der Szene „Der Culenburgische Palast"
in Goethes ›Egmont‹: „. . . im Augenblick des Entscheidens bist du zwischen zwei Übel gestellt; wie in einen Lostopf greifst du in die dunkle
Zukunft: was du fassest, ist noch zugerollt, dir unbewußt, sei's Treffer
oder Fehler!"

[12] Die neueste bürgerliche Forschung eliminiert bei der Interpretation
von Wallensteins Sternenglauben noch immer den geschichtsphilosophi-

So offenbart sich der Sternenglaube als Versuch Wallensteins, das „Sollen" der Geschichte mit seinem eigenen „Wollen" in Übereinstimmung zu bringen,[13] dem „Schicksal" als die rechte „Sternenstunde" zur Verfolgung seiner Ziele abzulisten.[14] Dabei vertraut der Feldherr trotz zahlreicher Warnungen durch seine Anhänger der Astrologie bedingungslos (Tod; II, 3) und ist, der er selbst den „Weltgeist" betrügen wollte, am Ende der Betrogene.

Damit sind wir bei einem neuen wesentlichen Motiv der ›Wallenstein‹-Trilogie, dem Motiv des betrogenen Betrügers, des Rechners, der sich am Ende doch verrechnet. Dieses Motiv, eingebettet in den Motivkomplex Mißtrauen – Vertrauen, geht ebenfalls durch die ganze Trilogie und erscheint, da es eng mit dem zentralen Konflikt verknüpft ist, als eine Art Leitmotiv.[15] Schon in der ersten Szene des ›Lagers‹ klingt es bei dem Bauern an, der mit falschen Würfeln den Soldaten ein Teil der Beute wieder abzulisten hofft, die sie den Bauern geraubt haben; auch die Soldaten untereinander verkehren auf der Basis der List und des Betruges (Lager; 3. Szene). Was auf der untersten sozialen Ebene im kleinen gilt, tritt uns auf der Ebene der Generale im Dienste weitreichenderer Absichten wieder entgegen. Ob es dabei auf dem Bankett um die Klausel geht (Piccolomini; III, 1 und IV, 1–IV, 7), ob Thekla die zweckgerichtete Freundlichkeit der Gräfin Terzky durchschaut (Piccolomini; III, 5) oder ob Wallenstein sich von dem ihm zu Dank verpflichteten Isolani verlassen sieht (Tod; III, 8); immer

---

schen Bezug und ersetzt ihn durch einen metaphysischen. Vgl. z. B. Willy Tschiedert, der das astrologische Motiv als Symbol „für die Hybris und Verblendung des Helden, sich über die Grenzen der Menschheit hinwegsetzen und Gott gleich sein zu wollen", wertet (a. a. O., S. 147), und ähnlich auch Emil Staiger, Friedrich Schiller, Zürich 1967, S. 308.

[13] Vgl. Goethes Hinweis auf den Zusammenhang von „Sollen" und „Wollen" in der neueren Dramatik in seinem Aufsatz ›Shakespeare und kein Ende‹, Teil II, 1813.

[14] Tod; I, 1. Die Gräfin Terzky macht sich den Sternenglauben Wallensteins ebenfalls zunutze (Tod; I, 7).

[15] Vgl. auch Friedrich K. Blocher, Schillers ›Wallenstein‹ als dramatisches Gedicht. Phil. Diss. TH Stuttgart 1963, S. 77.

sind List und Betrug im Spiel. Aber „Falschheit" und „Hinterlist" treten nicht nur in Einzelaktionen und Nebenkonflikten auf, sondern sie beherrschen auch den zentralen Konflikt. Da das Programm beider Parteien unter Terzkys Maxime: „Denn nur vom Nutzen wird die Welt regiert" (Tod; I, 6) zu fassen ist, kennzeichnet diese Gesellschaftsordnung eine Atmosphäre des Mißtrauens. Schiller hat, der Auffassung Diderots folgend,[16] daß Begriffe nicht so gut wie Sprachbilder geeignet sind, Überzeugungen zum Ausdruck zu bringen, eine neue Qualität seiner Bildsprache erreicht, vielfältige Symbole eingesetzt, um die Welt des Betrugs und des Mißtrauens und das ihr entgegengesetzte Ideal des Vertrauens auch sprachlich greifbar zu gestalten. Brutale Vordergründigkeit, die das Unreelle des Planens schon auf die Zunge treten läßt, kennzeichnet vor allem die Sprache Illos. Wenn er seinem Partner, Graf Terzky, das Vorhaben mit der Klausel erläutert, zwingt er ihn mit heftiger Beredsamkeit und immer neuer Forderung unter seine Gedanken: „Gib acht!... Merkt wohl... Nun hört!... Hört nun weiter!..." (Piccolomini; III, 1), und seine Sprache wird von Verben wie „überreden" und „verführen" beherrscht. Terzky faßt in einem Vers zusammen, wie der Plan seines Spießgesellen zu werten ist, wenn er fragt, ob man die Generale an einen Eid binden könne, der ihnen „Durch Gaukelkunst betrüglich abgelistet" worden ist. Aber auch die Gegenpartei – und hier wird die Wertung Octavios durch Schiller auch sprachlich transparent – kennzeichnet die Unehrlichkeit ihres Intrigenspiels schon durch die Wahl der Worte, wenn vom „Kalkul" und großen „Spiel" die Rede ist (Tod; II, 4). Das Urteil über diese Welt, in der das Gesetz des Dschungels herrscht, spricht das junge Liebespaar, Thekla und Max. „Trau ihnen nicht" sind die Worte, mit denen Thekla die Bühne betritt (Piccolomini; III, 5), und sie gibt als Ursache für ihre Warnung an: „Sie haben einen Zweck." Das zweckgerichtete, auf den Nutzen orientierte Denken und Planen wird von Schiller als Ursache des die Welt beherr-

---

[16] Schiller hat im Dezember 1796 Diderots ›Essai sur la peinture‹ gelesen und verweist in Briefen an Goethe (12. 12. 1796) und Körner (27. 12. 1796) darauf, daß diese Arbeit „ebenso Fingerzeige für den Dichter als den Maler" (an Goethe, 12. 12. 1796) enthält.

schenden Mißtrauens gekennzeichnet, und Vertrauen und Wahrheit gibt es nur bei den reinen, in diesem Augenblick ganz ihrer
Liebe lebenden jungen Menschen, denen in dieser Lage als Lösung
erscheint:

> ... Laß nicht zuviel uns an die Menschen glauben, ...
> und uns
> Im übrigen – auf unser Herz verlassen.
>
> [Picc., 1716–20][17]

Aber auf die Dauer können auch sie sich nicht den ihre Welt beherrschenden Konflikten entziehen. Visionär nimmt Thekla in ihrem
Lied schon das Ende ihrer Liebe voraus: „Das Herz ist gestorben,
die Welt ist leer ..." (Piccolomini; III, 7); die Welt des Mißtrauens
wird auch ihre Welt der reinen Herzen zerstören.[18]

Ein sprachliches Bild Schillers ist in diesem Zusammenhang von
besonderem Interesse: die Gegenüberstellung des „krummen" und
des „geraden" Weges als Symbole für List und Betrug auf der einen
und Treue und Ehrlichkeit auf der anderen Seite. Bezeichnend ist
es, daß Schiller gerade Octavios „Weg der Ordnung" (Piccolomini;
I, 4) als einen Weg des „Krümmens" bezeichnet, von dem sich Max
mehrfach mit Nachdruck distanziert,[19] während zum Beispiel Buttler auch dadurch menschlich aufgewertet wird, daß er dem zweifelhaften Plan von Illo und Terzky nicht aus „Wankelsinn", sondern
gerade aus Treue zu seiner Überzeugung folgt:

---

[17] In diesen Gegenüberstellungen werden am stärksten Gedanken zur
Antinomie Realist – Idealist aus der Schrift ›Über naive und sentimentalische Dichtung‹, 1796, rezipiert.

[18] Die Arbeit von Friedrich K. Blocher, a. a. O., enthält zu diesem
Problem wertvolle Hinweise.

[19] Vgl. Piccolomini; V, 3, und Tod; II, 7. Vgl. den Hinweis auf
diesen Aspekt bei I. G. Daemmrich, Diderot and Schiller. Parallels in
Literary Pictoralism. In: Comparative Literature, Spring 1967, Nr. 2,
S. 128. Dagegen muß der Auffassung Wolfgang Wittkowskis, daß dieses
Urteil des Max ungerecht sei (Octavio Piccolomini. Zur Schaffensweise
des ›Wallenstein‹-Dichters. In: Jahrbuch der Deutschen Schillergesellschaft
1961, S. 34), widersprochen werden.

Ihr werdet, hoff ich, selber nicht erwarten,
Daß euer Spiel mein grades Urteil krümmt.
[Picc., 1986/87][20]

Auch hieraus erklärt sich, warum seine Enttäuschung so folgen-
schwer gegen Wallenstein gerichtet sein muß. Es ist aber nicht nur
Octavio, der sein „wahres Herz" vor dem Feldherrn verbirgt (Piccolomini; I, 3), und sich seinem Sohn gegenüber zur List bekennt
(Piccolomini; V, 1), so daß Wallenstein mit Recht klagen kann:

... dies falsche Herz
Bringt Lug und Trug in den wahrhaftgen Himmel ...
[Tod, 1670/71],

sondern mit gewissem Recht müßte der Held diesen Vorwurf auch
gegen sich selbst richten. Sein Kampf gegen den Kaiser, seine Bemühungen um die Bündnispartner, seine Methode, Buttler an sich
zu ketten, jeder Schritt also, den er zur Vorbereitung und bei der
Durchführung seiner großen Auseinandersetzung mit dem Kaiser
geht, ist Beweis dafür, daß er selbst sich der gleichen Mittel bedient
wie seine Gegner. Eben weil Wallenstein das Vertrauen des Max
Piccolomini,

... er ist wahrhaft,
Ist unverstellt und haßt die krummen Wege,
Er ist so gut, so edel –
[Picc., 1700–02]

nicht rechtfertigt, muß man das Bild, das der Kapuziner in seiner
Schmährede verwendet, in dem er die Abneigung des Feldherrn
gegen das Krähen der Hähne mit dem Verrat des Petrus in Zusammenhang bringt (Lager; 8. Szene), als zutreffend anerkennen
und die tödliche List Buttlers gegen Wallenstein als Folge seines
Verrats und damit seiner eigenen Schuld bezeichnen. Trotzdem darf
man nicht übersehen, daß der Held auch deshalb zögert, seinen Plan
auszuführen, weil er die Bedenklichkeit von „Falschheit" und „Hin-

---

[20] Auch diese Aufwertung Buttlers hat Walter Hohmann, Grundfragen der marxistischen ›Wallenstein‹-Interpretation. In: Wiss. Zeitschr.
d. Pädagog. Instituts Erfurt, Gesellsch.- und Sprachw. Reihe, Teil I
1966, Teil II 1967, S. 90, übersehen.

terlist" kennt und sich – im Gegensatz zu seinem Gegenspieler –
ein Empfinden für den Wert der Treue bewahrt hat:

> Die Treue, sag ich euch,
> Ist jedem Menschen wie der nächste Blutsfreund,
> Als ihren Rächer fühlt er sich geboren. . . .
>
> [Tod, 424/26] [21]

So vollzieht Schiller besonders im Rahmen dieses Leitmotives die
moralische Wertung seiner Gestalten und der Parteien im zentralen
Konflikt, wobei seine bedeutende Leistung darin besteht, daß er das
Motiv nicht zeitlos als eine allgemein menschliche Schwäche darstellt, bei der mehr oder weniger zufällig derjenige Sieger bleibt,
der besser zu betrügen versteht, sondern daß er den Betrug als
Grundlage der menschlichen Beziehungen historisch konkret als
Folge der objektiven Umstände dieser Zeit zu gestalten weiß.
Wallenstein geht deshalb auch nicht daran zugrunde, daß er sich
dieser Mittel bedient, sondern weil er mit seiner List gegen objektive Gesetzmäßigkeiten vorzugehen sucht. Hiermit gibt Schiller
die geschichtsphilosophische Verallgemeinerung für die Ursachen,
die zu Wallensteins Scheitern führen: das „Sollen" ist stärker als
das „Wollen".

Wallenstein vermag aus eigenem Antrieb auf Grund der oben
genannten Ursachen seine Unentschlossenheit nicht zu überwinden.
Zwar können sich seine Vertrauten Terzky und Illo, die ihn aus
eigenem Interesse vorwärtszutreiben suchen (vgl. Piccolomini;
III, 1 und Tod; I, 7), auch auf seinen Charakter stützen (vgl. insbesondere die schon zitierten Worte Wallensteins in Tod; I, 7), doch
sind es in erster Linie die Gegenaktionen seiner Feinde und die
objektiven Umstände, die den Feldherrn zum Handeln zwingen.
Max erkennt diese Situation seines väterlichen Freundes:

> . . . Ihr werdet ihn durch eure Staatskunst noch
> Zu einem Schritte treiben – Ja, ihr könntet ihn,
> Weil ihr ihn schuldig *wollt,* noch schuldig *machen.*
>
> [Picc., 2633–35]

[21] Reinhard Buchwald kommentiert diese Textstelle mit der Bemerkung: „Ein Held des reifen Schiller kann kein absoluter Immoralist
sein" (Schaffensstufen, S. 261).

Wallenstein selbst empfindet, als ihm die Nachricht von seiner bevorstehenden zweiten Absetzung übermittelt wird, qualvoll:

> O! sie zwingen mich, sie stoßen
> Gewaltsam, wider meinen Willen, mich hinein.
>
> [Picc., 701/02]

Den Ausschlag aber gibt die Gefangennahme des Unterhändlers
Sesin durch die kaiserliche Partei. Wenn auch Wallenstein beteuert:

> ... Es war nicht
> Mein Ernst, beschloßne Sache war es nie ...
>
> [Tod, 146/47]

so schätzt doch Illo die Lage realistisch ein:

> Denkst du deinen Frieden
> Nun noch zu machen mit dem Kaiser, sein
> Vertraun zurückzurufen? Wär es auch,
> Du wolltest allen Plänen jetzt entsagen,
> Man weiß, was du gewollt hast. Vorwärts mußt du,
> Denn rückwärts kannst du nun nicht mehr.
>
> [Tod, 54–59]

Es ist – und das entspricht Schillers neuer Tragikauffassung [22] –
also eine gewisse Selbständigkeit der Umstände, die, verbunden mit
seinem Charakter, den Helden zwingt, den entscheidenden Schritt
zum Bund mit den Schweden zu tun. Ursachen und Anlässe für
Wallensteins Taten sind also vor allem die objektiven Umstände;
darauf weist Schiller schon in seinem ›Prolog‹ hin:

> ... Sie [die Kunst, H. H.] sieht den Menschen in des
> Lebens Drang
> Und wälzt die größere Hälfte seiner Schuld
> Den unglückseligen Gestirnen zu ... [23]
>
> [Prolog, 108–110]

[22] Vgl. z. B. Schillers Brief an Goethe, 2. 10. 1797.
[23] Hier hat sich bis zur Endfassung im Ansatz Schillers Auffassung
von 1792 erhalten, daß Wallensteins Untergang als der unglückliche
Ausgang der Notwehr eines „Unschuldigen" zu werten sei.

Diese relative Selbständigkeit der Umstände weist – wie eingangs schon betont worden ist – auf ein mit dem geschichtsphilosophischen Aspekt des Sollens und Wollens eng verknüpftes weltanschauliches Problem der Trilogie hin, auf das Verhältnis des geschichtlich handelnden Menschen zu den sein Handeln bestimmenden Umständen oder anders ausgedrückt: auf die Problematik von Freiheit und Notwendigkeit. Dabei zeigt Schiller allerdings, daß der Held in doppelter Hinsicht unfrei ist; objektiv durch seine Abhängigkeit von den Umständen, subjektiv durch die Besonderheiten seines Charakters, so daß auch hier wieder objektive Tragik und subjektive Schuld dicht beieinanderliegen.

Als aber Wallenstein, durch die Umstände gezwungen, das Bündnis mit den Schweden eingegangen und als Folge davon das Unglück über ihn hereingebrochen ist, als Octavios Verrat bekannt wird, die Regimenter von ihm abfallen und er selbst mit seinen Getreuen geächtet ist, da beweist sich der Charakter des Helden in seiner ganzen Größe.[24] Alle Unentschlossenheit fällt von ihm ab, und mit unerschütterlichem Mut nimmt er zum drittenmal das Wagnis auf, eine militärische Macht aus dem Boden zu stampfen, denn er weiß aus der Erfahrung der Vergangenheit:

... Nacht muß es sein, wo Friedlands Sterne strahlen ...
[Tod, 1743] [25]

Schiller hat zusätzlich durch mehrere Regieanweisungen die Entschlossenheit des Helden zum Ausdruck gebracht, den Kampf erneut aufzunehmen. Als die Nachricht vom Verlust Prags eintrifft, zeigen zwar Terzky und Illo „Schrecken und Wut", aber „Wallenstein bleibt fest und gefaßt stehen" (Tod; III, 10), und bald darauf erscheint er „im Harnisch", um, aus seiner Vergangenheit selbst

[24] Schillers Auffassung vom „großen Charakter" des Feldherrn, im Zusammenhang mit seiner Theorie vom Erhabenen 1792/93 entwickelt, bestimmt vor allem die Gestaltung des Helden in der letzten Phase der Dramenhandlung.
[25] Vgl. die ähnliche Deutung der Textstelle bei Hellmuth Barnasch, Die Charakteristik Wallenstein als unterrichtliche Aufgabe. In: Deutschunterricht, Heft 4/1955, S. 201.

Kraft schöpfend, auch seinen Freunden Mut zuzusprechen (Tod; III, 13).

So wird das Bedeutende in Wallensteins Charakter gerade in dem Augenblick besonders erkennbar, in dem sich sein Scheitern abzuzeichnen beginnt. Damit werden aber die Sympathien der Zuschauer verstärkt auf den Helden konzentriert, und die Wirkung des Tragödienschlusses wird gesteigert.

Hier kommen wir nun zur Wertung von Wallensteins Untergang und zur Beantwortung der Frage, ob der Held ein tragisches Ende findet. Schiller selbst hat im Hinblick auf seine ›Wallenstein‹-Dichtung mehrfach von einer „tragischen Fabel" gesprochen,[26] und die Mehrzahl der Verfasser marxistischer Arbeiten zur Trilogie stimmen ihm darin zu.[27] Fassen wir unsere eigenen bisherigen Ergebnisse zusammen, so ergibt sich folgendes Bild: die objektiven historischen Bedingungen im Deutschland des 17. Jahrhunderts, vor allem das Fehlen eines geschlossenen Bürgertums und einer territorialen Basis, zwingen Wallenstein, seine nationalen Ziele gegen die Hausmachtpolitik des Kaisers mit einer zum großen Teil volksfeindlichen und nationalem Wollen völlig verständnislos gegenüberstehenden Armee und dem antinationalen Schwedenbündnis zu verfolgen. Hier liegen die objektiven Ursachen, die zum Scheitern des Helden führen und seinen Untergang als tragisch erscheinen lassen.[28] Darüber hinaus wirken auf den Mißerfolg seiner Unter-

---

[26] Vgl. die Briefe Schillers an Goethe vom 18. 11. 1796 und vom 2. 10. 1797.

[27] Vgl. Alexander Abusch, a. a. O., S. 232; Hans-Jürgen Geerdts, Theorie und Praxis in Schillers Schaffen, dargestellt am ›Wallenstein‹. In: Weimarer Beiträge, Sonderheft 1959, S. 60; Karl-Heinz Hahn, Die Bewertung der historischen Rolle Wallensteins durch Schiller. In: Weimarer Beiträge, Sonderheft 1959, S. 205; Hans-Günther Thalheim, Volk und Held in den Dramen Schillers. In: Weimarer Beiträge, Sonderheft 1959, S. 25; Siegfried Streller, Entwurf und Gestaltung in Schillers ›Wallenstein‹. In: Weimarer Beiträge, Heft II/1960, S. 234.

[28] Willy Tschiedert ist allerdings der Meinung, bei der Frage nach dem tragischen Helden „scheiden gesellschaftliche Elemente aus. Alle Linien führen vielmehr zu seiner Forderung an das Schicksal nach dem Unbedingten, nach vollkommener Lebenserfüllung durch absolute Machtvoll-

nehmungen die letztlich nicht überwundene Bindung an die bestehende Feudalordnung und der Versuch ein, seine Ziele trotz
dieser Divergenz zwischen den objektiv historischen Notwendig-
keiten und seinem persönlichen Wollen zu verwirklichen. Hier liegen die subjektiven Ursachen für sein Scheitern, die wir als seine
Schuld bezeichnen können.[29] Da aber auch die subjektive Schuld
Wallensteins, wie das bei den tragischen Helden Schillers gewöhnlich der Fall ist, in objektiven Bedingungen wurzelt, sollten wir
besser von einem widersprüchlichen Charakter der Tragik bei Wallenstein sprechen. Mit seiner nationalen Zielsetzung eilt er den
objektiven Möglichkeiten zu ihrer Realisierung voraus, mit seiner
Traditionsgebundenheit und vor allem mit seiner egozentrischen
Begrenzung der Wünsche auf seine Person bleibt er hinter den sozialen Erfordernissen seiner Zeit – speziell aus der Sicht des 18. Jahrhunderts zurück.

So ist Wallenstein trotz seiner Widersprüche ein echter tragischer
Held, dessen Untergang so bedauerlich wie historisch notwendig
war. Wir betonen dieses Urteil so, weil eine Überbewertung des
subjektiven Schuldanteils und eine Ignorierung der objektiven Wurzeln des schuldhaften Verhaltens notwendigerweise zur Wertung
Wallensteins als Verbrecher oder „politischer Glücksritter"[30] führen muß, was der dialektischen Vielschichtigkeit der Gestalt des
Helden keineswegs entspricht.

kommenheit, kurz nach gottähnlicher Gewalt" (a. a. O., S. 159). Walter
Hohmann folgt zwar nicht dieser metaphysischen Interpretation der
Tragik, vertritt aber auch die Auffassung, daß sich zum Ende der
Trilogie „der politische Gehalt des Werkes" verliere und an seine Stelle
der moralische Aspekt trete (a. a. O., S. 83 ff.).

[29] Auch Hans Jürgen Geerdts spricht in dem Zusammenhang von
Wallensteins „Verschuldung" (a. a. O., S. 60).

[30] Paul Reimann, Hauptströmungen der deutschen Literatur 1750 bis
1848, Berlin 1956, S. 417.

Schiller/Heyme. Wallenstein. Regiebuch der Kölner Inszenierung. Hrsg. v. Volker Canaris. Frankfurt am Main: edition suhrkamp 1970, S. 192—196. Zuerst abgedruckt in: Frankfurter Allgemeine Zeitung vom 14. 11. 1969.

DER KRIEG, DER DEN KRIEG ERNÄHRT
(1969)

Von Hans Schwab-Felisch

Ein Abend, daß es einem den Atem verschlägt. Der gesamte ›Wallenstein‹ in dreieinhalb Stunden; ein halsbrecherisches Unternehmen, eine Radikalkur an der Trilogie. Heyme ist sie geglückt. Voraussetzung hierfür war eine neue Sicht auf das Drama und ihre konsequente dramaturgische Transformation. Beides hat Heyme geleistet. Was ihm gelang, ist die Vergegenwärtigung des wunderbaren Stücks. Seine Fassung und die Inszenierung sind wie aus einem Guß; modern, doch nie modisch, radikal und rabiat, aber völlig integer in den künstlerischen und geistigen Mitteln. Nirgendwo Firlefanz. Was hat Heyme gemacht? Zunächst verbündete er sich in der Deutung des Wallenstein mit dem Historiker Schiller. Das war die Grundentscheidung. Ohne sie hätte sein Versuch, die Trilogie für einen Abend zu raffen, scheitern müssen. Schallas Inszenierung vor eineinhalb Jahren (F.A.Z. vom 24. 4. 68) hat das klar erwiesen. Sie orientierte sich an Schillers eigener, gekürzter Fassung von 1802, die auf etwa vier Stunden Spieldauer berechnet ist. Sie nimmt dem ›Wallenstein‹ etwas, ohne ihm etwas dafür zu geben, kann deshalb auch nicht überzeugen. Schalla inszenierte zwar gegen den Strich der in ihr erhaltenen „schönen Idealität". Doch ist sie stärker, auch in dieser Kurzfassung, als jeder noch so angestrengte Aktivismus auf der Bühne. Nur fehlt ihr dann etwas, was sie braucht: Ausführlichkeit. Wer „Idealität" will, bleibe beim ›Wallenstein‹ für zwei Abende. Auch diese Frage hat Heyme jetzt geklärt.

Da ihm nichts daran gelegen war, die Idealität des „dramatisch großen Charakters" nachzuzeichnen, hielt er sich an einen anderen Satz Schillers über den Herzog – aus demselben, im Programmheft abgedruckten Brief an Humboldt: „Seine Unternehmung ist moralisch schlecht, und sie verunglückt physisch. Er ist im einzelnen nie groß, und im Ganzen kommt er um seinen Zweck. Er berechnet alles auf Wirkung, und diese mißlingt." Heymes Wallenstein kennt nur die Macht. Er greift weniger zu den Sternen als nach der Königskrone. Nicht er steht im Mittelpunkt, sondern das, was er mit seinem Ehrgeiz bewirkt. „Der Krieg ernährt den Krieg" – ein zentraler Satz in dieser Perspektive.

Von da her die zweite, grandiose Entscheidung Heymes. Die dramaturgische Einheit des ›Lagers‹ wird aufgelöst. Knappe Szenen daraus immer wieder als Einschübe, die die fortlaufende Handlung unterbrechen und drastisch vor Augen führen, worum es eigentlich geht: um den Krieg und um das Volk, das unter ihm leidet. Das wird schon am Anfang unmißverständlich klargemacht. Die Bühne (Klaus Weiffenbach) ist schwarz ausgeschlagen, die Spielfläche randvoll mit zertrümmertem Kriegsmaterial bedeckt. Darüber eine Baterie zylindrischer Scheinwerfer, die sie in grelles Licht taucht. Der Saal ist noch hell, während ein Uniformierter inmitten der Trümmer Teile des Prologs spricht. Kaum hat er den Satz gesprochen: „Ernst ist das Leben, heiter ist die Kunst", setzt ein ohrenbetäubender Lärm ein; es ist für kurze Zeit dunkel geworden, dann, bei erleuchteter Bühne, räumen Reisige die Trümmer nach hinten. Die mit einem Gitterrost belegte Spielfläche wird frei für einen Haufen Soldaten, einige tragen Stöcke mit aufgespießten Totenschädeln. Vorn in der Mitte der Kapuziner, ein Kreuz hochhaltend. Während er beginnt: „Es ist eine Zeit der Tränen und Not", jammert der zerlumpte, mit allerlei Gerät beladene Haufe sein „Jesus! Maria!".

Ein Einstieg von unerhörter Kraft. Von ihm aus wird sofort zur ersten ›Piccolomini‹-Szene übergeleitet; das Ordnungsprinzip der Heymeschen Fassung ist nach wenigen Minuten Spieldauer durchsichtig. Er hat das „dramatische Gedicht" in knapp 40 Auftritte geteilt, die Einzelszenen meist stark verkürzt, einige werden nur angespielt. Auch die Dialoge sind in sich behauen; der Verscharakter bleibt zwar bestehen, oft aber werden Zeilen zusammengezogen, Überflüssiges fällt weg. So ergibt sich eine aufgerauhte Sprache, die „Geflügelten Worte" verstecken sich hinter einem modernen Duktus, der sie nicht mehr herausfallen läßt. Viele Nebenfiguren sind gestrichen. Einige bleiben mit Bruchstücken ihres Textes, die von an-

deren gesprochen werden, nicht mehr als Person, wohl aber als
Meinungsfarbe erhalten. Zwar ist Heyme nicht so weit gegangen
wie Oliver Storz, dessen Fernsehfassung ein reines Männerstück
war. Aber selbst die Gräfin Terzky fiel seinem Rotstift zum Opfer;
seltsam, man vermißt sie nicht. Nur die Herzogin Friedland und
Thekla treten auf. Welch ein Einfall, ihr den Bericht des schwedischen Hauptmanns vom Tode Max Piccolominis in den Mund zu
legen. Elke Petri, die ihn, zunächst nach antikem Muster, monoton
vor sich hin spricht, dann, dem Wahnsinn nahe, in einem großen
Aufschrei zusammenbricht, hat hier ihren darstellerischen Höhepunkt. Antigone und Ophelia sind nahe.

Die kurzen Umbauphasen füllt Heyme mit Projektionstexten,
die sind Schillers Schriften, vor allem dem ›Dreißigjährigen Krieg‹,
einem Brief Goethes an Schiller und der ›Wallenstein‹-Biographie
von Hellmut Diwald entnommen. Sie geben Auskunft über die
religiösen Hintergründe des Krieges, seinen politischen und militärischen Verlauf, die ökonomischen und sozialen Verhältnisse. Daneben, durchgehalten vom Anfang bis zum Ende, dröhnende
Marschtritte, Kriegsgeräusche und das enervierende Quietschen von
Panzerketten: Auch so schafft Heyme Gegenwart, die mit anderen
äußerlichen Mitteln heraufzubeschwören er nicht nötig hat. Sie ist
einfach da; nicht minder, wie die in Heymes Grundfrage nach den
Mechanismen der Macht aufgehobene Vergangenheit. Der gedank-
liche Bogen verbindet mühelos die Jahrhunderte.

Wallenstein ist in dieser Inszenierung kein Zögerer, kein Grübler.
Er will die Macht, und als sie ihm entgleitet, ist er auf nichts anderes
bedacht, als sie zu erhalten. Seinen Pappenheimern erlaubt er nicht,
sich ihm zu nähern. Er macht sie nicht zu Kumpanen, sondern
steht ihnen, die stramm aufmarschiert sind, als einzelner gegenüber.
Dennoch ist dieser Wallenstein eine komplizierte Figur geblieben.
Nur reflektiert er nicht im Hinblick auf das Ewige oder die Sterne,
sondern auf die konkrete Lage. Seine Gedankenwelt ist säkulari-
siert. Der „Mann des Schicksals" befragt die Astrologie nicht, weil
er an sie glaubte, sondern weil er sie sich zu Diensten machen will.
Sie ist für ihn ein rationales Auskunftsmittel. Seine väterliche Liebe
zu Max findet ihre Grenzen, wenn es um die Hausmacht geht, sein
Werben um Thekla zeigt seine menschliche Achillesferse. Er ist ein

gichtiger Mann mit verbundenen Händen. Vor seinem letzten Gang zum Ruhelager hängt er, eingehüllt in Tücher, an einem Gestell, hinfällig, auch körperlich bereits ein Wrack. Karl-Heinz Pelser zeigte eine ungeheure und differenzierte Energieleistung. Ähnlichkeit in der Maske war erst gar nicht angestrebt: Pelsers Wallenstein ist der ewige Condottiere-Typ, intelligent, rücksichtslos; herrisch im Sieg, weinerlich in der Niederlage, kämpfend bis fünf Minuten nach zwölf.

Das Verhältnis Vater–Sohn der Piccolomini ist frei von idealistischer Schwärmerei. Die Auseinandersetzungen kennzeichnen den Bruch der Generationen; sie werden intellektuell geführt, wenn auch nicht ohne inneres Engagement. Max ist kein stürmischer Schiller-Jüngling, sondern ein verzweifelter junger Mann, der keinen Ausweg mehr sieht. Arnfried Lerche verlieh ihm, nicht immer ganz Herr seiner Mittel, immerhin ein anrührendes Profil. Hans Schulzes Octavio, ein Glatzkopf, ist eine beherrschende Gestalt der Inszenierung. Er ist der kühle, intellektuell gezügelte Gegenspieler, der Technokrat, nicht minder ehrgeizig als Wallenstein selbst – nur auf Sparflamme. Bei der großen Beratungsszene mit Questenberg (Willy Reichmann), deren Arrangement an das Abendmahl erinnert, sitzt er, ein anderer Judas, den Wallenstein belauernd, neben seinem Feldherrn. In der Schlußszene enthüllt Heyme, daß sich in seiner Gestalt nur eine Verlagerung der Machtkonzentration vollzogen hat. Der Briefübergabe an den „Fürsten" folgt erst ein ironisch-zorniges „Was?" von Buttler (den Wolfgang Robert zu einem runden Charakter macht); dann spricht Gordon (Hans Günther Müller), einer früheren Variante Schillers folgend, den Vers: „Durch den das Volk sich Frieden hofft." Octavio antwortet so, daß jeder weiß: Der Krieg geht weiter.

Eine schwer auszuschöpfende Inszenierung. Hervorragend, wie Heyme die Marschblöcke der Soldateska in den Zwischenspielen führt und variiert, wie er dem einzelnen in ihnen eine Rolle zuweist. Seine Wortregie ist ebenso bis ins letzte durchdacht wie die Auftritte, das Stellungsspiel. Die Lautstärke, bisweilen übertrieben, ist ein bewußtes Stilmittel. Der Krieg soll auf die Nerven gehen, und er geht auf die Nerven.

So kann man heute Schiller spielen. Er ist wie neu. Man hört wieder hin und entdeckt Dimensionen, die sonst leicht vom allzu Bekannten verschüttet werden. Sicher, manche Nuancen des Stücks sind dieser Operation geopfert worden. Es ist kein Wenn-und-aber-Stück mehr. Heyme hat an ihm nicht herumgedeutet, er hat sich für eine Deutung entschieden. Was dem Stück an Breite verlorenging, hat es an Intensität gewonnen. Fragwürdig mag die Fülle der Textprojektionen sein; einige sind überflüssig. Aber angesichts der intellektuellen und künstlerischen Gesamtleistung, die Heyme und das Ensemble erbracht haben, zählen solche Einzelheiten kaum. Die Bearbeitung folgt einer anderen, modernen, den Klassiker rettenden Auffassung des Begriffs „Werktreue", der sonst oft nichts ist als ein anderes Wort für Bequemlichkeit. Heyme ist unbequem. Dies ist sein erster großer und richtungweisender Erfolg in Köln. Mit Recht wurde Bravo gerufen.

Jahrbuch der Deutschen Schillergesellschaft XIV (1970), S. 323—346.

WALLENSTEINS LAGER

Schiller als Dichter und Theoretiker der Komödie [1]
(1970)

Von GERHARD KAISER

„Ernst ist das Leben, heiter ist die Kunst." Die Schlußsentenz im Prolog zu ›Wallensteins Lager‹ meint nicht nur diesen dramatischen Eingang zu den ›Piccolomini‹ und ›Wallensteins Tod‹, sondern ganz allgemein das „heitre Reich der Kunst". Sie steht kühn auch über einem tragischen Ablauf, der in die trübe Flut einer nur sich selbst meinenden Geschichtlichkeit zu münden scheint. Und doch: wenn das Wort berechtigt ist, hat es seinen festesten Grund im ersten Teil der Trilogie, denn ›Wallensteins Lager‹ zeigt nicht nur, wie Schiller am 28. November 1796 an Körner schrieb, „die Base worauf Wallenstein seine Unternehmung gründet, ... die Armee" [2]; es gibt zugleich die Basis der Idee, die noch den düster-banalen Tragödienausgang trägt mit der Heiterkeit und Leichtigkeit der Komödie, so daß die zunächst lediglich praktische Dreigliederung der dramatischen Masse zugleich die Gattungsmöglichkeiten des Dramas − Komödie, Schauspiel, Tragödie − ausschreitet. ›Wallensteins Lager‹ ist die einzige große Komödie Schillers; Goethe sagt von ihr: „Das erste Stück [der Trilogie] ... könnte man unter der Rubrik eines Lust- und Lärmspieles ankündigen." [3]

---

[1] Erweiterte und überarbeitete Fassung eines am 22. XI. 1968 vor der Wissenschaftlichen Gesellschaft in Freiburg i. Br. gehaltenen Vortrags. Für den Zusammenhang, in dem die Thesen stehen und aus dem sie sich begründen, s. G. K., Vergötterung und Tod. Die thematische Einheit von Schillers Werk, Stuttgart 1967 (= Dichtung und Erkenntnis 3).

[2] Schillers Briefe, hrsg. v. Fritz Jonas, Bd. 5, Stuttgart, Leipzig, Berlin, Wien o. J., S. 121.

[3] Goethe, Weimarischer Neudecorirter Theatersaal. Dramatische Be-

Herrschaft und Freiheit, der Menschheit große Gegenstände, benennt der ›Wallenstein‹-Prolog als Thema der geschichtlichen Gegenwart und einer dramatischen Kunst, die sich unterfängt, ihr ebenbürtig zu sein.[4] Sie sind auch das Thema von ›Wallensteins Lager‹. Dieses Lager, das als Demonstration der Macht des Feldherrn auch deren beginnenden Verfall anzeigt, bietet den richtigen Ort im richtigen Augenblick, um über Herrschaft und Freiheit zu sprechen. Die versammelte, zum Losschlagen bereite Armee ist der Inbegriff der Herrschaft des Feldherrn und seiner Freiheit, sie nach seinem Willen zu gebrauchen. Wenn der erste Jäger vom „Geist" und „Schenie" des Feldherrn spricht (V. 210)[5], denen die Truppe ihren Bestand verdanke, und wenn er das Zeugnis gibt:

> ... der Geist, der im ganzen Korps tut leben,
> Reißet gewaltig, wie Windesweben,
> Auch den untersten Reiter mit
>
> [Lager, 309–11]

dann hat das Wort Geist einen faszinosen Beiklang und erinnert an die biblische Metapher vom Wehen des göttlichen Schöpfergeistes. Wallenstein ist der Vater, der Schöpfer, der Gott dieser Armee, und schon schillert diese Vorstellung auch ins Widergöttliche und Diabolische hinüber: „Sind alle mit Leib und Leben sein" (89). Mit Grund klingt in dieser Formulierung der Terzkyschen Karabiniere die Formel des Teufelsbündnisses an. In angenehmem Gruseln der Wachtmeister und der Holksche Jäger, demagogisch der Kapuziner – so kolportieren beide Seiten, Freund und Feind, das Gerücht vom Teufelsbündnis des Feldherrn.

arbeitung der Wallensteinischen Geschichte durch Schiller, in: Goethes Werke (Sophien-Ausg.), Bd. 40, Weimar 1901, S. 5. [In diesem Sammelband S. 1 f.]

[4] Zur Freiheitsdiskussion in ›Wallensteins Lager‹ vgl. Kurt May, Schillers Wallenstein, in: K. M., Form und Bedeutung, Stuttgart 1957, S. 181–186.

[5] Der Text von ›Wallensteins Lager‹ wird nach der Nationalausg. (Schillers Werke, Bd. 8, Weimar 1949) zitiert mit Angabe der Verszahl in Klammern.

Ein Reich von Soldaten wollt er gründen,
Die Welt anstecken und entzünden,
Sich alles vermessen und unterwinden –
[Lager, 332–34]

Wallenstein wird in diesen Worten zur eschatologischen Gestalt des
Diabolus und Antichrist, sein Reich von Soldaten erscheint als trot-
zige Vereinzelung eines Teils vom Ganzen, als Anspruch eines die-
nenden Gliedes auf Selbstherrschaft – das Thema des Engelssturzes
deutet sich an.

Ja, er hat sich dem Teufel übergeben,
Drum führen wir auch das lustige Leben.
[Lager, 378–79]

Doch alsbald ergibt sich auch eine andere Zweideutigkeit dieser
Macht: Wallenstein ist nicht nur als ihr Herr Geist und Widergeist
zugleich, er ist als Herr auch – und darin unterscheidet er sich
von Gott, dem er eben noch zu gleichen schien – das Geschöpf der
Armee und der Umstände. Wallensteins Macht trägt den Kaiser –

Wer anders macht ihn als seine Soldaten
Zu dem großmächtigen Potentaten?
[Lager, 897–98]

– und seine Macht wird doch auch vom Kaiser getragen, denn sie
gründet, mehr, als Wallenstein weiß, in der Legalität, die ihr vom
Kaiser zukommt. Der Feldherr schafft die Armee, aber die Armee
schafft auch, wie selbst und gerade die treuesten Parteigänger, die
Terzkyschen Karabiniere wissen, den Feldherrn: „Aber wir halten
ihn aufrecht, wir" (81). Wallensteins Herrschaft, seine Freiheit,
soweit sie sich auf Macht gründet, werden schon im ›Lager‹ als
problematisch erwiesen.

Aber nicht nur im Verhältnis des Feldherrn zur Armee, auch in
den einzelnen Repräsentanten der Truppe und ihrer Beziehung zum
Ganzen stellt und variiert sich das Thema von Herrschaft und Freiheit. Weil sie „einen furchtbaren Haufen ausmachen", dürfen die
Soldaten sich lachend über ihre Feinde erheben (747). Macht gibt
Überlegenheit, aber die Macht ergibt sich erst aus der Zusammen-
fügung der vielen und setzt also wieder Einschränkung des einzel-

nen voraus. Der Wachtmeister, spöttisch als „Befehlbuch" (720) apostrophiert, sieht die Armee „wie zusammen geleimt und gegossen" (802); er spricht von Tempo, Sinn und Schick, Begriff, Bedeutung und feinem Blick (234), die den Soldaten ausmachen. Die Holkschen Jäger jedoch, einer schnellen, kecken Truppe zugehörig, stellen dem entgegen:

> Die Freiheit macht ihn! Mit Euren Fratzen!
> Daß ich mit Euch soll darüber schwatzen. –
> Lief ich darum aus der Schul und der Lehre
> Daß ich die Fron und die Galeere,
> Die Schreibstub und ihre engen Wände
> In dem Feldlager wiederfände? –
> Flott will ich leben und müßig gehn,
> Alle Tage was Neues sehn,
> Mich dem Augenblick frisch vertrauen,
> Nicht zurück, auch nicht vorwärts schauen –
> [Lager, 236–45]

Diese Jäger haben es nicht einmal bemerkt, daß sie im Hochgefühl ihrer Freiheit doch Rädchen in der großen, wohlgefügten Maschine der Armee sind:

> Das fiel mir mein Lebtag nimmer ein,
> Daß wir so gut zusammen passen;
> Hab mich immer nur gehen lassen,
> [Lager, 808–810]

bekennt der erste Jäger treuherzig. Sind die Holkschen Jäger deshalb, weil sie die Einordnung nicht wahrhaben, freier als die anderen? Nein, sie sind es weniger. Sie sind in den Händen eines Herrn, der die Leute zu lenken weiß, indem er sie scheinbar ihrem innersten Antrieb überläßt – eine der großen Künste Wallensteins, selbst gegenüber Max.

> Freiheit ist bei der Macht allein.
> Ich leb und sterb bei dem Wallenstein,
> [Lager, 1023–24]

meinen die Holkschen und verstehen damit Freiheit ganz materiell als Zügellosigkeit und Willkür, als Lizenz zu tun und zu lassen, was man will, und diese Lizenz glauben sie bei Wallenstein zu haben.

Dennoch findet sich schon in dieser äußerlichsten Freiheitsauffassung ein Element, das ihr Gewicht gibt. Freiheit, selbst die tri-
viale der Holkschen Jäger, kostet bei Schiller einen Einsatz, den sie
zu geben bereit sind – nämlich Todesexponiertheit und Todes-
bereitschaft:

> Führt mich ins Feuer frisch hinein,
> Über den reißenden, tiefen Rhein,
> Der dritte Mann soll verloren sein.
>
> [Lager, 248–50]

Das ist das Angebot der Holkschen Jäger an das Geschick, und
auch im Versgefüge ist diese Aussage prägnant durch den dreifachen
Reim im Unterschied zum sonst herrschenden paarigen oder
Kreuzreim. Freiheit verlangt den Verzicht auf Sicherungen. Durch
Eitelkeit und die Sekurität des Arrivierten gedämpft, klingt dieses
Bekenntnis beim Wachtmeister wider, wenn er zum Rekruten
spricht:

> Auf der Fortuna ihrem Schiff
> Ist Er zu segeln im Begriff,
> Die Weltkugel liegt vor Ihm offen,
> Wer nichts waget, der darf nichts hoffen.
> Es treibt sich der Bürgersmann, träg und dumm,
> Wie des Färbers Gaul, nur im Ring herum.
> Aus dem Soldaten kann alles werden,
> Denn Krieg ist jetzt die Losung auf Erden.
> Seh Er mal *mich* an! In diesem Rock
> Führ ich, sieht Er, des Kaisers Stock.
> Alles Weltregiment, muß Er wissen,
> Von dem Stock hat ausgehen müssen;
> Und das Zepter in Königs Hand
> Ist ein Stock nur, das ist bekannt.
>
> [Lager, 421–34]

Der Rekrut betritt die Staffel zur Macht, er kann Feldherr, ja, er
kann ein großer Herrscher werden; der Soldat ist der Mensch der
unbegrenzten Möglichkeiten, und zwar aufgrund seines Wage-
mutes: „Wer nichts waget, der darf nichts hoffen." Leben als Ein-
schiffung auf dem Schiff der Fortuna wird hier verkündet, das die
Welt erobern, das aber auch scheitern kann. Das eigene Leben ist
der Einsatz, um dafür alle Güter des Lebens einzuheimsen, und

wenn der Wachtmeister vielleicht dem Glauben huldigt und ihn in
der Gestalt des Feldherrn verbürgt sieht, diese Güter könnten
dauerhaft besessen werden, so meinen die Holkschen Jäger den
Vollgenuß als hastiges Raffen und Fahrenlassen, bei dem zerstört
wird, was man nicht halten kann:

> Wir heißen des Friedländers wilde Jagd,
> Und machen dem Namen keine Schande –
> Ziehen frech durch Feindes und Freundes Lande,
> Querfeldein durch die Saat, durch das gelbe Korn –
> Sie kennen das Holkische Jägerhorn! –
> In einem Augenblick fern und nah,
> Schnell wie die Sündflut, so sind wir da –
> Wie die Feuerflamme bei dunkler Nacht ...
> [Lager, 213–20]

Genuß ist hier flüchtig, und Flüchtigkeit Genuß.

Die Pappenheimischen Kürassiere sind es – die Vertreter von
Max Piccolominis Regiment –, die die Freiheitsdiskussion des
›Lagers‹ auf eine andere Stufe heben und das Motiv von der Flüchtigkeit des Soldatenlebens in ein neues Licht rücken. Dieses Motiv,
eben schon aufgetaucht, durchzieht in Verästelungen das gesamte
dramatische Vorspiel. Es zeigt sich in der Einschätzung der Soldaten
durch die Bauern:

> Sind dir gar lockere, leichte Gesellen.
> Lassen sich gerne schön tun und loben,
> So wie gewonnen, so ists zerstoben.
> [Lager, 16–18]

Es offenbart sich im Tauschgeschäft zwischen Kroat und Scharf-
schütz, der, scharfäugig auch im Lager, dem Kroaten die kaum
gewonnene Beute abnimmt; wir finden es in der Wiederbegegnung
des Jägers mit der Marketenderin: „Heute da, Herr Vetter, und
morgen dort" (134); im Streit um die Dirne, die doch nicht Eigentum sein kann, sondern wie die Sonne allen und keinem gehört:

> Einer Dirne schön Gesicht
> Muß allgemein sein, wie's Sonnenlicht!
> [Lager, 478–79]

Lyrisch formuliert sich das Motiv im Lied des Rekruten aus, der die schweifende Existenz des Soldaten besingt:

> Trommel und Pfeifen,
> Kriegrischer Klang
> Wandern und streifen
> Die Welt entlang,
> Rosse gelenkt,
> Mutig geschwenkt,
> Schwert an der Seite,
> Frisch in die Weite,
> Flüchtig und flink,
> Frei, wie der Fink ...
> [Lager, 384–93]

Überall hier wirkt die Umgetriebenheit als lockeres und lockendes Spiel. In den Worten des Kürassiers zeigt sie ein anderes Gesicht, erscheint sie als Vorgriff auf den letzten Preis, der zu zahlen ist, den Tod. Er wird nicht irgendwann einmal, erst am Ende der Erdentage jedes einzelnen, eingefordert, er ist vom Soldaten Tag für Tag abzutragen:

> Das Schwert ist kein Spaten, kein Pflug,
> Wer damit ackern wollte, wäre nicht klug.
> Es grünt uns kein Halm, es wächst keine Saat,
> Ohne Heimat muß der Soldat
> Auf dem Erdboden flüchtig schwärmen,
> Darf sich an eignem Herd nicht wärmen,
> Er muß vorbei an der Städte Glanz,
> An des Dörfleins lustigen, grünen Auen,
> Die Traubenlese, den Erntekranz
> Muß er wandernd von ferne schauen.
> [Lager, 919–28]

Der Soldat ist auf Erden heimatlos. „Er hat auf Erden kein bleibend Quartier", heißt es im Chorlied am Ende des ›Lagers‹ in Anklang an das Epistelwort: „Denn wir haben hier keine bleibende Statt" (Hebr. 13, 14). Das Schillersche Thema der Lebensfremde des Menschen tritt auf, wie es in den ›Worten des Wahns‹ formuliert ist, wenn es vom „Guten" heißt:

> Er ist ein Fremdling, er wandert aus
> Und suchet ein unvergänglich Haus.[6]

Der Soldat, „der Reiter und sein geschwindes Roß" (1084), erscheint hier in der Gegenüberstellung zum Bürger und Bauern als Repräsentant der Menschheit und des Menschenloses, und im ersten Kürassier erreicht diese Repräsentation ihre höchste Erscheinung, denn während alle seine Kameraden auf die Frage des Wachtmeisters ihre Herkunft nennen können, weiß er nicht einmal das:

> Wer ich bin? ich habs nie können erfahren,
> Sie stahlen mich schon in jungen Jahren.
> [Lager, 789–90]

Der Kürassier ist der schlechthin ungebundene und heimatlose Mann. Er, der nicht weiß, wer er ist, woher er kommt und wohin er geht, ist in dieser Eigenschaft der eigentliche Mensch.

Denn als der schlechthin Ungebundene ist der Kürassier auch der schlechthin Freie. Die gegenüber den Jägern und dem Wachtmeister höhere Freiheitsauffassung der Kürassiere zeigt sich schon darin, daß sie das Verhältnis von Freiheit und Gehorsam anders sehen als die anderen. Glauben die Jäger sich ihrer Willkür überlassen, während sie unwissend Werkzeuge des Feldherrn sind; versteht der Wachtmeister den Gehorsam des Soldaten im Wechselverhältnis zur Kommandogewalt, an der er selbstgenügsam seinen kleinen Anteil hat, so ist für die Kürassiere der Gehorsam selbst eine Erscheinungsform ihrer Freiheit, und zwar darum, weil der wahre Gehorsam nicht die Folgsamkeit einer Herde, sondern freie Überantwortung an ein akzeptiertes Prinzip, die wahre Freiheit nicht hemmungsloser Zugriff auf etwas, sondern Unabhängigkeit von Fremdbestimmung ist.

> Eben drum, weil wir gern in Ehren
> Seine [des Kaisers] tüchtigen Reiter wären,
> Wollen wir nicht Herde sein …
> [Lager, 890–92]

---

[6] Schillers Sämtliche Werke, Säkularausg., Bd. 1 (Gedichte I), Stuttgart, Berlin o. J., S. 165. Vgl. das Kapitel ›Fremde des Lebens‹ bei Emil Staiger, Friedrich Schiller, Zürich 1967.

erklärt der erste Kürassier. Die Günstlinge des Kaisers sollen sich nach seiner Meinung das Joch aufladen (901), denn sie tragen es schon in ihrer Abhängigkeit von den Gunstbezeugungen der Majestät; der Soldat hingegen hat mit solcher Dienstbarkeit nichts zu schaffen, denn:

> Wir, wir haben von seinem Glanz und Schimmer
> Nichts als die Müh und als die Schmerzen,
> Und wofür wir uns halten in unserm Herzen.
>
> [Lager, 904–906]

Die Unabhängigkeit von Fremdbestimmung in der absoluten Geltung von Ehre und Selbstachtung ist es, die den Soldaten „edel und nobel" (912) sein „Handwerk" (913) treiben läßt, sie ist es, die der erste Kürassier noch dem Leben selbst gegenüber geltend macht:

> Soll ich frisch um mein Leben spielen,
> muß mir noch etwas gelten mehr.
> Oder ich lasse mich eben schlachten
> Wie der Kroat – und muß mich verachten.
>
> [Lager, 914–17]

Es zeigt sich hier, wie beim ersten Kürassier die Existenzform der Lebensfremde und die Freiheit als Fähigkeit, frisch um das Leben zu spielen, unmittelbar zusammenhängen. Die Arkebusiere, Techniker des Krieges, in ihrer Gesinnung die unsoldatischen Bürger des Lagers, antworten auf das Wort des ersten Kürassiers von der Heimatlosigkeit des Soldaten mit der *Klage:* „Das weiß Gott, 's ist ein elend Leben!" (933) Der erste Kürassier jedoch bekennt sich *freudig* zu seiner Lebensform:

> Möchts doch nicht für ein andres geben.
> Seht, ich bin weit in der Welt rum kommen,
> Hab alles in Erfahrung genommen.
>
> [Lager, 934–36]
>
> . . .
>
> Hab den Kaufmann gesehn und den Ritter,
> Und den Handwerksmann und den Jesuiter,
> Und kein Rock hat mir unter allen
> Wie mein eisernes Wams gefallen.
>
> [Lager, 941–44]

Nirgends war dem Kürassier das Glück gnädig (940), und doch
sagt er bald nach dieser Feststellung, „daß das Glück dem Soldaten
lacht" (989). Das ist kein Widerspruch, denn mit dem Glück, das
dem Soldaten lacht, meint er nicht, wie der Wachtmeister, die ungewissen Güter der Fortuna, nicht, wie der Jäger, den todesüber-
schatteten Rausch des Genusses, sondern das höhere Glück, im Leben
frei von den Fesseln des Lebens zu sein. Denn weil der Soldat an
nichts Vergängliches gebunden ist, ist er auch von der Welt entbunden.

> Will einer in der Welt was erjagen,
> Mag er sich rühren und mag sich plagen,
> Will er zu hohen Ehren und Würden,
> Bück er sich unter die goldnen Bürden.
> Will er genießen den Vatersegen,
> Kinder und Enkelein um sich pflegen,
> Treib er ein ehrlich Gewerb in Ruh.
> Ich – ich hab kein Gemüt dazu.
> Frei will ich leben und also sterben,
> Niemand berauben und niemand beerben,
> Und auf das Gehudel unter mir
> Leicht wegschauen von meinem Tier.
>
> [Lager, 946–57]

Empfängt schon der Lebenstaumel, den die Jäger preisen, seine
glühenden Farben vor der Folie des Todes, so ist die vom Kürassier
verkündete Distanz vom Leben Vorgriff auf den Tod, der den Tod
überwindet. So mündet die Freiheitsdiskussion des ›Lagers‹ aus in
das ›Reiterlied‹ mit seiner Korrelation von Freiheit und Tod, in
das zwar alle einstimmen und ihre Motive einbringen, das aber
seinen Tenor empfängt von den Kürassieren. Ihnen ist das Feld
der Schlacht der Ort der Freiheit, weil der Selbstbestimmung und
Selbstverantwortung des Menschen jenseits von Herrschaft und
Knechtschaft:

> Der dem Tod ins Angesicht schauen kann,
> Der Soldat allein ist der freie Mann.
>
> [Lager, 1064–65]

Die Verschränkung von Freiheit und Tod im ›Reiterlied‹ sagt
mehr und anderes als die Schillersche Konzeption der Erhabenheit

und ist mehr und anderes als Flucht aus der Sinnenwelt. Sie ist mehr als Erhabenheit, denn da wird die Sinnennatur des Menschen niedergeworfen, hier aber zum Enthusiasmus entbunden:

> Die Jugend brauset, das Leben schäumt,
> Frisch auf! eh der Geist noch verdüftet.
>
> [Lager, 1102–103]

Sie ist mehr als Flucht aus der Sinnenwelt, denn im Angesicht des Todes wird der Soldat nicht nur vom Leben, sondern auch zum Leben freigesetzt in doppeltem Sinne: einmal, indem er die Sorge überwindet – „hat nicht mehr zu fürchten, zu sorgen" (1069) –, zum anderen, indem er gerade aus der Distanz mit um so freieren Kräften sich in den Kampf des Lebens werfen, das Leben einsetzen kann. Um sein Leben spielend, erscheint er im ›Reiterlied‹ als der exemplarische Kämpfer des Lebens in jener äußersten Möglichkeit der Lebenskunst, von der Schiller in den Briefen ›Über die ästhetische Erziehung des Menschen‹ sagt, sie sei erreicht, „wenn wir erst dahin gekommen seyn werden", die Lehre vom ästhetischen Spiel „auf den doppelten Ernst der Pflicht und des Schicksals anzuwenden"[7]. Damit deutet die Freiheit des ›Reiterliedes‹ auf die ästhetische Freiheit, ja sie ist diese ästhetische Freiheit, sofern die Schillerschen Gesänge Ideale nicht nur verkündigen, sondern als Gestimmtheit verwirklichen. Ist aber die Todesüberwindung des ›Reiterliedes‹ eine aus ästhetischer Freiheit, so ist umgekehrt die letzte Möglichkeit des ästhetischen Zustandes Aufhebung des Todes durch seine Antizipation im Bewußtsein:

> Wollt ihr schon auf Erden Göttern gleichen,
> Frei sein in des Todes Reichen,
> Brechet nicht von seines Gartens Frucht.
> An dem Scheine mag der Blick sich weiden.[8]

Diese Botschaft des Gedichts ›Das Ideal und das Leben‹ kann als Pendant zu der des ›Reiterliedes‹ verstanden werden, wenn man

---

[7] Nationalausg., Bd. 20, Weimar 1962, S. 359 (15. Brief).
[8] Säkularausg., Bd. 1, Stuttgart, Berlin o. J., S. 192.

die Gesamtperspektive des Gedichts beachtet: ›Das Ideal und das
Leben‹ geht aus der Konfrontation von Lebenswirklichkeit und
ästhetischer Idealität über in die große, alle Spannungen überwöl-
bende und auflösende Apotheose des Herkules, der im Tode ewige
Jugend, die göttliche Unversehrbarkeit der vollendeten Gestalt erlangt. Die Vorerfahrung dieser Grenzmöglichkeit in der ästhetischen Haltung übt für den letzten Sieg im Lebenskampf ein, so wie
sie umgekehrt von dorther ihren Glanz gewinnt:

> Wenn im Leben noch des Kampfes Wage
> Schwankt, erscheinet hier der Sieg.[9]

In solcher Erfahrung ist nun auch die Fremde des Lebens überwunden, oder besser: die Fremde des Lebens zeigt ihr anderes Gesicht,
das da heißt: Glück des Lebens. „Werft die Angst des Irdischen von
Euch"! Auf diesen Imperativ in ›Das Ideal und das Leben‹ antwortet die Aussage des ›Reiterliedes‹ über den Soldaten: „Des Lebens
Ängsten, er wirft sie weg" (1068). Der Bürgersmann, als Gegenbild
des Soldaten vom Wachtmeister in der Rekrutenszene berufen,
treibt sich

> ... träg und dumm,
> Wie des Färbers Gaul, nur im Ring herum.
> [Lager, 425–26]

> Der Fröner, der sucht in der Erde Schoß,
> Da meint er den Schatz zu erheben.
> Er gräbt und schaufelt, so lang er lebt,
> Und gräbt, bis er endlich sein Grab sich gräbt.
> [Lager, 1078–81]

Beide Metaphern bezeichnen die Sinnlosigkeit eines Lebens, das zum
Tode ist, gerade weil es auf Bestand und sicheren Besitz in einer
Welt der Vergänglichkeit aus ist. Dem Soldaten dagegen kommt
vom Himmel sein „lustig Los" (1076), ihm ist die Zeit als „Neige
der Zeit" „köstlich" (1075), er ist in der Freiheit statt der Fron,
denn:

[9] Ebd., S. 193.

... setzet ihr nicht das Leben ein,
Nie wird euch das Leben gewonnen sein.
[Lager, 1104–05]

Der Gewinn des Lebens – das heißt nicht, mit dem Einsetzen des Lebens würde etwas anderes gewonnen. Im Einsetzen des Lebens wird vielmehr das Leben selbst gewonnen. Herrschaft und Freiheit begründen sich nicht im Verhältnis zur Welt, sondern im Verhältnis zum eigenen Ich. Sich befreiend von allem, was des Todes ist, gewinnt sich der Mensch eine Welt ohne Tod. Das ist der wahre Gewinn des Lebensspieles, auf das ausdrücklich die Schlußmetapher vom Einsetzen des Lebens verweist. Und noch einmal leuchtet eine Kontrastbeziehung auf: indem sie sich aufs Spielen einlassen, dringen der Bauer und sein Sohn in die Lagerwelt ein, aber sie sind Falschspieler auch im tieferen Sinne, weil ihr spielerisches Verhalten in Wirklichkeit dessen Gegenteil: ökonomisches Verhalten ist. Wie das Motiv der Lebensfremde und Heimatlosigkeit durchzieht auch das komplementäre des Spiels das gesamte Lager.

Mit der Freiheitskonzeption des ›Reiterliedes‹ ist in ›Wallensteins Lager‹ ein Maß gesetzt, an dem die Haltung des Feldherrn gemessen werden kann. Wallenstein hat weder anfangs noch an irgendeinem Punkt der tragischen Kurve, die er durchläuft, die Freiheit, die dieses Lied verkündet. Seine Freiheitsauffassung ist nicht, wie die des Liedes, idealistisch, sondern realistisch – er versteht Freiheit als Machtgenuß. Wie ihn das Lager zwielichtig, halb Gott, halb Teufel, halb Schöpfer, halb Geschöpf der Macht beschwört, ist sein Verhalten zu Beginn des Dramas in hybrischer Verkennung der Grenzen des Menschen, in Verkennung der wahren Freiheitsmöglichkeit auf das Unmögliche gerichtet. Er möchte im Wandel und in der Bedingtheit der Geschichte eine Position der Unbedingtheit gewinnen, in der die Geschichte zum Stillstand gebracht werden kann. Er will nicht die Tat, denn die Tat bindet, sondern absolute, göttliche Potentialität; er sucht, was der Wachtmeister dem Soldaten zuerkennt, einen Status der unbegrenzten Möglichkeit. Besteht im Vermögen, den Besitzanspruch an das Leben fahrenzulassen, die Voraussetzung für ästhetische Menschheit als Selbstgewinnung des harmonischen Menschen, so liegt bei Wallenstein eine Verkehrung der ästhetischen Menschheit vor: der Ver-

such, nicht seiner selbst, sondern des Lebens schrankenlos mächtig
zu werden.[10] Die Zusammenziehung der Truppen im Lager ist,
jenseits aller pragmatischen Motivierungen, ein Sinnbild für diese
Haltung und ihren Widersinn; Wallenstein versucht, ein 'Lager'
jenseits des Weltlaufs zu finden, aber es zerfällt ihm unter den
Händen, denn – wiederum jenseits aller pragmatischen Motivierungen – der Soldat „hat auf Erden kein bleibend Quartier"
(1094). Der Feldherr unternimmt etwas mit seiner Armee, was
dem Gesetz ihrer Existenz und der menschlichen Existenz überhaupt
widerspricht, wenn er sie zum archimedischen Punkt machen will,
von dem aus die Welt aus den Angeln gehoben werden kann. Zugleich aber ist in der Freiheitsauffassung des ›Reiterliedes‹ mit
seinem Ja zur Flüchtigkeit der menschlichen Existenz, mit seiner
Todesüberwindung durch die Vorwegnahme des Todes auch der
bevorstehende Zerfall der Wallensteinschen Lagerwelt schon anti-
zipiert und tendenziell aufgehoben. Hier ist der Gegenpol zur
zermalmenden, scheinbar alle Werte vernichtenden Schlußwendung
der Tragödie. Ihr fällt nichts zum Opfer, was in dieser Freiheit
ist. Die für Schillers Klassik charakteristische Verklärung der Existenz, die in ›Maria Stuart‹, der ›Jungfrau von Orleans‹ oder der
›Braut von Messina‹ im tragischen Helden stattfindet, ereignet sich
für die ›Wallenstein‹-Trilogie im Chorlied des Lagers, das im Sinne
der griechischen Tragödie Kommentar und Deutung, zugleich aber
auch Bestandteil des Vorganges ist.

›Wallensteins Lager‹ verkündet also die Heiterkeit der ästhetischen Freiheit. Doch begründet das noch nicht die spezifische Heiterkeit der Komödie. Es bleibt zu fragen, wo sich der Komödiencharakter des Werkes realisiert. Der Knittelvers, die leise humo-
ristische Atmosphäre des Ganzen, die Komik im Auftritt des Kapuzinerpaters sind leicht bemerkt, doch sind das mehr als ephemere
Züge? Der Kapuziner ist komisch, weil seine Strafpredigt mit ihrer

---

[10] Zur Verkehrung der ästhetischen Haltung durch Wallenstein s.
Oskar Seidlin, Wallenstein: Sein und Zeit, in: O. S., Von Goethe zu
Thomas Mann, Göttingen 1963, S. 120–135. [In diesem Sammelband
S. 237–253.]

drastischen Rhetorik und ihren Wortspielen weder der schrecklichen Wirklichkeit des Krieges noch der komplexen Erscheinung des Feldherrn gerecht wird. Mit diesem im Subjekt begründeten Mißverhältnis zwischen Reflexion und Sache gewinnt der Dramatiker die objektive Möglichkeit, das Grauen des Krieges, dessen direkte Vergegenwärtigung die Unbeschwertheit der Lagerwelt zerstören würde, zu nennen und zugleich fernzuhalten. Ein ähnliches Verfahren der komödienhaften Entschärfung der Kriegssituation findet sich in der Einführung des Bauern und des Bürgers, die beide nicht unter der vollen Last des Leids gezeigt werden, das der Krieg ihnen aufbürdet, sondern in der komischen Situation des entlarvten Betrügers der eine, des unverständigen Ratgebers der andere. Aber die Kapuzinerpredigt führt noch näher an den Kern der komischen Konstellation des Vorspiels heran. Den Ermahnungen des Kapuzinerpaters an die Soldaten liegt nämlich eine Vorstellungsweise zugrunde, die der ihren völlig entgegengesetzt ist und sie deshalb gar nicht erreichen kann – nicht einmal die unter ihnen, die ihn in Schutz nehmen, die Kroaten, der Bodensatz des Lagers:

> Bleib da, Pfäfflein, fürcht dich nit,
> Sag dein Sprüchel und teils uns mit.
> [Lager, 616–17]

Mit diesen Worten ermutigen sie den Feldprediger, und die Äußerung ist charakteristisch: Sie empfangen seine Rede nicht als lebensverwandelnde Bußpredigt, sondern als obligates, unverbindliches Sprüchel, das dem Pfäfflein professionell zukommt. Dieses Sprüchlein des Kapuziners spricht die Soldaten so an, als seien die Zehn Gebote in gutbürgerlicher Auslegung unmittelbar auf das Soldatenleben anwendbar, als seien Wallensteins Soldaten Bürger in Uniform:

> Was sagt der Prediger? Contenti estote,
> Begnügt euch mit eurem Kommißbrote.
> [Lager, 589–90]

Die Soldaten dagegen fassen ihr Leben als schlechthin unbürgerlich, den Bürgern und Bauern, wie deutlich wurde, als Gegenbild ihrer selbst auf. Dem Baugesetz der Trilogie entsprechend, der langsamen Annäherung an die Kernzone des Stückes, beginnt das

›Lager‹ nach dem Prolog mit der Szene zwischen dem Bauern und seinem Sohn, also in der Welt der Nichtsoldaten, ehe wir mit ihnen in den Bereich der Truppe eintreten. Der Eintritt führt sofort zum Konflikt; der falsch spielende Bauer, der das Seine „in Löffeln" (20) wieder hereinholen will, das ihm vorher „in Scheffeln" (19) gestohlen worden ist, wird erwischt und soll aufgehängt werden. Nur zwei unter den Soldaten sind ihm gnädig. Zunächst ein Arkebusier mit dem klassischen Wort:

> Der Bauer ist auch ein Mensch – so zu sagen.
> [Lager, 658]

Die Arkebusiere, die so argumentieren und an die Not der Bauern erinnern, sind selbst Fremdkörper im Lager, Zivilisten der Gesinnung nach, „Gevatter Schneider und Handschuhmacher" (660), wie der Jäger verächtlich sagt, als einzige von der allgemeinen Verbrüderung des Schlusses ausgenommen:

> Ihr tut wohl, daß ihr weiter geht,
> Verderbt uns doch nur die Sozietät.
> [Lager, 1005–1006]

Der Arkebusier empfindet Mitleid mit dem Bauern als einer ihm doch wenigstens gewissermaßen verwandten Kreatur. Der erste Kürassier aber verhilft dem Bauern zur Flucht aus dem entgegengesetzten Motiv. Er fragt den betrogenen Scharfschützen:

> Wie? du bist ein Friedländischer Mann,
> Kannst dich so wegwerfen und blamieren,
> Mit einem Bauer dein Glück probieren?
> Der laufe, was er laufen kann.
> [Lager, 667–70]

Nach Meinung des Kürassiers haben also Bauer und Soldat gar nichts miteinander gemein. Der Soldat wirft sich weg, wenn er sich mit einem Bauern auf ein Spiel einläßt. Die Welt der Soldaten ist ihm die Welt der eigentlichen Menschen, und das gleiche Bewußtsein äußert sich beim Wachtmeister in der Rekrutenszene, wenn er den Übergang vom „Bürgersmann, träg und dumm" zum Rekruten mit den biblischen Metaphern kommentiert:

Einen neuen Menschen hat Er angezogen,
[Lager, 416]

. . .

Muß ein fürnehmer Geist jetzt in Ihn fahren.
[Lager, 419]

Das sind Formeln, die für die Wiedergeburt des Menschen aus dem Geiste stehen. Erst als Soldat kommt der Mensch recht zu sich selbst; der Soldat ist der Zweck der Schöpfung, und die Ausnahmesituation des Krieges, die den Soldaten zur Herrschaft bringt, wird als schicksalhaft verhängt wie ein Naturereignis unreflektiert hingenommen:

Bruder, den lieben Gott da droben,
Es können ihn alle zugleich nicht loben.
Einer will die Sonn, die den andern beschwert,
dieser wills trocken, was jener feucht begehrt.
Wo du nur die Not siehst und die Plag,
Da scheint mir des Lebens heller Tag.
Gehts auf Kosten des Bürgers und Bauern,
Nun wahrhaftig, sie werden mich dauern;
Aber ich kanns nicht ändern . . .
[Lager, 971–79]

So erklärt der erste Kürassier trocken, und die Gesinnung des Lagers faßt sich prägnant in dem Trinkspruch zusammen:

Kürassiere:	Der Wehrstand soll leben!
Beide Jäger:	Der Nährstand soll geben!
Dragoner und Scharfschützen:	Die Armee soll florieren!
Trompeter und Wachtmeister:	Und der Friedländer soll sie regieren.

[Lager, 1048–51]

Soldatsein und Nicht-Soldatsein ist der einzige entscheidende Gesichtspunkt in der Welt:

Es gibt nur zwei Ding überhaupt,
Was zur Armee gehört und nicht,
[Lager, 321–22]

und im ›Reiterlied‹ ist gesagt, der Soldat *allein* sei der freie Mann. Als Lied von der menschlichen Freiheit bleibt es doch Soldatenlied und damit Rollenlied.

Hier ist nun die Stelle, wo das Freiheitspostulat des Lagers in die Komödie transponiert ist, ohne doch dadurch seine Substanz zu verlieren. Daß die Männer des Lagers in ihren edelsten Repräsentanten, den Kürassieren, ihr Soldatenleben als ästhetische Existenz auffassen, ist ihre Größe und macht die Sonderbedingungen ihres Standes transparent auf das exemplarisch Menschliche. Aber daß diese Leute glauben, der Soldat allein könne ein freier Mann sein, ist eine komische Beschränktheit. Schon der Blick auf die Realität des Lagerlebens zeigt, wie weit dieser Anspruch von der Wirklichkeit entfernt ist. Die Falschheit und Hinterlist des feigen Menschengeschlechtes, von denen der Soldat frei zu sein beansprucht, sind nicht nur treibende Kräfte der ›Wallenstein‹-Tragödie, sie sind auch schon im Vorspiel gegenwärtig in der List und Pfiffigkeit des Wachtmeisters oder im Betrug des Schützen am Kroaten. Die Einigkeit der Soldaten am Schluß ist weniger Äußerung einer Realität als ein demonstrativer Versuch, über die aufbrechenden Gegensätze hinweg die Gemeinsamkeit zu bewahren. Die Sorge, von der sich der Soldat suspendiert meint, ist die ständige Begleiterin Wallensteins, des Feldherrn, und nistet, als Beunruhigung über das weitere Los der Armee, in jedem einzelnen Mann. Vor allem aber knüpft die Meinung, einzig der Soldat sei frei, die Freiheit an eine materielle Bedingung, eben das Soldatsein, an und verkennt damit ihr eigentliches Wesen, nämlich die materielle und institutionelle Unbedingtheit. Der Kapuziner will den Soldaten zum Bürger machen. Für die Männer des Lagers ist der Mensch nur als Soldat frei. In Wirklichkeit jedoch ist der Soldat als Mensch frei. Er kann nicht zum Bürger gemacht werden, aber er ist das gleiche wie der Bürger: ein Mensch. Er ist als Mensch dem Tode konfrontiert, und überall, nicht nur in der Schlacht, kann das Feld sein, auf dem er seinen Sieg erringt. Der Soldat vermag wohl repräsentativ, aber nicht exklusiv Menschheit zu verwirklichen.

Daß die falsche Exklusivität der Soldaten als Komik zur Geltung kommen kann, ist nun allerdings an Voraussetzungen gebunden: Die in das ›Reiterlied‹ mündende Freiheitsdiskussion des ›Lagers‹

ist als Bereitschaft höchster Freiheitsbewährung doch auch weniger als diese Freiheitsbewährung selbst. Es handelt sich um Meinungsäußerungen, nicht um Taten. Damit wird es möglich, die Anmaßung der Soldaten, allein zur Freiheit berufen zu sein, nicht in praktischen Folgen, die fürchterlich sein müßten, sondern als bloßen Erkenntnismangel, als Mißverständnis vorzuführen. Wie die schreckliche Wirklichkeit des Krieges insgemein wird auch die Teilhabe einer sich absolut setzenden Soldateska an ihr außerhalb des Komödienhorizontes belassen. Der Prolog spricht da ganz anders:

> Ein Tummelplatz von Waffen ist das Reich,
> Verödet sind die Städte, Magdeburg
> Ist Schutt, Gewerb und Kunstfleiß liegen nieder,
> Der Bürger gilt nichts mehr, der Krieger alles,
> Straflose Frechheit spricht den Sitten Hohn,
> Und rohe Horden lagern sich, verwildert
> Im langen Krieg, auf dem verheerten Boden.
>
> [Prolog, 84–90]

Besonders deutlich ist die komödienhafte Reduzierung auf das Erkenntnismoment da, wo der erste Kürassier, den Bauern „theoretisch" verachtend, ihn „praktisch" doch vor der Mißhandlung, ja sogar vor dem Tode bewahrt. So werden die Figuren des ›Lagers‹ in dreifacher Weise disponiert. Sie bleiben im Vorfeld der Schicksals- und Schuldverstrickung; sie werden in ihrem Denken diskreditiert, wo ihrer Willensrichtung die höchste Ehre widerfährt. Sie irren im Verstande, weil sie die Freiheit in die Sinnenwelt, nämlich in die Bedingungen eines bestimmten sozialen Status, verlagern und damit das Moralische zu einem materiellen Problem machen. Sie nehmen zugleich die höchste Richtung des Willens, wenn die Besten unter ihnen, die Kürassiere, die moralische Freiheit in die Gesinnung der ästhetischen Freiheit überführen, wo mit den Schrecken des Todes auch die Schranken des Sittengesetzes fallen, weil in der Überwindung des Todes durch ästhetische Freiheit überschwenglich vollbracht wird, was das Sittengesetz als härteste Nötigung der Sinnennatur einfordern muß. Die Soldaten des ›Lagers‹ verharren insgesamt in einer Rollenexistenz, ohne das Gewicht individuellen Schicksals und individuellen Charakters – namenlose Kürassiere, Arkebusiere, Jäger usw. –, als Rollenexistenzen wiederum de-

finiert und definierbar lediglich in rollengemäßen und rollentypi-
schen fixen Haltungen.[11] Sie sind also Komödienfiguren, weil eingeengt, und eingeengt, weil Komödienfiguren. Daß bei der Beschränkung des Verstandes Entschränkung des Willens ist, vollendet
die komische Disproportion der Figuren und drängt zugleich tendenziell über die Komödie hinaus, denn die pragmatische Entfaltung einer Unverhältnismäßigkeit von Willen und Reflexion in bezug auf das Freiheitsproblem müßte sofort ins Pathetische umschlagen, wie sich in den beiden folgenden Stücken der Trilogie
zeigt. Der Dichter muß demnach in dem Maße die Handlung eli-
minieren, in dem er auf Komödie ausgeht, und er bedarf dabei um
so größerer Energie, als das Sujet der Unverhältnismäßigkeit von
Willen und Reflexion seinem Wesen nach aufs Pragmatische zielt.
›Wallensteins Lager‹ wird mithin nur dadurch Komödie, daß das
Stück keine eigentliche dramatische Handlung hat, sondern Lager,
Zustand bleibt. Lediglich Episoden sind aneinandergereiht, in denen
sich eine untergründig bedrohte, in sich widerspruchsvolle Daseins-
richtung präsentiert. So ist ›Wallensteins Lager‹ das Zeugnis eines
genialen Balance-Aktes, in dem durch den extremen Spiel- und Epi-
sodencharakter der Vorgänge sowie durch den extremen Rollen-
charakter der Figuren eine extreme Konflikt- und Pathosdisposition
des Vorwurfs aufgewogen wird.

Die hier beschriebene Komödienform läßt sich auch in Schillers
eigener Begrifflichkeit fassen. Er unterscheidet in der Ausschreibung
der ›Dramatische[n] Preisaufgabe‹ der ›Propyläen‹ von 1800
zwischen Charakterkomödie und Intrigenkomödie und bei der
Charakterkomödie wiederum zwischen der Darstellung von Gattungen, wie in der Komödie Molières, und Individuen, wie in der
englischen Komödie. „In dem Intrigenstücke sind die Charaktere
bloß für die Begebenheiten, in dem Charakterstücke sind die Begebenheiten für die Charaktere erfunden."[12] Nach dieser Bestimmung ist ›Wallensteins Lager‹ eine Charakterkomödie, die Gattun-

---

[11] Den Gesichtspunkt der Rollenexistenz verdanke ich dem Gespräch
mit Dr. Horst Turk und meinem Kollegen Prof. Dr. Willibald Sauer-
länder.

[12] Nationalausg., Bd. 22, S. 327.

gen vorführt, und wenn Schiller in den Überlegungen zur Preisaufgabe meint, für diese „kältere Gattung ist der Zeitmoment vorüber" [13], so ergibt sich von da nun auch die tiefere Begründung für
die Verwendung des Knittelverses im ›Lager‹. Wenn, laut Prolog,
die Muse „ihr altes deutsches Recht, des Reimes Spiel, bescheiden
wieder fordert", gibt sie der altertümlichen Art der Gattungs- oder
Typenkomödie ein leise altertümelndes, verfremdendes Gewand;
sie macht das Stück zu dem „Lust- und Lärmspiel", das Goethe ankündigt: „. . . tadelts nicht! Ja danket ihrs, daß sie das düstre Bild
der Wahrheit in das heitre Reich der Kunst hinüberspielt . . .". Der
Knittelvers knüpft darüber hinaus das Stück auch formal ausdrücklich an die geschichtliche Epoche an, der es im Stoff zugehört,
so daß die ›Wallenstein‹-Trilogie im dramatischen Vorspiel auch
ihr historisches Lager gewinnt, auf und aus dem dann der vom Prolog angekündigte, höchst aktuelle und zugleich zeitlose Konflikt
entwickelt wird – wohlgemerkt im Jambenmaß des klassischen
Dramas. Wie bewußt diese Anknüpfung des ›Lagers‹ geschieht,
zeigt wiederum der Prolog:

> Das heutge Spiel gewinne euer Ohr
> Und euer Herz den ungewohnten Tönen,
> In jenen Zeitraum führ es euch zurück,
> Auf jene fremde kriegerische Bühne,
> Die unser Held mit seinen Taten bald
> Erfüllen wird.
>
> [Prolog, 124–29]

Bis in die Metapher von der kriegerischen Bühne, der im Prolog die
von „des Lebens Bühne" vorangeht, läßt sich die Tendenz zur historischen Patinierung, zur künstlerischen Distanzierung des Stoffes
verfolgen: Dem Barock ist die Welt Theater, die Geschichte Trauerspiel in dem Maße, daß diese von Schiller hier aufgegriffene Leit-
metapher der Epoche von ihr selbst kaum als Metapher empfunden
wird; das Wort bezeichnet ihr das Wesen der Sache, während es bei
Schiller als Zitat des barocken Zeitgeistes auch prononciert Metapher ist, die der Geschichte ihre empirische Schwere und Dichte
nimmt, sie als kriegerische Bühne zum Topos der Kunst macht. In

---

[13] Ebd., S. 327.

diesem Zusammenhang erst zeigt sich die volle Bedeutung des Goe-
theschen Hinweises auf Abraham a Santa Clara, den sich Schiller
als Quelle für die Kapuzinerpredigt zunutze gemacht hat. Abgesehen vom unmittelbar komischen Effekt dieser Rede unterstreicht
und verstärkt sie im ganzen das historisierende und komisch relati-
vierende Moment des Vorspiels, seinen Zitatcharakter, der natürlich
nicht literar-historisch exakt die Barockkomödie meint, wohl aber
mit Knittelvers, Rollentypik und traktathaftem, Gelehrsamkeit
trivialisierendem Wortspiel, darüber hinaus mit dem atmosphäri-
schen Anklang an die zahlreichen zeitgenössischen Darstellungen
des Kriegslebens in seinen typischen Figuren und Situationen, etwa
bei Callot, auf eine historische Tiefendimension zwischen Anfang
und Ende des 17. Jahrhunderts weist. Mit diesem Hinweis ist aber
das Unzeitgemäße einer auf Gattungen gestellten Charakterkomödie nicht nur bemerklich gemacht, sondern auch überwunden: die
veraltete Form ist als humoristisches historisches Zitat Ausdruck
eines modernen Bewußtseins. Schiller, der in der Ausschreibung der
dramatischen Preisaufgabe dem deutschen Genius die Fähigkeit ab-
spricht, in der Klasse der Charakterkomödien zu glänzen,[14] hat
sich damit als Komödiendichter selbst widerlegt und aus der Not,
durch den Inhalt auf eine veraltete Form gewiesen zu sein, eine
Tugend gemacht.

Wenn Schiller die auf Gattungen beruhende Charakterkomödie
im Vergleich mit der individualisierenden die kältere nennt, ist so
zunächst ein unterscheidendes Merkmal zweier Unterarten der Komödie bezeichnet. Die auf Gattungen basierende ist deshalb die
kältere Komödie, weil der Zuschauer an Individuen größeren Anteil nimmt als an dem, was Schiller Gattungen nennt: an Rollenexistenzen oder Typen. Darüber hinaus ist mit dieser Bestimmung
aber der Gesamtzusammenhang der Schillerschen Komödientheorie
angesprochen, in den die Erwägungen zum Komödiencharakter von
›Wallensteins Lager‹ zuletzt einzumünden haben. Schiller kritisiert
in der gleichen Ausschreibung der dramatischen Preisaufgabe von
1800, der die gattungsmäßige Untergliederung der Komödie verdankt wird, „daß die reine Komödie, das lustige Lustspiel, bei uns

---

[14] Ebd., S. 327.

Deutschen durch das sentimentalische zu sehr verdrängt worden ist,
und es ist allerdings ein herrschender Fehler auf unserer komischen
Bühne, daß das Interesse noch viel zu sehr aus der Empfindung und
aus sittlichen Rührungen geschöpft wird. Das Sittliche aber so wie
das Pathetische macht immer ernsthaft, und jene geistreiche Heiterkeit und Freiheit des Gemüts, welche in uns hervorzubringen das
schöne Ziel der Komödie ist, läßt sich nur durch eine absolute moralische Gleichgültigkeit erreichen; es sei nun, daß der Gegenstand
selbst schon diese Eigenschaft habe, oder daß der Dichter die Kunst
besitze, die moralische Tendenz seines Stoffs durch die Behandlung
zu überwinden." [15] Schiller befindet sich mit ›Wallensteins Lager‹
im zweiten der von ihm genannten Fälle: Herrschaft und Freiheit
sind Gegenstände von einer eminenten moralischen Tendenz und
Valenz. Der erste Schritt, um aus diesem Vorwurf die „reine Komödie, das lustige Lustspiel" hervorzubringen, ist die Entscheidung
zur kälteren Gattung der Typenkomödie, mit der die emotionale
Befrachtung des Stoffes abgebaut wird. Auf dem Grund dieser Entscheidung vollzieht sich die Entschärfung des moralischen Interesses
gemäß Überlegungen, wie sie in der Abhandlung ›Über naive und
sentimentalische Dichtung‹ angestellt sind. Sie besagen, der Tragödiendichter behandle „seinen Gegenstand immer praktisch, der Co-
mödiendichter den seinigen immer theoretisch; auch wenn jener
(wie Lessing in seinem Nathan) die Grille hätte, einen theoretischen,
dieser, einen praktischen Stoff zu bearbeiten" [16]. Lessing hat einen
theoretischen Gegenstand, den der Erkenntnis der wahren Religion,
praktisch behandelt: er zeigt, daß sich die wahre Religion nicht erkennen, sondern nur leben läßt. Schiller hat dagegen in ›Wallensteins Lager‹ die „Grille", einen praktischen Gegenstand, den der
Freiheit und der Macht, die gewonnen und angewandt sein wollen,
theoretisch zu behandeln – eben als Diskussions- und Erkenntnis-
gegenstand, dem die Soldaten bei höchster Willensrichtung in ihrem
erkennenden Bewußtsein nicht gewachsen sind. Diese theoretische
Darbietungsweise ist es aber, die den Gegenstand vom Druck des
moralischen Interesses befreit, da dieses sich unmittelbar nur auf

[15] Ebd., S. 326 f.
[16] Nationalausg., Bd. 20, S. 445.

Willensäußerungen, nicht auf Meinungen richtet. Gerade in diesem
Punkt unterscheidet Schiller in der Abhandlung ›Über naive und
sentimentalische Dichtung‹ die scherzhafte Satire als dichterische
Grundhaltung, der die Komödie zugehört, von der strafenden Satire: die erste ist im Gebiete des Verstandes, die zweite in dem des
Willens zu Hause. Der Tragiker muß sich also „vor dem ruhigen
Raisonnement in Acht nehmen und immer das Herz interessiren,
der Comiker muß sich vor dem Pathos hüten und immer den Verstand unterhalten. Jener zeigt also durch beständige Erregung, dieser durch beständige Abwehrung der Leidenschaft seine Kunst; und
diese Kunst ist natürlich auf beyden Seiten um so größer, je mehr
der Gegenstand des Einen abstrakter Natur ist, und der des Andern
sich zum pathetischen neigt. Wenn also die Tragödie von einem
wichtigern Punkt ausgeht, so muß man auf der andern Seite gestehen, daß die Comödie einem wichtigern Ziel entgegengeht, und
sie würde, wenn sie es erreichte, alle Tragödie überflüssig und unmöglich machen. Ihr Ziel ist einerley mit dem höchsten, wornach der
Mensch zu ringen hat, frey von Leidenschaft zu seyn, immer klar,
immer ruhig um sich und in sich zu schauen, überall mehr Zufall als
Schicksal zu finden, und mehr über Ungereimtheit zu lachen als über
Bosheit zu zürnen oder zu weinen." [17] Das ist genau die Haltung,
die ›Wallensteins Lager‹ provoziert: nicht vor Bosheit, nicht vor
Schuld, nicht vor Schicksal steht der Zuschauer, vielmehr vor der
Ungereimtheit – daß der gleiche Mensch, der dem Tod mit Heiterkeit ins Angesicht schauen kann, blind ist für die alle Bedingungen,
auch die des Standes, transzendierende Absolutheit des Humanen,
die doch in eben dieser Haltung zum Tode als Vermögen präsent
ist. Indem sie dieses Vermögen als Willensrichtung außerhalb der
Komisierung läßt und nur dessen Trübungen in der Reflexion ergreift, lacht diese Komödie über die Kleinheit und freut sich zugleich der Größe des Menschen.

Die von Schiller beschriebene, von der Komödie geforderte und
erzeugte höchste Geistesverfassung ist die ästhetische, aus der sich
die in der Preisaufgabe verlangte absolute moralische Gleichgültigkeit der Komödie im Zusammengehen mit geistreicher Heiterkeit

[17] Ebd., S. 446.

und Freiheit des Gemüts definiert als die moralische Unbestimmtheit des ästhetischen Zustandes. Damit schlägt sich die Brücke zu den Erörterungen über die ästhetische Freiheit anläßlich des ›Reiterliedes‹, also zum spezifischen Gegenstand von ›Wallensteins Lager‹. Erschien dort die ästhetische Freiheit als Enthusiasmus der Todesüberwindung durch Antizipation, so zeigt sie hier ihre anthropologische Verankerung als Ganzheitsgrund des menschlichen Lebens, der durch ästhetische Erziehung angesichts des Schönen entfaltet werden kann. Das Schöne ist das Leben als schöner Schein und Spielraum, wie es erscheint, sobald der Mensch ihm nicht mehr als Handelnder und Leidender einbezogen, sondern als Betrachtender konfrontiert und distanziert ist. In dieser Betrachtung erlangt der Mensch den Vollbesitz der Harmonie aller seiner Kräfte, wogegen sie sich in der Lebenspraxis vereinzeln und vereinzeln müssen. Im Zustand des harmonischen Spiels der Kräfte in sich selbst halten sie einander wechselseitig so im Gleichgewicht, daß keine der anderen zur Nötigung werden kann. Alle stimmen in der Rücknahme in die absolute Potentialität überein, in der keine moralische Gesetzgebung, kein Zwang des Lebens, aber auch keine unmittelbare Lebensteilhabe stattfinden. Die moralische Gleichgültigkeit des ästhetischen Zustandes besteht also in zweierlei: darin, daß diese Verfassung als absolutes Vermögen über das Moralgesetz und über den Lebenszwang hinaus ist, und darin, daß sie als Zustand des bloßen Vermögens ohne Verwirklichung moralisch folgenlos und praktisch resultatlos ist. Und doch findet mit Hilfe dieses Zustandes eine ästhetische Erziehung des Menschen statt, die ihn verändert und für die Lebenspraxis bereitmacht. Denn wenn auch die harmonische Verfassung der Freiheit vom moralischen Gesetz und von der Verhaftung an das Leben in der Lebenspraxis nicht durchgehalten werden kann, kann sie doch den Grund aller Lebenspraxis abgeben und das letzte Bollwerk, in dem der Mensch seiner unversehrbaren Ganzheit sicher ist sowie einer Grenzmöglichkeit, äußerstenfalls den Besitzanspruch an das Leben überhaupt in Heiterkeit fahrenzulassen. Das eben ist der Freiheitsbegriff von ›Wallensteins Lager‹, und es erweist sich nun, wie die Soldaten gerade als schicksallose Rollenexistenzen in einer Verfassung des nicht zu Handlungen eingeforderten Vermögens gewisse Chancen des ästhetischen Zustandes teilen, in dem der Zuschauer der Komödie sich befindet, und wie sie wiederum von anderen Chancen des ästhetischen Zustandes, den der Zuschauer der Komödie einnimmt, als Rollenexistenzen abgeschnitten sind, die weder aus ihrer Rolle in ein universales Bewußtsein ausbrechen noch in einem individuellen Schicksal ihr Bewußtsein erweitern können. Sie sind in der Perspektivik ihres Bewußtseins befangen, weil durch sie definiert, während der Zuschauer der Komödie in einer gottgleichen Überschau über die kleine Welt des Lagers steht. Ja noch mehr: gerade die Befangenheit der Komödienfiguren in der Perspektivenverengung ihrer Rollen distanziert den Zuschauer der Komödie um so weiter von ihnen, macht diese Distanz um so entschiedener zu einer nicht moralischen, sondern vernunftmäßigen, gibt dem Zuschauer eine um so größere Freiheit des Überblicks. Der Zuschauer der Komödie ist also zu der gleichen ästhetischen Freiheit ganz befreit, die die Figuren der Komödie als Wollende verkörpern und als Erkennende verfehlen; er wird dadurch zu dieser Freiheit ganz befreit, daß die Soldaten sie nur habituell, aber nicht praktisch und intellektuell einlösen. Und umgekehrt: In dieser völligen Freiheit ist der Zuschauer der Komödie auch völlig außerhalb jeder Situation, während die Soldaten, wenn auch ohne Schicksal als Personen, doch in der Lagersituation stehen, die ihrer Haltung der ästhetischen Freiheit wenigstens einen Horizont der höchsten Lebensbewährung gibt, wogegen der Zuschauer in der Verabsolutierung der Betrachtersituation nichts ist als Betrachter. Im Verhältnis Zuschauer–Figur zeigt sich hier noch einmal die Eigenschaft des ästhetischen Zustandes, in dem Maße universell und vollkommen zu sein, in dem er Betrachterposition ist. Zugleich zeigt sich in diesem komplizierten Wechselspiel der Gegenstand von ›Wallensteins Lager‹, die ästhetische Freiheit, auch als Bestimmungsgrund der Form, in der dieser Gegenstand erscheint, und als Ziel der Wirkung, die diese Form als eine höchste der Kunst anstrebt. Die ästhetische Freiheit ist in ›Wallensteins Lager‹ dergestalt zum Thema gemacht, daß sie der Zuschauer in höchstmöglicher Weise an sich selbst erfährt.

Die hier vorgetragene These wird vielleicht noch deutlicher, wenn der Verweisungszusammenhang beachtet wird, in dem ›Wallensteins Lager‹ nicht nur zu Schillers Theorie der Komödie, sondern

auch zu seiner Theorie der Idylle steht, die einen Mittelpunkt seiner
Ästhetik bildet. Schiller unterscheidet in seiner Abhandlung ›Über
naive und sentimentalische Dichtung‹ die herkömmliche Idylle, in
der der Mensch im Kindheitsglück einer noch nicht verlorenen Har-
monie mit der Natur verharrt, von einer erst noch hervorzubrin-
genden großen Idylle, die den Menschen in der wiedergewonnenen
Harmonie vollendeter Idealität, im Zustand einer höheren, aus dem
Geist gewonnenen, den gesamten Kulturbereich einbegreifenden
Natur vorführt. Denn der Zustand einer Übereinstimmung des
Menschen mit sich selbst und der Welt „findet nicht bloß vor dem
Anfange der Kultur statt, sondern er ist es auch, den die Kultur,
wenn sie überall nur eine bestimmte Tendenz haben soll, als ihr
letztes Ziel beabsichtigt" [18]. In dem gleichen Brief, in dem Schiller
am 29. November 1795 Wilhelm von Humboldt seinen Plan einer
solchen großen Idylle entwickelt, die an die Apotheose des Herkules
am Ende des Gedichts ›Das Ideal und das Leben‹ anknüpfen soll,
fährt er fort: „Eine solche Idylle würde eigentlich das Gegenstück
der hohen Comödie seyn; und sie auf einer Seite (in der Form)
ganz nahe berühren, indem sie auf der andern und im Stoff das
direkte Gegentheil davon wäre. Die Comödie schließt nehmlich
gleichfalls alles Pathos aus, aber ihr Stoff ist die Wirklichkeit. Der
Stoff dieser Idylle ist das Ideal." [19] In ›Wallensteins Lager‹ liegt
nun nicht nur in dem, was Schiller die Form nennt: in der Vermei-
dung des Pathos zugunsten einer geistreichen Heiterkeit und Freiheit des Gemüts, sondern auch in dem, was bei Schiller Stoff heißt,
eine Beziehung zur Idylle vor. ›Wallensteins Lager‹ kann zunächst
als Parodie der traditionellen Idylle angesehen werden. Es verwirklicht in seiner Abgeschlossenheit gegen die Umwelt, in der präten-
dierten Brüderlichkeit seiner Bewohner, in deren Anspruch, die
wahre Menschheit zu repräsentieren, und in dem Versuch, der Zeit

[18] Ebd., S. 467. Zu Schillers Bearbeitung des Idyllischen siehe Horst
Rüdiger, Schiller und das Pastorale, in: Euphorion 53, 1959, S. 229–251;
Gerhard Kaiser, Idylle und Revolution. Schillers „Wilhelm Tell", in:
Deutsche Literatur und Französische Revolution, Göttingen 1974 (Kleine
Vandenhoeck-Reihe 1395), S. 87–128; dort weitere Literatur.
[19] Schillers Briefe, hrsg. v. Fritz Jonas, Bd. 4, Stuttgart, Leipzig,
Berlin, Wien o. J., S. 338.

zu entspringen, die Form idyllischen Lebens unter völliger Verkehrung ihres Inhalts, da die eigentliche Idylle ja nicht den Soldaten, sondern den Hirten und Bauern als den natürlichen Menschen
bestimmt.[19a] Dann aber deutet diese Parodie der herkömmlichen
Idylle, in dem Maße wie sie auf den Freiheitsbegriff des Gedichts
›Das Ideal und das Leben‹ beziehbar ist, auch auf den Entwurf der
großen Idylle, „welche jene Hirtenunschuld auch in Subjekten der
Kultur und unter allen Bedingungen des rüstigsten feurigsten Lebens" präsentiert und eine Ruhe vergegenwärtigt, „die aus dem
Gleichgewicht nicht aus dem Stillstand der Kräfte, die aus der Fülle
nicht aus der Leerheit fließt, und von dem Gefühle eines unendlichen Vermögens begleitet wird", wie die Abhandlung ›Über naive
und sentimentalische Dichtung‹ sagt.[20] Soweit die Soldaten des
Lagers durch die Freiheit über den Tod hinaus sind und darin im
Besitz eines unendlichen Vermögens gelassener Übereinstimmung
mit ihrer Menschheit, verweisen sie auf das Menschenbild der großen Idylle: auf die Möglichkeit vollendeter Natur durch alle Disso-
nanzen der naturentfremdeten Kultur hindurch, die sich nicht kras-
ser als im kriegerischen Lager darstellen können, während sie doch
auch, verhaftet an ihr Rollenbewußtsein, das ihnen den unnatür-
lichsten als den natürlichsten Beruf vorspiegelt, parodistisch-komi-
sche Gegenbilder nicht nur des natürlichen Menschen der traditionellen Idylle, sondern auch des wieder Natur gewordenen der
großen Idylle abgeben. Während sie das Ideal selbst vorzuführen
unternimmt, erscheint es hier gebrochen in der Wirklichkeit. Es ist
bekannt, daß Schiller die große Idylle, von der er zur Humboldt
spricht, nicht zustande gebracht hat, daß aber die ›Jungfrau von

---

[19a] Allerdings gibt es in der niederländischen Malerei seit dem 17. Jahrhundert das Genre der kriegerischen Lagerszenen. In Herders ›Adrastea‹
(4. Stück, 1802, ›Früchte aus den sogenannt goldnen Zeiten des 18. Jahrhunderts‹, Abschnitt ›Idyll‹) findet sich eine programmatische Ausweitung
des Idyllischen – „Allenthalben blühe Arkadien, oder es blüht nirgend" –,
die auch den Krieg mit einschließt: „. . . selbst auf dem Schlachtfelde giebt
es zwischen Menschen und Menschen herzdurchschneidende Situationen der
Klage und des Erbarmens, Idyllenszenen. So sonderbar der Name klingt,
Lager-, Kriegs-, Schlachtidyllen, Dank dem Menschengefühl!"
[20] Nationalausg., Bd. 20, S. 472 f.

Orleans‹ und ›Wilhelm Tell‹ vor dem Hintergrund dieses Entwurfes zu sehen sind. Vielleicht ist es erlaubt, auch ›Wallensteins Lager‹ in diese Reihe zu stellen, wenn man in dem bereits zitierten Brief an Humboldt die Bemerkung liest: „Zeigte es sich, daß eine solche Behandlung der Idylle unausführbar wäre – daß sich das Ideal nicht individualisieren ließe – so würde die Comödie das höchste poetische Werk seyn, für welches ich sie immer gehalten habe – biß ich anfieng an die Möglichkeit einer solchen Idylle zu glauben." Schiller hat, scheiternd an der großen Idylle, die Komödie als höchstes poetisches Werk zustande gebracht, indem er nicht nur in der Form, sondern auch im Stoff der Idee an die große Idylle anknüpft und damit in seiner ersten und letzten Komödie auch das Letzte der Komödie gibt. Denn es ist nicht nur schwieriger, einen zum Pathetischen neigenden Gegenstand komödiengemäß zu behandeln als einen von Haus aus zur Komödie tendierenden, sondern auch verdienstvoller, wenn es gelingt, die gemeinhin der Tragödie vorbehaltenen großen Gegenstände, als die im ›Wallenstein‹-Prolog Herrschaft und Freiheit bezeichnet werden, mit der nur in der Komödie durchzuhaltenden äußersten Verfassung des menschlichen Geistes zu vereinigen; nicht schlechtweg die Wirklichkeit in der Komödie vorzuführen, sondern das Ideal in einer Verwirklichung, die es zugleich unendlich verfehlt.

Das Feldlager seiner Armee hat sich als dramatische Metapher für Wallensteins Bestreben erwiesen, ein Lager der absoluten Möglichkeit jenseits der Geschichte zu gewinnen. Am Ende zeigt sich ein weiterer sinnbildlicher Gehalt, der auf die Soldaten des Lagers selbst weist. Es ist Sinnbild für das Selbstverständnis eines Soldatentums, das sich hochmütig nach draußen abgrenzt im Wahn, allein zur wahren Menschheit berufen zu sein. Und noch eine zweite Hauptfigur der dramatischen Trilogie sucht ein 'Lager' außerhalb der Wirklichkeit: Max Piccolomini, der sich in der absoluten Innerlichkeit des Herzens verschanzen will und dabei ebenso scheitert wie Wallenstein. Er verlangt, die Welt solle unmittelbar dem moralischen Gesetz des Herzens gehorchen, und wendet sich von ihr ab, weil sie seiner Forderung nicht genügt, statt zu erkennen, daß die Freiheit des Herzens der Welt standhalten kann, wie sie ist. So beleuchten und relativieren die Positionen Wallensteins, Maxens

und der Armee einander wechselseitig. Wallenstein und Max bleiben in ihrer Freiheitskonzeption hinter der höchsten des Lagers
zurück, Wallenstein, indem er Freiheit als unbegrenzte Möglichkeit, Max, indem er sie als Guthaben des Herzens gegenüber der
Welt auffaßt. Die Soldaten des Lagers bleiben hinter Wallenstein
und Max zurück; denn Wallenstein und Max haben ein Schicksal,
jene nur Rollen. Die Armee und Max bleiben hinter Wallenstein
zurück in der Höhe ihrer Selbstreflexion, denn Max' Anspruch des
Herzens ist ebenso fraglos wie die Meinung der Soldaten des Lagers, die eigentlichen Menschen zu sein, während Wallenstein im
Verlauf der Handlung dazu kommt, die Problematik seiner Lebenshaltung bis zum Grunde zu durchschauen: Wallenstein in der Weite
seines Bewußtseins umfaßt am Ende alle anderen Positionen, die in
der Tragödie eingenommen werden, mit. Andererseits aber gehören
Wallenstein, Max und die Armee in ihrer Haltung aufs engste
zusammen, denn wie die Soldaten Menschheit als ihnen allein vorbehaltenen Ausnahmezustand empfinden, so will Wallenstein im
Ausnahmezustand des über dem Chaos der Geschichte schwebenden
schöpferischen Geistes, Max im Ausnahmezustand eines Absolutis-
mus des Herzens leben. Ein dichtes Netz der Verweisungen spinnt
sich in dieser Weise zwischen ›Wallensteins Lager‹ und den beiden
anderen Teilen der Trilogie und schließt sie zur Einheit zusammen.
Schon im ›Lager‹, noch vor dem Auftritt der Hauptfiguren, beginnt
der dramatische Prozeß, dem sie unterworfen sind. Er führt in den
›Piccolomini‹ und in ›Wallensteins Tod‹ in den Bereich des Sittlichen und Pathetischen hinüber, nimmt die Kräfte unseres Gemütes
gefangen, während das ›Lager‹ diesseits der Erschütterung bleibt.
Die Tragödie, sagt Schiller in der Abhandlung ›Über naive und sentimentalische Dichtung‹, sei bestimmt, „die Gemüthsfreyheit, wenn
sie durch einen Affekt gewaltsam aufgehoben worden, auf ästheti-
schem Weg wieder herstellen zu helfen. In der Tragödie muß daher
die Gemüthsfreyheit künstlicherweise und als Experiment aufgehoben werden; weil sie in Herstellung derselben ihre poetische
Kraft beweißt; in der Comödie hingegen muß verhütet werden,
daß es niemals zu jener Aufhebung der Gemüthsfreyheit komme."[21]

[21] Ebd., S. 445.

Auch am Ende der Schillerschen *Tragödie* steht also der Triumph der Gemütsfreiheit des ästhetischen Zustandes, derselbe Triumph, der im Bewußtseinshorizont der *Komödie* als Dauer gegeben ist. In der ›Wallenstein‹-Trilogie leistet Schiller beides auf einmal: Er ist als Komödiendichter von ›Wallensteins Lager‹ an dem Ziel, dem er als Tragödiendichter von ›Wallensteins Tod‹ zustrebt. In diesem Sinne mündet nicht nur die Komödie des ›Lagers‹ in die Tragödie des ›Todes‹, sondern auch umgekehrt die Tragödie des ›Todes‹ in die Komödie des ›Lagers‹ ein – als eine pathetische Bewegung, aufgehoben in einer komödienhaften Spiegelung und Spiegelverkehrung des Ideals. Sie präsentiert ›Wallensteins Lager‹ als Komödie der Freiheit in der Freiheit der Komödie.

The Discontinous Tradition. Studies in German Literature in honour of Ernest L. Stahl.
Ed. by Peter F. Ganz, Oxford: Clarendon Press 1971, pp. 79—98.

DIE IDEE DES NEUEN LEBENS:
EINE BETRACHTUNG ÜBER SCHILLERS
›WALLENSTEIN‹
(1971)

Von WALTER MÜLLER-SEIDEL

Schillers ›Wallenstein‹-Drama hat nach übereinstimmender Auffassung seiner Interpreten in einem berühmten Monolog seine geheime Achse. Man zitiert ihn nicht nur, wenn man die ›Wallenstein‹-Dichtung interpretiert, sondern führt vorzüglich diesen Monolog an, wenn es darum geht, seine Eigenart zu erläutern. Vom Drama des handelnden Menschen ist in solchen Erläuterungen die Rede, vom Entscheidungsdrama und dem zu ihm gehörenden Monolog, in dem der Handelnde seine Lage überdenkt.[1] Er wird sich der Alternativen bewußt, denen er sich gegenübersieht. Er wird sich des Konfliktes bewußt, der sich in solchen Alternativen zusammendrängt. Der berühmte Monolog – im vierten Auftritt des ersten Aufzugs von ›Wallensteins Tod‹ – wird zum Paradigma der klassischen Dramenform kat' exochen. Es sind jene Verse, die jeder kennt, der das große Drama kennt:

> Wärs möglich! Könnt ich nicht mehr, wie ich wollte?
> Nicht mehr zurück, wie mirs beliebt? Ich müßte
> Die Tat *vollbringen*, weil ich sie *gedacht,*
> Nicht die Versuchung von mir wies – das Herz
> Genährt mit diesem Traum, auf ungewisse

---

[1] So etwa bei Paul Böckmann (Stilprobleme in Schillers Dramen. Jetzt in: Formensprache. Studien zur Literaturästhetik und Dichtungsinterpretation, Hamburg 1966, S. 226): „Seine Dramen sind konzipiert von der Krisis des Geistes aus, von jenem geheimen Einheitspunkt her, wo ein Volk, eine Menschengruppe, ein Einzelner sich in die vieldeutigen Möglichkeiten des Lebens gestellt sieht und wo mit Notwendigkeit eine Entscheidung gefällt werden muß."

Erfüllung hin die Mittel mir gespart,
Die Wege bloß mir offen hab gehalten? –
Beim großen Gott des Himmels! Es war nicht
Mein Ernst, beschloßne Sache war es nie.
In dem Gedanken bloß gefiel ich mir; . . .

[Tod, 139–48]

Vom Doppelsinn des Lebens wird im Fortgang gesprochen, vom
Ernst im Anblick der Notwendigkeit und von tückischen Mächten,
„die keines Menschen Kunst vertraulich macht". Aber nicht dieser
berühmte Teil des Monologs ist der Ausgangspunkt unserer Betrachtung. Wir richten uns auf seine letzten Passagen, die man im
allgemeinen seltener zitiert.[2] Zuvor aber vergegenwärtigen wir uns
die Situation, in der sich Wallenstein befindet.

Als der mit sich selbst Redende ist er sich seiner Stellung unsicher geworden. Er weiß, daß er auf den Kaiser nicht mehr zählen
kann. Wallenstein ist sich darüber im klaren, daß er dessen Vertrauen nicht mehr besitzt. So hat er, seine eigene Politik treibend,
im stillen vorgesorgt. Als die Spielernatur, als die man ihn verstehen kann, hat er auch mit dem Gedanken gespielt, ein zeitweili-
ges Bündnis mit den Schweden könnte seine Lage verbessern.[3] Hat
er mit diesem Gedanken nur gespielt? Der Monolog läßt vermuten,
daß es sich in der Tat so verhält: daß es nur ein Gedankenspiel war:
„In dem Gedanken bloß gefiel ich mir . . .", heißt es. Aber gesetzt
selbst, daß er mit dem Gedanken zunächst nur gespielt hätte, so
bleiben einige Fragen gleichwohl offen. Sollte damit nur die eigene
Lage verbessert werden? Geht es in Wallensteins Denken nur um
das eigene Ich, wie man seine Äußerungen oft einseitig ausgelegt
hat? Oder denkt dieser von der Macht faszinierte Egozentriker doch
gelegentlich über die eigene Person hinaus? Der Wallenstein Schil-

[2] In seiner ›Wallenstein‹-Auslegung gibt Benno von Wiese das Zitat
in vollem Umfang wieder. Aber eine eingehendere Analyse dieser be-
deutungsvollen Aussage verbindet sich damit nicht (Die deutsche Tragödie
von Lessing bis Hebbel, [5]Hamburg 1955, S. 237). Ähnlich in: Friedrich
Schiller, Stuttgart 1959, S. 660.

[3] Die Spielernatur Wallensteins ist Clemens Heselhaus wichtig: Wallensteinisches Welttheater. In: Deutschunterricht, 1960, Heft 2, S. 65.
[In diesem Sammelband S. 227.]

lers ist eine eminent politische Persönlichkeit, der es gewohnt ist, zu
herrschen und zu gebieten. Seine eigene Position zu festigen, ist er
bemüht, wo immer sich die Gelegenheit bietet. Dennoch ist er
offenbar nicht einer, der nur Machtpolitik um der Macht willen
treibt. Aber sei dem, wie ihm wolle: aus dem Gedankenspiel sind
Realitäten entstanden. Die schwedischen Unterhändler warten. Es
ist höchste Zeit, daß etwas geschieht, wenn es nicht schon zu spät ist.
Seine Freunde – es sind sehr zweifelhafte Freunde – drängen ihn
zum Entschluß. Sie drängen ihn zur Entscheidung und zum Verrat,
weil sie wissen, daß sie für ihre Person nichts zu erwarten haben,
wenn sich ihr Feldherr dem Kaiser unterwirft. Für sie erst recht
geht es um alles oder nichts. Aber nicht nur die Freunde locken
Wallenstein in den Verrat. Auch der Kaiser selbst und seine Unterhändler tragen durch ihre Intrigenpolitik zum Abfall bei. Sie stoßen
Wallenstein förmlich in sein Schicksal hinein – ob er es will oder
nicht. Die Situation also ist klar: nur rasches Handeln könnte die
Dinge wenden. Aber Wallenstein handelt nicht. Er zaudert.[4]
Spricht das ein für allemal gegen ihn? Doch wohl nicht! Indem
Wallenstein zaudert, ist er nicht ohne weiteres der gewissenlos
Handelnde, als den ihn manche Interpreten behandeln. So gibt er
denen, die ihn zur Eile drängen, die für ihn bezeichnende Antwort:
„Warte noch ein wenig." Es ist ihm alles zu schnell gekommen. Er
schickt seinen Gesprächspartner – es ist Illo – hinaus und über-
denkt die Lage in eben dem Monolog, den wir kennen. In Fragen

---

[4] Daß solches Zaudern mit dem Zaudern Hamlets nicht zu verwechseln sei, hat die neuere Forschung wiederholt betont; so Max Kommerell:
„Es ist ein anderes Zaudern als das Zaudern Hamlets, dem alles Handeln
schal und willkürlich wird, weil ihn das Sein, das Rätsel des Seins an-
starrt. Wallenstein zaudert, weil das Wesen der Tat ihn anrührt..."
(Schiller als Gestalter des handelnden Menschen. Jetzt in: Geist und
Buchstabe der Dichtung, [3]1944, S. 147). Eine geistvolle Deutung dieses
Zauderns hat Oskar Seidlin gegeben: „Wallensteins Zögern ist nicht zu
fassen als Charakterzug... Sein Zögern entspringt nicht einem inneren
Konflikt... sondern es ist die magistrale Geste eines Menschen, der sich
stemmt gegen das unerbittliche und unaufhaltsame Abrollen der Zeit..."
(Wallenstein: Sein und Zeit. Jetzt in: Von Goethe zu Thomas Mann,
Göttingen 1963, S. 122 [in diesem Sammelband S. 239/240]).

und Konjunktiven spricht Wallenstein mit sich selbst von der Möglichkeit der Rückkehr, und Rückkehr ist in diesem Drama als eine bedeutungsvolle Metapher gemeint. Jetzt erst wird sich der zum Handeln Gedrängte seiner Lage vollends bewußt. Er soll sich entscheiden. Aber sein Zaudern schränkt die Entscheidung ein; und solche Einschränkungen haben Gewicht:

> O! sie zwingen mich, sie stoßen
> Gewaltsam, wider meinen Willen, mich hinein.
> [Picc., 701–2]

Die Entscheidungssituation, die man gern als konstituierend für die Schillersche Schaffensweise ansieht, ist gar keine Situation der Entscheidung. Wallensteins Wahl ist eine Wahl des Notwendigen. Aber eine Wahl des Notwendigen ist eigentlich keine Wahl.[5]

Das alles und anderes ist in dem berühmten Monolog enthalten; uns interessiert sein letzter Teil. Die Bühnenanweisungen schreiben vor: „Er macht heftige Schritte durchs Zimmer, dann bleibt er wieder sinnend stehen." Danach heißt es:

> Und was ist dein Beginnen? Hast du dirs
> Auch redlich selbst bekannt? Du willst die Macht,
> Die ruhig, sicher thronende erschüttern,
> Die in verjährt geheiligtem Besitz,
> In der Gewohnheit festgegründet ruht,
> Die an der Völker frommem Kinderglauben
> Mit tausend zähen Wurzeln sich befestigt.
> Das wird kein Kampf der Kraft sein mit der Kraft,
> *Den* fürcht ich nicht. Mit jedem Gegner wag ichs,
> Den ich kann sehen und ins Auge fassen,
> Der, selbst voll Mut, auch mir den Mut entflammt.
> Ein unsichtbarer Feind ists, den ich fürchte,
> Der in der Menschen Brust mir widersteht,
> Durch feige Furcht allein mir fürchterlich –
> Nicht was lebendig, kraftvoll sich verkündigt,

---

[5] Ähnlich Kurt May: „Der erste, auch nur halbe Schritt war frei, der zweite ist es nicht mehr. Dann spielt es gar keine Rolle mehr, wie einer gesinnt ist, die Freiheit der Entscheidung ist genommen" (Friedrich Schiller. Idee und Wirklichkeit im Drama, Göttingen 1948, S. 110).

Ist das gefährlich Furchtbare. Das ganz
Gemeine ists, das ewig Gestrige,
Was immer war und immer wiederkehrt,
Und morgen gilt, weils heute hat gegolten!
Denn aus Gemeinem ist der Mensch gemacht,
Und die Gewohnheit nennt er seine Amme.
Weh dem, der an den würdig alten Hausrat
Ihm rührt, das teure Erbstück seiner Ahnen!
Das Jahr übt eine heiligende Kraft,
Was grau für Alter ist, das ist ihm göttlich.
Sei im Besitze und du wohnst im Recht,
Und heilig wirds die Menge dir bewahren.

[Tod, 192–218]

Eine erregende Argumentation! [6] Worauf läuft sie hinaus? Wallensteins Denken ist gegen das Überlieferte gerichtet; und das Überlieferte wird von vielen Menschen nur deshalb verehrt, weil es
überliefert ist. So auch die Ordnung, die jeweils gilt. Wallenstein
wendet sich gegen sie.[7] Er erkennt sie nicht an, nur weil sie Ordnung ist. Er wendet sich damit zugleich gegen den Kaiser, der diese
Ordnung als die seine verteidigt. Ein Verteidiger solcher Ordnung
ist aber auch Octavio Piccolomini, Wallensteins Gegenspieler. Piccolomini ist ein Vertreter des eigentlich erstarrten Lebens, des
Förmlichen, wie es der Brauch an Höfen ist. Wallensteins Gemahlin
hat sich vorübergehend dort aufgehalten. Sie ist jetzt zurückgekehrt
und berichtet von ihren Erlebnissen am kaiserlichen Hof. Sie be-
klagt den Wandel, den sie wahrgenommen hat. Aber es ist nicht
ein Wandel im Sinne des geschichtlichen Lebens, das sich von Zeit zu

[6] Die Argumente, die Kurt May beibringt, uns diese Äußerungen
Wallensteins als unmoralisch zu verdächtigen, überzeugen nicht (Friedrich
Schiller, S. 131). Es ist überhaupt auffällig, wie selbstverständlich
deutsche Literarhistoriker bereit sind, Wallenstein zu verurteilen, weil er
es an Respekt vor der etablierten Ordnung fehlen läßt – einer Ordnung,
die es offenbar schon deshalb anzuerkennen gilt, weil sie ist.
[7] Zutreffend spricht Clemens Heselhaus von einer „Entwertung der
Institution, der Legalität, selbst des positiven Gesetzes in Schillers Dichtungen" (ebda., S. 46).

Zeit erneuert. Der Wandel, der am Kaiserhof zu beobachten war, ist nicht Fortschritt, sondern Reaktion – eine Veränderung zugunsten des erstarrten Lebens. Die Kategorie der Zeit, zum Verständnis des Wallensteindramas von entscheidender Bedeutung, mischt sich ein. Sie erscheint als das, was war – was immer schon so war und ewig wiederkehrt. Wallenstein bezeichnet diese Wiederkehr des Gleichen als das Gemeine. Er setzt es herab und bezeugt ihm seine uneingeschränkte Verachtung. Und ein Gemeines ist auch das, was sich ewig wiederholt und nur deshalb gilt, weil es immer gegolten hat, weil es die Menge sanktioniert. Man darf den religiösen Wortschatz in der Sprache Wallensteins nicht überhören:

> Das Jahr übt eine heiligende Kraft,
> Was grau für Alter ist, das ist ihm göttlich.
> Sei im Besitze und du wohnst im Recht,
> Und heilig wirds die Menge dir bewahren.
> [Tod, 215–18]

Das Heilige und das Göttliche sind aber nicht im wörtlichen Sinne heilig und göttlich. Nur aus Gewohnheit hält man es allenthalben so mit Besitz und Recht. Wallensteins Worte sind voll der Ironie. Denn was die Menge für heilig und göttlich erklärt, ist nichts als die Sanktionierung des Bestehenden, nur weil es das Bestehende ist. Was die Menge solchermaßen sanktioniert, ist also nicht Sein, sondern Schein, nicht lebendiges Leben, sondern erstarrte Form. Der Wallenstein dieses Monologs, wenn wir seine Worte recht bedenken, gewinnt unsere Sympathien. Denn hat er nicht eigentlich in allem recht? Was ist das für eine Macht – diese Macht der Gewohnheit? Hat man es nicht zumeist nur mit Bequemlichkeit, Egoismus und ungeistigem Verharren zu tun, wenn *diese* Macht im Leben herrscht? Das ewig Gestrige wird von Wallenstein zitiert, und wie sehr ist in der Redewendung schon die Verachtung enthalten, die sich mit ihr verbindet; denn das ewig Gestrige ist in unserer Sprache dubios. Es ist eindeutig Reaktion. Wallensteins Verachtung gegenüber solchen Erscheinungen des Lebens kennt keine Grenzen. Wer will es ihm verdenken! Der Satz, mit dem der Monolog endet, führt den Gedankengang auf den Höhepunkt in den Formen der ironischen Rede, die kaum noch zu überbieten ist:

Sei im Besitze und du wohnst im Recht
Und heilig wirds die Menge dir bewahren.[8]
[Tod, 217–18]

Der Wallenstein dieses Monologs hat andere Vorstellungen vom
Recht, als sie die Menge hat. Er denkt in allem nicht an erstarrte
Formen, sondern an lebendiges Leben. Er denkt an das lebendig
Neue im Bereich der geschichtlichen Welt und will das ewig Alte
nicht anerkennen. Daß hier eine Erfahrung der Geschichtlichkeit
vorliegt, die nicht bloß Pragmatismus bedeutet, ist unsere Überzeugung.

Von einem, der in allem nur an sich selbst denkt, haben wir uns
damit weit entfernt. Wenn es Wallenstein so meint, wie er es hier
sagt – und im Monolog hätte die Verstellung wenig Sinn – dann
bestimmt nicht nur der Egoismus, sondern auch das Soziale sein
Denken. Die Bewahrenden als die Besitzenden sind nicht immer die
Hüter des geistigen Lebens. Sie hüten nicht selten nur ihren Besitz.
Indem sie es tun, glauben sie sich im Recht – nur weil es immer so
war und deshalb auch so bleiben soll. Aber wie soll da noch Leben
in der Geschichte sein, deren Wesen Wandel ist? Der Wallenstein
dieses Monologs in dem Geschichtsdrama Schillers, um das es sich
handelt, ist ein Vertreter des geschichtlichen Lebens. Er will etwas
Neues. Er treibt nicht nur Politik, die sich in Taktik erschöpft, in
Ränken und Intrigen. Dieser Politiker – und das zeichnet den
Staatsmann aus – hat eine Vision. Er hat Vorstellungen davon,
wie ein zukünftiges Leben aussehen könnte; und er macht sich darüber seine Gedanken. Auch später noch, da sein Stern schon sinkt,
ist das der Fall, wenn er in der Vision vom Ende der spanischen
Herrschaft einen Sieg des neuen Glaubens erkennt:

Die Erfüllung
Der Zeiten ist gekommen, Bürgermeister,

---

[8] Daß Wallenstein damit „in Wahrheit" – aber was heißt hier
Wahrheit! – ein Vernichtungsurteil über sich selber spreche, wie Wolf-
gang Wittkowski behauptet, halte ich wenigstens für „unbewiesen", von
den hier waltenden Interpretationsinteressen ganz zu schweigen (Octavio
Piccolomini. In: Jahrbuch der Deutschen Schillergesellschaft, 5 (1961),
S. 32).

Die Hohen werden fallen und die Niedrigen
Erheben sich . . .[9]

[Tod, 2604–7]

Wallenstein hat bestimmte Vorstellungen von einer Zeit, die anders als die Gegenwart ist. Als künftige Zeit ist es zugleich die erfüllte Zeit, die Oskar Seidlin als eschatologische Vision des Endes und der Aufhebung alles Zeitlichen interpretiert: „Echo chiliastischer Prophezeiung aus Vergils Viertem Hirtengedicht" [10]. Eine Vision idyllischen Lebens zeichnet sich ab. Der ihr das Wort redet, ist einer, dem Kampf und Krieg über alles zu gehen scheint. Doch deutet vieles darauf hin, daß Wallenstein den Krieg nicht um seiner selbst willen schätzt. Das Ziel seiner Pläne ist bestimmt von einer Idee des Friedens, von der Vorstellung eines neuen Reiches, das er sich – wie zu den Zeiten Vergils – als ein Friedensreich erträumt. Es liegt nahe, an die Abhandlung ›Über naive und sentimentalische Dichtung" zu erinnern. Die Ausführungen über die Idylle sind auf ein solches Friedensreich der Zukunft bezogen. Zwar ist diese Dichtungsart zumeist den Anfängen der Kultur zugewandt. Aber die Idylle ist nicht minder zukunftsbezogen: Die poetische Darstellung unschuldiger und glücklicher Menschheit sei der allgemeine Begriff dieser Dichtungsart. Weil aber solche Unschuld mit den künstlichen Verhältnissen der Gesellschaft nicht vereinbar sei, habe der Dichter den Schauplatz der Idylle in den einfachen Hirtenstand verlegt. Schiller fährt fort: „Aber ein solcher Zustand findet nicht bloß vor dem Anfange der Kultur statt, sondern er ist es auch, den die Kultur, wenn sie überall nur eine bestimmte Tendenz haben soll, als ihr letztes Ziel beabsichtet." [11] Wie sehr Wallenstein in allem an sich selber denkt, an seine Macht und an seinen Besitz – einen solchen Zustand des Friedens herbeizuführen, fühlt er sich gleichwohl berufen. Möglicherweise ist er der einzige unter seinen Zeitgenossen, der dazu in der Lage wäre. Es wäre ungerecht, das alles nur als Vorwand und Heuchelei zu verdächtigen. Schiller hat seinen

[9] Vgl. K. May, ebda., S. 130; O. Seidlin, S. 122. [In diesem Sammelband S. 240.]

[10] O. Seidlin, ebda., S. 123. [In diesem Sammelband S. 240.]

[11] Über naive und sentimentalische Dichtung. Schillers Werke. Nationalausgabe, Bd. 20, hrsg. von Benno von Wiese, Weimar 1962, S. 467.

Helden auch mit solchen Zügen ausgestattet – anders als in der
›Geschichte des Dreißigjährigen Krieges‹. Der Wallenstein seines
Dramas ist kein Tugendheld. Aber er ist noch weniger der Verbrecher, der es verdient, daß wir ihn mit Schulbegriffen wie Schuld
und Sühne messen. Schillers Wallenstein ist zumal von diesem bedeutenden Monolog her gesehen ein revolutionärer Idealist, und
daß man einen „Visionär mit solchen Gesichten" mehr als ein Jahrhundert einseitig mit dem Etikett des Realisten versehen hat, ist in
der Tat erstaunlich.[12] Mit Max Piccolomini, dem von aller Welt-
kenntnis entfernten Idealisten, dürfen wir ihn darum nicht verwechseln. Wallenstein unterscheidet sich von diesem durch die
Kenntnis, die er von der Welt und von der Politik in dieser Welt
hat. Er unterscheidet sich auch in der Kenntnis der Mittel, und er
weiß sie zu gebrauchen. Wallenstein ist diesem Monolog zufolge ein
revolutionärer Idealist. Von seinem revolutionären Willen zum lebendig Kraftvollen hat man gesprochen.[13] Aber er ist zugleich der
Realist des politischen Lebens, der die Intrige kennt und sich ihrer
auch, wenn es sein muß, zu bedienen weiß. An verdecktes Planen
und Handeln ist er gewöhnt. Er belehrt die Seinen, wenn sie ihn
allzu einfach und unkompliziert sehen:

> Und woher weißt du, daß ich ihn nicht wirklich
> Zum besten habe? Daß ich nicht euch alle
> Zum besten habe? Kennst du mich so gut?
> Ich wüßte nicht, daß ich mein Innerstes
> Dir aufgetan ...
>   [Picc. 861–5]

Das sagt er zu Terzky und bezeichnet damit das aus Prinzip Hin-
tergründige seines Charakters. Zumal in solchen Zügen – wir
denken an den Marquis Posa des ›Don Carlos‹ – ist Wallenstein
der Handelnde, den man aus Schillers Dramen kennt. Im Intrigen-
geflecht des politischen Lebens kennt er sich wie wenige aus. Da
haben die Idyllen des einfachen Lebens nichts mehr zu suchen. Da

---

[12] Im Sinne Oskar Seidlins (Wallenstein: Sein und Zeit, S. 123 [in
diesem Sammelband S. 241]).

[13] Benno von Wiese, Die deutsche Tragödie, S. 238.

werden die Mittel gewählt, die zu wählen sind. Aus den unbedenklich Handelnden werden die großen Verschwörer, die wie Fiesco, Marquis Posa, Mortimer oder Demetrius ihr gewagtes Spiel treiben. Wallenstein ist ein Idealist, wenn er sich in Gedanken an die Vision einer besseren Zeit verliert, die er heraufzuführen hofft. Er ist Realist durch und durch, wenn er die Mittel bedenkt, die er dafür einsetzen muß. Er ist Idealist und Realist zugleich. Ein mit solchen Zügen ausgestatteter Staatsmann ist so rasch nicht schuldig zu sprechen, wie es oft geschieht. Es geht in allem nicht nur um seine Person und um die Macht, die er für sich erstrebt. Etwas Allgemeines steht in Frage: der Friede der Zukunft und mit ihr eine neue Zeit, ein neues Leben. Von solchen Überlegungen her ist Wallensteins Verrat nicht mehr ausschließlich als der Verrat eines Abenteurers und Opportunisten zu interpretieren. Seine Untreue ist nicht einseitig gegen die Treue auszuspielen, die Octavio Piccolomini dem Kaiser hält; denn was diesen an den Kaiser bindet, ist in hohem Maße die Treue zum Gewohnten, wenigstens in Wallensteins Sicht. Schiller hat in Wallensteins Gegenspieler keinen kleinlichen Intriganten gezeichnet, und er hat ihn ausdrücklich gegenüber jenen in Schutz genommen, die ihn im Verständnis des Dramas zum Bösewicht degradiert sehen wollen. Es habe nicht in seiner Absicht gelegen, schreibt Schiller 1799, „daß sich Octavio Piccolomini als einen so gar schlimmen Mann, als einen Buben, darstellen sollte" [14]. Auch Piccolomini ist auf seine Weise im Recht, wenn er sich auf seine Treue zum Kaiser beruft. Auch er hat in gewissen Grenzen Größe. Dennoch: wenn sie alle so denken, wie Octavio denkt, dann würde sich alles Leben in ein Dasein verwandeln, das kein Leben mehr ist, sondern Gewohnheit, Förmlichkeit und Zeremoniell. Die Partei des Rechts und der Ordnung, die Octavio Piccolomini vertritt, ist mit einer Formulierung Kurt Mays die Ordnung „einer erstarrten Konvention des staatlich-gesellschaftlich-kirchlichen Zusammenlebens und seiner aus ehrwürdiger Tradition vererbter Gesetze" [15].

[14] An Böttiger vom 1. März 1799. – Zur Interpretation des Briefes vgl. auch C. Heselhaus, ebda., S. 44.
[15] Kurt May: Friedrich Schiller, S. 124.

Genau hier, da wir es mit dem Lebendigen gegenüber dem Gewohnten und Veralteten zu tun haben, sind Max und Thekla einzubeziehen: der Sohn des kaisertreuen Politikers und die Tochter des Feldherrn, der sich gegen den Kaiser stellt. Das Verhältnis der jungen Menschen ist kein Verhältnis übers Kreuz. Der Sohn Piccolominis hält zu Wallenstein, den er verehrt. Aber Wallensteins Tochter hält nicht zu Octavio Piccolomini. Sie halten als Liebende vereint zu Wallenstein und sind aus dessen engerem Lebenskreis nicht wegzudenken. Auf Wallenstein, nicht auf Octavio Piccolomini, sind die jungen Menschen, die Vertreter blühenden Lebens, bezogen. Weil Octavio vorwiegend ein Repräsentant des Alten ist, mit allen Rechten des Alten und Gewohnten, haben die Jüngeren nicht seine Nähe, sondern die Nähe Wallensteins gewählt, auch wenn vieles sie von dessen Verhalten trennt. Max wie Thekla sind Gestalten des Schönen, des Ideals und eines jugendlichen Lebens. Sie sind als jugendliche Idealgestalten Symbole des lebendigen Geistes, wie die Vision einer schöneren Zeit der Ausdruck des lebendigen Geistes ist. Von solch zukünftigem Leben spricht Max, indem er das vieldeutige Bild der Heimkehr verwendet:

> O schöner Tag! wenn endlich der Soldat
> Ins Leben heimkehrt, in die Menschlichkeit,
> Zum frohen Zug die Fahnen sich entfalten,
> Und heimwärts schlägt der sanfte Friedensmarsch.
> [Picc., 534–7]

Heimkehr in die Menschlichkeit! Es ist ein tiefsinniges Wort, das Schiller den jungen Piccolomini sagen läßt; und Max spricht davon in Bildern, die auch die Bilder Theklas sind. Die häufigste Zeitform in ihrer beider Sprache ist das Futur, und daß der panegyrische Hymnus des jungen Piccolomini auf den Frieden in vieler Hinsicht der Ankündigung einer neuen Ordnung der Dinge durch Wallenstein entspricht, bleibt in der Tat zu bedenken.[16] Beide, Max und Thekla, sind vorzüglich auf eine Zukunft gerichtet, in der jedes schöne Glück und jede schöne Hoffnung blühen soll. Von der goldenen Zeit ist die Rede, wo jede neue Sonne die Menschen vereint.

[16] In Übereinstimmung mit O. Seidlin, S. 127. [In diesem Sammelband S. 245.]

Max sieht sie als die schon gewesene gegenüber der Wirklichkeit des Lebens entschwinden. Er ahnt die Schwierigkeit, die darin beruht, unschuldiges Leben zu bewahren. Auch Thekla ist von solchen Bildern erfüllt. Ihre Liebe zu Max ist der Ausdruck ihrer Sympathie mit dem neuen Leben. Doch weiß sie auch zugleich, daß es sich um eine Idee handelt, die man nicht auf die Dauer bewahren kann. Alles Hohe und Schöne, alles Hoffnungsfreudige und blühende Leben wird in diesen Menschen Gestalt. Aber sie sind gleichsam zum Tode verurteilt in einer Welt, die sich nicht mehr im Zustand der Unschuld befindet. Was Max und Thekla wollen, bleibt Idee, und im Grunde sind sie nur Verkörperungen dieser Idee – eines Ideals noch vor aller Wirklichkeit. Max verweigert dieser Wirklichkeit in seinem Denken jedes Daseinsrecht. Die Belehrung, die Octavio seinem Sohn hierüber erteilt, ist geboten: die Ideale, wenn man sie ohne Wirklichkeit haben will, werden zur Illusion:

> Mein bester Sohn! Es ist nicht immer möglich,
> Im Leben sich so kinderrein zu halten,
> Wie's uns die Stimme lehrt im Innersten.
>
> [Picc., 2447–9]

Was aber haben solche Bilder eines neuen zukünftigen Lebens mit Wallenstein zu tun? Sie haben mit ihm sehr viel zu tun; denn er ist in einem durchaus nicht oberflächlichen Sinne empfänglich für sie. Auf ergreifende Art spiegelt es sich wider in der Erinnerung an Max, den er vor anderen geliebt hat, auch wenn er ihm in der ihm eigenen Überheblichkeit die Hand der Tochter verweigern wollte. Von ihm, dem Dahingegangenen, spricht Wallenstein mit bewegten Worten:

> Doch fühl ichs wohl, was ich in ihm verlor.
> Die Blume ist hinweg aus meinem Leben.
> Und kalt und farblos seh ichs vor mir liegen.
> Denn er stand neben mir, wie meine Jugend,
> Er machte mir das Wirkliche zum Traum,
> Um die gemeine Deutlichkeit der Dinge
> Den goldnen Duft der Morgenröte webend –
> Im Feuer seines liebenden Gefühls.
>
> [Tod, 3442–49]

Wer so spricht, kann derjenige nicht sein, für den man ihn oft gehalten hat: „ein Mensch ohne Liebe".[17] Wallenstein kennt also noch anderes als Politik und politisches Intrigenspiel, wie notwendig diese auch im politischen Leben sein mögen. Er kennt noch anderes als nur Berechnung, Kalkül und Rationalität. Dieser Feldherr, dem sich die jungen Menschen, die Symbole des neuen Lebens, so innig verbunden fühlen, ist empfänglich für Neues in der Welt. Er denkt über das gewohnte Leben hinaus. Er lebt und denkt und glaubt mit den Sternen. Es ist kein Zweifel, daß der Sternenglaube Wallensteins nicht nur etwas Suspektes darstellt, wie Goethe zutreffend erkannte.[18] Die Motive sind ambivalent. Sie bedeuten Vermessenheit im Berechnen und Verfügenwollen über die Zukunft. Der Sternenglaube Wallensteins beleuchtet eine Seite des Irrationalen in dieser sonst auf Rationalität und Berechnung gerichteten Person. Berechnung ist unerläßlich für jeden, der im politischen Leben bestehen will. Wer aber nichts kennt als Berechnung, muß sich mißtrauisch zu anderen verhalten. Weil Wallenstein auch Irrationales kennt, hat er zugleich Vertrauen bewahrt. Er vertraut Octavio Piccolomini. Hermann August Korff hat gemeint, es sei dies der schwächste Punkt in Schillers Tragödie.[19] Wir wollen es bestreiten. Auch das Vertrauen Wallensteins ist ein Teil derjenigen Welt, die Max verkörpert. Nicht zufällig ist dieses Vertrauen mit dem Sternenglauben verknüpft. Wenn Wallenstein seinem Gegenspieler Piccolomini so unverständlich lange vertraut, so hängt das zugleich mit seiner Astrologie zusammen. Es hängt zusammen mit der Lebensrettung, die er Octavio verdankt, einer

---

[17] K. May (Friedrich Schiller, S. 125): „Wallenstein ist ein Mensch ohne Liebe." In der Kommentierung der in Frage stehenden Szene selbst wird das schroffe Urteil beträchtlich modifiziert: „Auch das Machtmenschentum dieses Mannes ist aus einer breiteren Menschlichkeit zu beherrschender Größe entwickelt..." (S. 144).

[18] Vgl. Goethes Brief vom 8. Dezember 1798: „Der *astrologische Aberglaube* ruht auf dem dunkeln Gefühl eines ungeheuren Weltganzen... Diesen und ähnlichen Wahn möchte ich nicht einmal Aberglaube nennen."

[19] Herm. Aug. Korff: Geist der Goethezeit, Bd. 2, S. 258.

unbestimmten Dankbarkeit im Menschlichen, einem Moment des Irrationalen in seiner Existenz. Daß es solche Dankbarkeit als Vertrauen gegenüber anderen gibt, zeichnet ihn aus; daß es dabei um das eigene Leben geht, bringt zugleich einen Zug dämonischer Selbstliebe hinein. Wallensteins Vertrauen ist verhängnisvolle Unkenntnis der Welt und der Menschen. Aber es ist daneben auch eine Erscheinungsform der Menschlichkeit, in die Max heimkehren möchte und später, wenngleich um den Preis des Todes, heimkehrt. Wie immer diese Idealwelt der beiden jugendlichen Gestalten gedeutet werden mag: sie trägt Züge des Staates, wie ihn Schiller in den Briefen über die ästhetische Erziehung des Menschen beschreibt. Das Lebendigste ist in den Formen des Zukünftigen da. Auf solche Formen des Zukünftigen sind Max wie Thekla bezogen. Aber auch Wallenstein ist es auf seine Weise, wie wir gesehen haben. Oskar Seidlin hat das zutreffend erkannt. Er hat erkannt, daß Wallenstein auf ein solches Reich als auf ein Reich des Schönen blickt. Zugleich wird zwischen der geschichtlichen Existenz, in der Wallenstein steht, und der ästhetischen, auf die er gerichtet ist, unterschieden. Wallenstein versuche, sagt Seidlin, aus der geschichtlichen Lage in die ästhetische Existenz überzutreten. Darin läge die Hybris, deren er sich schuldig macht: „daß er Geschichte leben und gestalten will, als unterstünde sie den Wesensgesetzen des Schönen" [20]. Daß es Vermessenheit in Wallensteins Tun und Denken gibt, bestreiten wir nicht. Seine Absicht, dem jungen Piccolomini die Hand der Tochter zu verweigern, ist als eine solche zu bezeichnen. Aber auch sie hängt mit seiner politischen Wirksamkeit zusammen, mit Berechnungen, die ihn von der Menschlichkeit des Menschen entfernen. Gleichwohl ist er auf Berechnungen angewiesen, und zumal der Staatsmann kommt ohne sie nicht aus. Die Grenzen zwischen dem noch Erlaubten und dem nicht mehr Erlaubten bezeichnen unmerklich die Verfallenheit an das tragische Leben. Aus diesem Grunde erscheint uns der Begriff der Hybris bedenklich, weil er dem Doppelsinn des Lebens nicht gerecht wird, in dem sich der Handelnde verstrickt. Der Begriff der Hybris bleibt ähnlich problematisch wie der in der neueren Forschung so bevorzugte Terminus der Ne-

---

[20] Wallenstein: Sein und Zeit, S. 124. [In diesem Sammelband S. 242.]

mesis.[21] Durch beide Begriffe dringt das voreilig moralische Urteil in die Wallensteindeutung ein, das es zu vermeiden gilt, wenn man auf die Tragik der Tragödie sieht; denn die ist niemals identisch mit eindeutiger Schuld, über die eindeutig moralische Urteile möglich sind. Wir wollen daher nicht voreilig von Hybris sprechen hinsichtlich dessen, was Wallenstein versucht. Daß er Unmögliches begehrt, mag sein. Aber erst damit beginnt die Tragik seines Tuns, die im Versuch des Unmöglichen angelegt ist. Was denn eigentlich will er?

Wallenstein will Unmögliches in vielerlei Gestalt, und daß er es will, zeichnet ihn vor anderen aus – trotz der Irrtümer, die sich damit verbinden. Er will unter anderem Irrationales mit den Mitteln der ratio berechnen. Mit dem Irrationalen in seiner Vorstellungswelt ist Verschiedenes gemeint: das Zukünftige, das Schöne, das Menschliche und das Neue nicht zuletzt. Wallenstein will derart Irrationales, weil er sich mit dem Weltganzen verbunden weiß, während seine Gegenspieler vorzüglich an ihre Besitztümer denken. Das Irrationale – also das Schöne, das Menschliche, das Neue und Lebendige im weitesten Sinn – berechnen zu wollen, mag vermessen sein. Wallenstein mag im Versuch solcher Berechnungen das Menschliche verfehlen. Aber derjenige verfehlt es nicht minder, der sich des Irrationalen als des Schönen, Neuen und Lebendigen nicht versichern will, der nur auf den Tag sieht – ein Taktiker des letztlich sinnlosen, weil nur in sich kreisenden Erfolgs. Um der tragische Held zu sein, der er von Schiller her werden sollte, muß Wallenstein die über das Irdische hinausliegenden Dinge wollen. Zugleich muß er das Irdische wollen: das Planen und Berechnen und was sonst zur rauhen Wirklichkeit gehört, wenn sie sich nicht

---

[21] Vgl. zur Nemesis-Problematik vor allem: Clemens Heselhaus (Die Nemesis-Tragödie. In: Der Deutschunterricht, 1952, Heft 5). Emil Staiger: Schillers Agrippina. Jetzt in: Die Kunst der Interpretation, 2. Aufl. Zürich 1957, S. 132–60. – Wolfgang Wittkowski: Octavio Piccolomini. In: Jahrbuch der Deutschen Schillergesellschaft, 5 (1961), S. 10–11. Auch Kurt May (Friedrich Schiller, S. 129) spricht von einem „nemesisartigen Vorgang". Zu kanonischem Ansehen des problematischen Begriffes hat Benno von Wiese in seinen neueren Arbeiten über Schiller das meiste beigetragen.

zu Traum und Illusion verflüchtigen soll. Wallenstein muß beides
wollen: die Realität und die Idealität, das Irdische und das Über-
irdische, das Rationale und die Irrationalität.[22] Das eben ist sein
Schicksal. Es ist nicht das Schicksal eines Charakters, der so ver-
anlagt ist. Von jedem Charakterdrama sind wir weit entfernt.[23]
Es ist vielmehr der Charakter der Idee, die ihm zum Schicksal wird.
Wallenstein ist lebendig in menschlicher Größe, durch die sein Heer
erst das ist, was es ist. Aber er hat darum die Regungen für die
Größe des Menschlichen nicht völlig erstickt, wie man an seinem
Umgang mit Max und Thekla erkennt. Er will auch hier beides:
die menschliche Größe und die Größe des Menschlichen, den Realismus der Macht und die Idealität eines künftiges Reiches. Wallenstein muß, um tragisch zu sein, beides wollen, und muß sich damit
in das Geflecht verstricken, das ihm zum Verhängnis wird. Er ist
nicht in der Lage, sich für eine Seite zu entscheiden, weil er der
anderen das gleiche Recht zugesteht. Wallenstein wird letztlich
tragisch, weil er nicht einsinnig denkt. Er wird verklagt vom Doppelsinn des Lebens. Die Einsinnigkeit der anderen ist das, was ihn
von diesen trennt: von den einsinnigen Realisten ebenso wie von
den einsinnigen Idealisten. Zu den ersteren gehört Octavio, der
nur das Altgewordene kennt, die bestehende Ordnung und die Treue
zum Kaiser; ähnlich kennt die Gräfin Terzky nur die baren und

[22] Hinsichtlich der Begriffe Idealism(us) und Realism(us) in ›Wallenstein‹ ist die aufschlußreiche Äußerung gegenüber Humboldt vom
21. März 1796 zu vergleichen; hierzu auch Wolfgang Binder: Die Begriffe „Naiv" und „Sentimentalisch" in Schillers Drama. In: Jahrbuch
der Deutschen Schillergesellschaft, 4 (1960), S. 155. – Das Ineinander
von Idealismus und Realismus hat man in der neueren Schillerforschung
mit wechselnder Zielsetzung öfters betont, so Friedrich Sengle (Das
deutsche Geschichtsdrama, Stuttgart 1957, S. 56): „Ist sonst das Stück
ein stark realistisches Geschichtsdrama, so springt es in der Lösung um
so deutlicher ins idealistische Drama über." Ähnlich Kurt May: „Im
Wallenstein-Drama sind demnach ... zwei Tragödien ineinandergelagert
... in deren Mitte je ein Repräsentant des *dämonischen Realismus* und
des *ethischen Idealismus* steht" (S. 168).
[23] In Übereinstimmung mit O. Seidlin: „aber es geht eben nicht um
Charakterologisches" (S. 123). [In diesem Sammelband S. 241.]

öden Realitäten, die Berechnung und die Kalkulation. Nirgends
denken sie darüber hinaus. Aber auch Max Piccolomini ist festgelegt. Auch er gehört zu den Einsinnigen des Dramas, dessen Tod
uns ergreift, ohne daß er das volle Gewicht des Tragischen erhielte.
Sie alle können sich leichter entscheiden, weil sie sich für eine Seite
im Geflecht der Gegensätze entscheiden. Wallenstein kann das
nicht:

> Schnell fertig ist die Jugend mit dem Wort,
> Das schwer sich handhabt, wie des Messers Schneide;
> Aus ihrem heißen Kopfe nimmt sie keck
> Der Dinge Maß, die nur sich selber richten.
> Gleich heißt ihr alles schändlich oder würdig,
> Bös oder gut . . .
>
>   [Tod, 779–84]

Hier nun vollends wird sichtbar, was es mit dem sogenannten Entscheidungsdrama auf sich hat. Nicht nur ist Wallenstein der
Held eines Dramas, über den schon entschieden ist, wenn er sich
entscheidet. Auch die klare Entscheidung derer wird problematisch,
die nur einer Seite folgen. Wallenstein, weil er vieles will, ist dieser
Einseitige nicht. Er hat an beiden Reichen teil. Das Scheitern der
Vereinigung, die er versucht, ist die Folge. Wer darin in erster Linie
Hybris sieht, macht das Ende des Dramas zur moralischen Belehrung. Aber das Ende des ›Wallenstein‹-Drama wollen wir gerade
als eine moralische Belehrung nicht verstehen. Was ist der Sinn der
letzten Szenen? Gewiß sind sie vom Walten der tragischen Ironie
geprägt, und tragische Ironie bedeutet stets, daß derjenige etwas
noch nicht weiß, von dem sie bereits Besitz ergriffen hat. Gleichwohl ist es wichtig, aus der Tragödie Schillers den Moralismus zu
entfernen, der sich eindrängen muß, wenn man entscheidende Dinge
im Vorgang des Dramas mit Begriffen wie Hybris oder Nemesis
umschreibt. Welchen Sinn also hat Wallensteins Tod?

Der Wallenstein dieser letzten Szenen weiß nicht, was ihn erwartet. Dennoch befindet er sich in einer Todesstimmung, die zur
Sphäre des Erhabenen gehört, wie sie Schiller versteht. Wallenstein hat sich in das Unabänderliche geschickt, ohne seine Sache
aufgegeben zu haben, und Aufgeben würde die Verleugnung jenes
neuen Lebens bedeuten, zu dem er sich in unserem Monolog bekannt

hat. Doch ist er anders einsichtig als zuvor. Er hat dem Sternenglauben entsagt und den Tod Max Piccolominis als eigene Schuld angenommen. Er scheint in den Bereich jener Menschlichkeit heimgekehrt zu sein, die Max als Traum durch sein irdisches Dasein begleitet hat. Jetzt völlig sind wir in die Zone des Tragischen eingetreten, die Scheitern, Untergang und Katastrophe bedeutet und uns dennoch versöhnend stimmt infolge der Nähe solcher Menschlichkeit, die Goethe zutreffend erfaßte, wenn er im Brief vom 18. März 1799 den großen Vorzug des letzten Stückes betonte, „daß alles aufhört politisch zu sein und bloß menschlich wird ..."[24] Ihrer werden wir inne, wenn wir den Todgeweihten sprechen hören, als würde alles schon in einem Zwischenreich gesprochen, in dem sich Sinn und Widersinn, Wissen und Nichtwissen seltsam vermischen:

> Leuchte, Kämmerling.
> Du auch noch? Doch ich weiß es ja, warum
> Du meinen Frieden wünschest mit dem Kaiser.
> Der arme Mensch! Er hat im Kärntnerland
> Ein kleines Gut und sorgt, sie nehmens ihm,
> Weil er bei mir ist. Bin ich denn so arm,
> Daß ich den Dienern nicht ersetzen kann?
> Nun! ich will niemand zwingen. Wenn du meinst,
> Daß mich das Glück geflohen, so verlaß mich.
> Heut magst du mich zum letztenmal entkleiden,
> Und dann zu deinem Kaiser übergehn –
> Gut Nacht, Gordon!
> Ich denke einen langen Schlaf zu tun,
> Denn dieser letzten Tage Qual war groß,
> Sorgt, daß sie nicht zu zeitig mich erwecken!
> [Tod, 3665–79]

Zunehmend nähert sich Wallenstein einer Menschlichkeit von der Art, die uns an Max und Thekla ergriff. Die an den Realitäten Gescheiterten sind ihm im Tod vorangegangen. Die einen wie die anderen sind dem Tod geweiht, und nur die Subalternen überleben;

[24] Zum Dualismus zum Menschlichen im Denken Goethes vgl. Wolfgang Paulsen: Goethes Kritik am Wallenstein. In: DVJS 28 (1954), 79.

die Vertreter der alten Ordnung, die dafür sorgen, daß alles genauso bleibt, wie es immer war. „Mit diesen allen kann kein neues Zeitalter beginnen, noch nicht einmal eine anständige Restauration"; so kommentiert Kurt May die letzten Szenen des großen Dramas.[25] Aber nur Wallenstein hat die tragische Einsicht des Wissenden, auch wenn er Entscheidendes – seine Ermordung – nicht wissen kann. Seine Überlegenheit wird offenkundig, was Octavio und dessen Ordnung betrifft.[26] Die ihrerseits bleibt im Recht, aber um welchen Preis! Doch nicht um die Tragik einer Person, sondern um die Tragik der Idee ist es Schiller zu tun; und es ist die Tragik der Idee, an dem Realisten zu scheitern, den sie braucht, wie es die Tragik des Realisten ist, daß er sich für die Ideen und Ideale interessiert und also noch anderes kennt als die bloße Wirklichkeit. Der eine Teil im Geflecht der Dinge benötigt den anderen. Aber derselbe Teil schließt den anderen aus. Es sind immer wieder solche Antinomien, deren Tragik Schiller in seinen Personen gestaltet, indem er das Scheitern der Idee gestaltet.[27] Auch im vorklassischen Drama, in ›Kabale und Liebe‹ oder im ›Don Carlos‹, ist das der Fall. Aber erst im ›Wallenstein‹-Drama steht die Idee des neuen Lebens im Zentrum des dramatischen Geschehens. Da wir es mit einer Idee zu tun haben, ist sie, wie jede Idee, zum Scheitern verurteilt. Indem sie Schiller als Thema seiner Dramen verwendet, verwendet er keine beliebige Idee. Es ist im Gegenteil die bestimmende der Epoche, die wir Klassik nennen. Die Idee des Neuen ist die Idee der Geschichtlichkeit und des Wandels der Geschichte. Ihre Entfaltung ist seit 1790 auch im Denken Goethes deutlich zu verfolgen, ehe sie Schiller auf seine Weise umschreibt.

Die Idee des neuen Lebens ist eine Grunderfahrung des europäischen Denkens seit der Renaissance. Die Erneuerung der antiken Geisteswelt ist damit aufs engste verknüpft. Das Erlebnis einer solchen Welt in einer sich wandelnden Welt des geschichtlichen Lebens wird Goethe erstmals in Rom zuteil. Er gibt unter dem Datum vom

---

[25] Ebda., S. 164.

[26] Hierzu Herbert Singer: Dem *Fürsten* Piccolomini. In: Euph. 53 (1959), S. 301. [In diesem Sammelband S. 180 ff.]

[27] Clemens Heselhaus: Wallensteinisches Welttheater, S. 46.

3. Dezember 1786 dafür die Begründung: „denn an diesen Ort knüpft sich die ganze Geschichte der Welt an, und ich zähle einen zweiten Geburtstag, eine wahre Wiedergeburt, an dem Tage, da ich Rom betrat" [28]. Die Idee des sich erneuernden Lebens begleitet ihn fortan auf dieser Reise. Als sich der Tag jährt, an dem er sich unbemerkt von Karlsbad wegstahl, denkt er zurück und notiert sich: „Welch ein Jahr! und welch eine sonderbare Epoche für mich dieser Tag, des Herzogs Geburtstag und ein Geburtstag für mich zu einem neuen Leben" [29]; ähnlich lesen wir es in der Niederschrift aus Rom vom 2. Dezember 1786: „Überhaupt ist mit dem neuen Leben, das einem nachdenkenden Menschen die Betrachtung eines neuen Landes gewährt, nichts zu vergleichen." [30] Jede Idee des Klassischen als einer Wiedergeburt vergangenen Lebens ist auf irgendeine Weise mit dieser Idee verknüpft und muß es sein: denn die bloße Nachahmung, die nicht mit eigenem Sinn erfüllte Wiederholung wäre der Tod. Das alte Wahre soll in einer Klassik wie der deutschen gelten. Aber die Idee des lebendigen Neuen nicht minder. Mit Goethes italienischer Reise beginnt die Epoche der deutschen Klassik in dem Sinn, daß im Alten ein lebendig Neues entdeckt wird. Das besagt, daß weder das Alte der antiken Geisteswelt einseitig herrscht noch das Neue als das bloß Revolutionäre der eigenen Zeit. Ein neuer Stil geht daraus hervor, der den Stil des Sturm und Drang als etwas Veraltetes zurückläßt, das der Zeit nicht mehr genügt. In seiner Rezension der Gedichte Bürgers redet Schiller einer Erneuerung der Lyrik das Wort – keiner zeitlos klassischen, sondern einer solchen, die mit der Zeit fortschreitet, die, wie es wörtlich heißt, „in ihrem verjüngenden Licht der Erstarrung eines frühzeitigen Alters" entginge. Das ›Wallenstein‹-Drama ist das erste Drama nach zehnjähriger Pause. Wie in keinem Drama zuvor werden Handeln und Entscheidung eingeschränkt. Die Determiniertheit in der Herrschaft des Notwendigen ist umfassend. „Man sieht in dieser ungeheuern Empirie nichts als Natur und nichts von dem, was wir Philosophen so gern Freiheit nennen möchten",

---

[28] Italienische Reise. Gedenkausgabe, 1949, Bd. 11, S. 160.
[29] Ebda., S. 433.
[30] Ebda., S. 159.

schreibt Goethe am 9. März 1802 an Schiller, und man dürfte den
Satz gut und gern auf den ›Wallenstein‹ beziehen. Der Dichter der
Freiheit, als den man Schiller so oft feiert, ist ein Dichter des Notwendigen in hohem Maß. Er ist es zumal in der beginnenden Klassik, indem er sich an der antiken Tragödie und an ihren Determi-
niertheiten orientiert.[31] Aber natürlich ist er weit entfernt von einer
Nachahmung dieser Tragödie. Schiller ist sich darüber im klaren,
als Deutscher geboren zu sein und bezüglich des griechischen Geistes
durch Imagination zu ersetzen, was die Wirklichkeit vorenthält, um
so „gleichsam von innen heraus und auf einem rationalen Wege ein
Griechenland zu gebähren" [32]. Schiller verbindet mit dem überlie-
ferten Alten das Neue des antiken Dramas in vielerlei Gestalt. In
›Wallenstein‹ entfaltet es sich als eine das ganze Drama umgreifende Idee des geschichtlichen Lebens. In dem Maße, in dem sich
der Held des Dramas als Anwalt des Neuen gegen die Macht der
Gewohnheit und gegen das Recht der Besitzenden wendet, nur weil
es ein Gewohnheitsrecht ist, spürt man die Nähe zur Ideenwelt der
Französischen Revolution. Die Idee des Neuen im Denken Wallensteins gewinnt Gestalt in einem neuen Reich, das er schaffen will,
um das veraltete des Kaisers abzulösen. Aber genau besehen, ist
dieses Reich selbst eine Idee, wie Schillers ästhetischer Staat auch.
Sein Drama gestaltet die Antinomie dieses irrational Neuen als
einer Idee, die notwendigerweise an der rationalen Wirklichkeit
scheitert. Geschichte umfaßt jetzt nicht mehr nur das Herrschafts-
gebiet des politischen Handelns, der Berechnung und des Kalküls.
Im Motiv des Neuen als einer Kategorie der Zeit, die das Drama so
entscheidend konstituiert, geht es zugleich um ein Irrationales, das
sich der Berechnung entzieht. Es geht letztlich um das Geschichtliche
selbst als einer Erscheinung des lebendigen Geistes. Der Machtstaat
als der wirkliche und der ästhetische Staat als ein solcher der Zukunft sind dialektisch aufeinander bezogen in dem Geschichtsdrama

[31] Vgl. Benno von Wiese (Die deutsche Tragödie von Lessing bis
Hebbel, [3]Hamburg 1955, S. 222): „aber gerade seine Tragödie entwickelt sich seit dem ‚Wallenstein' immer stärker in Aneignung einer
von den Griechen, von Sophokles und Euripides gelernten tragischen
Analysis, die den poetischen Stoff in eine tragische Fabel verwandelt..."
[32] An Goethe vom 23. August 1794, Jonas, III, S. 473.

Schillers, das wir als Drama der deutschen Klassik bezeichnen –
aber einer Klassik, die nichts Zeitloses ist, sondern die zeitbedingte
Antwort auf die weltgeschichtliche Lage in dichterischer Form. Auf
das Ereignis von 1789 antworten Goethe wie Schiller nicht einfach
mit dem Rückzug in eine ferne Vergangenheit, in diejenige der
antiken Geisteswelt. Sie denken nicht daran, ihrer Gegenwart den
Rücken zu kehren. Beide sind sie keine Vertreter der Reaktion, sowenig wie sie Anwälte der Revolution sein wollen. Was sie beide
wollen, ist ein Drittes, wie es Goethe in Italien aufgegangen war.
An den Sitten der Völker hatte er gelernt, „wie aus dem Zusammentreffen von Notwendigkeit und Willkür, von Antrieb und Wollen, von Bewegung und Widerstand ein drittes hervorgeht, was
weder Kunst noch Natur, sondern beides zugleich ist...“ [33] Was
wir deutsche Klassik nennen, ist ein derart Drittes: eine „Vermitt-
lung“ zwischen Vergangenheit und unmittelbarer Gegenwart, zwischen den bestehenden Verhältnissen hier und den neuen Verhältnissen dort.

[33] Gedenkausgabe Bd. 17, S. 85.

Monatshefte für deutschen Unterricht, deutsche Sprache und Literatur 64 (1972), S. 25—32.

„DOCH EINE SPRACHE BRAUCHT DAS HERZ"

Beobachtungen zu den Liebesdialogen in Schillers ›Wallenstein‹
(1972)

Von KLAUS L. BERGHAHN

Man kennt den literarischen Gemeinplatz: Der Theatraliker Schiller war unfähig, überzeugende Frauengestalten zu entwerfen. Seinen Frauen und Mädchen fehle es an Lebensfülle, Wirklichkeitsnähe und seelenvoller Sprache. Unter diesem Gestaltungsmangel litten vor allem die Liebesszenen, in denen weder ein intimer Augenblick dargestellt noch holdes Liebesgeflüster vernehmbar werde. Gemessen an den anerkannten Meistern dramatischer Charakterdarstellung Shakespeare und Goethe, erscheint er vollends als blutarmer Idealist, der von Frauenherzen und -nöten kaum etwas ahnte.

Diesem abgedroschenen Mißverständnis könnte man die bekannten literarhistorischen Maximen entgegenhalten, Dichter und Stile nicht wertend gegeneinander auszuspielen und ein Werk zunächst am Ideal seiner Absicht zu messen. Doch statt längst Bekanntes nur neu zu formulieren, soll auf einen weniger beachteten Gesichtspunkt hingewiesen werden: Wie baut Schiller seine Liebesszenen dialogtechnisch auf und welche Funktion haben sie im Drama?

Diese Fragestellung geht aus von einem etwas vernachlässigten Axiom der dramatischen Gattung: Drama ist Handlung durch Sprache im Dialog, oder wie Hegel es in seiner Ästhetik formulierte: „Die vollständige dramatische Form ist der Dialog." [1] Was im Drama geschieht, ist an das redende Mit- und Gegeneinander der handelnden Personen gebunden; nur im Dialog wird die Handlung des Dramas gegenwärtig, entfaltet sich seine Idee. Pläne und Wünsche, Absichten und Leidenschaften werden im Drama nur

---

[1] Fr. Hegel, Ästhetik, 2 Bde. (Frankfurt 1966), Bd. II, S. 527.

in dem Maße erkennbar, wie sie sich im gesprochenen Wort offenbaren. So sehr ist im Drama alles an die dialogische Darstellung gebunden, „daß durch jede andere Form als die dialogische das Drama nicht mehr ist, was es ist" [2]. Betrachtet man unter diesem gattungseigentümlichen Gesichtspunkt einmal die Leistung der Sprache in Schillers Liebesszenen, so gelangt man zu überraschenden Ergebnissen, die alte Vorurteile unhaltbar erscheinen lassen.

Von den wenigen Liebesszenen in Schillers Dramen sind diejenigen zwischen Max und Thekla die bedeutendsten. Ihrem Geist nach sollten die Liebesszenen dem geschäftig-intrigantischen Treiben der Staatsaktion entgegengesetzt werden, um so „einen gewissen menschlichen Kreis" [3] zu vollenden. Diese Gegenwelt des Herzens bildet jedoch keine glückliche Enklave in der politischen Handlung des Dramas, sondern bleibt eng mit dem notwendigen Gang der Gesamthandlung verflochten, wie ja auch zur Sternstunde Wallensteins Jupiter *und* Venus gehören, die Mars in ihre Mitte nehmen. Bei der Lektüre der Dialoge zwischen Max und Thekla erfüllen sich nun überraschenderweise weder unsere gefühlsmäßigen noch unsere literarhistorischen Erwartungen, die sich bei sogenannten Liebesdialogen einzustellen pflegen. Das ist um so erstaunlicher, als dieser Handlungsstrang des Dramas sich thematisch an Shakespeares klassisches Liebesdrama, ›Romeo und Julia‹ anlehnt. [4]

Die Ausführung der geplanten Liebesszenen im ›Wallenstein‹ bereitet Schiller große Schwierigkeiten. Er berichtet an Goethe darüber:

[2] W. Müller-Seidel, Versehen und Erkennen: Eine Studie über Heinrich von Kleist (Köln 1961), S. 151.

[3] Schiller an Goethe, 12. 12. 1797.

[4] Während der Entstehung des ›Wallenstein‹ beschäftigte sich Schiller eingehend mit Shakespeares Liebesdrama: A. W. Schlegel veröffentlichte nämlich seine ersten Übersetzungsproben aus Shakespeares Werken in Schillers ›Horen‹, darunter das Liebesgespräch in Capulets Garten. Diese Übersetzungen besprach Schiller ausführlich mit Schlegel (vgl. Brief an Goethe vom 7. 4. 1797). In der gleichen Zeitschrift erschien 1797 auch A. W. Schlegels bekannter Aufsatz ›Über Shakespeares „Romeo und Julia"‹. Das Motiv der Liebenden zwischen zwei feindlichen Familien klingt daher auch nicht zufällig in der Abschiedsszene zwischen Max und Thekla an (vgl. Tod, 2349 ff.).

Da ich in diesen Tagen, die Liebesszenen im zweiten Akt des Wallenstein vor mir habe, so kann ich nicht ohne Herzensbeklemmung an die
Schaubühne und an die theatralische Bestimmung des Stückes denken.
Denn die Einrichtung des Ganzen erfordert es, daß sich die Liebe nicht
sowohl durch Handlung als vielmehr durch ihr ruhiges Bestehen auf sich
und ihre Freiheit von allen Zwecken der übrigen Handlung, welche ein
unruhiges planvolles Streben nach einem Zwecke ist, entgegengesetzt
und dadurch einen gewissen menschlichen Kreis vollendet. Aber in dieser
Eigenschaft ist sie nicht theatralisch . . .[5]

Schillers „Herzensbeklemmungen" werden verständlicher, wenn
wir bedenken, daß sich Schiller und Goethe während dieser Zeit
mit Gattungsproblemen der epischen und dramatischen Dichtung
beschäftigten. Nur wenige Tage nach diesem Brief erhielt er von
seinem Freund eine Antwort besonderer Art: die Zusammenfassung
ihrer gemeinsamen gattungspoetischen Überlegungen in Form eines
kleinen Aufsatzes ›Über epische und dramatische Dichtung‹. Beherzigt man die Kategorien dieser Schrift, so empfiehlt sich für die
Liebe, die sich durch „ihr ruhiges Bestehen auf sich und ihre Freiheit
von allen Zwecken" auszeichnen soll, eher eine idyllische als eine
dramatische Darstellung.

Max und Thekla, die selbstgenügsam ihrer Liebe leben und keinen Zwecken nachjagen, müßten eigentlich in einem außergeschicht-
lichen Bereich existieren. Und doch soll ihr reines Menschentum in
einen entscheidenden geschichtlichen Augenblick hineingestellt werden. Wie ist ein idyllischer menschlicher Zustand im Leben, das sich
geschichtlich vollzieht, möglich? Wie läßt sich eine Idylle, der eben
nichts unangemessener ist als die dramatische Darstellungsweise,
dennoch einer dramatischen Handlung integrieren? Diese Probleme
mag Schiller bedacht haben, und so legte er die Liebesszenen zunächst noch als „nicht theatralisch" beiseite.

Erst wenige Wochen vor der Uraufführung der ›Piccolomini‹
in Weimar gelang Schiller die theatralische Integration der Liebesszenen in die politische Handlung des Dramas:

Ich bin seit gestern endlich an den poetisch-wichtigsten, bis jetzt immer
ausgesparten Teil des „Wallenstein" gegangen, der der Liebe gewidmet

---

[5] Schiller an Goethe, 12. 12. 1797.

ist, und sich seiner frei menschlichen Natur nach von dem geschäftigen Wesen der übrigen Staatsaktion völlig trennt, ja demselben, dem Geist nach, entgegengesetzt. Nun erst, da ich diesem letztern die mir mögliche Gestalt gegeben, kann ich mir ihn aus dem Sinne schlagen . . .[6]

Nach dieser Schiller möglichen Gestalt seiner Liebesszenen wollen wir im folgenden fragen:

Überschaut man das Dialogmaterial der Liebeshandlung, so bleibt den Liebenden in diesem „poetisch wichtigsten Teil des *Wallenstein*" nur *ein* kurzer Dialog, sich unter vier Augen auszusprechen. Während der restlichen gemeinsamen Szenen stört die Anwesenheit fremder Personen ihr Gespräch. Ist es für die Liebeshandlung einer Trilogie schon erstaunlich, wenn die Liebenden nur in einer kurzen Szene ungestört miteinander reden können, so überrascht erst recht die Ausgangssituation dieses Gesprächs. Zu dessen Voraussetzungen gehört es nämlich, daß Schiller weder die Entwicklung der Leidenschaft zwischen Max und Thekla noch ihr Liebesgeständnis szenisch darbietet.

Das Glück ihrer Liebe erlebten die beiden auf der zwanzigtägigen Reise nach Pilsen. Das ruhige Auf-sich-Bestehen, das idyllische Aus-der-Zeit-Sein, das die dramatische Komposition hätte stören müssen, wurde ausgespart. Selbst ein so prägnanter Augenblick wie das Liebesbekenntnis verlockte Schiller nicht, seine Liebeshandlung damit zu eröffnen. Unmittelbar *vor* dem Eintritt in die dramatische Handlung, unter der „Bangigkeit des Scheidens" vor den Toren Pilsens, gestanden sie sich ihre Liebe. Auch davon erfährt der Zuschauer nur durch das Destillat eines Berichtes. Max und Thekla sind sich ihrer Liebe gewiß, wenn der Dramatiker sie szenisch vorführt.

Mit dem Eintritt in die dramatisch bewegte Handlung verwandeln sich die äußeren Bedingungen ihrer Beziehung. Die idyllische Zeit, „da kein Sand rann und keine Glocke schlug", liegt hinter ihnen; auch die Liebenden stehen nun unter den Pflichten und Zwängen der kriegerischen Welt.

Die einzige Liebesszene zwischen Max und Thekla überrascht schon durch ihren Beginn:

[6] Schiller an Goethe, 9. 11. 1798.

> *Thekla* (sobald die Gräfin sich entfernt hat,
> schnell und heimlich zu Piccolomini).
> Trau ihnen nicht. Sie meinens falsch.
>
> [Picc., 1684]

Der warnende Tonfall dieser Dialogeröffnung steht im Kontrast zum Plauderton der voraufgehenden Szene. Auch thematisch hebt sich dieser Dialog nach dem Abgang der Gräfin sofort vom vorhergehenden ab. Dieses Verhalten Theklas und der plötzliche Wechsel ihrer Redeweise tragen zu einem spannungsvollen Dialogbeginn bei: die Warnung bedarf einer Erklärung.

Rasch und ohne vorbereitende Worte wendet sich Thekla einem neuen Thema zu. Das weist auf die besonderen Voraussetzungen dieses Dialogs. Zwischen den beiden ist es nicht nötig, Wort und Blick zu wägen, das Innerste hinter einer Maske zu verbergen. Ihre Worte sind eindeutig, ihr Gespräch zeichnet sich durch eine uneingeschränkte Offenheit vor anderen Dialogen des Dramas aus. Thekla findet dafür die treffenden Worte:

> Wo aber wäre Wahrheit hier für dich,
> Wenn du sie nicht auf meinem Munde findest?
>
> [Picc., 1727–28]

Die Gegensatzstruktur des Dialoganfangs bleibt bestimmend für den weiteren Dialogverlauf. Thekla spürt, daß ihre Liebe durch das eigensüchtige Handeln der Umwelt, vor allem der Gräfin, bedroht ist. Noch weiß sie nicht genau, was in Pilsen vorgeht; sie kann ihren Argwohn noch nicht durch Beobachtungen und Tatsachen verifizieren. Dennoch ist sie skeptisch und will den Ahnungslosen warnen.

Max sucht noch nach Möglichkeiten, mit Hilfe der Herzogin oder gar Wallensteins ihr Glück zu vollenden. Doch mit dem schärferen Blick für die gegenwärtige Situation verwirft Thekla diese Hoffnungen und gerät dadurch in einen momentanen Gegensatz zum Geliebten. Diese Entzweiung der Liebenden läßt sich an der antithetischen Replikverknüpfung ablesen. Als Max ihr beispielsweise schwärmerisch den Charakter Wallensteins schildert: „... er ist wahrhaft, / Ist unverstellt und haßt die krummen Wege, / Er ist so gut, und edel –" unterbricht sie ihn: „Das bist du!" (Picc.

1700 ff.). Ihre Replik biegt seine ganze Rede auf seinen reinen und aufrichtigen Charakter zurück und stellt zugleich seine Deutung der Umwelt in Frage.

Das macht aufmerksam auf die besondere Form der Dialogspannung in dieser Liebesszene. Die Möglichkeit, ein noch verschwiegenes Gefühl zur Triebfeder des Dialogs zu machen, ließ Schiller thematisch wie dialogtechnisch ungenutzt, da er das Liebesgeständnis vor die dramatische Handlung legte. Andererseits erzeugt die Harmonie der Liebenden keine dramatisch praktikable Spannung. Eine irgendwie geartete Polarität zwischen den Dialogpartnern aber braucht jeder szenische Dialog, damit sich eine dramatisch relevante Entwicklung vollziehen kann. Durch die momentane Disharmonie der Liebenden gelingt es Schiller, eine plausible Dialogspannung zu konstruieren. Eine Polarität ergibt sich also in dieser Liebesszene weniger aus einer gefühlsmäßigen Spannung zwischen den Liebenden als aus ihren differierenden Meinungen über ihre Situation. Zwar bildet sich auf diese Weise nicht die unverwechselbare Atmosphäre einer Liebesszene, aber immerhin eine wirksame dialektische Dialogspannung.

Die unterschiedliche Beurteilung ihrer Situation und die daraus resultierende Disharmonie will Thekla beseitigen. Daher gibt sie dem Gespräch durch den überraschenden Themenwechsel sogleich eine entscheidende Wende; daher widerspricht sie dem Arglosen, warnt ihn vor der geschmeidigen Vertraulichkeit der Gräfin und versichert ihn nochmals ihrer Liebe. Bei ihr liegt folgerichtig die Gesprächsführung, und es ist eine sprechende Geste, wenn sie Max, ihn „zärtlich bei der Hand fassend", auffordert, ihr zu folgen. Das Zwiegespräch als Ganzes war einem Überredungsdialog ähnlicher als einen Liebesdialog.

Es wird beendet durch den Auftritt der Gräfin, die gebieterisch zwischen die beiden tritt. Viel zu kurz war ihr Gespräch, und sie sträuben sich gegen diese Störung und vorzeitige Trennung. Es kommt zu einem kurzen Wortwechsel zwischen der Gräfin und Thekla. Theklas unwilliges Aufbegehren, so gut es sich psychologisch motivieren ließe, erweist sich jedoch bei genauerem Hinsehen als ein dramaturgischer Kunstgriff Schillers. Der Dialogabbruch und der kurze Streit sollen beim Zuschauer den Eindruck erwecken, als sei der Liebesdialog durch den unzeitigen Auftritt der Gräfin an seiner schönsten Entfaltung gehindert worden. Tatsächlich aber ist der Dialog thematisch wie handlungsfunktional abgeschlossen. Was sich die Liebenden in dieser Situation zu sagen hatten, haben sie gesagt. Ihr Dialog galt der Abgrenzung ihres reinen Menschentums von der umgebenden Welt der Zwecke und Intrigen.

Den Abschluß der Liebeshandlung bilden die Abschiedsszenen am Ende des III. Aktes von ›Wallensteins Tod‹. Innerhalb der dramatischen Handlung haben diese Szenen retardierende Funktion. Wenn die Gräfin und Wallenstein hören, daß Max noch im Lager ist, hoffen sie, ihn für das Komplott zu gewinnen:

> *Gräfin.* Ist er noch hier, o dann ist alles gut,
> Dann weiß ich, was ihn ewig halten soll!
> (Thekla umarmend)
>
> [Tod, 2035–36]

Die Gräfin hat sich in das Vertrauen der Liebenden gedrängt, um deren Liebe für die politischen Pläne Wallensteins zu nutzen. Sie sieht in dieser Herzensbindung von Anfang an nicht mehr als eine Schlinge, in der sich Max so sehr verfangen soll, daß er Wallensteins Verrat teilen muß. Sobald die Liebeshandlung szenische Wirklichkeit wird, sind die Liebenden durch die Gräfin schon in die Staatsaktion verstrickt, ohne daß sie selbst dessen innegeworden wären.

Doch die Hoffnungen der Gräfin erfüllen sich nicht. Max ist gekommen, um von Thekla Abschied zu nehmen und seine Entscheidung ihrem Urteil zu unterwerfen, nicht aber Wallensteins Verrat zu teilen:

> Nein, Base Terzky! Seht mich nicht erwartend,
> Nicht hoffend an! Ich komme nicht, zu bleiben.
> Abschied zu nehmen komm ich – Es ist aus.
>
> [Tod, 2055–57]

Wallensteins Antwort, die Erinnerung an die Jugendzeit im Lager und ihre Freundschaft, endlich sein Bitten vermögen Maxens Festigkeit noch einmal zu erschüttern, seine „entschiedne Seele" nochmals in eine verzweiflungsnahe Unentschiedenheit zu stürzen: „In mir ist Nacht, ich weiß das Rechte nicht zu wählen" (Tod, 2281).

Max verehrt Wallenstein und liebt Thekla; als kaiserlicher Offizier aber ist er an seinen Eid gebunden. In dieser tragischen Zerrissenheit wendet er sich an die Geliebte, sie soll für ihn entscheiden. Mit einem einzigen Wort könnte sie ihn – ganz wie die Gräfin hofft – für Wallenstein gewinnen. Doch sie ermuntert ihn: „Geh und erfülle deine Pflicht" (Tod, 2342).

So fehlt auch dieser Szene der Seelenton, den wir in Liebesszenen erwarten. Ihr Abschied kann sich zu keiner Liebesszene verselbständigen, da sich das ganze Geschehen der Szene auf Maxens Entscheidung konzentriert. Wiederum verzichtet Schiller auf eine gefühlsmäßige Dialogspannung, die sich aus der Abschiedssituation ergeben könnte; statt dessen gestaltet er den sinnlich-sittlichen Widerstreit des um eine Entscheidung ringenden Max. Das politische Geschehen des Dramas wirkt bis in die Liebesszenen: auch die Liebenden müssen – wie alle Figuren des Dramas – eindeutig Stellung nehmen, sich für oder gegen den Kaiser erklären. Zwar plante Schiller die Liebeshandlung im humanen Kontrast zum politischen Intrigenspiel der Staatsaktion, aber diese Gegenwelt läßt sich von der geschichtlichen Situation nicht isolieren. Max und Thekla werden in die politischen Händel hineingezogen, müssen Wallensteins Verrat teilen oder verurteilen.

Besondere Beachtung verdient noch die Abschiedsgebärde, die man fast als Surrogat einer Liebesszene auffassen kann. Hier verläßt Schiller sich ganz auf die Wirkmächtigkeit des theatralischen Bildes: „Max und Thekla halten einander unbeweglich in den Armen." In dieser stummen Gebärde drücken sich ihre Liebe, ihr Abschiedsschmerz und ihre Hilflosigkeit gleichermaßen aus. Ihre Liebe kann sich in dieser kriegerischen Welt nicht behaupten. Das gewaltsame Eindringen der Kürassiere, das von einer aufdringlichen Kriegsmusik begleitet wird, zerstört das pathetische Bild.

Verwundert stellt man fest, daß es in der bedeutenden Liebeshandlung des ›Wallenstein‹-Dramas kein „echtes" Liebesgespräch gibt. Max und Thekla werden zwar als Liebende szenisch charakterisiert, aber zu einer intimen Liebesszene kommt es zwischen ihnen nicht. Die Sprache der Leidenschaften, wie wir sie in Shakespeares Liebestragödien kennen und schätzen, suchen wir bei Schiller vergeblich. Es fehlen die für Liebende typischen Gesprächssituationen und die Intimität des Sprechens. Statt dessen beobachten wir in Schillers Liebesszene eine auch in anderen Dialogformen übliche dialektische Spannung und die für Liebesszenen ungewöhnliche Redeweise des Überredens. Schillers Liebesdialoge unterscheiden sich in Redeweise, Sprachmimus und Metaphorik kaum von anderen dramatischen Dialogen. Selbst die Liebesszenen sind so stark rhetorisch überformt, daß eine intime Atmosphäre gar nicht aufkommen kann. Die Art, wie Thekla auf Grund vager Ahnungen Max beeinflußt, ihr zu folgen und allen anderen zu mißtrauen, erinnert sehr an die Überredungskünste der Gräfin Terzky.

Schiller will offensichtlich keine intimen Begegnungen auf der Bühne darstellen. Es scheint ihm für seine Zwecke zu genügen, wenn die Liebenden als solche erkennbar sind. Ihre Gefühlssicherheit und uneingeschränkte Offenheit sind ihm wichtiger als „holdes Liebesgeflüster", das A. W. Schlegel bei Shakespeares Liebesdrama so bewunderte.[7] Ebensowenig sollte sich die Liebeshandlung zu einer selbstgenügsamen idyllischen Parallelhandlung entwickeln. Im Gegenteil: alles in Schillers Drama ist auf den dramatischen Konflikt zentriert und mit dem notwendigen Gang der Handlung verflochten. Daher müssen sich auch die Liebenden innerhalb der politischen Welt entscheiden. Auch ihr reines Menschentum existiert nicht in einem zeitlosen Raum, sondern ist hineingestellt in einen bedeutenden geschichtlichen Augenblick, der eines jeden Leben beeinflußt: das Leben der Täter ebenso wie das der Opfer.

Schiller läßt den Liebenden nicht genügend Zeit, sich ihrer Gefühle sprachlich zu versichern. Er setzt die Liebe als Gewißheit voraus, um eine höhere Wirkung zu erzielen. Die Gespräche der Liebenden sollen sich durch zweckfreie Offenheit und uneingeschränktes Vertrauen von den übrigen Dialogen der geschäftigen Staatsaktion abheben. Er wollte zeigen, daß es in einer Welt des politischen Zweckdenkens und berechnender Verstellung noch eine eindeutige Sprache geben kann. Auf diese Weise tragen die Liebesszenen zu einer Humanisierung der Dramenhandlung bei, denn

[7] A. W. Schlegel, Über Shakespeares „Romeo und Julia". In: Klassiker der Kritik, hrsg. von E. Staiger (Zürich 1962), S. 110.

in einer Welt der Masken und Intrigen kann nur die Sprache des Herzens noch eine unverfälschte Beziehung zwischen den Menschen stiften. Darum wohl bezeichnete Schiller diesen Teil des Wallenstein als den „poetisch wichtigsten".

Originalbeitrag 1974.

ÜBER DEN REALISMUS WALLENSTEINS
UND SCHILLERS
MIT EINER KRITIK DER HEGELSCHEN DEUTUNG
(1974)

Von Jeffrey Barnouw

Nicht nur in der Geschichte schwankt sein Bild, bei Schiller selber, in der Konzeption und Darstellung von Wallenstein, spielt die Mehrdeutigkeit eine Rolle. Eine wesentliche Dimension der Handlung der Trilogie ist die Darstellung von auseinandergehenden, sich bekämpfenden Vorstellungen der Zentralfigur. Es sind Bilder, die sich Menschen von ihm gemacht haben, die nun als Erwartungen an ihn herangebracht werden, und die, als Dispositionen zur Aktion in den wirkenden Kräften um ihn verkörpert, seine Situation bestimmen. Ehe er selbst erscheint, wird Schillers Held mehrfach in weiterwirkenden Objektivierungen seiner früheren machtvollen Wirkung gezeigt; die inflexible Realität dieser 'Schattenbilder' verhindert schließlich, daß er sich in seiner vollen Macht und Möglichkeit handelnd zeige. Denn diese Möglichkeit könnte nicht allein seine sein, und wäre nur Macht gegenüber den Mächten, die den Krieg erhalten und vom Krieg erhalten werden. Die von ihm erwogene Aktion müßte von der Offenheit der Erwartungen besonders abhängig sein, weil sie zugleich das Objekt und möglicherweise mitwirkendes Subjekt der Handlung sein sollten. Also sind seine Möglichkeit, Intention, Entschluß nichts an sich, vom Feld der möglichen Verwirklichung abstrahiert: das Bewußtsein hiervon bestimmt seine neue Haltung.

Sein eigenes scheinbares Schwanken in den ›Piccolomini‹, das Hinauszögern der Entscheidung, entspricht dem von ihm (nur unzureichend) verfolgten Wechsel der Konstellation in den Kräften seiner Welt. Aus der Schwebe, in der sein Verhalten die 'kriegführenden' Vorstellungen hält, erfolgt aber nicht die von ihm erhoffte

Auflockerung, sondern eine Verhärtung des jeweiligen Wallenstein-Bilds, unter den Soldaten wie bei den Generälen, Freund und Feind. Die Versteifung bewirkt dann die Reduktion seines praktisch leitenden Selbstbilds und die Preisgabe der Möglichkeits-Perspektive. Wallenstein wird festgelegt in einer Art der Aktion, die er nicht beabsichtigte, indem seine Vorstellung einer anderen realen Potentialität seiner Welt nicht zum öffentlichen Ausdruck gelangt, sondern in den Kreis eingeprägter Vorstellungen eingesaugt wird, durch den eigentlich der Krieg sich ernährt. In der Darstellung der Erniedrigung und Ermordung Wallensteins kommt keine vereitelte Möglichkeit als solche zur Sprache, wohl aber werden die sich durchsetzenden Vorstellungen menschlicher Praxis, mit ihren Trägern und Vertretern, als 'das ewig Gestrige' ins Licht gerückt.

Kein übermenschlich verhängtes Schicksal, sondern ein Zusammenhang im Tun und Unterlassen der Menschen führt zu Wallensteins Tod, und kein Verleugnen der Verantwortung und des Selbstbewußtseins soll ihm den Schein der Objektivität und Notwendigkeit umhängen. Indem er das durchschaut und zeigt, kann der Dichter auch den *geschichtlichen* Kausalzusammenhang darstellen, und leiht dem Meuchelmord damit – im Lichte der verlorenen Möglichkeit und der verleugneten Spontaneität – *tragische* Notwendigkeit. Die Handlung des Helden scheitert an der 'feigen Furcht', die er herausfordert, ohne sie konfrontieren zu können. In der Handlung des Stücks selber aber, wie sie der Dichter gestaltet, wird die sich durchsetzende, auf Schwäche des Selbstbewußtseins ruhende Welt dargestellt und zugleich die sich in ihr verneinende und doch erhaltende Quelle aller Möglichkeit, die endliche und sogar in der Innerlichkeit reale und bestimmte Freiheit des Menschen. Wo der Realist Wallenstein die Wirkung verfehlt, auf die er alles berechnet hat, dort kommt der Realismus Schillers in seiner dichterischen Darstellung erst zur vollen Geltung.

Als Schiller im März 1796 erst „wirklich und in allem Ernst" an seinen Wallenstein herangeht, findet er, „daß schon dieses, was ich bereits darüber gedacht habe, die Keime zu einem höhern und ächteren dramatischen Interesse enthält, als ich je einem Stück habe geben können". „Vordem legte ich das ganze Gewicht in die Mehr-

heit des Einzelnen; jetzt wird alles auf die Totalität berechnet",
schreibt er an Humboldt am 21. März, und bringt sein neues Verfahren in Verbindung mit der Forderung seines Stoffs, dem Charakter der Hauptfigur:

> Wenn ich es auch anders wollte, so erlaubte es mir die Natur der
> Sache nicht, denn Wallenstein ist ein Charakter, der – als äct realistisch
> – nur im Ganzen aber nie im Einzelnen interessieren kann. Ich habe
> bey dieser Gelegenheit einige äußerst treffende Bestätigungen meiner
> Ideen über den Realism und Idealism bekommen, die mich zugleich
> in dieser dichterischen Composition glücklich leiten werden.

Daß die Natur der Sache dem Dichter seinen Weg zeigt, ja auf-
nötigt, wenn er genau hinsieht, gehört zur neuen künstlerischen
Einstellung, die sich in einer objektiven Notwendigkeit und Einheit
des Werks auswirken soll. Wie hängt der Charakter Wallensteins,
sein „ächtes Lebensprincip", mit Schillers Behandlung des Stoffs
zusammen?

In einem früheren Aufsatz habe ich versucht, sowohl das Handlungsprinzip des Helden wie auch die Struktur der Handlung im
ganzen und insbesondere des Ausgangs durch Heranziehung der
›Ästhetischen Briefe‹ zu erläutern.[1]

---

[1] Das „Problem der Aktion" und ›Wallenstein‹, Jahrbuch der Deutschen Schillergesellschaft, XVI (1972), 330–408. – Wallensteins Haltung
wurde in Zusammenhang gebracht mit Schillers Kritik des praktischen
oder ethischen Apriorismus, wie sie in Auseinandersetzung mit der Französischen Revolution und der Philosophie Kants und Fichtes entwickelt
wird. In beiden Fällen stehe die Vernunft, in der Absolutheit ihrer
Ansprüche und Forderungen, der eigenen Verwirklichung im Wege.
Ästhetische Erfahrung soll über die Selbstblockierung einer sich als Autonomie mißverstehenden Freiheit hinweghelfen, indem sie praktische
Prinzipien mit objektiver Erkenntnis vermittelt. Wenn Wallensteins
Vorgehen damit im Kontext der Ideen von einer harmonischen ästhetischen Wirkung gedeutet wurde, mußte Schillers weniger versöhnlich
oder schmelzend, denn furchtbar und reißend wirkende Darstellung
seines Scheiterns anscheinend in Zusammenhang mit einer der Integration entgegengesetzten, polarisierenden Tendenz der ›Briefe‹ gesehen
werden. So basierte die Interpretation auf einem Zwiespalt in Schillers

Indem ich hier die Verbindung zwischen einem praktischen Realismus, der sogar in Wallensteins zögernder Haltung und Unbestimmtheit Ausdruck findet, und einem Realismus in Schillers Vorgehen und Intention als Dichter hervorhebe, will ich den Zugang zu ›Wallenstein‹ neu anbahnen. Damit soll die Einheit in Schillers Auffassung der ästhetisch-erzieherischen Wirkung, die seine Zeit verlange, und zugleich die thematische und dramatische Einheit von ›Wallenstein‹ schärfer gesehen werden. Ich muß meine schon vorgelegte Interpretation dabei voraussetzen, doch werde ich sie am Schluß, in der Auseinandersetzung mit Hegels ›Wallenstein‹-Deutung und ihren Implikationen, resümieren und in der angegebenen Richtung weiterentwickeln. Die hier erst anzudeutende Auffassung von Schiller als Realisten – auch der philosophischen Einstellung nach – führe ich anderwärts aus im Rückgang auf Hobbes und die Aufklärung bei Kant und dann in Gegenüberstellung Schillers mit Goethe, Fichte und Hegel.

Schiller ist von Anfang an Realist gewesen, aber der wichtigste Ausdruck seines Realismus ist in der kritischen Aneignung und Umdeutung Kantischer Ideen zu sehen, vor allem in seiner fast instinktiven und impliziten Zersetzung der transzendentalen Unterscheidung zwischen Natur und Freiheit, genauer, Phänomen und 'an sich', insofern sie nicht nur erkenntniskritisch, sondern metaphysisch gemeint war oder gewirkt hat. Schiller relativiert die grundlegende Trennung Kants zwischen Sinnlichkeit und Vernunft auch als erkenntnistheoretische und moralphilosophische Voraussetzung durch seine Hervorhebung der vermittelnden Funktion des 'Ästhetischen' in aller Erkenntnis und Praxis des Menschen. 'Ästhetisch' bezeichnet hier einen im Gefühl sich vollziehenden Zusammenhang, etwa zwischen Empfindung und Gedanke, Wissen und Gesinnung oder sogar Erkenntnis und Entschluß. Die von Kant behauptete Reinheit der Vernunft und Freiheit wird ihm zu einer Macht der Reflexion und Selbstbestimmung innerhalb des endlichen, aber Gattung-bezogenen Bewußtseins und der geschichtlich

pragmatischer Ästhetik und ließ den erhabenen Ausgang als Rückwendung zu einer künstlerischen Einstellung gelten, die die Analogie zum philosophischen 'Jacobinismus' Fichtes nahelegte.

bestimmten Spontaneität, eine reale Macht, die fortwährend in der
Erfahrung zu erhalten ist.

Schiller versteht die Bestimmungen des Geistes zugleich aktiv
und passiv als Ausdruck der Spontaneität *und* ihrer Affizierung,
weil er den Willen primär ansetzt, in realer Wechselwirkung mit
einer Umwelt, die durch Erfahrung zu einer Welt mit differenzier-
ter objektiver Wirklichkeit und Bedeutung wird, weil er den Willen
weder mit reiner Vernunft noch mit einem bloß sinnlichen oder
'blinden' Trieb identifiziert, sondern mit dem ästhetischen 'Zustand' als erfahrungs-ermöglichenden Zusammenhang oder 'Stimmung des Gemüts' in Verbindung bringt. Er stellt einen entsprechenden 'mittleren' Erfahrungsbereich heraus, 'zwischen' Natur und
moralischer Freiheit, in dem der Geist sich objektiviert und
bestimmt, d. h. artikuliert wird, der Bereich des geschichtlichen
Lebens, der Erfahrung in ihrer Fülle und offenen praktischen Totalität. Die reine Vernunft und Selbstbestimmung, die bloße Sinnlichkeit oder Begierde sind Abstraktionen aus dieser Erfahrung, ebenso wie die Natur und die wissenschaftliche Erfahrung. Indem er die
Wirklichkeit dieser geistig praktischen Sphäre eingehend aufzeigt,
bewirkt Schiller eine entscheidende Wandlung nicht nur in dem
Begriff der Freiheit in dieser Welt, sondern auch entsprechend in
dem der Notwendigkeit. Sie wird nicht mehr – nach dem Modell
einer Naturkausalität – in einer Geschlossenheit und Indifferenz
gegenüber der Spontaneität gedacht. Und wie sie als geschichtliche
Notwendigkeit konstituiert ist, geht sie die Verantwortung und die
Initiative direkt an. Wenn die hier angedeutete Einstellung am
Ende eine Art praktischer Idealismus ist, so ist dieser zugleich ein
realistischer, der nur klargemacht und zur Geltung gebracht werden
kann durch Auseinandersetzung, nicht sosehr mit Kant wie mit
dem Schiller fundamental entgegengesetzten deutschen Idealismus
von Fichte bis Hegel, der in mancher Hinsicht dem Realismus
Goethes nahekommt.

Die Ausführung und Begründung dieser Interpretation wird an
anderem Ort von Schillers philosophischen Schriften her dargelegt,
aber sie soll hier am Ende des ersten Teils in zwei Hinsichten herangezogen werden, die die Verschränkung von Freiheit und Notwendigkeit oder besser Spontaneität und Bestimmung, von ent-

gegengesetzten Seiten betreffen: die Theorie einer realen Bestimmbarkeit als Medium der ästhetischen Ausbildung des Gemüts und
des Willens, und eine Theorie des Erhabenen, die die menschliche
Subjektivität nicht einer ihr moralisch indifferenten Natur, sondern
einer noch unmenschlichen Geschichte gegenüberstellt. Die erste
führt direkt in die Problematik der Haltung und Handlungsweise
Wallensteins hinein. Eine Theorie des Erhabenen, die die in der
Kritik an Kant und Fichte gewonnenen Einsichten der ›Ästhetischen Briefe‹ verarbeitete, hat Schiller nie ausgeführt. Denn ›Über
das Erhabene‹ bleibt, trotz späterer Überarbeitung, durchaus im
Banne der stoisch-spinozistischen Auffassung des Erhabenen. Doch
kann eine Konstruktion von Schillers reiferem Verständnis der rei-
ßenden Schönheit, das an der Endlichkeit des Individuums festhält,
an der Wirkung des Ausgangs von ›Wallenstein‹ anknüpfen, und in
ihrer philosophischen Bedeutung entfaltet werden, in einer Analyse
von Hegels Deutung des Ausgangs und von der Rückwirkung dieser
Deutung auf seine Auffassung der 'Unbestimmtheit' Wallensteins.
Damit soll nicht nur die Einheit von Schillers Ästhetik in pragmatischer Hinsicht und die Einheit seines ›Wallenstein‹ neu gesehen
werden, sondern auch der bleibende Sinn seines Realismus als einer
praktisch philosophischen Einstellung in der Erfahrung, von der aus
Geschichte erst als Geschichte erfaßt werden kann.

1

„Was ich in meinem letzten Aufsatz über den Realism gesagt, ist
vom Wallenstein im höchsten Grade wahr", schreibt Schiller weiter
im oben zitierten Brief, und verweist damit auf den Schlußteil
seiner Abhandlung ›Über Naive und Sentimentalische Dichtung‹.
In einem Brief an Humboldt vom 9. Januar 1796 sagt er vom letzten Teil der Abhandlung, an dem er gerade arbeitet, er führe den
„Antagonism" zwischen Realismus und Idealismus als „Menschen-
charakteren" „durch das theoretische und praktische umständlich
durch, zeige das Reale von beyden, so wie das Mangelhafte". Das
Gemeinsame der naiven und sentimentalischen Dichtung sieht er
darin, „daß sie aus dem Menschen ein Ganzes machen, wenngleich

auf sehr verschiedene Weise". 'Realism' und 'Idealism' kommen entsprechend darin überein, „daß sie sich an das Ganze halten, und nach einer absoluten Nothwendigkeit verfahren,[2] daher sie in den

[2] Im Praktischen zeigt der Realist „eine resignirte Unterwerfung unter die Nothwendigkeit (nicht aber die blinde Nöthigung) der Natur"; auf diese Unterscheidung kommt es bei der Totalität an. Es ist der springende Punkt von Schillers Diskussion am Ende von ›Über naive und sentimentalische Dichtung‹ (NA 20, 492–503), daß die Beziehung auf Totalität eigentlich nicht in der Natur des 'Realism' als reinem Typus liegt, sondern als Grundhypothese gerade der Erfahrung des Realisten vorausgeht. Da der Idealist diese unbedingte Voraussetzung, das *a priori* aller Erfahrung, hypostasiert und isoliert, kann er sie nicht in und von der Erfahrung artikulieren; er muß Differenzierungen auch als angeblich *a priori* oder von rationalen Grundsätzen deduzierbar anführen. Der Realist dagegen kann seine Annahme einer 'Natur' als eines durchgehend kausal bestimmten Ganzen, oder die Unterscheidung einer Notwendigkeit von der blinden Nötigung, nicht von der Erfahrung allein haben, sondern muß sie 'idealistisch' einführen. So erweisen sich beide Haltungen, in ihrer Reinheit, als praktisch unmöglich und zeigen die Notwendigkeit einer „Einschließung beyder", die schon immer geschieht, wo „die Natur in ihnen mächtiger wirkt als das System". Die Integration muß, für Schiller, vom Realismus ausgehen, weil der Realist seine praktisch begründete Voraussetzung der Totalität bewußtmachen und dann bewußt machen kann (in beiden Bedeutungen), während die Einwirkung empirischer Rückmeldungen vom Idealisten nicht zugegeben werden kann, ohne seine Position preiszugeben. Hier wird natürlich vom Praktischen im Sinne des Realismus, also wirkungsvoller Handlung, ausgegangen, während „das Praktische" des rein moralischen Idealismus gerade in der Selbstbeziehung, im Ausschließen von allem Empirischen und Absehen von aller Wirkung, besteht. Indem er für die Einschließung beider argumentiert, begründet Schiller auch seine Vorziehung des Realismus als „vollkommener; denn . . . das Vollkommene liegt in der Haltung des Ganzen und in der wirklichen That" (NA 20, 502).

In Wallenstein wie in Goethe hat es Schiller mit einem Realisten zu tun, der die Einbeziehung einer (zwar genial intuitiven) idealistischen Anlage in seiner Haltung und Handlung nicht als solche wahrhaben will und daher an die Gefahren des reinen Idealisten grenzt. Das betrifft gerade die Beziehung auf „das Ganze" als einen Zusammenhang, der selbst erfahren werden soll.

Resultaten gleich seyn können". Wo sie in die Gesetzlosigkeit abfallen, arten sie in 'Empirism' und blinde Naturnötigung bzw. 'Phantasterey' und blinde Willkür aus. Aber wie kommt die innere Notwendigkeit, logische, moralische oder ästhetisch-formale, mit der der Erfahrung zusammen?

Das 'Reale' an beiden scheint in dem Bezug auf Totalität und Gesetzlichkeit zu liegen. Auf die spezifische Differenz kommt Schiller hier nur in dem Verweis auf sein Verhältnis zu Goethe, der „als ein ganz verhärteter Realist" seinen Ausführungen hat gut folgen können. Für Schiller bedeutet das, daß er, „selbst ein Idealist", sich „sehr objektiv" zu machen wußte, „um ein entscheidendes Urtheil in dieser Sache zu haben". Ebenso soll künstlerische Objektivität vom sentimentalischen Dichter Schiller durch die Sache, den Charakter Wallenstein, abverlangt werden. Im Brief vom 21. März heißt es von dem Realisten Wallenstein:

> Er hat nichts Edles, er erscheint in keinem einzigen Lebensakt groß, er hat wenig Würde und dergleichen, ich hoffe aber nichtdestoweniger auf rein realistischem Wege einen dramatisch großen Character in ihm aufzustellen, der ein ächtes Lebensprincip in sich hat. Vordem habe ich wie im Posa und Carlos die fehlende Wahrheit durch schöne Idealität zu ersetzen gesucht, hier im Wallenstein will ich es probieren, und durch die bloße Wahrheit für die fehlende Idealitaet (die sentimentalische nehmlich) entschädigen.

'Im einzelnen Akt groß erscheinen', 'edel', 'Würde' „und dergleichen" sind zu verstehen im Kontext des moralischen Idealismus Kants, der die Gesinnung und die Person allein und isoliert in Betracht zieht und daher von der Wirkung und dem kausalen Zusammenhang der Handlung absehen zu können meint. Solche innere Größe zeigt sich nicht in der Aktion als solcher, eher in einem Durchleuchten der Gesinnung in ihrer Reinheit, was sehr gut mit pathetischer Darstellungsart zusammengeht. Die schöne Idealität bei Posa und Carlos ist der lautere Charakter, der in ihren Reden und Taten – was auch immer diesen an Wirklichkeit oder objektiver Wahrheit (Entsprechung der realen Möglichkeit) fehlen soll – durchscheint.

Im nächsten Absatz hat 'moralisch' den gleichen Sinn:

Die Aufgabe wird dadurch schwerer und folglich auch interessanter „daß der eigentliche Realism den Erfolg nöthig hat, den der idealistische Character entbehren kann". Unglücklicher Weise aber hat Wallenstein den Erfolg gegen sich und nun erfordert es Geschicklichkeit, ihn auf gehörigen Höhe zu erhalten. Seine Unternehmung ist moralisch schlecht (d. h., nur auf Wirkung berechnet – J.B.), und sie verunglückt physisch. Er ist im Einzelnen nie groß, und im Ganzen kommt er um seinen Zweck. Er berechnet alles auf die Wirkung, und diese mißlingt.

Hier wird nichts gesagt über schlechte, niederträchtige oder rachsüchtige Gesinnung Wallensteins, sondern lediglich, daß es auf seine Gesinnung, wie auch immer geartet, nicht ankommt. Ich will nicht bestreiten, daß Schiller damals, wie auch später, von Wallenstein als einem von Rachsucht oder Ehrgeiz Getriebenen denken könnte, ich bestreite nur, daß dies notwendig etwas mit seinem Realismus zu tun hat. „Er kann sich nicht, wie der Idealist, in sich selbst einhüllen", schreibt Schiller, „und sich über die Materie erheben, sondern er will die Materie sich unterwerfen"; nur das macht seinen Realismus aus. Als Realist hat er sich in einem Sinne von Anfang an selbst der Materie unterworfen. Genauso auch Schiller, der sich als Künstler jetzt dem Zwang seiner Materie aussetzen will, um ihre Notwendigkeit herauszuarbeiten und sie dadurch in den Griff zu bekommen: Bacons *Natura enim non nisi parendo vincitur.*

Ein falsches Verständnis des 'Realism' in Schillers Sprachgebrauch hat manche Interpreten dazu verleitet, von einem Prozeß der Idealisierung bei der Arbeit am ›Wallenstein‹ zu sprechen. Gerade wo der Dichter seine Wirkung aus der Gestaltung des Fehlgehens der Absichten des Helden bezieht, ist oft ein Schwanken des Bildes im anderen Sinne gesehen worden, ein Wandel Schillers, der eine moralische Hebung der Zentralfigur vorgenommen haben soll, um ihrem Ende tragische Größe zu sichern. In seiner Entwicklung im vollendeten Drama soll Wallenstein dann eine entsprechende Verwandlung ins Reinmenschliche erfahren, die ihm Würde und ethische Individualität verleiht als Grundlage für den erhabenen Ausgang. Dabei wird der Sinn des Realismus als künstlerischer Haltung bei Schiller übersehen oder verfehlt.

Der Realismus Schillers in ›Wallenstein‹ hängt wohl mit dem seines Helden zusammen: beide sind auf die Wirklichkeit der Welt des Krieges bezogen, und eine Idealisierung, besonders in der Richtung eines Zurückweichens des Geschichtlichen zugunsten des Individuellen, Reinmenschlichen würde den Helden um seine Größe und den Dichter um seine Tragödie bringen. Wallensteins Zaudern wie seine astrologischen Spekulationen, mögen sie dem fest umrissenen Bild des 'Tatmenschen' entgegenstehen, zeigen einen wesentlichen Aspekt seines Realismus als Wirken-Wollens. Gerade seine Absicht auf tiefgehende, eigentliche Wirkung brachte ihn über das Stadium des Sich-Durchsetzens hinaus zur (wenn auch illusorischen) Einbeziehung fremder Spontaneität und realer Bedingungen und Möglichkeiten in sein Handeln. Wo das täuschende Spiegelbild der wirkenden Kräfte in den Sternen zunächst als durch eben solche Kräfte selbst, durch die geschichtliche Realität schlechthin widerlegt erscheinen könnte, zeigt der eindringende Blick des Künstlers die wahre Konstitution der siegenden Mächte, ihre Basis in der „feigen Furcht" des Einzelnen, und zeigt damit zugleich die Gegenwart auch jener Spontaneität, an die Wallensteins Vorstellung von Aktion appellierte.

Keine Idealisierung, sondern im Gegenteil „eine unglaubliche Klarheit des Blicks auf den Gegenstand" [3], der am Schluß Wallensteins 'Schicksal' und die 'unerbittliche' Notwendigkeit des Kriegs durchschaut und sichtbar macht als kollektiv zu verantwortende, besiegelt die Tragödie des Wallenstein, als eines wesentlich geschichtlichen, nicht individuellen Menschen (im Sinne Diltheys). Die konsequent fortschreitende Zurückführung des Helden zum Rein-

[3] In seinem Gratulations-Brief von September 1800 schreibt Humboldt, „daß die Empfindung, welche die Katastrophe mit sich führt, nicht bloß eine unglaubliche Klarheit des Blicks auf den Gegenstand zugleich zuläßt, sondern unmittelbar selbst ausstrahlt. Sie ist nicht Schmerz, nicht Rührung, sondern starres Entsetzen; und das Entsetzen besteht gerade darin, daß die in niederschlagender Helle erscheinende Furchtbarkeit des Gegenstandes das Gefühl, das unaufhörlich seine Kraft mit ihm vergleicht, in sich zurückdrängt." – Dann meint Humboldt aber, daß diese Klarheit dem Gemüt eine höhere Macht eingibt, die es ihm ermögliche, „Freiheit und Schicksal, die es erst so gewaltsam trennen sah, wieder zusammenzuknüpfen". Vgl. Das Problem der Aktion, S. 390–3.

menschlichen in dem Sinne, daß seine geschichtliche Innerlichkeit
verlorengeht, hat eine ganz andere Funktion als Idealisierung. Sie
bringt ihn auf die gleiche dramatische Ebene der Darstellbarkeit
wie seine Gegenspieler, damit eine Art Konfrontation möglich
wird, in der die Gegenspieler in ihrer unterdrückten inneren Freiheit, in ihrem geschichtlichen Gewissen, aufgezeigt werden. Das
eigentlich Tragische ist Wallensteins Verlust seiner geschichtlichen
Dimension, welche in ihrer Einbeziehung realer Möglichkeiten vor
allem einen Verlust für seine Mitwelt bedeuten muß.

Eine Verschiebung des dichterischen Problems zeichnet sich in
Schillers Brief an Körner vom 28. 11. 1796 ab, wo er sich wieder
(ohne Bezugnahme auf den 'Realism') über die herausfordernden
Nachteile seines Stoffes äußert:

ein unsichtbares abstractes Objekt, kleine und viele Mittel, zerstreute
Handlungen, einen furchtsamen Schritt; eine (für den Vortheil des
Poeten) viel zu kalte trockne Zweckmäßigkeit, ohne doch diese bis
zur Vollendung und dadurch zu einer poetischen Größe zu treiben;
denn am Ende mislingt der Entwurf doch nur durch Ungeschicklichkeit.
Die *Base,* worauf Wallenstein seine Unternehmung gründet, ist die
Armee, mithin für mich eine unendliche Fläche, die ich nicht vors Auge
und nur mit unsäglicher Kunst vor die *Phantasie* bringen kann: ich kann
also das Object, worauf er ruht, nicht zeigen, und ebenso wenig das,
wodurch er fällt; das ist ebenfalls die Stimmung der Armee, der Hof,
der Kaiser. – Auch die Leidenschaften selbst, wodurch er bewegt wird,
Rachsucht und Ehrbegierde, sind von der kältesten Gattung. Sein
Charakter endlich ist niemals edel und darf es nie seyn ... Mit einem
Wort, es ist mir fast alles abgeschnitten, wodurch ich diesem Stoffe nach
meiner gewohnten Art beykommen könnte, von dem Inhalte habe ich
fast nichts zu erwarten, alles muß durch eine glückliche Form bewerk-
stelligt werden.

Nicht daß er scheitert, wird jetzt so sehr als dramatisch ungünstig
angesehen, vielmehr daß er durch eigene Ungeschicklichkeit scheitert. Aber dieser Vorstellung wird durch die unmittelbar darauf-
folgenden Ausführungen widersprochen: er fällt eigentlich durch
die Stimmung der Armee, den Hof und den Kaiser. Das Problem
ist nur, solche Ursache wie ihre Wirkungen in den zerstreuten
Handlungen darstellbar zu machen. Schon in dieser Äußerlichkeit

entspricht das dem praktischen Problem Wallensteins, das Ganze zu überschlagen und den 'richtigen Moment' darin aufzuspüren. Am gleichen Tag schreibt Schiller an Goethe,

Was die dramatische Handlung, als die Hauptsache anbetrift, so will mir der wahrhaft undankbare und unpoetische Stoff freilich noch nicht ganz *parieren,* es sind noch Lücken im Gange, und manches will sich gar nicht in die engen Grenzen einer *Tragödien-Oeconomie* herein begeben.

Dem anderen Dichter gegenüber zeigt sich, besonders in dem wiederholten „noch", der künstlerische Wille, die Mängel seines verfügbaren Materials „für eine tragische Entwicklung" zu überwinden. Vor allem: „Das eigentliche Schicksal thut noch zu wenig, und der eigne Fehler des Helden noch zu viel zu seinem Unglück". Die Forderungen seiner Kunst verlangen „das eigentliche Schicksal", aber wohin wendet sich Schiller, um „das Proton-Pseudos in der *Catastrophe*" aufzuheben? Die Lücke im Gang der dramatischen Handlung will Schiller gerade durch geschichtliches Studium schließen und damit den Anschein eines individuell selbst-verschuldeten, also zufälligen Falls beheben. Denn die Tragödie ist eine der Geschichte. Der 'rein realistische Weg', der das 'ächte Lebensprincip' Wallensteins herausstellen sollte, führt Schiller wieder zur historischen Vorarbeit. In seinem vorhergehenden Brief an Körner am 21. 11. 1796 hatte Schiller geschrieben, „Die Lectüre der Quellen zu meinem Wallenstein beschäftigt mich jetzt ausschließend; ich kann diesem Gegenstand schlechterdings nicht anders beikommen, als durch das genaue Studium der Zeitgeschichte."

Die Stimmung der Armee, der Hof, der Kaiser, alles worauf Wallenstein basiert und wodurch er fällt, diese Bedingungen der Handlung muß Schiller der Phantasie des Zuschauers und Lesers zugänglich machen, um zu verhindern, daß die äußere Zerstreuung, die angebliche Niedrigkeit der Motive oder die bloße Ungeschicklichkeit dieser Aktion die Objektivität und Notwendigkeit des wirklichen Geschehens verbergen. Es geht Schiller nicht um historische Gerechtigkeit gegenüber den persönlichen Beweggründen und Fehlern Wallensteins, sondern um die Erfassung eines geschichtlichen Zusammenhangs, der sein Handeln und Scheitern verständlich machen soll. Die Fragestellung des Dichters scheint hier un-

trennbar zu sein von der des Geisteswissenschaftlers. Am Ende des
4. Buchs der ›Geschichte des Dreißigjährigen Kriegs‹ konnte er
schreiben,

> Noch hat sich das Dokument nicht gefunden, das uns die geheimen
> Triebfedern seines Handelns mit historischer Zuverläßigkeit aufdeckte,
> und unter seinen öffentlichen, allgemein beglaubigten Taten ist keine,
> die nicht endlich aus einer unschuldigen Quelle könnte geflossen sein.

Aber ihn als Realist zu sehen, wie auch als Realist ihn zu sehen,
bedeutet, den guten wie bösen Intentionen und Antrieben an sich
das Interesse weitgehend zu entziehen. Wenn die Quellen seiner
Taten und ihrer Vergeblichkeit, d. h. der Kontext von Impulsen
und Tendenzen, die diese verständlich machen, in der geschichtlichen, durch Dokumente zugänglichen Welt aufgesucht werden, bekommt Schillers Einsicht vom Ende des 4. Buches einen neuen Sinn:

> Wenn endlich Not und Verzweiflung ihn antrieben, das Urteil wirklich
> zu verdienen, das gegen den Unschuldigen gefällt war, so kann dieses
> dem Urteil selbst nicht zur Rechtfertigung gereichen; so fiel Wallenstein,
> nicht weil er Rebell war, sondern er rebellierte, weil er fiel.

Jetzt wird das Urteil als Vorurteil, als geschichtliches Element der
Situation aufgefaßt, auf die Wallenstein einwirken wollte, und das
sittliche Interesse der Nachwelt wird auf den Zusammenhang dieser
die Aktion zweifach bestimmenden Welt im ganzen gerichtet, also
nicht mehr moralisch.[4]

---

[4] In einem Brief an Goethe vom 27. 2. 1798 ist Schiller froh, eine
Situation hinter sich zu haben, „wo die Aufgabe war, das ganz gemeine
moralische Urteil über das Wallensteinsche Verbrechen auszusprechen",
– dem Bedürfnis gegenüber, das er „unserm lieben moralischen Publikum" zuschreibt –. „Bei dieser Gelegenheit habe ich aber recht gefühlt,
wie leer das eigentlich Moralische ist." Am 13. 7. 1800 schreibt er an
Körner, dessen Urteil über Wallenstein „ein zu großes Gewicht" auf
Max Piccolomini legte: „Nach meiner Überzeugung hat das moralische
Gefühl niemals den Helden zu bestimmen, sondern die Handlung allein,
insofern sie sich auf ihn allein bezieht oder allein von ihm ausgeht.
Der Held einer Tragödie braucht nur soviel moralischen Gehalt, als
nöthig ist um Furcht und Mitleid zu erregen."

Das dramatisch-ästhetische Ziel wäre noch weniger durch die pathetische Darstellung des Schicksals eines 'würdigen' Helden zu erreichen, und deshalb ist es keine Inkonsequenz, wenn Schiller im Brief an Körner vom 28. 11., da er doch meint, fast alles von der „glücklichen Form" seiner Kunst erwarten zu müssen, schreiben kann: „Gerade so ein Stoff mußte es seyn, an dem ich mein neues dramatisches Leben eröffnen konnte."

Hier, ... wo ich nur durch die einzige innere Wahrheit, Notwendigkeit, Stätigkeit und Bestimmtheit meinen Zweck erreichen kann, muß die entscheidende Crise mit meinem poetischen Charakter erfolgen. Auch ist sie schon stark im Anzug; denn ich tractiere mein Geschäft schon ganz anders, als ich ehemals pflegte. Der Stoff und Gegenstand ist so sehr außer mir, daß ich ihm kaum eine Neigung abgewinnen kann.

Das Ausscheiden der Sympathie, die zur pathetischen Darstellung hätte führen können, macht einer „reinen Liebe des Künstlers" Raum, aber dies bedeutet keineswegs eine ethische Indifferenz des Objekts. Die künstlerische Objektivität hängt gerade mit der Einsicht in die geschichtliche moralische Verfassung des Stoffes zusammen.

Aber zu diesem bloß objectiven Verfahren war und ist mir das weitläufige und freudlose Studium der Quellen so unentbehrlich; denn ich mußte die Handlung wie die Charactere aus ihrer Zeit, ihrem Lokal und dem ganzen Zusammenhang der Begebenheiten schöpfen ... Ich suche absichtlich in den Geschichtsquellen eine *Begrenzung,* um meine Ideen durch die Umgebung der Umstände streng zu bestimmen und zu verwirklichen.

Es ist daher ein Rückfall, wenn Schiller versichert, „das Historische" werde ihn nicht herabziehen oder lähmen, denn er wolle dadurch seine Figuren, seine Handlung „bloß *beleben, beseelen* muß sie diejenige Kraft, die ich allenfalls schon habe zeigen können". Er hatte die oberflächliche, aber fatale Trennung des Geschichtlichen und Reinmenschlichen eben durchbrochen. Das Ineinanderwirken seiner eigenen Ideen (früher Quelle des Pathos) und des begrenzenden Stoffs war bereits voll in Anspruch genommen worden bei der Erforschung des geschichtlichen Zeitgeists und Lokals, vor allem, in der Erkenntnis von einem „ganzen Zusammenhang der Begebenheiten"; nur durch den ethischen oder sittlichen Gehalt ist die darzustellende Notwendigkeit eine geschichtliche, die Wahrheit eine „innere".

Wallensteins Realismus ist der geeignete Brennpunkt einer solchen Darstellung, weil er ein entsprechendes Ziel in der Praxis verfolgt: eine Handlung, die die Objektivität der Geschichte haben würde. Schillers Realismus – er verbindet den Begriff ausdrücklich mit der eigenen dichterischen Haltung nach dem Januar 1796 kaum mehr – ist ein geschichtlich-praktischer, der die Notwendigkeit einer Aktion mit ihren Folgen grundsätzlich von objektiv gewordenen Impulsen und Interessen her verstehen will. Es ist eine Notwendigkeit, die das „Hätte auch anders sein können" einschließt und daher menschliche Spontaneität noch anspricht. Der Verschränkung von Freiheit und Notwendigkeit in der Geschichte entspricht die Art der inneren Verbindung von künstlerischer Objektivität oder Notwendigkeit und dem Verwiesen-sein auf die spontane Partizipation des Lesers, die Schiller in dieser Zeit für die Dichtung und die Philosophie beansprucht. Solange Notwendigkeit und Freiheit nur gegeneinander als rein objektiv und rein subjektiv gedacht werden (schon die Idee einer solchen 'Reinheit' bei sich wechselseitig bestimmenden Begriffen wie subjektiv oder objektiv ist fragwürdig), kann weder Geschichte noch Kunst in dem Verständnis, zu dem Schiller durchdringt, verständnisvoll erfahren werden.

Schiller hat diese Erfahrung nicht nur in dem ersten wirklich historischen Drama gestaltet – die „Erfassung der Innerlichkeit der Geschichte" in Diltheys Worten [5] – er hat die Erfahrung in diesem Sinne auch philosophisch erschlossen. Wo Kant eine „Unterscheidung der Dinge als Gegenstände der Erfahrung, von eben denselben als Dingen an sich selbst" durchführt, damit „eben derselben Wille in der Erscheinung (den sichtbaren Handlungen) als dem Naturgesetze notwendig gemäß und sofern nicht frei, und doch andererseits" als frei gedacht werden kann, „ohne daß hierbei ein Widerspruch vorgeht", [6] kehrt Schiller das Argument um und

[5] Dilthey, Schiller (Kleine Vandenhoeck-Reihe 79, Göttingen 1959, S. 45).

[6] Kant, Vorrede zur zweiten Auflage der ›Kritik der reinen Vernunft‹, B XXVII f.

nimmt, auf die Fichtesche Fassung dieser Trennung anspielend, die Erfahrung der Schönheit als

siegenden Beweis, daß das Leiden die Thätigkeit, daß die Materie die Form, daß die Beschränkung die Unendlichkeit keineswegs ausschließe – daß mithin durch die nothwendige physische Abhängigkeit des Menschen seine moralische Freyheit keinesweg aufgehoben werde. (25. Brief)

Spontaneität und Verantwortlichkeit haben nach Schiller Wirklichkeit, gerade weil die Trennung, die Kant macht, erkenntniskritisch nur bedingt, in Bezug auf die Voraussetzungen und die Positivierung der Erfahrung in bestimmten Naturwissenschaften, Geltung hat, und keinen Sinn oder Wert im metaphysischen Gebrauch als Sicherung der Freiheit.

Damit entfällt auch die Auslegung des Erhabenen der Tragödie als einer entsetzlichen Erfahrung „physischer" Machtlosigkeit gegenüber der Gewalt und Unermeßlichkeit der Natur, die einen auf seine Subjektivität zurückwirft und eben darin Befriedigung gewährt, daß die Subjektivität als innere unendliche „moralische" Freiheit erfahren wird, die über alle äußeren Gewalten stoisch „erhaben" ist und schlechthin von ihnen unbestimmbar. Schillers durchgehende Neubestimmung der Freiheit in den ›Ästhetischen Briefen‹ betrifft nicht nur eine integrale ästhetische Tätigkeit oder Wirkung, sondern wird auch in die Deutung der Erfahrung des Erhabenen aufgenommen, das jetzt seinen Sinn durch die Festhaltung und Einbeziehung der menschlichen Endlichkeit erhält. Der Zuschauer oder Leser wird wohl auf seine Subjektivität zurückgeworfen, aber täuscht sich dadurch noch weniger eine Selbständigkeit vor. In diesem Sinne ist auch die reißende Fassung der Kunst bei Schiller als Realismus zu verstehen: sie zielt auf die Freisetzung einer in ihrer Beschränkung sich selbst bewußten Spontaneität, von deren Sicht aus die Geschichte als Geschichte erfahren wird. Das äußere Verhängnis führt im Erhabenen auf einen Zusammenhang in der Innerlichkeit, denn das Selbstbewußtsein ist geschichtlich.

In ›Wallenstein‹ ist das Schicksal nicht bloß ein geschichtliches Verhältnis, das naiv mangels menschlichen Bewußtseins der eigenen praktischen Wirklichkeit als eine 'Naturnotwendigkeit' genommen wird – eine Kritik, die Schiller an der griechischen Tragödie üben zu müssen glaubt –, sondern ist selbst das schlechte Gewissen, welches dieses Bewußtsein hat, aber nicht als Verantwortung wahrhaben will. Der Mensch kann nur geschichtlich handeln, wo er objektive kausale Zusammenhänge sieht, auf die seine Initiative einwirken kann und die seine „Person" angehen. Die grundsätzliche Trennung der inneren Sittlichkeit und äußeren Kausalität macht eine Erfahrung der Geschichte in diesem Sinne unmöglich. Die enge Verbindung dagegen zwischen der empirischen Einstellung, die im Zuge der wissenschaftlichen Revolution und ihrer inneren wie äußeren Verbreitung als Aufklärung zur Geltung kommt, und der neuzeitlichen Entdeckung und Erkenntnis der Geschichte ist noch relativ unerforscht, aber in Schillers Rückgewinnung eines realistischen Standpunktes innerhalb der Gedankenwelt des deutschen Idealismus äußert sich eine potenzierte Erfassung dieser geistig-praktischen Wirklichkeit.

Wie für Schiller die Realität der Freiheit und die Objektivität, die der Geist erlangen kann, in der Verquickung von Spontaneität und Empfänglichkeit gründen, so bleibt jede Totalität der geschichtlichen sittlichen Welt unlöslich mit der Endlichkeit und Fehlbarkeit des individuellen Bewußtseins und Selbstbewußtseins verknüpft. Die unendliche Freiheit, in der philosophischen Analyse oder einer tragisch erhabenen Dichtung, ist im Grunde geschichtlich und verweist auf den weiteren lebenspraktischen Zusammenhang der Menschen. Die Tragödie betrifft Möglichkeiten, die als solche wirklich sind und verlorengehen können. Die Politik soll zum Schicksal des modernen Menschen geworden sein; in ›Wallenstein‹ stellt sich das Erhabene der geschichtlichen Erfahrung dar. Auch im Ausgang wird es als Tragödie eines geschichtlichen Menschen empfunden, trotz des Verlusts seiner bestimmten differenzierten Innerlichkeit, durch die Konfrontation mit der verdrängten Innerlichkeit des ‚Schicksals'.

Im dritten der ›Ästhetischen Briefe‹ will Schiller einen ‚dritten', aber eigentlich ursprünglichen Charakter des Menschen entdecken, worin die Freiheit, d. h. die behauptete Autonomie, von dem moralischen Charakter abgesondert wird, um diesen „von Eindrücken abhängig zu machen", und vom physischen Charakter die Willkürlichkeit, um ihn allmählich unter Regeln zu bringen. In Hinblick auf die menschliche Praxis macht Schiller hier die Trennung von Phänomen und „an sich" rückgängig. Mit einem solchen „dritten" Charakter – den er im nächsten Brief einfach *Totalität* des Charakters" nennt – „wird auf das Sittengesetz als auf eine wirkende Kraft gerechnet, und der freie Wille wird in das Reich der Ursachen gezogen, wo alles mit strenger Notwendigkeit und Stetigkeit aneinanderhängt". Das macht das Reich der Ursachen zu genau dem Gegenteil der *natura naturata* der Praxis, auf die sich der aus seiner Möglichkeits-Perspektive gefallene Wallenstein gegenüber Max in ›Wallensteins Tod‹ II, 2 berufen muß:

> Leicht beieinander wohnen die Gedanken,
> Doch hart im Raume stoßen sich die Sachen,
> Wo eines Platz nimmt, muß das andre rücken,
> Wer nicht vertrieben sein will, muß vertreiben,
> Da herrscht der Streit, und nur die Stärke siegt.
>
> [V. 788–792]

Wallenstein hypostasiert die unverbindliche Freiheit der Gedanken, als ob sie durch Unverbundenheit mit der Wirklichkeit erkauft werden müßte, während sein Verhalten bis zur Gefangennahme Sesins, der Struktur nach, auf einem Realismus basierte, der das Wirkliche der Möglichkeiten (wie die Gelegenheit) wahrnehmen wollte. Aber die Ausweglosigkeit, die in dem Motto des Lagers verhängt wird: „Das Wort ist frei, die Tat ist stumm", akzeptiert er bis zu seinem Ende eigentlich nicht, und auch die Tat seiner Ermordung kann nicht stumm bleiben. Wo das Reich der Ursachen von dem des freien Willens und Gedankens getrennt wird, bleiben Erkenntnis und Aktion von den realen Möglichkeiten abgeschlossen und die geschichtliche Wirklichkeit wird dem blinden Kampf überlassen. Wo dieser Kampf mit Bewußtheit und Geschick geführt wird, muß es aber klar werden, wie Kausalität „als „Zwang der Begebenheiten" uneingestanden aufgrund von menschlichem Tun und Unterlassen besteht und, wenn so erkannt, auch anders bestehen könnte als sinngebender und handlungsstrukturierender 'Zusammenhang der Begebenheiten'.

Die Begrenzung, die Schiller für seine Ideen in der historischen Quellenarbeit sucht, führt ihn als Dichter auf die Erkenntnis und Herausarbeitung einer objektiven Notwendigkeit im Stoff, die kei-

neswegs deterministisch ist und deswegen mit den inneren Forderungen seiner Ideen zusammenkommt. Das bedeutet nicht, daß ethische Erwartungen dabei befriedigt werden müssen, sondern im
Gegenteil nur, daß sie verstärkt mit praktischen Anschauungen der
realen Welt verbunden werden. Unmittelbar vor seiner Gegenüberstellung des 'Realism' und 'Idealism' im Schlußteil von ›Über
Naive und Sentimentalische Dichtung‹ schreibt Schiller,

> Wenn sich das dichtende Genie über alle zufälligen Schranken, welche
> von jedem *bestimmten* Zustande unzertrennlich sind, mit freyer Selbst-
> thätigkeit muß erheben können, um die menschliche Natur in ihrem ab-
> soluten Vermögen zu erreichen, so darf es sich doch auf der andern
> Seite nicht über die *nothwendigen* Schranken hinwegsetzen, welche der
> Begriff einer menschlichen Natur mit sich bringt; denn das Absolute aber
> nur innerhalb der Menschheit ist seine Aufgabe und seine Sphäre.

Das sentimentalische Genie „ist der Gefahr ausgesetzt, über dem
Bestreben, alle Schranken von ihr zu entfernen, die menschliche
Natur ganz und gar aufzuheben".

> Dasselbe gilt auch von der moralischen und religiösen Schwärmerey,
> und von der exaltirten Freyheits- und Vaterlandsliebe. Da die Gegen-
> stände dieser Empfindungen immer Ideen sind und in der äußern Erfah-
> rung nicht erscheinen, ... so hat die selbstthätige Einbildungskraft eine
> gefährliche Freyheit und kann nicht, wie in andern Fällen, durch die
> sinnliche Gegenwart ihres Objekts in ihre Grenzen zurückgewiesen wer-
> den.

So soll der Dichter wie der praktische Realist Notwendigkeit von
stofflicher Nötigung abziehen lernen und die Gegenwart seines
Objekts in der Durchleuchtung noch unbewußter oder unverant-
worteter Wirkungen der Spontaneität erreichen.

Nach dem 18. der ›Ästhetischen Briefe‹ verbindet die Schönheit
eine Freiheit, die „höchste innere Nothwendigkeit ist", und eine
Bestimmtheit, die „nicht in der Ausschließung gewisser Realitäten,
sondern in der absoluten Einschließung aller bestehe, ... also nicht
Begrenzung, sondern Unendlichkeit ist". In den nächsten fünf Briefen, „wo eigentlich der Nervus der Sache vorkommt" [7]; wird die

---

[7] An Fichte 3. 8. 1795 NA 28, 360. Vgl. ›Schillers Realismus als
philosophische Einstellung und Leistung‹, wo ich auf diese Partie der

ästhetische Erfassung einer Bestimmtheit in der immanenten Fülle ihrer Möglichkeit als Funktion der Praxis entwickelt. Die sinnliche und die vernünftige Bestimmung werden in einer „mittleren" „freyen Stimmung" miteinander vermittelt, die als „ästhetischer" „Zustand der realen und aktiven Bestimmbarkeit" anzusehen ist. Durch Beziehung auf diese Bestimmbarkeit ist der Wille eine reale Macht.

In der freien Zusammenstimmung oder offenen Totalität des Gemüts hat der Wille den grundlegenden Bezug zur Wirklichkeit. Gedanke und Empfindung gehen ineinander über durch den ästhetischen Zustand; er ist „die notwendige Bedingung unter welcher allein wir zu einer Einsicht und zu einer Gesinnung gelangen können". Er könne sogar freie Handlung ermöglichen, denn in der realen aktiven Bestimmbarkeit „kommt es darauf an", eine Bestimmungslosigkeit und unbegrenzte, d. h. nicht beschränkte oder fixierte

Bestimmbarkeit mit dem größtmöglichen Gehalt zu vereinbaren, weil unmittelbar aus diesem Zustand etwas positives erfolgen soll. Die Bestimmung, die er durch Sensation empfangen, muß also festgehalten werden, weil er die Realität nicht verlieren darf, zugleich aber muß sie, insofern sie Begrenzung ist, aufgehoben werden, weil eine unbegrenzte Bestimmbarkeit statt finden soll.

Diese Art, „die Determination des Zustandes zugleich zu vernichten und beyzubehalten", sollte nicht zu schnell als Vorstufe der Hegelschen 'Aufhebung' 'gewürdigt' werden, denn sie bedeutet, ganz im Gegensatz zu Hegels Prozeß, eine Aufschließung der Erfahrung, d. h. der Erkenntnis nach kausaler Notwendigkeit, für die weitere Bestimmung eines durch diese informierten handelnden Willens. Die „freye Stimmung" oder der ästhetische „Zustand der realen und aktiven Bestimmbarkeit" stellt vor allem die Möglichkeit dar, „von Empfindung zu Gedanken, und zu Entschließungen" überzugehen. Hier ist Wallenstein der Realist, wie er im vollendeten Drama erscheint, ganz nah. Und wie Schiller in dieser abschließenden An-

›Ästhetischen Briefe‹ als eine Entgegnung zu Fichtes ›Grundlage der gesamten Wissenschaftslehre‹ und seiner Auffassung der Vorstellung und des Willens eingehe.

merkung zum 21. Brief hinzufügt, sind Menschen, die den Zustand der Bestimmungslosigkeit lang ertragen können und „mit diesem Vermögen zugleich Realität vereinigen, fürs Ganze und zu großen Rollen geboren".

2

Wie die ästhetische Intention Schillers in ›Wallenstein‹ und der darin zum Ausdruck kommende Realismus mit dem Handlungsprinzip Wallensteins zusammenhängen, kann erst eingesehen werden, wenn Wallensteins Schwanken und die Mehrdeutigkeit seines praktischen Leitbilds als Aspekte seiner realistischen Einstellung begriffen werden, als Reflexe der Partizipation in geschichtlicher Wirklichkeit. Der Realismus Wallensteins ist gerade dort in Kraft, wo er die Möglichkeits-Dimension einbezieht. Und das Zerbröckeln seiner Absichten, oder der Potentialitäten, die in seinen tastenden Versuchen in der Schwebe gehalten worden waren, wird nicht einfach als Folge ihrer Unwirklichkeit gezeigt. Schillers Realismus wirkt gerade in entgegengesetzter Richtung. Die Notwendigkeit, die für ihn tragisch wirken soll, muß eine geschichtliche sein, die das Anders-sein-Können der menschlichen Praxis in sich birgt. Die menschliche Spontaneität ist an dieser Wirklichkeit beteiligt und muß, nach dem Realismus Schillers, in der objektiven Darstellung zur Sprache kommen, – auch wo sie sich als 'Schicksal' 'taub' und 'stumm' in ihrer Verfehlung des Selbstbewußtseins und der Verantwortlichkeit zu verstehen gibt. Indem das Schicksal sein schlechtes Gewissen zeigen muß, wird Wallensteins Irrealität, seine Offenheit und sein illusorisches Zutrauen zu den Menschen ironisch gerächt.

Eine Auseinandersetzung mit der Wallenstein-Kritik Hegels ist besonders geeignet, diesen Zusammenhang zugleich anschaulicher und einsichtiger zu machen.

Hegels reflektierte Reaktion auf beide Hauptteile des Dramas zeigt am Ende seinen Abstand von Schiller und die Unmöglichkeit, das von seiner metaphysischen Position aus aufzunehmen, was der Realist Schiller als Geschichte erkannt und dargestellt hat. Erst die Erfassung der gegenseitigen Ergänzung der beiden Tragödien in

›Wallenstein‹, deren einsichtige Trennung durchaus die kritische Leistung Hegels ist, macht die Einheit und den Sinn von ›Wallenstein‹ klar.

„Das Stück enthält zweierlei Schicksale Wallensteins", schreibt Hegel um 1800,[8] „das eine, das Schicksal des Bestimmtwerdens eines Entschlusses, das zweite, das Schicksal dieses Entschlusses und der Gegenwirkung auf ihn." Hegel sieht das erste als das „Erliegen der Unbestimmtheit unter die Bestimmtheit" und findet es „ein höchst tragisches Wesen und groß, konsequent dargestellt; – die Reflexion wird darin das Genie nicht rechtfertigen, sondern aufzeigen". Aber „so groß die erste ist, so wenig ist mir diese zweite Tragödie befriedigend... Es steht nur Tod gegen Leben auf, und unglaublich! abscheulich! der Tod siegt über das Leben! Dies ist nicht tragisch, sondern entsetzlich!" Das Entsetzen ist aber „dem Tragischen" wesentlich verwandt, und, obwohl Hegels Deutung durch seine Erwartung einer befriedigenden Theodizee im Ausgang einer echten Tragödie entstellt ist, wird seine Empfindung dem Schauspiel Schillers wesentlich gerecht. Das Problem ist, das siegende 'Nichts', das nur auf dem Hintergrund der erwarteten Theodizee so nihilistisch wirkt, in Beziehung zur Tragödie der Unbestimmtheit Wallensteins zu setzen.

Wenn man an der Einsicht dieses Entsetzens festhalten will, muß man die ästhetische sowie thematische Abgeschlossenheit des ersten Schicksals in Frage stellen. Hegel meint, „jedes (der beiden Schicksale) kann für sich als ein tragisches Ganzes angesehen werden". Aber seine Charakterisierung von diesem „Erliegen der Unbestimmtheit unter die Bestimmtheit" – zugleich das Bestimmtwerden eines Entschlusses – ist zweideutig. Er beschreibt Wallenstein als „über die Bestimmtheit erhaben, dem von ihm geretteten Kaiser und Staate, noch weniger dem Fanatismus anzugehören; seine Pläne können nur darüber selbst erhaben sein". Hier kann Hegel fragen, „Welche Bestimmtheit wird ihn erfüllen?", um darauf zu sagen, „Er bereitet sich die Mittel zu dem größten Zwecke seiner Zeit, fürs Allgemeine Deutschland Frieden zu gebieten, fürs Be-

---

[8] Ich zitiere nach der Suhrkamp 'Theorie Werkausgabe' I, Frankfurt/Main 1970, 618–620. [In diesem Sammelband S. 15–16.]

sondere sich selbst ein Königreich und seinen Freunden verhältnismäßige Belohnung."

Es handelt sich also um ein Nicht-festgelegt-Sein gegenüber besonderen vorherrschenden „Bestimmtheiten" oder Bedingungen, keineswegs um eine Bestimmungslosigkeit, die jedem Zweck widerstreben mußte. Wenn er Wallenstein eine „mit den größten Zwecken spielende und darum charakterlose Seele" zuschreibt, scheint er sogar die Unbestimmtheit mit einer Weite der Absicht zu identifizieren. Aber viel hängt von der Betonung ab: ob das 'darum' sich auf 'mit den *größten Zwecken* spielende' bezieht, oder auf 'mit den größten Zwecken *spielende*'. Wo die zweite Emphase ausschlaggebend ist, kann das Spielerische leicht als reine Selbst-Betätigung diesen größten Zwecken gegenüber indifferent werden. Im anderen Fall ist es dagegen schwierig – aber äußerst wichtig –, das spielende Verhalten gerade aus dem Zusammenhang mit großen Zwecken zu verstehen und verständlich zu machen. Wo das Spielerische allein hervortritt, verliert es seinen Sinn und wird von selbst zu einer Bestimmtheit; die Charakterlosigkeit wird dann individualpsychologisch als Charaktereigenschaft aufgefaßt, wobei sich nichts ändert, wenn sie statt als Charakterschwäche existentialistisch als ('tragisch' vergebliche) Stärke gegenüber Welt und Zeit überhaupt genommen wird. Sobald man von einem Möglichkeits-Bezug ausgeht, der dem Handeln-Wollen schlechthin entgegengesetzt wäre, hat man Wallenstein, und einen denkbaren Begriff der Möglichkeit, verfehlt.

„Wallenstein sucht seinen Entschluß, sein Handeln, und sein Schicksal in den Sternen", schreibt Hegel, um sich von der „Schuld der Bestimmtheit" zu befreien. Diese könnte im Sinne einer fehlenden Objektivität der Motivation sozial-sittlich oder auch individualpsychologisch verstanden werden (vgl. Johanna, Demetrius); aber Hegels Ausführung bringt sie zugleich in die Nähe der 'Innerlichkeit' und 'Moralität' des subjektiven oder formalen Idealismus, den er wenig später in ›Glauben und Wissen‹, vom Begriff einer notwendig vorauszusetzenden „sittlichen Totalität" aus, einer gründlichen Kritik unterwirft. In der ›Phänomenologie des Geistes‹ ist die Kritik des „moralischen Bewußtseins", für den jeder Inhalt mit dem „Makel der Bestimmtheit" verhaftet bleibt, ein wichtiger

Teil der Entfaltung der Theorie von der Sittlichkeit als dem wahren Geist. Schon dort ist auch Hegels schematische Deutung der klassischen Tragödie (vor allem Antigonä) und der in ihr sich bewahrenden bzw. darstellenden 'sittlichen' Geschlossenheit der Antike zentral mitbestimmend, die dann in der ›Ästhetik‹ ausschlaggebend wird für seine Auffassung der modernen Tragödie (vor allem ›Hamlet‹) und damit ›Wallenstein‹.

Schon in Hegels Erwartung, daß die Tragödie „eine Theodizee" darstelle, oder eben in Nihilismus verfalle, ist eine begriffliche 'sittliche Totalität' vorausgesetzt, welche jene Offenheit der Erfahrung abwehren will, die ›Wallenstein‹ als Geschichte erschließt. In einem anderen Zusammenhang werde ich von diesem Punkt aus eine kritische Konfrontation der philosophischen Einstellungen von Hegel und Schiller versuchen. Die Aufhebung des Idealismus Kants und im anderen Sinne Fichtes führt in entgegengesetzten Richtungen bei Hegel und bei Schiller, und ihre Auffassungen der sittlichen Totalität und geistigen Objektivität sind grundsätzlich verschieden. Hier darf ihre Differenz nur anhand von Hegels weiterer Auslegung von ›Wallenstein‹ angedeutet werden. In der ›Ästhetik‹ sieht Hegel ein „inneres Schwanken" des Helden als charakteristisch für die moderne Tragödie überhaupt, die „die subjektive Innerlichkeit des Charakters, der keine bloß individuelle klassische Verlebendigung sittlicher Mächte ist, zum eigentlichen Gegenstand und Inhalt" hat und „die Handlungen ebenso durch den äußeren Zufall der Umstände in Kollision kommen läßt, als die ähnliche Zufälligkeit auch über den Erfolg entscheidet oder zu entscheiden scheint". Da er nur eine als einfache Totalität in sich geschlossene Sittlichkeit erkennt oder anerkennt, wird Hegel der sittlichen Situation Hamlets weder gerecht noch wird er sie überhaupt gewahr. Erstaunlich ist aber, daß er jetzt auch ›Wallenstein‹ nach diesem Schema deutet.

Wallenstein gegenüber kann er „als Beispiele einer Auffassung der Zwecke als in sich substantieller" jetzt die Helden einiger Tragödien des Calderon anführen.[9] Damit wird Hegels frühere Einsicht in die

[9] ›Vorlesungen über die Ästhetik‹, Suhrkamp 'Theorie Werkausgabe' XIII–XV, XV, 555–566. An dieser Stelle, S. 558, sieht Hegel größere Substanz des Zwecks bei Schillers ›Don Carlos‹ und ›Kabale und Liebe‹,

Unbestimmtheit Wallensteins durch den Gegensatz zur Solidarität
der sittlichen Substanz nivelliert. Ebenso in bezug auf die „Art des
Ausgangs und die tragische Versöhnung" kann er ›Wallenstein‹ ausdrücklich durch die Opposition zur antiken Tragödie bestimmen:

> In der antiken Tragödie ist es die ewige Gerechtigkeit, welche, als
> absolute Macht des Schicksals, den Einklang der sittlichen Substanz gegen
> die sich verselbstständigenden und dadurch kollidierenden besonderen
> Mächte rettet und aufrecht erhält, und bei der inneren Vernünftigkeit
> ihres Waltens uns durch den Anblick der untergehenden Individuen
> selber befriedigt.

Um die moderne Art zu charakterisieren, verweist Hegel auf Macbeth, die älteren Töchter und Töchtersmänner Lears, den Präsidenten in ›Kabale und Liebe‹, da „eine ähnliche Gerechtigkeit" in der
Moderne „von kälterer, kriminalistischer Natur" sei. „Diese Art
des Ausgangs stellt sich gewöhnlich so dar, daß die Individuen an
einer vorhandenen Macht, der zum Trotz sie ihren besonderen
Zweck ausführen wollen, zerschellen. So geht z. B. Wallenstein an
der Festigkeit der kaiserlichen Gewalt zugrunde." Hegel sieht diese
bestimmte Festigkeit nicht als eine Substantialität von sittlichem
Wert an, sondern als eine bloß positive Gegebenheit, gegen welche
auch keine Handlung sittliche Bedeutung haben könnte. Wallensteins Fall und Tod sind, dem Typ des Schicksals nach, „die Wirkung unglücklicher Umstände und äußerer Zufälligkeiten..., die
sich ebenso hätten anders drehen und ein glückliches Ende zur Folge
haben können". Auch für Hegel ist die individualistisch-idealis-
tische Auffassung des Erhabenen weggefallen; er kann der entsetzlichen Wirkung eines Schicksals, dessen Notwendigkeit das kon-
stitutive Anders-sein-Können der menschlichen Praxis einschließt,

um dann wenig später „das Pochen auf Natur, Menschenrechte und
Weltverbesserung" doch „als Schwärmerei eines subjektiven Enthusiasmus" zu werten und es gegen ›Wallenstein‹ wieder abzusetzen, mit
der aufschlußreichen Begründung: „und wenn Schiller in seinem späteren
Alter ein reiferes Pathos geltend zu machen suchte, so geschah dies eben,
weil er das Prinzip der antiken Tragödie auch in der modernen dramatischen Kunst wiederherzustellen im Sinne hatte". Aber das Entscheidende für die spätere Deutung ist der wiederkehrende Vergleich Wallensteins mit Karl Moor, S. 558 vgl. XIII, 256 f.

keinen Sinn, weder Notwendigkeit noch sittliche Bedeutung abgewinnen. „In diesem Falle bleibt uns nur der Anblick, daß sich die moderne Individualität bei der Besonderheit des Charakters, der Umstände und Verwickelungen an und für sich der Hinfälligkeit des Irdischen überhaupt überantwortet, und das Schicksal der Endlichkeit tragen muß."

Bei Rückschlüssen von der ›Ästhetik‹ auf Hegels ›Wallenstein‹-Deutung von 1800 ist Vorsicht geboten, denn genau wie Wallenstein könnte Hegel reale Möglichkeiten erfaßt haben, die in seiner Entwicklung nicht zur Wirklichkeit geworden, sondern verlorengegangen sind. Wenn Wallensteins Unbestimmtheit die eines 'moralischen Bewußtseins' gewesen wäre, oder seine Innerlichkeit eine bloße Partikulariät, wäre sein Bestimmt-Werden für Hegel kaum tragisch gewesen. Seine angebliche Scheu vor der Tat zeugt im Gegenteil davon, daß er die 'Schuld' der Bestimmtheit als geschichtliche Partikularität vermeiden will, gerade um eine gewollte Wirkung auf die gegebene sittliche Sphäre zu ermöglichen. In den Sternen sucht er weder die Inhalte noch die Gründe seines Handelns, wie Hegel behauptet, sondern lediglich den geeigneten Augenblick, und wenn das als 'ein Höheres' nötig ist, ihn zum Entschluß zu bringen, so wirkt die Konstellation am Himmel nur als Spiegelbild einer 'sonst' nicht überschaubaren geschichtlichen Welt der Kräfte, Bedingungen und Möglichkeiten, von der er eindeutig seine größeren Zwecke bezogen hat.

Hegels Zusammenfassung des tragischen Falls Wallensteins aus seiner schwebenden Überlegenheit, so treffend sie sonst ist, sieht von der positiven, inhaltlich mannigfaltigen Natur dieser Unbestimmtheit völlig ab: Einer „realen und aktiven Bestimmbarkeit", die Wallensteins bisherige Erfahrung und Realität in sich schließt, ohne ihn dadurch festzubinden. Es ist nicht so, daß der Ausgang gegen die Wirklichkeit spricht, die in Wallensteins Unbestimmtheit enthalten gewesen sein soll. Gerade weil dies nicht der Fall ist, ist für Hegel der Ausgang entsetzlich. Aber seine Deutung des Ausgangs oder die Auslegung seines Entsetzens zeigt Abwehr gegen eine Welt, in der reale Möglichkeiten verlorengehen können und die Entwicklung einer offenen Sittlichkeit eine Frage der fehlbaren Praxis und Verantwortung von Menschen ist.

AUSWAHLBIBLIOGRAPHIE

Das nachfolgende Literaturverzeichnis kann die Spezialbibliographien nicht ersetzen, auf die daher nachdrücklich verwiesen sei. Für die älteren Arbeiten bis 1893 vgl. Karl Goedeke: Grundriß zur Geschichte der deutschen Dichtung, Bd. 5, S. 212 ff., für spätere Abhandlungen Wolfgang Vulpius: Schiller-Bibliographie 1893–1958. Weimar 1959; für die neuesten Untersuchungen die Bibliographien in den Jahrbüchern der Deutschen Schillergesellschaft (6) 1962, (10) 1966, (14) 1970 und (18) 1974, bearbeitet von Ingrid Hannich-Bode.

Unentbehrlich sind zudem die Einführungen, Erläuterungen und Kommentare einiger wichtiger Schiller-Ausgaben. Erwähnt seien u. a.:

Schillers Sämtliche Werke. Säkular-Ausgabe. Stuttgart 1904–1905. Bd. 5: Wallenstein. Mit Einleitung und Anmerkungen von Jakob Minor.

Schillers Werke. Nationalausgabe. Bd. 8: Wallenstein. Hrsg. von Hermann Schneider und Lieselotte Blumenthal. Weimar 1949.

Friedrich Schiller. Sämtliche Werke. Hrsg. von Gerhard Fricke und Herbert G. Göpfert. Bd. 2. München 1958.

Schiller. Sämtliche Werke. Mit einer Einführung von Benno von Wiese, Anmerkungen von Helmut Koopmann, Textredaktion von Jost Perfahl. Bd. 2. München 1968.

Verwiesen sei überdies auf Schillers Briefe (von Fritz Jonas in sieben Bänden gesammelt, bisher nur teilweise in der Nationalausgabe veröffentlicht) und auf die Briefwechsel mit Goethe, Körner und Wilhelm von Humboldt, schließlich noch auf Schillers Gespräche (Bd. 42 der Nationalausgabe. Unter Mitwirkung von Lieselotte Blumenthal hrsg. von Dietrich Germann und Eberhard Haufe. Weimar 1967).

Aufschlußreich sind besonders Schillers Selbstdeutungen, zusammengestellt in der Reihe: Dichter über ihre Dichtungen. Friedrich Schiller. Hrsg. von Bodo Lecke. 2 Bde. München 1969/70.

Monographien und Aufsätze

Abusch, Alexander: Schillers Wallenstein. Geschichte und Gestaltung. In: Neue deutsche Literatur 3, 1955, H. 3, S. 78–96.

Banerjee, Nandakishore: Der Prolog im Drama der deutschen Klassik. München 1970, bes. S. 54–91 und S. 92–113.

Barnouw, Jeffrey: Das Problem der Aktion und ›Wallenstein‹. In: Jb. d. Dt. Schiller-Ges. 16, 1972, S. 330–408.

Berger, Hans: Der Mensch und die Macht in der Welt Schillers (Wallenstein.) In: Germanistische Studien. Hrsg. von J. Erben und E. Thurnher. Innsbruck 1969, S. 179–197.

Berger, Karl: Schiller. Sein Leben und seine Werke. 2 Bde. München 1905–1908. 11. Aufl. München 1924, bes. Bd. 2, S. 378–446.

Berghahn, Klaus Leo: Formen der Dialogführung in Schillers klassischen Dramen. Münster 1970.

Binder, Wolfgang: Die Begriffe 'naiv' und 'sentimentalisch' und Schillers Drama. In: Jb. d. Dt. Schiller-Ges. 4, 1960, S. 140–157.

Ders.: Ästhetik und Dichtung in Schillers Werk. In: Schiller. Reden im Gedenkjahr 1959. Hrsg. von Bernhard Zeller. Stuttgart 1961, S. 9–36. Wiederabdruck in: Schiller. Zur Theorie und Praxis der Dramen. Hrsg. von Klaus L. Berghahn und Reinhold Grimm. Darmstadt 1972 (WdF, Bd. CCCXXIII).

Bloch, Peter André: Schiller und die französische klassische Tragödie. Düsseldorf 1970.

Blocher, Friedrich Konrad: Schillers ›Wallenstein‹ als dramatisches Gedicht. Ein Beitrag zur Untersuchung der dichterischen Sprache. Diss. Stuttgart 1963.

Böckmann, Paul: Gedanke, Wort und Tat in Schillers Dramen. In: Jb. d. Dt. Schiller-Ges. 4, 1960, S. 2–41. Wiederabdruck in: Schiller. Zur Theorie und Praxis der Dramen. Hrsg. von Klaus L. Berghahn und Reinhold Grimm. Darmstadt 1972 (WdF, Bd. CCCXXIII).

Bohn, William James: Style and function of the monologue in three plays by Friedrich Schiller. Die Räuber, Wallenstein, Wilhelm Tell. Diss. Michigan State University 1971.

Braemer, Edith, und Wertheim, Ursula: Einige Hauptprobleme in Schillers ›Wallenstein‹. In: E. B. und U. W.: Studien zur deutschen Klassik. Berlin 1960, S. 189–214.

Buchwald, Reinhard: Schiller. Leben und Werk. 2 Bde. Leipzig 1937. 4. Aufl. in einem Band. Wiesbaden 1959, bes. S. 668–716.

Burschell, Friedrich: Schiller. Reinbek 1968.

Cysarz, Herbert: Schiller. Halle 1934.

Diwald, Hellmut: Wallenstein. Geschichte und Legende. In: F. Schiller. Wallenstein. Dichtung und Wirklichkeit. Frankfurt/M. 1972, bes. S. 5–98.

Düsing, Wolfgang: Schillers Idee des Erhabenen. Diss. Köln 1967, bes. S. 264–271.

Emrich, Wilhelm: Schiller und die Antinomien der menschlichen Gesellschaft. In: Schiller. Reden im Gedenkjahr 1955. Stuttgart 1955, S. 237–250. Auch in: W. E.: Protest und Verheißung. Frankfurt/M. 1960, S. 95–103.

Feise, Ernst: Der Knittelvers in ›Wallensteins Lager‹. Ein Beitrag zur Geschichte des Knittelverses. In: Euphorion 17, 1910, S. 583–605.

Garland, Henry B.: Schiller. The dramatic writer. A study of style in the plays. Oxford 1969, bes. S. 138–189.

Geerdts, Hans Jürgen: Theorie und Praxis in Schillers Schaffen, dargestellt am ›Wallenstein‹. In: Weimarer Beiträge 5, 1959, Sonderheft, S. 45–64.

George, E. F.: Trends in the evaluation of Schiller with special reference to ›Wallenstein‹. B. Litt. Thesis. Oxford 1954.

Gerhard, Melitta: Schiller. Bern 1950.

Gille, Klaus F.: Das astrologische Motiv in Schillers Wallenstein. In: Amsterdamer Beiträge zur neueren Germanistik 1, 1972, S. 103–118.

Glück, Alfons: Schillers Wallenstein. Illusion und Schicksal. München 1976.

Graham-Appelbaum, Ilse: The structure of the personality in Schiller's tragic poetry. In: Schiller. Bicentenary Lectures. London 1960, S. 104 bis 144. Dt. Übers. von Peter Rothermel in: Jb. d. Dt. Schiller-Ges. 4, 1960, S. 270–303.

Dies.: Schiller, A. master of the tragic form. His theory in his practice. Pittsburgh (Pa.): Duquesne University Press 1973. Unter Mitarbeit der Verf. aus dem Engl. übers. v. Klaus Börner: Schiller, ein Meister der tragischen Form. Die Theorie in der Praxis. Darmstadt 1974.

Dies.: Schiller's drama. Talent and integrity. London 1974, bes. S. 245–283.

Greulich, Wolfgang: Recht und Staat in Schillers Werken. Jur. Diss. Köln 1961.

Grossmann, Walter: Das Harvard Manuskript von ›Wallensteins Tod‹. In: Euphorion 53, 1959, S. 303–312.

Gumbel, Hermann: Die realistische Wendung des späten Schiller. In: Jb. d. Freien Dt. Hochstifts 1932/33, S. 131–162.

Guthke, Karl S.: Struktur und Charakter in Schillers ›Wallenstein‹. In: K. S. G.: Wege zur Literatur. Studien zur deutschen Dichtungs- und Geistesgeschichte. Bern/München 1967, S. 72–91.

Hahn, Karl-Heinz: Die Bewertung der historischen Rolle Wallensteins durch Schiller. In: Weimarer Beiträge 5, 1959, Sonderheft, S. 205–208.

Hartmann, Horst: Schillers ›Wallenstein‹-Trilogie. Eine Analyse. In: Weimarer Beiträge 11, 1965, S. 29–54.

Hecht, Wolfgang: Kapuzinerpredigt und Tell-Monolog als politische

Zeitsatire auf Berliner Flugblättern von 1848. Ein Beitrag zur Wirkungsgeschichte Schillers. In: Goethe. N. F. des Jahrbuchs d. Goethe-Ges. 22, 1960, S. 112–134.

Jantz, Harold: Schillers ›Wallenstein‹-Brief vom 1. März 1799. Seine Beziehung zu Böttiger. In: Jb. d. Dt. Schiller-Ges. 18, 1974, S. 3–22.

Jolles, Matthijs: Das Bild des Weges und die Sprache des Herzens. Zur strukturellen Funktion der sprachlichen Bilder in Schillers ›Wallenstein‹. In: Deutsche Beiträge zur geistigen Überlieferung 5, 1965, S. 109–142.

Kaiser, Gerhard: Vergötterung und Tod. Die thematische Einheit von Schillers Werk. Stuttgart 1967 (Dichtung und Erkenntnis 3).

Kommerell, Max: Schiller als Psychologe. In: Jb. d. Freien Dt. Hochstifts 1934/35, S. 177–219. Auch in: M. K.: Geist und Buchstabe der Dichtung. 2. Aufl. Frankfurt/M. 1942, S. 132–199.

Koopmann, Helmut: Friedrich Schiller 1794–1805. Stuttgart 1966 (Sammlung Metzler 51).

Ders.: Schillers Wallenstein – Antiker Mythos und moderne Geschichte. Zur Begründung der klassischen Tragik um 1800. In: Teilnahme und Spiegelung. Festschrift für Horst Rüdiger. Berlin 1975, S. 263–274.

Košeleva, G. S.: ›Vallenštejn‹ Šillera. Problematika i ee chudož voploščenie. (Schillers ›Wallenstein‹. Die Problematik und ihre künstlerische Gestaltung.) In: Učenye zapiski Perm. universiteta T. 23, 1962, Vyp. 2, 54–83.

Krausse, Helmut K.: Die Schwägerin. Marginalien zu Schillers Wallenstein. In: Modern Language Notes 85, 1970, S. 332–344.

Kühnemann, Eugen: Die Kantischen Studien Schillers und die Komposition des ›Wallenstein‹. Marburg 1889.

Lange, Barbara: Die Sprache von Schillers ›Wallenstein‹. Berlin 1973.

Leitzmann, Albert: Die Hauptquellen zu Schillers ›Wallenstein‹. Halle 1915.

Linn, Rolf N.: Wallenstein's third superstition. In: Monatshefte 58, 1966, S. 20–24.

Ders.: Wallenstein's innocence. In: Germanic Review XXXIV, 1959, S. 200–208.

Ludwig, Albert: Schiller und die deutsche Nachwelt. Berlin 1909.

Manek, Anneliese Gretel: Träger des Bösen im dramatischen Werk Schillers. Diss. Freiburg/Br. 1964.

Mann, Golo: Schiller als Historiker. In: Jb. d. Dt. Schiller-Ges. 4, 1960, S. 98–109.

Mann, Michael: Zur Charakterologie in Schillers ›Wallenstein‹. In: Euphorion 63, 1969, S. 329–339.

Marleyn, R.: ›Wallenstein‹ and the structure of Schiller's tragedies. In: Germanic Review XXXII, 1957, S. 186–199.

May, Kurt: Friedrich Schiller. Idee und Wirklichkeit im Drama. Göttingen 1948.

Ders.: Schillers ›Wallenstein‹. In: K. M.: Form und Bedeutung. Interpretationen deutscher Dichtung des 18. und 19. Jahrhunderts. 2. Aufl. Stuttgart 1963, S. 178–242.

Meyer, Herbert: Heinrich IV. von Frankreich im Werk Schillers. Ein Beitrag zum Verständnis der Wallensteinfigur. In: Jb. d. Dt. Schiller-Ges. 3, 1959, S. 94–101.

Miller, Ronald D.: The drama of Schiller. Harrogate 1963.

Müller, Joachim: Schillers ›Wallenstein‹. In: J. M.: Das Edle in der Freiheit. Leipzig 1959, S. 129–137.

Ders.: Schillers ›Wallenstein‹ als Beispiel eines historisch-literarischen Portraits. In: Wissenschaftliche Zeitschrift d. Friedrich-Schiller-Universität Jena 18, 1969, S. 165–168.

Neubauer, John: The idea of history in Schiller's ›Wallenstein‹. In: Neophilologus LVI, 1972, S. 451–463.

Oellers, Norbert (Hrsg.): Schiller. Zeitgenosse aller Epochen. Dokumente zur Wirkungsgeschichte Schillers in Deutschland. Teil I: 1782–1859. Frankfurt/M. 1970. Teil II: 1860–1966. 1976.

Partl, Kurt: Friedrich Schillers ›Wallenstein‹ und Franz Grillparzers ›König Ottokars Glück und Ende‹. Eine vergleichende Interpretation auf geschichtlicher Grundlage. Bonn 1960.

Paulsen, Wolfgang: Goethes Kritik am ›Wallenstein‹. Zum Problem des Geschichtsdramas in der deutschen Klassik. In: Dt. Vierteljahrsschrift 28, 1954, S. 61–83.

Pongs, Hermann: Das Bild in der Dichtung. Marburg 1939, bes. S. 554–581.

Rehm, Walter: Schiller und das Barockdrama. In: Dt. Vierteljahrsschrift 19, 1941, S. 311–353.

Reinitzhuber, Volker: Schillers ›Geschichte des Dreißigjährigen Krieges‹ als schriftstellerische Leistung. Diss. Kiel 1970.

Roch, Anneliese: Die Personalität in Schillers Theorien und Dramen. Diss. Köln 1960.

Rohrmoser, Günter: Theodizee und Tragödie im Werk Schillers. In: Wirkendes Wort 9, 1959, S. 329–338. Wiederabdruck in: Wirkendes Wort, Sammelband 3, 1962, S. 311–320; auch in: Schiller. Zur Theorie und Praxis der Dramen. Hrsg. von Klaus L. Berghahn und Reinhold Grimm. Darmstadt 1972 (WdF, Bd. CCCXXIII).

Rothmann, J.: Octavio and Buttler in Schiller's ›Wallenstein‹. In: German Quarterly 27, 1954, S. 110–115.

Sautermeister, Gert: Idyllik und Dramatik im Werk Friedrich Schillers. Zum geschichtlichen Ort seiner klassischen Dramen. Stuttgart 1971.

Schadewaldt, Wolfgang: Zur Tragik Schillers. Ein Vortrag. In: Schiller. Reden im Gedenkjahr 1955. Stuttgart 1955, S. 303–316. Auch in: W. Sch.: Hellas und Hesperien. Zürich 1960, S. 832–842.

Schieder, Theodor: Schiller als Historiker. In: Histor. Zeitschrift 190, 1960, S. 31–54. Auch in: T. Sch.: Begegnungen mit der Geschichte. Göttingen 1962, S. 56–79.

Schmid, Karl G.: Schillers Gestaltungsweise, Eigenart und Klassik. Frauenfeld/Leipzig 1935 (Wege zur Dichtung, Bd. 22).

Schmidt, Franz: Numerische Textkritik: Goethes und Schillers Anteil an der Abfassung des Aufsatzes ›Die Piccolomini‹. In: Zs. f. Literaturwiss. u. Linguistik 2, 1972, S. 172–181.

Schneider, Hermann: Vom Wallenstein zum Demetrius. Untersuchungen zur stilgeschichtlichen Stellung und Entwicklung von Schillers Drama. Stuttgart 1933.

Schunicht, Manfred: Intrigen und Intriganten in Schillers Dramen. In: Zs. f. dt. Philologie 82, 1963, S. 271–292.

Seidel, Siegfried: Neue Positionen in der Theorie Schillers während der Arbeit am ›Wallenstein‹. In: Weimarer Beiträge 5, 1959, Sonderheft, S. 74–97.

Sengle, Friedrich: Das deutsche Geschichtsdrama. Geschichte eines literarischen Mythos. Stuttgart 1952, bes. S. 36–42.

Spanner, Werner: Schillers ›Wallenstein‹. Ein Beitrag zur Gestaltinterpretation. In: Wirkendes Wort 13, 1963, S. 87–96.

Spengler, Wilhelm: Das Drama Schillers. Leipzig 1932.

Stahl, Ernest L.: Friedrich Schiller's drama. Theory and practice. Oxford 1954, bes. S. 88–105.

Staiger, Emil: Friedrich Schiller. Zürich 1967.

Steffensen, Steffen: Schiller und seine klassische Tragödie. In: Orbis Litterarum XXI, 1966, S. 285–301.

Steinmetz, Horst: Schillers ›Wallenstein‹. In: H. St.: Die Trilogie. Heidelberg 1968, S. 56–71.

Sternberger, Dolf: Macht und Herz oder der politische Held bei Schiller. In: Schiller. Reden im Gedenkjahr 1959. Stuttgart 1961, S. 310–329. Auch in D. St.: Kriterien. Frankfurt/M. 1965, S. 110–129.

Streller, Siegfried: Entwurf und Gestaltung in Schillers ›Wallenstein‹. Wandlungen in Schillers Wallensteinbild. In: Weimarer Beiträge 6, 1960, S. 221–239.

Thalheim, Hans-Günter: Volk und Held in den Dramen Schillers. In: H.-G. T.: Zur Literatur der Goethezeit. Berlin 1969, S. 85–117.

Ders.: Die Dramen Schillers, ihre gesellschaftlichen Voraussetzungen und ihre Wirkung. In: Weimarer Beiträge 5, 1959, Sonderheft, S. 9–44.

Tschiedert, Willy: Der tragische Held Schillers in der marxistischen Ästhetik. Diss. Marburg 1964.

Vincenti, Leonello: Il Wallenstein di Friedrich Schiller. In: Atti della Accademia delle Scienze di Torino. Classe di scienze morali, storiche e filologiche. Vol. 95. Torino 1961, S. 29–86.

Vowinkel, Hans August: Schiller, der Dichter der Geschichte. Eine Auslegung des Wallenstein. Berlin 1938.

Wallenstein, Paul Robert: Die dichterische Gestaltung der historischen Persönlichkeit, gezeigt an der Wallensteinfigur. Ein Versuch zur Beleuchtung der Problematik von Dichtung und Geschichte unter dem Gesichtspunkt der Wertbegegnung. Würzburg 1934.

Wells, G. A.: Villainy and guilt in Schiller's ›Wallenstein‹ and ›Maria Stuart‹. In: Deutung und Bedeutung. Studies in German and comparative literature presented to Karl-Werner Maurer. The Hague 1973, S. 100–117.

Wentzlaff-Eggebert, Friedrich Wilhelm: Die poetische Wahrheit in Schillers ›Wallenstein‹. In: Germanistik in Forschung und Lehre. Vorträge und Diskussionen des Germanistentages in Essen. Hrsg. von Rudolf Henss und Hugo Moser. Berlin 1965, S. 135–142.

Werner, Hans Georg: Ein Beitrag zur Deutung der Wallenstein-Trilogie Friedrich Schillers. Das Verhältnis des Dichters zur Geschichte. In: Wiss. Zs. d. Martin-Luther-Universität Halle, Ges.-Sprachw. X, 1961, S. 1043–1057.

Wiese, Benno von: Friedrich Schiller. Stuttgart 1959, bes. S. 625–677.

Ders.: Schiller: ›Wallenstein‹. In: Das deutsche Drama. Vom Barock bis zur Gegenwart. Interpretationen. Hrsg. von B. v. W. Bd. 1. Düsseldorf 1962, S. 269–304.

Wittkowski, Wolfgang: Octavio Piccolomini. Zur Schaffensweise des Wallenstein-Dichters. In: Jb. d. Dt. Schiller-Ges. 5, 1961, S. 10–57. Wiederabdruck in: Schiller. Zur Theorie und Praxis der Dramen. Hrsg. von Klaus L. Berghahn und Reinhold Grimm. Darmstadt 1972 (WdF, Bd. CCCXXIII).

Witte, William: Time in Wallenstein and Macbeth. In: Modern Language Studies 1959, S. 38–47.

EINFÜHRUNGEN
Erziehungswissenschaft · Philologie · Philosophie

WISSENSCHAFTLICHE BUCHGESELLSCHAFT
61 Darmstadt   Postfach 1129

WEGE DER FORSCHUNG

Bände über Dichter

Der Ackermann aus Böhmen des Johannes von Tepl und seine Zeit. (Bd. 143) Hrsg. von E. Schwarz. VI, 543 S. **Nr. 3969**

Georg Büchner. (Bd. 53) Hrsg. von W. Martens. XIII, 534 S. **Nr. 2799**

Theodor Fontane. (Bd. 381) Hrsg. von W. Preisendanz. XIII, 490 S. **Nr. 6116**

Gottfried von Straßburg. (Bd. 320) Hrsg. von A. Wolf. XI, 525 S. **Nr. 5398**

Hartmann von Aue. (Bd. 359) Hrsg. von Hugo Kuhn und Chr. Cormeau. VIII, 571 S. **Nr. 5745**

Gerhart Hauptmann. (Bd. 207) Hrsg. von H. J. Schrimpf. Etwa 530 S. **Nr. 4424**

Heinrich Heine. (Bd. 289) Hrsg. von H. Koopmann. XVI, 424 S. **Nr. 4987**

Hugo von Hofmannsthal. (Bd. 138) Hrsg. von S. Bauer. X, 464 S. **Nr. 4092**

Henrik Ibsen. (Bd. 487) Hrsg. von F. Paul. Etwa 450 S. **Nr. 7071**

Franz Kafka. (Bd. 322) Hrsg. von H. Politzer. X, 560 S. **Nr. 5401**

Heinrich von Kleist. (Bd. 147) Hrsg. von W. Müller-Seidel. XI, 735 S. **Nr. 3989**

Gotthold Ephraim Lessing. (Bd. 211) Hrsg. von G. und S. Bauer. VI, 447 S. **Nr. 4427**

Thomas Mann. (Bd. 330) Hrsg. von H. Koopmann. XVII, 430 S. **Nr. 5748**

Eduard Mörike. (Bd. 446) Hrsg. von V.-G. Doerksen. XIII, 473 S. **Nr. 6720**

Novalis. Beiträge zu Werk und Persönlichkeit Friedrich von Hardenbergs. (Bd. 248) Hrsg. von G. Schulz. XX, 423 S. **Nr. 4735**

Jean Paul. (Bd. 336) Hrsg. von U. Schweikert. VI, 497 S. **Nr. 5750**

Der Simplizissimusdichter und sein Werk. (Bd. 153) Hrsg. von G. Weydt. XII, 437 S. **Nr. 4010**

Ludwig Tieck. (Bd. 386) Hrsg. von W. Segebrecht. XXIX, 471 S. **Nr. 6131**

Walther von der Vogelweide. (Bd. 112) Hrsg. von S. Beyschlag. XIII, 673 S. **Nr. 3503**

Wolfram von Eschenbach. (Bd. 57) Hrsg. von Heinz Rupp. VIII, 601 S. **Nr. 2819**

WISSENSCHAFTLICHE BUCHGESELLSCHAFT

6100 Darmstadt   Postfach 1129